I libri di Viella

270

Ida De Michelis

Il viaggio di Faust in Italia

Percorsi di ricezione di un mito moderno

viella

Prima edizione: dicembre 2017
ISBN 978-88-6728-918-9

Volume pubblicato con il contributo dell'Università di Losanna.

viella
libreria editrice
via delle Alpi, 32
I-00198 ROMA
tel. 06 84 17 758
fax 06 85 35 39 60
www.viella.it

Was du ererbt von deinen Vätern hast,
Erwirb es, um es zu besitzen!

(Johann Wolfgang Goethe, *Faust I*)

A mamma

Indice

Introduzione*

E chi mi impenna, e chi mi scalda il core?
Chi non mi fa temer fortuna o morte?
Chi le catene ruppe e quelle porte,
Onde rari son sciolti ed escon fore?
L'etadi, gli anni, i mesi, i giorni e l'ore
Figlie ed armi del tempo, e quella corte
A cui né ferro, né diamante è forte,
Assicurato m'han dal suo furore.
Quindi l'ali sicure a l'aria porgo;
Né temo intoppo di cristallo o vetro,
Ma fendo i cieli e a l'infinito m'ergo.
E mentre dal mio globo a gli altri sorgo,
E per l'eterio campo oltre penetro:
Quel ch'altri lungi vede, lascio al tergo.

(Giordano Bruno, *De l'infinito, universo e mondi*)

Il lavoro di ricostruzione e analisi della presenza del mito faustiano nella tradizione letteraria italiana nasce dalla curiosità di conoscere più da vicino questo mito tanto noto e diffuso nelle letterature occidentali moderne e insieme la ragione per la quale così poco compare negli studi di italianistica. La ricognizione della diffusione di un mito all'interno di una determinata cultura letteraria può essere affrontata da diversi punti vista che naturalmente offrono anche momenti di intersezione: si può semplicemente ripercorrere la storia della fortuna del mito nelle diverse tradizioni letterarie, oppure cercare di ricostruire l'estensione delle potenzialità polisemiche del mito stesso. Infine si può anche cercare di concentrarsi invece sullo studio di ciò che quel determinato mito ha prodotto stabilmente all'interno della tradizione in esame, di cosa abbia saputo cambiare e come.

* Le citazioni del *Faust* di Goethe, quando non altrimenti indicato, provengono da J.W. Goethe, *Faust*, prima e seconda parte con testo a fronte, a cura e trad. di F. Fortini, Milano, Mondadori, 1994 [1970].

Il presente lavoro tende principalmente a comprendere questo terzo aspetto: come il mito di Faust sia entrato dentro alla cultura letteraria italiana e come abbia agito al suo interno, interferendo con essa. Naturalmente lo scambio e gli sviluppi hanno investito in modo reciproco e la tradizione accogliente e il mito stesso, producendo un allargamento esegetico delle sue possibilità semantiche.

La dimensione comparatistica del problema apre a un'interrogazione ampia sulle modalità di interazione tra letterature e culture differenti come anche tra la letteratura e la realtà. Teoricamente pertiene a questa indagine non più solo la questione del mito, e in particolare il suo rapporto con la letteratura moderna, ma anche il problema della ricezione con il connesso universo della riscrittura, e infine il tema del canone, o meglio dei canoni: il lavoro si viene a configurare, da un certo punto di vista, proprio come lavoro di decostruzione del canone dal momento in cui ne analizza i criteri, le ragioni storiche e le modalità di funzionamento del meccanismo selettivo di inclusioni ed esclusioni che lo hanno generato nella sua normatività, nonché nei suoi contatti e nelle sue interferenze con altri sistemi.

Culturalmente questa ricerca introduce a una considerazione diacronica del rapporto della letteratura italiana con quella straniera, e tedesca in particolare, nonché con la questione più generale della modernità, letteraria ma non solo, giacché il tema faustiano, nella sua complessità semiotica oltre che testuale, dischiude a questioni ideologiche di carattere estetico, etico e finanche teologico che risultano essenziali per comprendere i meccanismi della ricezione del mito nella sua poliedricità. Il dialogo tra culture e il suo studio prelude insomma a un allargamento del campo di indagine con un conseguente ampliamento delle prospettive epistemologiche ed euristiche: resta centrale l'intenzione di ricostruire innanzitutto la storia di questo fenomeno in evoluzione nella sua peculiarità letteraria, individuandone i canali principali, le forme privilegiate di assimilazione, le tipologie interpretative e testuali preferenziali e predominanti di ricezione, rifiuto o riuso. Si intende descrivere il fenomeno nel suo sviluppo diacronico, individuando al contempo i nodi processuali emergenti e ritenuti sistematici accanto alle tipologie predominanti della risposta testuale e alle varie rifunzionalizzazioni letterarie.

Il termine stesso di ricezione, sostituito negli anni Settanta del Novecento a quello di fortuna, sottolinea meglio la natura dinamica e articolata del processo di diffusione di un testo o di un tema letterario: in una prospettiva sociologica che consideri ogni fenomeno culturale come complesso e inerente non più solo alla sfera letteraria ma anche a quella sociale, appunto, quindi politica ed economica, nel processo ricettivo si tiene a considerare come centrale il legame testo-lettore nonché quello testo-mercato, ponendo al contempo la questione ermeneutica. In questo caso il fenomeno è ulteriormente complicato dall'accesso in un determinato sistema linguistico e letterario di nuovi testi provenienti da differenti sistemi: si deve perciò considerare anche lo studio del *transfert* letterario come funzione determinante della letteratura tradotta per la genesi, la persistenza e le trasformazioni dei sistemi letterari.[1]

Non intendo però proporre una pura registrazione della presenza nella tradizione letteraria italiana di un tema, o di quel complesso di temi e motivi che costituiscono questo mito: eppure la disamina preliminare delle riscritture faustiane in lingua italiana, mancando ancora ad oggi una chiara e completa prospettiva d'insieme della questione, costituisce il necessario punto di partenza. La raccolta di tali materiali, presentati in parte in bibliografia e in parte nelle *Appendici* al lavoro, ha poi avuto un peso importante nel lavoro per l'enorme quantità e l'ampia varietà dei testi identificati di cui si è voluto dar conto per le nuove dimensioni che il fenomeno viene ad assumere nella storia della cultura letteraria italiana.

Partendo dall'idea che un mito viva nelle e delle sue riscritture e che non pre-esista un mitema originario ma solo un testo che ferma in parole e narrazione la prima versione del mito stesso, si sono quindi volute definire possibili invarianti accanto alle varianti che compaiono via via nel corso dello studio dei testi: è emersa una storia testuale che tematizza nel tempo un medesimo mito lungo assi interpretative anche estremamente divergenti.

Ho inoltre sempre cercato di mantenermi dentro uno studio di critica letteraria seguendo un approccio tematologico, senza naufragare in una storia dell'immaginario o della cultura *tout court*, pur considerando al contempo il fenomeno letterario nella sua connessione con altri campi culturali.[2] Credo che solo così l'approccio tematologico possa risultare funzionale ad un discorso intertestuale: come dichiarato da Paduano in apertura al suo studio della *Lunga storia di Edipo Re* sussiste la necessità di tener ferma la natura funzionale a un discorso unitario di ogni manipo-

1. Fantappiè, Sisto, *1945-1970 Letteratura italiana e tedesca*. L'intero progetto che sta dietro a questi atti di convegno è sostenuto dalla teoria polisistemica dell'interferenza del pioniere di questi studi, Itamar Even-Zohar.

2. Si veda in merito Pellini, *Critica tematica e tematologia*.

lazione letteraria di temi, argomenti, personaggi, ai fini di un'organizzazione formale, alla creazione di un mondo.[3]

Ho voluto ricostruire insomma un macrotesto letterario italofono fondato sul mitologema faustiano, spesso a partire dalla tragedia di Goethe, tenendo sempre presente che ogni rifacimento è una interpretazione autonoma eppure integrata nel percorso complessivo, e verificando sul campo il valore di questo macrotesto come una delle vie maestre della dialettica tra tradizione e modernità.

Lo statuto di mito riconosciuto alla storia del Dottor Faust nella cultura occidentale apre inoltre a un'ulteriore interrogazione sulla valenza del mito, nel mondo moderno in particolare. Il mito può essere definito come una narrazione irrazionale dell'irruzione del sacro, o del soprannaturale, nel mondo, che poi si sviluppa letterariamente in una catena testuale di narrazioni. In prospettiva etno-religiosa lo sviluppo letterario del mito corrisponde ad una sua degradazione, o devalorizzazione, mentre qui alla letteratura eventualmente viene riconosciuto invece il merito di conservare, facendolo sopravvivere nel rinarrarlo e nel trasformarlo, il mito stesso.[4]

Nell'antichità occidentale la filosofia è nata come ripensamento razionale del materiale mitologico, in una considerazione dialettica del rapporto tra conoscenza e narrazione mitologica sviluppata lungo tre principali vie interpretative poi variamente rielaborate fino ai giorni nostri.[5] Un'interpretazione del mito come allegoria era stata proposta innanzitutto dai sofisti; Platone ha dato una sua interpretazione invece di carattere simbolico del materiale mitico e Aristotele, da parte sua, ha offerto una lettura in cui mito corrisponde con la sua propria *fabula*. Nel Medioevo si è poi assistito a un generale discredito della mitologia antica per ragioni teologico-religiose e solo col Rinascimento si procede ad un recupero della mitologia antica, per lo più in senso allegorico e secondo un piano di sintesi della cultura pagana antica e di quella cristiana. È a questa altezza che nasce il mito di Faust, *exemplum* religioso cresciuto a mito dell'individualismo moderno: Faust si presenta come profilo nuovo dell'uomo moderno, laico ma credente, che prova a sfidare, per l'amore di conoscenza, i limiti pratici, morali e religiosi della cultura a lui contemporanea.

3. Paduano, *Lunga storia di Edipo Re*, p. 9. Ma anche Pellini, *Critica tematica e tematologia,* pp. 75-77.

4. Ferrucci, *Il mito*, pp. 514-516.

5. Meletinskij, *Il mito,* pp. 5-168.

Se l'Illuminismo ha gettato generale discredito su ogni mitologia vista come forma irrazionale latamente primitiva, con Lessing si riscopriva in Faust il mito della conoscenza scientifica, quasi un anti-mito tutto moderno nella sua paradossale contraddittorietà, mentre contemporaneamente, grazie all'elaborazione di Vico, nasceva la prima vera e propria filosofia moderna che riconsiderasse il mito e lo valorizzasse nell'ambito di una nuova visione ciclica e dialettica della storia del pensiero umano. Lungo la strada indicata dalla filosofia della storia di Vico si collocano Herder, nell'Ottocento, Nietzsche e Spengler, nel passaggio al Novecento, eredi al contempo dell'interpretazione simbolica del mito di stampo romantico. Alla sistemazione vichiana si deve anche l'importante centralità riconosciuta al carattere metaforico del mito, elemento fortemente ripreso tanto dal Romanticismo che dall'interpretazione moderna del mito stesso. Riprendendo da Platone infatti l'approccio di tipo simbolico al mito, esso viene considerato da Herder prima, da Creuzer, Schelling e in parte da Goethe poi, come prototipo simbolico della creazione artistica *tout court*, recuperando la suggestione tutta platonica anch'essa, dell'idea del mito primigenio, che autorizzerebbe alla ricerca del significato originale e originario del mito.[6]

Qui invece, più aristotelicamente, ho considerato la storia del mito di Faust nella sua natura complessa ed evolutiva di *fabula* rinarrata, di volta in volta risemantizzata in nuovi sistemi di valori, estetici e ideologici. Ma soprattutto in nuovi sistemi testuali.[7] Non s'intende dunque, parlando di *Stoffgeschichte*, fare propria una visione prettamente catalogatoria delle varie versioni di un'ipotetica storia originaria[8] ma si vuole cercare di seguire l'evoluzione testuale del mito e coniugare il momento analitico-testuale sincronico con quello tematico e tematologico diacronico teso ad una descrizione sintetica del fenomeno. Ho cercato di sottrarre la *Stoffgeschichte* «a una impostazione meramente genealogico-documentaria per restituirla ad un approccio storico-critico più complesso che mir[i] in definitiva a riflettere sulle modalità e le cause della continua palingenesi che investe i temi letterari».[9]

6. Ivi, p. 8.

7. Vedi anche *Il mito, il sacro e la storia nella tragedia e nella riflessione teorica sul tragico*.

8. Si pensa alla polemica riguardo a questa prima forma di comparativismo tematologico cui in Italia innanzitutto si oppose Croce, *La Letteratura Comparata*; ma la polemica è di lungo periodo: si pensi a Warren, Wellek, *Teoria della letteratura*, p. 354, fino a Pellini, *Critica tematica e tematologia*.

9. Trousson, *Plaidoyer pour la Stoffgeschichte*, pp. 101-114.

Uno dei maggiori studi sulla diffusione del mito faustiano nelle varie letterature nazionali è quello del francese Dabezies, del 1972, che si colloca proprio nel pieno del recupero della critica tematologica nella sua variante di "mitocritica" di quegli anni, su cui si fonda poi la riflessione dei successivi decenni. Proprio Dabezies torna nuovamente, nel 2015, a occuparsi di questo mito con il volume *Des rêves au réel. Cinq siècles de Faust. Littérature, idéologie et mythe*,[10] con il quale indica in Faust un'immagine attuale in cui l'uomo contemporaneo può ancora riconoscersi.

Il percorso secondo cui Faust assurge allo statuto di mito è stato così sintetizzato: «impianto dell'elaborazione del mito letterario su una fabulazione leggendaria nata attorno a un personaggio reale cui la tradizione popolare assegnò gradualmente caratteri fittizi, fino ad arrivare [...] alla piena maturazione del mito faustiano».[11]

La storia di Faust si configura da un certo punto di vista come un paradosso fin dalle sue origini: mito e anti-mito, religiosa leggenda popolare e intellettuale metafora assoluta della spinta alla conoscenza, al contempo erede razionale della cultura irrazionale per eccellenza, quella magica; presuntuoso titano della volontà di potenza oltre ogni limite superiore, malinconico uomo disperato di fronte alla vanità del tutto. La sua natura intrinsecamente contraddittoria e irrisolta ne indebolisce lo statuto di *exemplum*, ma al contempo ne rafforza il vigore rappresentativo di un'epoca e di un atteggiamento umano universale di ricerca, in cui il coraggio si accompagna al timore, la scelta all'insicurezza, la determinazione all'irrisolutezza, la disperazione alla speranza. La sua origine germanica e anglosassone vede vieppiù rafforzarsi la caratterizzazione anticattolica dei testi di argomento faustiano, e anche se né Spies né la tragedia di Marlowe compaiono nell'*Index Librorum Prohibitorum*, di fatto non si registrano emergenze tematiche faustiane nella letteratura di lingua italiana fino a dopo la pubblicazione della prima parte della tragedia di Goethe nel 1808, data in cui il nome del letterato tedesco era ormai stato consacrato fra i massimi della cultura europea dell'epoca. Certamente però, nell'analisi multifattoriale del fenomeno di ricezione di questo mito nella nostra cultura letteraria, il fattore religioso occupa una posizione latente ma forte e permanente per tutti i due secoli che ci separano dalla pubblicazione di quella prima parte del capolavoro goethiano. Proprio nell'analisi diacronica del fenomeno di

10. Dabezies, *Des rêves au réel. Cinq siècles de Faust.*

11. Trocchi, *Temi e miti*, in *Letteratura Comparata*, a cura di Gnisci, p. 73.

ricezione di un mito, si evidenziano infatti le interdipendenze e interferenze tra il "polisistema" letterario e gli altri polisistemi culturali, interferenze che aprono il campo della ricerca e dell'analisi letteraria a una rete di connessioni sempre più ricca e complessa:

> Literature is thus conceived of not as an isolated activity in society, regulated by laws exclusively (and inherently) different from all the rest of the human activities, but as an integral -often central and very powerful- factor among the latter.[12]

Nella sua teoria del polisistema, Zohar parte dalla notazione che il formalismo prima e lo strutturalismo poi non vadano intese come teorie astoriche ma come teorie aperte alla comprensione del fenomeno letterario e culturale in evoluzione: l'elemento di forza di quelle teorie critiche starebbe viceversa proprio nell'invito a una considerazione del fenomeno letterario all'interno di una più ampia cornice culturale, così come già suggerivano la linguistica e l'antropologia culturale che in Russia non avevano mai separato il loro campo di indagine da quello della letteratura (cosa che invece in Occidente si è maggiormente teso a fare). Zohar parte da questa convinzione, certo che una riconsiderazione della letteratura come fenomeno culturale *tout court* possa invece che isolare e indebolire il valore specifico del letterario, rafforzarne il ruolo effettivo all'interno del sistema culturale (come indicato anche dagli studi di Pierre Bourdieu[13]).

Nell'analisi del fenomeno di ricezione qui condotta, è stato utile considerare la ricchezza di implicazioni culturali, sociali, religiose, politiche che stanno dietro alle alterne fortune del mito faustiano nella nostra letteratura. Anche per questo si è voluto procedere innanzitutto ad una ricostruzione della storia della critica faustiana in Italia: essa resta un riferimento importante, accanto alla storia delle traduzioni,[14] per comprendere l'intero macrotesto faustiano. Risulta infatti particolarmente feconda «la comparabilità precisa, ancorché per grandi linee, tra le tendenze della critica ufficiale e i nodi problematici che [...] hanno affrontato i poeti che hanno riproposto»[15] la storia di Faust. Se il risultato più vistoso è quello di una contrapposizione evidente tra il successo e la diffusione di testi faustiani e i giudizi di rifiuto e resistenza della critica ufficiale, il

12. Even-Zohar, *Polysystem Studies*.
13. Bourdieu, *Le regole dell'arte. Genesi e struttura del campo letterario.*
14. Cases, *Laboratorio Faust*.
15. Paduano, *Lunga storia di Edipo Re*, p. 13.

risultato più sbalorditivo resta invece quello della riconversione di alcuni pregiudizi limitanti e falsanti della critica in innovazioni creative.[16]

L'ipotesi da cui parte la ricerca è che in Italia nel corso di questi due secoli che ci separano da quel 1808 con il quale è iniziata la storia della ricezione del mito faustiano nel nostro paese, ci siano stati fattori letterari (classicismo) ed extraletterari (reazione politica e religiosa) di rifiuto ideologico pregiudiziale da parte degli intellettuali (critici e letterati) che hanno reso faticose diffusione e conoscenza (traduzioni e rappresentazioni teatrali) e accoglimento (riscritture) del mito in questione nella cultura italiana, nonostante l'interesse e l'iniziale plauso popolare (riscritture per musica e teatro, italiane e non, rappresentate numerose in Italia nel corso dell'Ottocento). L'ingresso nel sistema letterario italiano del mito è perciò avvenuto lentamente e con modalità contrastate, spesso tramite personalità particolarmente isolate, critiche e polemiche rispetto al sistema culturale predominante e "ufficiale" (Boito; Imbriani; De Sanctis; Pascoli; Fortini; Sanguineti) che hanno saputo proporre testi complessi costruiti intorno alla vicenda faustiana e che di fatto, nella loro apertura di interrogazione sul fatto letterario e culturale, hanno spinto verso un nuovo canone nazionale alternativo in cui Faust potesse, anzi dovesse, essere accolto come grande metafora assoluta dell'uomo nella modernità.

16. Anche di questo fenomeno parla Paduano, *ibidem*, rispetto al mito edipico e in particolare all'interpretazione che offre la psicoanalisi freudiana. Nel nostro caso penso innanzitutto al parallelo tra la *Divina commedia* e il *Faust* goethiano, ma anche alla riconversione creativa della centralità attribuita ad altri personaggi a sfavore del protagonista Faust proprio da parte della critica, poi tematizzata in alcune riscritture creative.

1. Questioni in campo

> L'arte di narrare storie è sempre quella
> di saperle rinarrare ad altri.
> (Walter Benjamin, *Il narratore*)

1. *L'*unbekannte Menge

Il fascino esercitato dal mito faustiano sulle letterature e le culture mondiali moderne parte dal riconoscimento della tragedia di Goethe come classico, benché le letterature anglosassone e tedesca gli avessero tributato larga attenzione fin dal XVI secolo, quando il mito stava andando formandosi dalla leggenda luterana. La proposta goethiana di una rivincita dell'etica individuale[1] sulla morale religiosa, in Italia più che altrove, entrava in contrasto con un diffuso moralismo che impediva di svincolarsi dalle norme confessionali. Tale estraneità del sistema culturale italiano rispetto a un mito tanto noto, amato, discusso e riscritto nelle altre letterature europee, e non, accomunerebbe la nostra tradizione letteraria all'altra tradizione marcatamente cattolica, quella spagnola, come osservato ad esempio da Altenberg.[2]

Mito moderno e della modernità per eccellenza accanto a quello coevo di Don Giovanni, più largamente affermatosi in entrambe queste tradizioni artistiche, il mito di Faust vuole unire le due tradizioni mitiche

1. Gardini, *Teatro e individualità: il mito tragico di Faust.*

2. Altenberg, *La storica figura del Doctor Faust*, p. 35: «è un fatto degno di essere notato che nella ricca letteratura spagnuola il "motivo faustiano" non ha trovato un clima spirituale adatto. [...] Pare che il motivo del *Volksbuch von Doktor Faustus* non sia affatto congeniale ai poeti di Spagna, e lo stesso si può dire degli autori italiani». L'autrice si è altresì occupata della *Figura di Dante nei paesi germanici.*

classica e cristiana,[3] rinnovandole radicalmente, riscrivendone in parte le modalità di azione nel testo letterario e in parte sostituendosi alla loro originaria funzione.

Eppure la vicenda di Faust sollecita in realtà anche in Italia dibattiti critici controversi: attira, soprattutto nel pieno Ottocento, un pubblico sorprendentemente vasto, per lo più di spettatori di opera in musica, ma non solo; stimola alla riscrittura svariati autori italiani per tutti i due secoli successivi. Emerge in sintesi una complessa storia della sua ricezione in Italia e una sua pervasività assai elevata che contrasta con il giudizio diffuso di estraneità della cultura letteraria italiana nei suoi confronti.

La complessità del moderno di cui il *Faust* di Goethe è esempio eccellente e privilegiato generò evidentemente interrogazioni e interesse con risposte e risultati molto distanti nel metodo e nel merito, nonché nel valore letterario.

L'attenzione alla natura multifattoriale della diffusione e fortuna di un testo nasce proprio in epoca romantica, in un percorso parallelo alla storia del Faust, fino alla maturazione in teorie nel pieno Novecento. Sorprende allora scoprire che quello che potrebbe essere considerato il primo saggio italiano che si interroga in prospettiva socio-economica sui meccanismi della fortuna letteraria (G. Pecchio, *Sino a qual punto le produzioni scientifiche e letterarie seguono le leggi economiche della produzione in generale* del 1832) sia opera proprio di quel Giuseppe Pecchio (1775-1835) che s'incontra sulle pagine del «Conciliatore» a esprimersi fra i primissimi italiani in merito alla inusuale proposta tragica del *Faust* goethiano.[4]

Nel suo *Faust* Goethe stesso offre un saggio complesso della teoria della ricezione che colpisce per la modernità della prospettiva, anticipatrice rispetto ai successivi sviluppi: in forma metateatrale vi si trova infatti un modernissimo prototipo di interrogazione metaletteraria sul problema stesso del rapporto tra arte e pubblico, facile successo e fortuna storica, modello poi

3. «I fondamenti mitici che sostengono la tradizione occidentale moderna sono depositati nelle Sacre Scritture e nella mitologica greco-latina così come essa è consegnata nei testi antichi e nei volgarizzamenti medievali. L'incontro tra queste due tradizioni mitologiche è la vera storia della letteratura europea. Dalle origini fino almeno all'Ottocento lo sforzo della nuova mitologia chiamata "letteratura" è stato quello di trovare un equilibrio fra i due modi di concepire il mondo (fra due "narrazioni" del mondo): la classica e la cristiana», in Ferrucci, *Il mito*, pp. 518-519.

4. Ne parlo nell'articolo *I primi lettori italiani del Faust*, ma anche qui, nel paragrafo *Il capolavoro sbagliato*.

preso a riferimento dagli autori più sensibili alla riflessione metatestuale ed ermeneutica che rimane documento letterario della consapevolezza storica e artistica che Goethe possedeva nel presentare la propria versione di un mito di sì densa tradizione.[5] Jauss, critico interessato all'opera d'arte nel suo sviluppo diacronico d'interpretazione e ricezione, attribuisce proprio a Goethe la scoperta del relativismo storico del giudizio estetico, ossia del fatto che alla storia della letteratura andrebbe affiancata una storia della ricezione letteraria: «poiché chi vive in un'epoca in movimento viene portato a punti di vista dai quali il passato può essere visto e giudicato in modo nuovo».[6]

Si parte dunque dall'analisi della tematizzazione stessa, nel testo di Goethe, della modernità letteraria nel suo specifico aspetto della questione del pubblico e della ricezione come Goethe li aveva immaginati e previsti, per cominciare a ricostruire fattori e processi dell'effettiva storia della ricezione del mito faustiano in Italia, che sembra legato anche a una nuova interrogazione teorica da parte della letteratura italiana sulla questione del moderno rapporto tra produzione artistica e pubblico.

Goethe affronta il problema nell'apparato paratestuale della sua opera: l'autore appare pienamente consapevole dell'influenza sullo stesso atto creativo esercitata dal gusto del pubblico contemporaneo che si potrebbe riconoscere nel lettore implicito o pubblico implicito, data la natura teatrale del testo goethiano. Egli considera anche il peso che può avere il pubblico sul successo di più lunga durata, in questo caso riferendosi al pubblico storico. Nella *Zueignung* e nel *Vorspiel auf dem Theater* s'incontra l'esplicitazione da parte dell'autore di questi temi e si possono riconoscere alcuni elementi delle formulazioni che solo nella seconda metà del Novecento l'ermeneutica ha saputo offrire, sistematizzando la riflessione sul problema della ricezione in campo estetico. Nella sua *Tragödie* Goethe rappresenta tale stratificazione di interlocutori, lettori o spettatori, testimoni della vicenda agita e subita dell'uomo moderno Faust, fino a fare del personaggio principale prima lo spettatore delle proprie stesse vicende e solo in ultimo il vero protagonista della sua sorte, suggerendo implicitamente una dimensione esistenziale, filosofica prima ancora che letteraria, dell'atto ermeneutico, e ponendo il problema di

5. Ne parlo in *In principio era un ciarlatano: Faust come mise en abîme dell'io moderno*.

6. Jauss, *Esperienza estetica ed ermeneutica letteraria*, volume II, *Domanda e risposta: studi di ermeneutica letteraria*, p. 22, riferisce da Goethe, *Werke*, vol. 14, p. 195.

come le aspettative del pubblico prima e il giudizio dei critici poi, potessero entrare nel laboratorio creativo stesso. Inventa così, con la sua versione del mito moderno dell'uomo disposto a tutto per accrescere il proprio sapere e cercare di raggiungere la felicità, attraverso una nuova forma di tragedia composta per scene tragiche e coronata da un lieto fine, una formula modernissima di opera aperta, in dialogo con il pubblico virtuale-intratestuale e metatestuale e reale-extratestuale, che pure sfida i giudizi umani e il Giudizio divino per trovare la propria via espressiva.

Il paratesto dell'opera risulta articolato in tre prologhi, premessi alla prima parte ma posposti al titolo generale dell'opera,[7] in un gioco di livelli d'accesso al testo funzionale alla presentazione della poliedricità della prospettiva teatrale e metateatrale del dramma. Tramite questa ricca messe di margini testuali paralleli di apertura (*Zueignung-Prolog*) e chiusura (*Epilog-Abschied*) viene costruita, a gradi, il teatro-mondo di Faust presentato nel *Vorpspiel.*[8]

Nella versione del *Faust Eine Tragödie – Der Tragödie erster teil* pubblicata nel 1808, troviamo una *Zueignung*, che risale al 1797, un *Vorspiel auf dem Theater* del 1798, ed un *Prolog im Himmel* del 1800, coevo cioè alla stesura del brano fondamentale in cui Faust si fa traduttore del versetto incipitario del Vangelo di Giovanni «*en arché en o logos*». Attraverso questi tre livelli paratestuali si sviluppa la questione del pubblico che dovrà ascoltare, vedere agire e giudicare Faust: in un'articolazione esemplare per la sua modernità di forma e contenuto.

Nella *Zueignung* è l'*auctor* Goethe che, rivolgendosi alle «*schwankende Gestalten*», figure mutevoli dei vari Faust, ricorda come la sua intera esistenza sia stata accompagnata dal confronto con esse: ora propone l'opera che fissi in una forma poetica la figura molteplice di Faust e afferma che non il *freundliches Gedränge*, la folla degli amici ormai scomparsi, sibbene una *unbekannte Menge*, ossia una ignota moltitudine, potrà leggere e ascoltare i suoi versi e di essi farsi giudice. Viene dunque descritto il passaggio dal caro lettore del circolo ristretto di aristocratici letterati all'ignoto, allargato, anonimo pubblico borghese che storicamente sarà rappresentato da un pubblico sempre più distante dal tempo e dalla cultura in cui l'opera era nata. Compaiono qui due dei numerosi appellativi del

7. Sottolinea la posizione dell'apparato paratestuale in funzione di cornice dell'intera tragedia in due parti Schmidt, *Goethes* Faust*, Erster und Zweiter Teil*, pp. 47-48.

8. Arens, *Kommentar zu Goethes Faust I*, p. 25.

pubblico[9] che si trovano poi nel *Vorspiel auf dem Theater*, secondo livello paratestuale della scena dell'opera presentata. *Das Gedränge*, un neutro che è ressa, mischia indeterminata, che spinge e travolge, e *die Menge*, femminile, che è folla numerosa, moltitudine capricciosa: entrambi i termini ritornano rispettivamente il primo al verso 61, e, il secondo, ripetutamente ai versi 37, 49, 59, 92.

Stranamente il *Vorspiel auf dem Theater* non ha riscosso negli anni un'attenzione adeguata da parte degli studiosi del *Faust*, e nella vastissima letteratura critica sul capolavoro goethiano scarsa è la saggistica rivolta specificamente all'analisi di questa parte dell'opera che pure trova una sua trattazione generale nel recente studio complessivo su *Goethes* Faust di Schmidt, dove ne viene colta l'esemplarità di *Reflexion auf das Wesen der Dichtung und ihr Verhältnis zur Theatherpraxis.*[10] Sembra che come in Spies la *Vorrede* aveva introdotto al lettore il *prodesse et delectare* dell'*exemplum* esposto, così duecento anni dopo il *Vorspiel* teatrale di Goethe volesse introdurre invece alla nuova dimensione moderna di *Theatrum Mundi* del mito faustiano. Tanto è vero che in molti, anche tra i testi italiani qui richiamati, recuperano questa dimensione introduttiva di presentazione al pubblico della materia (si veda in merito il paragrafo sulle *Metamorfosi testuali*).

Nel *Vorspiel auf dem Theater* Goethe si sbizzarrisce in innumerevoli virtuosismi lessicali intorno al corpo del pubblico che appare così il vero protagonista di questo prologo in cui il Direttore del teatro, il Poeta del teatro e il Comico discutono di arte e successo: l'autore si mostra ben consapevole, già a giudicare dal lessico utilizzato, del fatto che in realtà il pubblico non esista ma sia solo un'astrazione di secondo grado, una sommatoria di virtuali individui spettatori e lettori di un'opera.[11] L'importanza di questo prologo si può comprendere bene ricordando anche che proprio alla disquisizione sul pubblico ivi contenuta Steiner fa riferimento per descrivere la morte della tragedia nell'epoca romantica, confermata poi anche dallo stesso appagante lieto fine scelto da Goethe

9. Der Geist des Volks, v. 43; so verschiedne Leute, v. 57; die Nachwelt, v. 74; die Mitwelt, v. 75; die Volkes Laune [capriccio; umore], v. 82; der Kreis, v. 83; die Masse, v. 95; das Publikum, v. 103; wen Ihr schreibt, v. 112; das volles Haus, v. 122; Die Damen, v. 119; der Gönner [protettore; mecenate], v. 123; die alle Welt, v. 173; der Jugend schönste Blüte, v. 174.

10. Schmidt, *Goethes* Faust, *Erster und Zweiter Teil*, pp. 50-56. Ma già Arens, *Kommentar zu Goethes* Faust I, pp. 25-47 ne aveva proposto un'analisi funzionale.

11. A tal proposito si veda Escarpit, *L'artista e il suo pubblico*, p. 21.

che andrebbe a risolvere ciò che per definizione il tragico non dovrebbe risolvere.[12] Il pubblico, scrive Steiner, allargandosi, democratizzandosi, si è anche abbassato nel gusto, tendendo sempre più alla novità fine a se stessa: sarà difficile competere con le continue notizie d'attualità diffuse dai quotidiani oramai largamente letti, che ben soddisfano la morbosa curiosità e il voyeurismo di tale moltitudine ignorante.[13] Come sa bene il Direttore del Teatro il pubblico si aspetta e desidera una festa, feste in maschera [*das Fest*, v. 40; *die Maskenfesten*, v. 117]: vuole stupirsi [*erstaunen*, v. 42], divertirsi [*Spaß*, v. 77], essere commosso [*erschüttern*, v. 84]. «Man kommt zu schauen, man liebt am liebsten sehn»[v. 90]: [14] si insegue la soddisfazione delle proprie attese immediate più che nuove forme perenni del bello ed è di certo più la quantità che non la qualità a fare effetto sulla moltitudine [v. 95]. Non solo: ci saranno, nel pubblico, persone diverse con esigenze diverse: noia, distrazione, curiosità, vanità, tanto che la platea potrebbe sostituirsi al palcoscenico giacché ci sono signore imbellettate pronte a recitare gratuitamente pur di apparire, esibendo i propri begli abiti: «Die Damen geben sich und ihren Putz zum besten / Und spielen ohne Geige mit» [vv. 119-120].[15] Avviene così che il pubblico divenga alternativamente moderno mecenate dei poeti o finanche, per paradosso narcisistico e autoreferenziale, attore egli stesso: e visto che accontentarlo [*befriedigen*] può risultare difficoltoso, bisogna tendere a stordirlo, confonderlo [*verwirren*, vv. 131-132].

Il Direttore impresario esorta di fatto il Poeta a farsi ciarlatano dell'arte, così come Faust si sente ciarlatano della conoscenza: a piegare cioè la poesia a desideri e aspettative della gente per poter lucrare raggirando, confondendo invece che facendo meravigliare e ragionare. Il Poeta da parte sua pare volersi opporre e ribellare a tale logica che lo vorrebbe servo, *Knecht,* del pubblico e del mercato [v. 134]: e ricorda che ben più elevato è il compito, e si potrebbe anche dire la missione, del Poeta e di ogni intellettuale. Il Poeta viene quindi romanticamente presentato come colui il quale è in grado di disvelare meraviglie, quasi profeta di verità profonde e nascoste: «Des Menschen Kraft, im Dichter offenbar!» [v. 157].[16] È a

12. Steiner, *La morte della tragedia*, pp. 95 e 111.

13. Ivi, pp. 98-100.

14. Goethe, *Faust*: «Si viene per guardare, quel che più piace è vedere». Quando non diversamente indicato si riporteranno le citazioni del *Faust* da questa traduzione.

15. Goethe, *Faust I*: «Le signore esibiscono i vestiti e se stesse / e recitano gratis».

16. Goethe, *Faust I*: «L'umana forza, rivelata nel poeta», ma anche vv. 144-157.

questo punto della diatriba tra Direttore e Poeta che s'intromette il Comico, tentando di risolvere la contesa con la sua arma, abbassando il tono della discussione: nelle sue parole Goethe inserisce elementi fondamentali per il dibattito metaletterario in atto. Proprio per bocca di un apparentemente ingenuo Comico, infatti, Goethe espone quel cambiamento epocale nella storia dei generi poi descritto da Steiner: la morte della tragedia in epoca romantica anche dovuta all'allargamento e involgarimento del pubblico e il conseguente successo del genere romanzesco. Una anticipazione quasi profetica di quello che sarà una delle vie più battute dal successo di largo pubblico del suo *Faust*, ossia quella che riconosce nel *Faust I* e nella vicenda erotica di Faust e Margherita l'elemento di maggiore interesse della tragedia: indicazione ermeneutica diminutiva e fuorviante dell'autore circa il significato del dramma presentato.

Steiner scrive: «la storia del tramonto del dramma coincide, in parte, con la storia degli albori del romanzo»;[17] così invece parla il Comico:

> Und treibt die dichtrischen Geschäfte, / Wie man ein Liebesabenteurer treibt: / [...] und eh man sichs versieht, ists eben ein Roman! / Laßt uns auch so ein Schauspiel geben! [...] In bunten Bildern wenig Klarheit, / Viel Irrtum und und ein Fünkchen Wahrheit, / So wird der beste Trank gebraut [...] erfreuen sich am Schein.[18]

Il poeta dovrebbe cioè preparare un «beverone», «liquori forti», qualcosa che sappia stordire il pubblico; da bravo ciarlatano dovrebbe vendere formule appariscenti, buone per tutti e per ciascuno, meravigliose panacee universali. Torna, attraverso un ironico riferimento alle scene tedesche di quegli anni e ai nuovi macchinari che aiutano a creare meraviglia [vv. 231-234], la critica latente all'arte superficiale dell'apparenza, del facile effetto e dell'abbondanza, che sembra veramente profetica rispetto all'utilizzo di effetti speciali già nelle prime versioni cinematografiche di argomento faustiano, e ancor più alla deriva attuale del gusto di massa, alla sua strumentalizzazione ideologica. Quindi si accenna all'ambizione reale del testo e dell'azione di Faust, che in quanto "opera mondo", secondo la

17. Steiner, *La morte della tragedia*, pp. 102-103.

18. «Trattatele, le faccende di poesia, come fareste con una avventura d'amore [...] e neanche te ne avvedi: è già un romanzo! / Facciamolo così anche noi, uno spettacolo! [...] Chiarezza poca, scene pittoresche, / mille errori e un lampo di verità: / così prepari il miglior beverone [...] Le apparenze li incantano», Goethe *Faust I*, vv. 159-160, 165-166, 170-173, 181.

definizione di Moretti,[19] vuole essere creazione di un mondo, sua traduzione in versi e personaggi, «Vom Himmel durch die Welt zur Hölle!» [v. 242]:[20] ricordando che un'opera per quanto bella è un mondo storicamente caratterizzato, mentre il mito ha una sua forza semantica sovrastorica che solo storicamente può però esprimersi. Il verso conclusivo del *Vorspiel auf dem Theater* conduce *naturaliter* al *Prolog im Himmel*, in cui s'incontra, quasi riscrittura del libro di Giobbe,[21] un Dio che scommette sulle sorti di Faust insieme a Mefistofele. Ed è proprio in un ribaltamento delle parti che Faust, dopo tanto peregrinare sotto la guida volitiva di Mefistofele, riesce a imporsi finalmente come protagonista attivo della sua vicenda e a scoprire la salvezza da questo ruolo passivo, anche rispetto a Mefistofele. Questo fondamentale passaggio da individuo-oggetto di un esperimento allestito da terzi, spettatore delle proprie vicende, a reale soggetto autonomo, io razionale e attivo, avviene attraverso una faticosa riconquista della speranza, la cui perdita era stata causa della firma del patto, che in realtà in Goethe è una ben più consapevole e aperta scommessa con Mefistofele: è speranza nel poter fare, nel poter trovare soddisfazione nella parola che si sa fare azione, *streben* costruttivo per sé e per gli altri, scommessa sul senso della scrittura, ragione di vita e di salvezza. Tale percorso di emancipazione sembra infatti corrispondere a quello dell'autore e della sua poesia. Potrebbe qui vedersi altresì condensato l'intero intreccio delle due parti del *Faust* che partono dal soggettivismo ad una fase oggettiva dell'azione sociale che apre a nuove prospettive positive. Tale via porta infatti all'iniziativa attiva e compare indicata sottotraccia in vari punti salienti del testo: fondamentali per la carica simbolica i versi coevi al *Prolog im Himmel* dove Faust si confronta con i problemi di traduzione del primo versetto dell'Evangelo di Giovanni. La traduzione si sviluppa in parallelo alla conquista di autonomia di Faust rispetto al testo, quindi rispetto alla parola, alla legge di Dio. Faust da interprete della *intentio* divina contenuta in quelle parole si fa creatore profetico di senso, passa ad una *inventio* ermeneutica: come fa Goethe rispetto a generi e personaggi della sua *Tragödie* e come avviene nella storia evolutiva di ogni mito. Il *Wort* del testo gli appare insufficiente

19. Moretti, *Opere mondo*.

20. Goethe, *Faust I*: «Dal cielo, attraverso la Terra, all'Inferno!».

21. Sulla funzione centrale della ripresa del libro di *Giobbe* nel *Prologo in Cielo* del *Faust* di Goethe restano di riferimento le considerazioni di Jauss, *Esperienza estetica ed ermeneutica letteraria*, pp. 136-149.

come resa della carica creativa del greco *logos* e quindi passa a tradurre «Geschrieben Steht: "Im Anfang war das Wort!"... Sinn... Kraft...» per giungere ad affermare volitivamente «Und schreibe getrost: Im Anfang war die Tat!» [vv. 1224-1237].[22] La traduzione che si presenta ben difficoltosa per la sua pregnanza rispetto al carattere moderno della ricerca del senso originario, offre una meravigliosa processualità che è stata definita metamorfosi ermeneutica[23] in riferimento alla teoria scientifica abbracciata dal Goethe scienziato secondo cui tutte le forme del vivente, animale e vegetale, sarebbero conoscibili come metamorfosi di un'unica forma primordiale. In realtà anche questo dell'Uhr-mito è a sua volta un falso-mito: ugualmente il mito faustiano esiste solo nelle proprie manifestazioni che ha subito nel tempo e nello spazio, nelle sue metamorfosi testuali storicamente attuatesi che ne costituiscono anche la sua identità.

Ebbene, in tale prospettiva il solo *Wort*, la sola parola, non basterebbe a coprire il senso pieno espresso dal greco *logos*, e deve diventare *Tat* per resistere al pericolo di perdita di senso, mentre, al contrario, in Mefistofele la parola, la superficie della cosa, il puro significante, pare esaurire la sua negativa sostanza. L'apparizione di Mefistofele dietro le mentite spoglie del nero can barbone non a caso avviene proprio al termine di questa scena. Quando Faust gli chiede come si chiami, Mefistofele gli risponde: «Die Frage scheint mir klein / Für einen, der das Wort so sehr verachtet / Der, weit entfernt von allem Schein, / Nur in der Wesen Tiefe trachtet».[24] Faust gli risponde beffardo e ironico: «Bei euch, ihr Herrn, kann man das Wesen / Gewöhnlich aus dem Namen lesen, / Wo es sich allzu deutlich weist, / Wenn man euch Fliegengott, Verderber, Lügner heißt».[25]

Mefistofele è tentatore per l'*actor* Faust quanto per l'*auctor* Goethe, e per la sua figura nel personaggio del Poeta, con le sue profferte di appariscenti quanto facili successi. Faust si ribella alla propria passività ricercando un senso vero sotto le menzognere parole di Mefistofele, costituite dalle illusorie soddisfazioni terrene di potere, ricchezza, eros egotista, si-

22. Goethe *Faust I*, v. 1237: «In principio era l'Azione».

23. Crescenzi, *Ermeneutica morfologica. La traduzione del Vangelo di Giovanni nel Faust I* [vv. 1224-1237], pp. 31-43.

24. Goethe, *Faust I*, vv. 1328-1330, «Domanda direi futile / per chi tanto disprezza la parola / e remotissimo da tutte le apparenze / mira soltanto all'essenza della cose».

25. Goethe, *Faust I*, vv. 1331-1334, «Con voi, signori miei, si può di solito / l'essenza leggerla nel nome / fin troppo chiaramente / se vi chiamano Signore delle Mosche, / Corruttore, Maestro di menzogna».

tuazioni non agite ma di fatto solo passivamente accettate da Faust, e si riesce dunque a liberare per approdare gradualmente al *Sinn*, che si fa *Kraft* e *Tat*, e quindi libertà di aspirare a far qualcosa che superi la egoistica e insufficiente soddisfazione individuale. Un passaggio che nella struttura del macrotesto è rappresentato dallo sviluppo della tragedia dal *Faust I* al *Faust II,* consentendo di credere in una felicità, forse irraggiungibile ma pur sempre desiderabile, che rende l'attimo bello in quanto costruzione di un futuro migliore e la parola poetica agita in una nuova tragedia che sopravvive grazie al proprio lieto fine.

L'ultima tappa di questo percorso metanarrativo sul processo di ricezione come processo dialogico si può rinvenire nella scena della morte di Faust, quando appunto egli si riappropria della libertà di credere e sperare, oltre ogni difficoltà, in una vita migliore per tutti gli uomini, ed è perciò salvato.[26] Così la salvezza del Poeta, e dell'arte, sembra trovarsi indicata nei versi in cui egli sogna di liberarsi dal ruolo di puro ciarlatano della parola di facile successo, spezzando le catene impostegli dal pubblico e riscoprendo pertanto il senso profondo della creazione artistica, che sola ne può garantire la sua fortuna di lunga durata:

> So gib mir auch die Zeiten wieder, / Da ich noch selbst im Werden war, / Das ich ein Quell gedrängter Lieder / Ununterbrochen neu gebar, / Da Nebel mir die Welt verhüllten, / Die Knospe Wunder noch versprach, / Da ich die tausend Blumen brach, / Die alle Täler reichlich füllten! / Ich hatte nichts und doch genug: / Den Drang nach Wahrheit und die Lust am Trug! / Gib ungebändigt jene Triebe, / Das tiefe, schmerzenvolle Glück, / Des Hasses Kraft, die Macht der Liebe, / Gib meine Jugend mir zurück![27]

È altresì interessante come nella *Zueignung* Goethe scelga di legittimare la propria proposta faustiana inserendosi in una tradizione letteraria alternativa a quella epica classica, che si rimetteva alle Muse, affidata ad una sacra ispirazione del Genio:

26. Goethe, *Faust II*, vv. 11559-11586.

27. «Allora rendimi anche quei tempi / quando cercavo me stesso ancora, / quando una vena viva di canti / ininterrotta risorgeva, / quando una nebbia velava a me il mondo, / la gemma ancora annunziava miracoli, / quando tanti mai fiori coglievo / splendidamente gremiti ai pendii. / Nulla era mio. Pure, avevo abbastanza: / veemenza verso il vero e gusto di ingannarmi. / Rendimi indomiti quegli impeti, / la tormentosa gioia profonda, / l'odio teso, la forza d'amore. / Ridammi la mia giovinezza!», Goethe, *Faust I*, vv. 184-197.

> An die Stelle der alten Exordialtopik tritt nun die eigene gefühlshafte Ergriffenheit. Daß Goethe die Wiederaufnahme der Arbeit zunächst auf der eigenen Gefüllssphäre legitimiert, deutet auf seine zentrale Anschauung, Dichtung müsse in Erlebnissen und Erfahrungen wurzeln.[28]

Insomma, con Goethe si riconferma il principio secondo il quale i capolavori letterari sono tali proprio grazie alla resistenza ai compromessi pragmatici versati all'immediato successo di pubblico, troppo allineati sulle poetiche storiche, normative ed autoreferenziali; grandi sono le opere che continuano a volere invece dire una loro verità sulla vita, sorprendere le facili e prevedibili aspettative del destinatario, invece di lusingarle e assecondarle, straniandone l'attesa e il gusto del riconoscimento del già noto, e questo tanto più vale per un mito, nelle cui riscritture o adattamenti bisognerebbe sempre ritrovare la "giovinezza" di quel mito, con la specificità formale mai neutra che di volta in volta viene scelta per ri-adattarlo, mantenendolo aperto ad una interrogazione attuale, conservandolo ambiguo, ricolmo di domande aperte.

Se dunque la storia della ricezione in Italia del mito dell'uomo moderno che osa tentare di superare con ogni mezzo i limiti dati alla sua conoscenza e soddisfazione, inizia con questo testo, ancora più forte è la connessione di esso con la critica metaletteraria a un'arte reazionaria, normativa, ripetitiva e prevedibile. In Italia Faust giunge come mito di superamento di ogni norma aprioristica, mito polemico che rifiuta l'idea di equilibrio come stasi e incarna la ricerca stessa di un nuovo, agognato equilibrio nel moderno mondo dinamico ed instabile, per Goethe ordinabile e comprensibile solo attraverso sottili e complesse polarizzazioni.

Con i giochi metateatrali dei margini testuali della sua *Tragoedie* Goethe provoca un'intera tradizione autorefenziale di poetica normativa classica, sminuisce e deride le troppo facili formule contenutistiche del romanticismo più vieto, rinnova polemicamente una tradizione mitica popolare, complicando tutte queste tradizioni in un testo dialogico, stratificato, ambiguo ed ironico, in continua comunicazione con il mondo della finzione e con quello della realtà.

28. Schmidt, *Goethes* Faust, p. 48. «Al posto del vecchio *Incipit* tradizionale ora succede la sollecitazione della semplice commozione emotiva. Che Goethe legittimi il richiamo alla sfera emotiva si deduce dalla sua centrale concezione che la poesia debba radicarsi nel concreto di vissuto ed esperienza». Traduzione mia.

2. *Per un canone faustiano in Italia*

Come già detto, negli studi sulla diffusione del mito di Faust nel mondo,[29] e non solo in Occidente, la tradizione letteraria italiana è stata troppo spesso trascurata. Si pensi ai lavori che soprattutto da metà Novecento in poi sono stati dedicati a questo tema: in Altenberg, *La storica figura del Doctor Faust ed il motivo faustiano nella letteratura europea*, uscito in traduzione italiana nel 1960,[30] viene di fatto omessa la tradizione italiana sul mito, come già in Dédéyan,[31] *Le thème de Faust dans la littérature européenne* del 1955. Ad oggi gli studi di André Dabezies,[32] coronati dal recentissimo *Des rêves au réel. Cinq siècles de Faust. Littérature, idéologie et mythe,* restano i lavori di maggiore precisione e completezza nell'individuare ed analizzare le varie versioni anche italiane del mito e altresì a comprenderle in un discorso critico interconnesso, organizzato in sistema. L'indagine sul mito che Dabezies conduce lungo il suo percorso storico, letterario ed ideologico, apre all'analisi di tutti i lavori originali, arrivando così a comprendere anche testi italiani trascurati, se non dimenticati, della stessa critica italiana.[33] Organizzate in uno

29. Per l'Oriente asiatico si veda la raccolta a cura di Hsia, *Rezeption von Goethes 'Faust' in Ostasien*. Lo studio è interessante perché in questo caso le distanze filosofiche e religiose neutralizzano la problematicità del personaggio e della sua vicenda: resterebbe quindi, di Faust, uno scheletro universalmente comprensibile di ribelle, laddove invece l'elemento dialettico tra magia, nera o bianca, e conoscenza razionale, o l'alternativa tra Margherita ed Elena, non costituiscono alcun problema da risolvere, alcuna scelta da realizzare. Afferma questo il curatore del volume, che contiene interventi sul Giappone, sulla Cina, ed uno anche sulla Korea, riconoscendo al Giappone la funzione di tramite e aprivia dei contatti culturali con le lingue e la cultura europee, e decretando lapidariamente che: «Die zwei Seelen in Fausts Brust könnten durchaus der Konfuzianer und der Taoist sein: die rigiden Verhaltensnormen und die Natürlichekeit», ivi, p. 18. Hsia conclude la sua *Premessa* sull'*assenza nelle culture dei tre paesi orientali* di una leggenda faustiana, affermando che: «Dieser ostasiatische Faust [...] wäre durchaus eine zeitgemäße, universelle Gestalt der post-faustischen Welt», p. 20.

30. Altenberg, *La storica figura del Doctor Faust.*

31. Dédéyan, *Le thème de Faust dans la littérature européenne.*

32. Dabezies, *Visages de Faust au 20. siècle* e Id., 2015. Ma anche Smeed, *Faust in literature*, 1975.

33. Dabezies, *Visages de Faust au 20. siècle*, registra ad esempio le opere faustiane in italiano ante-1967 di: Brüggemann, Fregoli, Frenkel, Giobbe, Graf, Grande, Liberatore, Onip, Pascoli, Pagani, Prunaj (per la quale viene proposta la datazione del 1915 laddove sul volumetto in merito non compare la data di pubblicazione), Riccio, Terra, Thovez, mentre

schema che distingue in tipologie e aree linguistiche, Dabezies presenta numerosissime riscritture ordinate cronologicamente, alle quali viene riconosciuto un significato pregnante per la storia letteraria in quanto «elles mettent en jeu une inspiration créatrice qu'ignore les commentaires et qui reflète plus fidèlement les idées du moment».[34] L'autore può così proporre una statistica che mostra che nel XX secolo la frequenza delle riscritture si concentra in Francia a ridosso delle due guerre mondiali; nel mondo anglosassone in particolare in prossimità della prima guerra mondiale, e in Germania soprattutto nel periodo tra le due guerre.[35] Questi dati dimostrano come durante la prima metà del XX secolo ci sia stata una forte connessione tra successo del tema faustiano e discorso ideologico-politico e politico-culturale sul "faustismo". Nel nostro paese una statistica cronologicamente orientata conferma una medesima distribuzione di nuovi testi di argomento faustiano: i momenti di maggiore interesse creativo per questo tema hanno coinciso con la prima metà del secolo, per scemare decisamente fino alla metà degli anni Sessanta e riprendere nell'ultimo terzo del secolo fino ai giorni nostri. Si segnala un altro dato: proprio la produzione neoavanguardistica che va dalla metà degli anni Sessanta agli anni Novanta vede impegnati nella riscrittura di questo mito autori già largamente noti e riconosciuti. A maggior ragione continua a stupire che anche in studi italiani più recenti, contemporanei alla ripresa dell'interesse artistico per Faust, proprio la nostra tradizione letteraria venga trascurata: ad esempio il convegno *Progetto Faust*, tenutosi a Treviso e Rovigo nel 1986[36] offre alla tradizione italiana un unico saggio dedicato al *Mefistofele* di Boito.[37] Così anche nel numero

non vengono registrate le versioni da me identificate di Bene-Cuomo, Bistolfi, Dal Sillaro, De Anna-Lacchini, Ferraretto, Finzi, Gestri, Martini, Nascimbene, Norsa, Riccio, Surico, le versione cinematografiche di Faust: *Serenata Faust* del 1907, Guazzoni del 1910, *Rapsodia satanica* del 1917, Gallone del 1949, le versioni per ragazzi di Tibaldi-Chiesa e di Usiglio, quella fumettistica di Pedrocchi.

34. Ivi, p. 4.

35. Ivi, p. 5.

36. *Progetto Faust*; *Il Faust nelle letterature europee*. Ma anche Bates, *Faust: sources, works, criticism*; in Boerner, Johnson, *Faust through four Centuries*, si trova invece un riferimento al lavoro di Landolfi pubblicato nel 1969 *Faust 67*, Blackall, «*What the devil?!*» – *Twenthieth-Century Fausts*, pp. 209-210; Bucchianeri, *Faust: my soul be damned for the World*; Butler, *The Fortune of Faust*; Durrani, *Faust: icon of modern culture*; *Faust ou la mélancolie du savoir*.

37. Marinelli, *Faust secondo Gounod e Boito*, in *Progetto Faust*, pp. 61-71.

monografico di "Cultura tedesca" del 1997,[38] come poi nel convegno del 2000,[39] la tradizione letteraria italiana risulterebbe marginale rispetto al tema faustiano, o gli studi faustiani indifferenti alla tradizione letteraria italiana. Nel successivo numero di "Cultura tedesca" del 2002[40] compare un (mio) saggio sul *Faust 67* di Landolfi accanto a saggi dedicati alla critica italiana in materia, con interventi sul Romanticismo, su Foscolo, su De Sanctis, su Croce, sulla critica tardonovecentesca. La considerazione della letteratura critica e creativa faustiana italiana è invece ancora assente nel numero dedicato a *200 anni Faust* del 2009.[41] Il recente studio del germanista Zenobi, *Faust, il mito dalla tradizione orale al post-pop*, del 2013,[42] ancora una volta non ferma l'attenzione sulla tradizione artistica italiana e, in maniera più evidente, lo studio di Paola Del Zoppo,[43] che è un tentativo di rendiconto critico della ricezione dell'opera goethiana nella nostra tradizione letteraria, non riesce a completare il quadro del fenomeno. Una prospettiva ampia e originale è offerta, nel suo studio su Faust, da Paolo Orvieto, che dedica finalmente attenzione anche alla presenza di Faust nella letteratura italiana:[44] senza però riuscire esaustivo nello spoglio delle riscritture originali del mito.

Appare chiara la permanenza della percezione di estraneità dunque della nostra letteratura all'argomento faustiano, nonostante quantitativamente la diffusione e la pervasività del tema faustiano risultino ampie. La storia della ricezione qui ricostruita individua un doppio binario di diffusione e rifiuto della cultura letteraria italiana nei confronti del mito di Faust. Il modello teorico di Itamar Even Zohar viene particolarmente incontro al caso in esame nella differenziazione proposta tra due tipi di canonicità:

> two different uses of the term "canonicity," one referring to the level of texts, the other to the level of models. For it is one thing to introduce a text into the literary canon, and another to introduce it through its model into some repertoire. In the first case, which may be called static canonicity, a certain text is accepted as a finalized product and inserted into a set of sanctified texts literature (culture) wants to preserve. In the second case, which may be called dynamic

38. Numero monografico di «Cultura tedesca», 7 (1997).
39. *La storia di Faust nelle letterature europee.*
40. De Michelis, *Goethe nell'opera di Tommaso Landolfi.*
41. *200 anni di Faust*, «Cultura tedesca», 37 (2009).
42. Zenobi, *Faust, il mito dalla tradizione orale al post-pop.*
43. Del Zoppo, Faust *in Italia.*
44. Orvieto, *Il mito di Faust.*

canonicity, a certain literary model manages to establish itself as a productive principle in the system through the latter's repertoire. It is this latter kind of canonization which is the most crucial for the system's dynamics.[45]

La tragedia di Goethe apparirebbe infatti canonizzata dalla cultura letteraria italiana senza però essere accettata come modello letterario: il testo entra nel canone statico di conservazione delle opere notevoli, insieme al suo autore già consacrato come classico per altre ragioni, mentre il tema del mito e la forma della tragedia non vengono accettate.

Moretti nel suo *La letteratura vista da lontano* indica la necessità del recupero dei referti letterari dimenticati o scomparsi per comprendere in termini più completi e sfumati la storia delle lettere: bisognerebbe cioè

reintegrare le forme estinte all'interno della storia letteraria, permettendoci finalmente di vederle (e cambiando così di fatto la forma stessa della storia letteraria).[46]

Si pensa quindi di ridisegnare la storia letteraria reinserendo quanto la tradizione ha voluto rimuovere in una spesso consapevole *damnatio memoriae*: nel caso in esame vanno criticamente distinti i casi in cui la rimozione avviene intenzionalmente "dall'alto" da quelli in cui l'insuccesso di una determinata versione ne ha fatto rimanere darwinianamente scarsa la memoria.

Quindi sarà fondamentale indagare le modalità e le ragioni di interferenze, rifiuti, rimozioni e i meccanismi formali di rifunzionalizzazione della così definita "letteratura scomparsa" nella storia complessiva dei testi letterari.

Il sospetto da parte italiana nei confronti della letteratura del Nord Europa ha d'altronde una lunga storia: affonda in particolare le sue radici nel dibattito di pieno Settecento in cui si forma e consolida la contrapposizione tipologica tra letteratura e gusto italiani e francesi (in parte assimilati come continuerà ad essere per buona parte se non per tutto il secolo successivo), e letteratura e gusto nordico, inglese innanzitutto, quindi anche tedesco. In sintesi la posizione classicista avrebbe impedito, e continuato ad impedire più o meno consapevolmente oltre ogni limite previsto, lo sviluppo creativo delle lettere italiane nel dialogo produttivo con le letterature altre. Aveva fatto il punto sulla questione uno dei padri della letteratura comparata francese, Paul Hazard, che considerava l'*Amleto* shakespeariano come modello nordico della fantasia, spontanea e modernamente lirica, esempio

45. Even Zohar, *Polysystem Studies*, p. 19.
46. Moretti, *Opere Mondo*, p. 97.

"mostruoso" di quella letteratura dell'introspezione individuale. Nell'Ottocento sappiamo quale alto ruolo modellizzante acquisirà il teatro di Shakespeare, *Amleto* in testa: ma quegli stessi primi pregiudizi si riverseranno in termini pedissequi sulla tragedia faustiana di Goethe. Capolavoro sì, dice la de Staël, e dietro a lei Manzoni, *mutatis mutandis* Leopardi, fino ad Imbriani, ma "capolavoro sbagliato". Ci troviamo di fronte ad un nodo di accettazione e rifiuto, pieno di contraddizioni logiche, ideologiche, estetiche, storiche. Certamente resta forte il baluardo italiano pseudo-classicista, come direbbe Paul Hazard, nei confronti di quella che nell'articolo sopra citato veniva presentato come "l'esprit de liberté" delle letterature inglese e tedesca. La difficoltà ideologica di accoglienza di contenuti di stampo protestante era stata rilevata come fattore di resistenza al dialogo con le letterature straniere del Nord Europa da parte della nostra tradizione letteraria già nel Settecento, accanto poi alla difesa di un sedicente classicismo formalista: «Comment l'ésprit catholique, qui règne en Italie, tolérera-t-il l'avènement de l'ésprit protestant, dans la mesure où celui-ci est représenté par les littératures étrangères?».[47]

Quanto questo elemento possa risultare strutturale nel caso del mito che, nascendo *exemplum* luterano, conteneva elementi esplicitamente anti-cattolici e spregiudicatamente anti-papali, si può ben comprendere. Ed in effetti questo dato si conferma portante nel momento in cui si vede che storicamente il *Faust* entra, già come anti-modello, per la prima volta in un saggio in lingua italiana proprio in merito ad una discussione morale come quella esposta dal Manzoni nelle sue *Osservazioni sulla morale cattolica* del 1819, risposta alla polemica culturale anti-cattolica dello storico protestante Simonde de Sismondi (1773-1842).

E allora, esiste davvero un canone italiano di Faust? Qual è il percorso di accettazione, dialogo, confronto tra poeti e critici italiani e il mito del Dottor Faust? Sarebbe forse meglio parlare di un contro-canone faustiano in Italia, laddove la sua costituzione è composta di rifiuti, correzioni, censure e condanne? Questa ricerca cerca di rispondere analiticamente a tali quesiti.

Un macrotesto faustiano di lingua italiana esiste e contiene testi fra loro molto distanti per contenuti, forme, livello di elaborazione formale, densità semantica. Nella storia di questo macrotesto ci sono poi alcuni momenti più incisivi per la storia della letteratura italiana nel suo complesso: e sono chiaramente questi i punti d'interferenza più significativi e profondi

47. Hazard, *L'invasion des littératures du Nord dans l'Italie du XVIIIe siècle*, p. 36.

di riflessione della nostra storia letteraria su tale argomento, di maggiore scambio proficuo. Pensiamo ad esempio alla *Storia della Letteratura italiana* di Francesco De Sanctis in cui si trova, all'interno di una narrazione tutta nazionalisticamente teleologica, accanto a Dante, padre della letteratura nazionale, proprio il Goethe del *Faust*:

> la *Divina Commedia*, materia d'infiniti comenti filosofici, aveva il suo riscontro nel *Faust* [...] ritornavano in onore le forme mitiche e allegoriche, e le concezioni artistiche si trasformavano in costruzioni ideali (Capitolo XX, *La Nuova Letteratura*).

Si tratta di fatto di un implicito riconoscimento, tramite il parallelo, di una prima forma di interferenza dinamica (secondo la definizione di Zohar) tra le letterature nazionali italiana e tedesca per tramite dei loro classici, che oltre a costituire un dialogo a distanza (come si vedrà nel paragrafo *La Divina Tragedia* dialogo di lungo periodo), apre ad una effettiva interferenza di metri e modelli, laddove De Sanctis sembra suggerire che *La Letteratura Nuova* anche in Italia non può che vedere la propria nascita a partire dalla proposta del *Faust* di Goethe di "costruzioni ideali" in cui "ritornavano in onore le forme mitiche e allegoriche". Chiaramente la prospettiva di tutta la narrazione desanctisiana della storia delle lettere italiane era d'impostazione allegorica, ideale e finalistica: ma resta forte l'impressione dell'utilizzo di un modello di riferimento non nazionale per esporre la propria idea di letteratura nuova in un'opera che ri-costruisce la letteratura nazionale italiana. La scelta s'innesta nel parallelo di lungo periodo tra Dante e Faust, *Divina commedia* e tragedia goethiana, eppure qui viene rifunzionalizzata in modo diverso: il riconoscimento dell'autorità del *Faust*, appoggiato com'era al parallelo con il capolavoro dantesco, indiscusso a quell'altezza nella critica tardo-risorgimentale, è finalizzato al riconoscimento delle nuove linee di una letteratura italiana che voglia essere moderna.

Non si accordava evidentemente la storiografia desanctisiana con le attuali proposte culturologiche, esposte ad esempio da Moretti con la notazione che

> Il molto piccolo, e il molto grande: sono queste le forze che danno alla storia letteraria la sua forma caratteristica. I procedimenti, e i generi: non i testi. I testi, [...] sono gli oggetti reali della letteratura [...] ma non sono gli oggetti di conoscenza giusti per la storia e la teoria letteraria.[48]

48. Moretti, *La letteratura vista da lontano*, p. 95.

De Sanctis parte invece dai testi per identificare e proporre modelli di descrizione e perfino di sviluppo del canone: e il *Faust* viene proposto contro ogni preconcetto diffuso, come modello di letteratura moderna *tout court*.

Questa prospettiva sostiene il carattere di esemplarità del tema faustiano rispetto al dialogo tra tradizione e modernità: Faust è mito moderno perché nasce nel XV-XVI secolo, e per questo contiene un'interrogazione moderna dell'individuo di fronte a Dio; un'interrogazione di base protestante perché individuale e non mediata. Tanto la tragedia elisabettiana, con Marlowe, che la tragedia pre-romantica del classicissimo Goethe, esaltano questi caratteri moderni dell'interrogazione esistenziale del protagonista che si pone il problema della conoscenza umana, della sua liceità, della liceità dei mezzi per accrescerlo, insieme alla convenienza sociale e individuale, appunto, di un percorso conoscitivo che tenda o si affidi alla scienza razionale piuttosto che alla conoscenza irrazionale. La libertà nell'errare ricorda il concetto di servo arbitrio, votato all'errore, da un lato, ma arbitrio innanzitutto, individuale e privo di intermediazioni sovrastrutturali tra l'agire umano e Dio. Fuori dunque o semplicemente oltre una morale "pubblica", l'etica personale, privata, individuale. Tutti questi contenuti giungono alla tradizione letteraria italiana nella forma a sua volta nuova e moderna della tragedia di Goethe: una tragedia non rappresentabile per ampiezza di spazi, tempi e situazioni, apparentemente franta in quadri, costruita su sottili rimandi binari mai risolti o sciolti in una sintesi rassicurante per il pubblico/lettore ma giocati su un perpetuo equilibrio polare, interlocutorio nei confronti dei destinatari, testo aperto all'interpretazione storica.

Ritornano in forma nuova vecchi pregiudizi nei confronti, dicevamo, delle letterature del Nord Europa, ben sintetizzate nel percorso di resistenza alla forma romanzesca proposta proprio dalla letteratura inglese e tedesca del secolo XVIII. E allora forse non a caso Goethe nel suo *Vorspiel* poneva il suo testo teatrale in concorrenza con il romanzo: forma moderna di narrazione aperta all'attualità, come anche al lettore (e alle lettrici, e Goethe parla di spettatrici: «Die Damen geben sich und ihren Putz zum besten / Und spielen ohne Geige mit» [vv. 119-120])[49] e alla sfera del privato. Tutti argomenti che, come è stato dimostrato,[50] coincidono con motivazioni profonde, per quanto talvolta dissimulate, delle resistenze "ufficiali" della cultura letteraria italiana al genere romanzesco.

49. Goethe, *Faust I*: «Le signore esibiscono i vestiti e se stesse / e recitano gratis».
50. Mangione, *Prima di Manzoni*.

Nel mezzo secolo che vide Goethe impegnato nella stesura del suo capolavoro, i letterati di tutta Europa andavano interrogandosi sul concetto di canone e sul significato, in epoca moderna, del termine "classico" in una prospettiva che da nazionale si facesse europea, se non più largamente occidentale. Naturalmente Goethe stesso si era espresso al riguardo, sostenendo che il classico, ossia l'autore che con il suo capolavoro sia degno di entrare a formare il canone letterario, fosse colui il quale ha trovato una sua forma ampia e grandiosa, bella in sé, scoprendo qualche verità eterna, umana, arricchendo e rinnovando la cultura: insomma, di conseguenza, un'opera sarebbe classica non perché antica ma perché al contrario energica, fresca e sana,[51] viva, giovane e rigenerante.[52] Goethe aveva scritto in quel momento di rinnovamento profondo della tradizione letteraria nel passaggio tra XVIII e XIX secolo, in cui si andava riscoprendo il significato etimologico del termine *classico*, di primo, migliore, superiore, consolidatosi però nei secoli, dopo il medioevo e con l'umanesimo, nella direzione dell'identificazione con le autorità letterarie antiche, riconosciute come modelli dalla poetica normativa almeno fino alla rivoluzione del Barocco:[53] con il Romanticismo sarebbe poi arrivata al contempo l'epoca della scoperta delle letterature nazionali e quella del sogno di una letteratura mondiale.

Da parte italiana resta interessante a riguardo del problema dei classici anche la posizione, come sempre criticamente dialettica, di Giacomo Leopardi, che s'interrogava sul paradosso che proprio i massimi innovatori fossero storicamente spesso stati assimilati dalla tradizione come classici da imitare:

> È un curioso andamento degli studi umani, che i geni più sublimi liberi e irregolari, quando hanno acquistato fama stabile e universale, diventino classici, cioè i loro scritti entrino nel numero dei libri elementari, e si mettano in mano ai fanciulli, come i trattati più secchi e regolari delle cognizione esatte.

51. Eckermann, *Conversazioni con Goethe*, p. 256. L'affermazione di Goethe risale al giovedì 2 aprile 1829: «(la letteratura) antica è classica non perché è vecchia, ma perché è forte, fresca, lieta e sana».

52. Si ripensa ancor ai versi 7-8 della *Zueignung* in cui Goethe afferma: «Mein Busen fühlt sich jugendlich erschüttert / Vom Zauberhauch, der euren Zug umwittert», e la traduzione di Casalegno qui sembra comprendere meglio di quanto non faccia quella di Fortini, recitando: «aleggia intorno a voi un alito incantato, / che al mio petto dà un fremito di nuova gioventù».

53. Per una sintesi sul concetto di classico e di canone, Asor Rosa, *Il canone delle opere*, pp. XXIII-LV. Prosecuzione ideale di questa riflessione ampia sul canone sono i due numeri di «Critica del testo», *Il canone alla fine del millennio* e *Il canone europeo*.

> Omero che scriveva innanzi ad ogni regola, non si sognava certo d'esser gravido delle regole come Giove di Minerva o di Bacco, né che la sua irregolarità sarebbe stata misurata, analizzata, definita, e ridotta in capi ordinati per servir di regola agli altri, e impedirli di essere liberi, irregolari grandi e originali come lui. E si può ben dire che l'originalità di un grande scrittore, producendo la sua fama (giacché senza quella, sarebbe rimasto oscuro, e non sarebbe servito di norma e di modello) impedisce l'originalità de' successori.[54]

A metà secolo Charles Augustin Sainte – Beuve (1804-1869) offriva un saggio in tal senso sintetico delle istanze dell'epoca su *Qu'est-ce qu'un classique,*[55] scrivendo che secondo lui, uomo di pieno Ottocento, un classico non doveva essere un modello o una regola, sibbene:

> Un vrai classique, comme j'aimerais à l'entendre définir, c'est un auteur qui a enrichi l'esprit humain, qui en a réelment augmenté le trésor, qui lui a fait faire un pas de plus, qui a découvert quelque vérité morale non équivoque, ou ressaisi quelque passion éternelle dans ce cœur où tout semblait connu et exploré; qui a rendu sa pensée, son observation ou son invention, sous une forme n'importe laquelle, mais large et grande, fine et sensée, saine et belle en soi.[56]

Finalmente, con qualche decennio di ritardo, proprio dalla Francia arriva anche in Italia lo stimolo a un rinnovamento radicale che prende forma attraverso un dibattito in cui i difensori della poetica classicista si scontrano con gli innovatori aperti al moderno e all'altro, i "romantici". Spesso però anche questa *querelle* si consumò in formule irrigidite e manichee che non lasciarono spazio a uno sviluppo evolutivo della letteratura italiana in direzione di una vera modernità, magari non accolta, ma compresa e interpretata inopinatamente meglio da alcuni *outsiders,* primo fra tutti proprio Giacomo Leopardi, che infatti mostra di avere attenzione per la tragedia goethiana su Faust fin dagli inizi degli anni Venti, pur non apprezzandola particolarmente. Esattamente negli ambienti di quel dibattito però, e sulle pagine della rivista che si fece manifesto del nuovo interesse da parte italiana per le lettere e in senso lato per le culture europee, ossia il foglio de «Il Conciliatore», si trovano i primi riferimenti al già consacrato, ma ancora poco conosciuto, capolavoro goethiano della prima parte di *Faust.*

54. Leopardi, *Zibaldone*, pp. 301-302, 10 novembre 1820.
55. Sainte-Beuve, *Qu'este-ce qu'un classique*, pp. 40-55.
56. Ivi, p. 42.

Si ha l'impressione che, anche a livello di interesse e conoscenze popolari, nel 1800 ci sia stata maggiore conoscenza del mito di Faust in Italia a partire da metà del secolo e grazie soprattutto alle numerose rappresentazioni teatrali e musicali di argomento faustiano, di produzione straniera oltre che nazionale. Ma bisognava aspettare la fine degli anni sessanta per avere la prima risposta italiana, in forma melodrammatica, all'integrale versione tragica goethiana. Nel corso del XX secolo, invece, dopo un principio di secolo che ancora si dimostrava sensibile rispetto a tale argomento, c'è stata una contrazione dell'interesse del pubblico, dovuta forse anche ad una reazione di rifiuto nei confronti delle distorsioni sempre più nazionalistico-germaniche delle interpretazioni del mito di Faust, e da parte dei letterati, per contro, un interessamento spesso più ideologico che artistico per questo personaggio, per il mito, per l'opera di Goethe, riconosciuta come capolavoro assoluto anche rispetto alla precedente versione inglese, che pure inizia a circolare in modo autonomo ed indipendente anche in traduzione italiana.

Proprio nel corso del XX secolo in Italia risulta rifiorire una produzione faustiana variegata anche nei generi prescelti, accompagnata dalle traduzioni di Marlowe e di Goethe sempre più attente e criticamente impegnate, che porta però ad una accresciuta autonomia, tanto narrativa che ideologica, dall'ipotesto del mito. Nascono versioni del mito romanzate, parodiate in senso comico o grottesco, o al femminile, versioni per il teatro, il cinema, riduzioni per giovani lettori, fumetti, sintesi per lettori meno colti in forma di leggenda popolare, prove di prosecuzione, di inversione formale, da tragica a comica, e ideologica, lungo la linea di una valorizzazione primaria.[57] Con il pieno Novecento grandi autori s'inizieranno a confrontare con il mito, in tutta la complessità ideologica, testuale, spesso metateatrale, che lo caratterizza nel tempo.

È dunque Faust un argomento assorbito dalla nostra tradizione letteraria? Con questo saggio provo a offrire una risposta a questa domanda che tende ad essere analiticamente controversa e sinteticamente positiva.

3. *Metamorfosi testuali*

Il dialogo tra testi contiene tanto fattori ideologici che formali e l'incrocio di questi fattori generano differenti tipi di intertestualità: ci saranno i

57. La definizione è di Genette, *Palinsesti*.

semplici prestiti del referente, privi di interferenze e dialettiche linguistiche e testuali, le allusioni ad un comune intertesto traslate in un contesto altro e le vere e proprie imitazioni di un ipotesto-modello. Oltre a identificare il maggior numero possibile di emergenze faustiane di ogni tipo di citazione utile a valutare il fenomeno di diffusione e pervasività complessiva del mito nella cultura letteraria italiana, quindi, per organizzare i materiali in tipologie interpretative e comprendere le leggi del fenomeno di ricezione in esame sarà essenziale la selezione dei tentativi di vera e propria imitazione e trasformazione del testo principale di riferimento, ossia la tragedia goethiana, come anche delle altre versioni riconoscibili di volta in volta come ipotesto primario o come elemento di una più articolata rete o genealogia ipotestuale. Lo stesso riferimento a una determinata fonte testuale, o tradizione, nel processo come nel prodotto di riscrittura, costituisce già in sé infatti un atto interpretativo, così come la scelta di uno o più temi ritenuti identitari nella storia del mito che si sta ri-raccontando.

Teoricamente ogni discorso su *riscrittura* e *adattamento* pertiene necessariamente alla più vasta e polisemica sfera dell'*intertestualità*:[58] questo termine va distinto, come suggerito da Cesare Segre, dalla più generica *interdiscorsività*: restringendo il campo di quella al rapporto tra testi scritti, rimanendo dunque in ambito letterario, e riconoscendo in questa invece il rapporto di contenuto di reciproco scambio tra testi letterari e altri enunciati culturali.[59]

Genette da parte sua offre per primo una sistemazione classificatoria dell'argomento dell'intertestualità che riconduce alla poetica il termine nato in ambito linguistico e ordina le differenti relazioni di derivazione ipertestuale. Con Barthes, già dai primi anni Settanta, si era messa a fuoco anche la relatività, o fluidità, la variabilità insomma del senso ipertestuale ed intertestuale in relazione alle epoche e al lettore[60] (ma per questo si rimanda al paragrafo sulla questione della ricezione, *L'unbekannte Menge*). Il problema della *riscrittura* o dell'*adattamento* di una medesima storia è d'altro canto consustanziale alla natura stessa del mito. Un vero mito esula da ogni attribuzione autoriale o di genere, è privo di un modello concreto: insomma, un mito non esiste se non nelle sue varie e variegate scritture.

58. Bernardelli, *Intertestualità*.

59. Segre, *Teatro e romanzo*, capitolo 7, pp. 103-118, differenza già anticipata in un articolo del 1982 sulla fenomenologia delle fonti.

60. Barthes, *Le plaisir du texte*.

Lévi-Strauss[61] nel suo studio sulla struttura dei miti ha sottolineato questa caratteristica: la diversità delle varianti è vista come una ricchezza, la vera identità plurima dietro cui non bisognerebbe ricercare un unico prototipo unico. In essa si può invece riscoprire la polivalenza del mito stesso. Tutte le versioni si dovrebbero equivalere per il mitologo e infatti proprio confrontando versioni molteplici e attraverso le loro differenze si possono rintracciare gli elementi comuni e isolare la struttura identitaria del mito: struttura invece più evanescente se non anche inesistente agli occhi del critico letterario. Dato per assunto che di un mito non esista una versione originale e corretta, ma che esso viva nella dinamica della riscrittura come metamorfosi continua, certo sarà utile stabilire quali siano gli elementi e lo schema identitari del mito in questione, quali le invarianti necessarie al suo riconoscimento in diverse versioni, accanto al loro significato e al significato delle varianti: ché in un sistema, come ci insegna per la filologia Gianfranco Contini, di fronte a un cambiamento sono da riconsiderare tanto le varianti che le invarianti; pur restando immutate esse infatti acquistano un nuovo senso all'interno del nuovo sistema. Insomma, «il lavoro sul mito si attua proprio nelle verificabili concretizzazioni di qualcosa che con le variazioni della forma e le reinterpretazioni del contenuto acquista un significato sempre più ricco».[62] Per questo, trattando la presente indagine la storia e le forme della ricezione del mito faustiano in Italia, pur avendo riconosciuto che di fatto la tragedia goethiana di argomento faustiano in Italia risulta effettivamente ipotesto primario nella stragrande maggioranza dei casi, sembra risultare più utile organizzare l'analisi dei palinsesti faustiani lungo le prevalenti linee ermeneutiche osservate in dialettica aperta con i giudizi della critica, invece che applicare meccanicamente le tassonomie formali del dialogo intertestuale.

Secondo le prospettive letteraria e critica, ovviamente, non può esserci invece una perfetta equivalenza delle diverse versioni di un mito: una lettura critica è orientata ad identificare l'*ipotesto* di partenza, di riferimento, il dialogo e le modalità di rapporto tra le varie versioni, in termini *intratestuali* ed *intertestuali*, onde comprendere logiche formali e di contenuto, storiche e linguistiche, soggiacenti ai processi e ai prodotti della riscrittura. Sotto il profilo estetico, infine, si potranno anche stabilire giudizi di valore sulle varie riscritture analizzate.

61. Lévi-Strauss, *La struttura dei miti*, pp. 231-261.
62. Jauss, *Esperienza estetica ed ermeneutica letteraria*, II, p. 59.

La *riscrittura* si colloca infatti teoricamente come secondo livello del processo di ricezione e di interpretazione di un determinato testo, o, in questo caso, di un determinato mito. Nel corso del XX secolo c'è stata una rivalutazione dell'atto della lettura come momento di incidenza semantica elevata e ineludibile, riconoscendo all'interno della storia complessiva della ricezione di un testo, e di un mito, al confronto con il lettore, e dunque con un più astratto pubblico, uno specifico ruolo.

Vi è poi un livello di confronto col testo a metà strada tra lettura e riscrittura: la *traduzione*, che a sua volta è ripetizione più o meno letterale e aderente al testo di partenza, sempre però filtrata dalla prospettiva ermeneutica del traduttore, e della lingua di arrivo, quasi un'interpretazione, un'appropriazione. Ogni transcodifica linguistica contiene infatti inevitabilmente un certo grado di transcodificazione culturale e critica, di allontanamento dall'originale, adattamento ad un'altra realtà linguistica e culturale. La traduzione è in un certo senso la prima, fondamentale pratica comparatistica intertestuale e interdiscorsiva. Con i *Translation Studies*, a partire dagli anni Settanta del XX secolo, ci è stata una crescente riconsiderazione della traduzione come fenomeno culturale di comunicazione interculturale e sociale, anche per la sua esposizione a pressioni ideologiche, di potere e di mercato. Mentre dal punto di vista narratologico di Genette si considerava solo la sua valenza di intertesto, per tramite dell'approccio polisistemico e dinamico di Itamar Even Zohar[63] che ne considera l'aspetto di interferenza tra sistemi letterari, André Lefevere[64] col suo studio su traduzione e riscrittura del 1992, riconosce la valenza culturale manipolativa di ogni atto traduttorio e riscrittorio: la traduzione assume un vero e proprio statuto di riscrittura, processo e prodotto di manipolazione testuale che se diacronicamente è da considerare come un testo che entra a tutti gli effetti a far parte di una determinata tradizione letteraria, sincronicamente resta invece visto come testo secondo. Anche le traduzioni, per lo meno le più significative per traduttore e diffusione, entrano così nel sistema complesso del processo culturale di ricezione di un testo, e di un mito, così come le varie riscritture creative a cui anche può essere applicato il concetto di interferenza di sistemi.[65]

63. Cfr. in merito nel paragrafo sull'*unbekannte Menge*, la nota 3.

64. Lefevere, *Translation, Rewriting and the Manipulation of Literary Fame*.

65. Vedi Sisto, *Cesare Cases e le edizioni italiane del* Faust, in Cases, *Laboratorio Faust*.

Lungo il processo d'interpretazione si aggiunge anche un'altra modalità di confronto testuale "riproduttivo", o meglio performativo, ossia quello della *rappresentazione*, attualizzazione sempre nuova e differente dello stesso testo. All'ambito della transcodificazione appartiene anche quella trasposizione intersemiotica che è l'*adattamento*, analizzabile tanto in quanto prodotto che in quanto processo. L'adattamento è spesso stato studiato partendo dal presupposto della sua ancillarità rispetto al testo di partenza, secondo il pregiudiziale principio della fedeltà al dettato della "fonte" più che secondo quello del valore autonomo del prodotto in analisi: negli ultimi anni si vanno viceversa affermando teorie che partono dall'assunto dell'autonomia assoluta e priva di gerarchie tra prodotti culturali originali e adattati: «versioni diverse esistono lateralmente, non verticalmente»,[66] secondo un principio di chiara impronta postmoderna se non finanche decostruzionista. Linda Hutcheon nel suo recente studio in merito propone una prospettiva che collochi al centro il pubblico-ricevente della ricezione negli adattamenti: tale centralità sembra però aprire al rischio di un appiattimento del giudizio estetico sulla pura e semplice dialettica di piacere o frustrazione del riconoscimento ipotestuale e intertestuale da parte del fruitore, dialettica già propria di altri prodotti culturali concepiti per un pubblico meno colto e raffinato, come anche quello delle narrazioni semplificate: è il caso delle riduzioni per ragazzi o adattamenti fummettistici di capolavori letterari. Resta però da considerare l'invito da parte dello studio sulla teoria degli adattamenti della critica canadese a utilizzare, anche nella critica agli adattamenti, un linguaggio più neutro, non valutativo e pregiudiziale, a partire dalla definizione del testo "di partenza" *simpliciter* come "testo adattato", aggirando così la tentazione gerarchizzante, onde approdare a una prospettiva problematica che interroghi il processo e i prodotti di adattamento come fenomeno complesso di contaminazione orizzontale tra più testi, superando il discredito dell'adattamento di stampo post-romantico. L'adattamento resta di fatto un processo che garantisce il dialogo con la tradizione, preservata tramite la sua attualizzazione: in sintesi esso può essere studiato come trasposizione dichiarata di una o più opere che è possibile riconoscere, come un atto creativo e interpretativo di appropriazione/conservazione, come un ampio confronto intertestuale con l'opera adattata:[67] tutte dimensioni che si vorranno tenere presenti nella ricostruzione della storia del cinema italiano al confronto con il mito faustiano.

66. Hutcheon, *Teoria degli adattamenti*, p. 10.
67. Ivi, p. 28.

Storicamente la discussione sul concetto di adattamento è stata infatti centrale in particolare nella teoria e nella storia del cinema; se da un lato il nuovo mezzo espressivo si riferiva all'autorità riconosciuta di testi e argomenti letterari per guadagnarsi uno statuto artistico sempre meglio consolidato, o più banalmente per attrarre con la pulsione del riconoscimento del già noto il pubblico più restio, nel corso degli anni Venti i critici cinematografici hanno condannato il cinema di adattamento perché più interessati alla specificità e autonomia dell'arte cinematografica. Nel secondo dopoguerra, invece, si difendeva l'adattamento come

> mezzo paradossale per rinforzare la specificità cinematografica [...] la nozione di scrittura filmica ha svolto un ruolo importante nel cambiamento della problematica tradizionale dell'adattamento, mettendo l'accento sui processi significanti propri di ciascun mezzo di espressione.[68]

La specificità dei mezzi espressivi coinvolti nella trasposizione, insomma, pone chiaramente questioni diverse anche rispetto al grado di coinvolgimento da parte del fruitore: narrazione, *showing* e interazione richiedono al destinatario diversi gradi di partecipazione al processo semiotico. Resta comunque importante considerare anche la ricezione cinematografica del mito onde poter osservare il fenomeno di ricezione che qui interessa descrivere nel modo più completo possibile.

Tornando all'ambito più vasto della riscrittura si può far riferimento alla sistemazione teorica del problema della *transtestualità* offertaci da Gérard Genette che propone cinque tipologie di rapporti intertestuali.

Resta il dato di una ricezione complessa e contraddittoria del mito nella nostra cultura letteraria, come nota anche lo studioso tedesco Kreutzer quando scrive che «In Italien kannte man auch keine einseitige Inanspruchnahme des Faust-Thema, keine Verabsolutierung einer seiner Deutungen auch nicht derjenige Goethes».[69]

Nella ricostruzione della storia testuale di questo fenomeno ricettivo, emergono però alcune linee interpretative prevalenti che hanno costituito la trama della critica italiana di argomento faustiano e che si sono venute consolidando spesso in nessi culturali, sedimentandosi nella trasmissione del mito faustiano al punto di riaffiorare come strutturali nelle scelte creative.

68. Aumont, *Dizionario teorico e critico del cinema*, p. 14.

69. Kreutzer, *Faust*, p. 151: in Italia non ci sarebbe dunque un'interpretazione univoca e assoluta del tema di Faust o di uno dei suoi significati, neppure per quanto riguarda la versione di Goethe.

Gli elementi tematici espressi nel mito di Faust e nella versione che lo fece recepire per la prima volta dalla cultura italiana, ossia la tragedia di Goethe, sono innumerevoli, come ricorda Fusillo:

> Il tema non si può ridurre infatti al soggetto di un'opera: una serie di testi che raccontano la stessa storia – ad esempio il mito di Faust – possono tematizzare elementi diversi: possono concentrarsi sulla sete di assoluto o sulla redenzione finale, con esiti spesso molto lontani fra di loro. Il tema, o meglio i temi, sono dunque i quadri di riferimento con cui leggiamo un'opera e che consideriamo esemplificati da quell'opera e da una serie di opere correlate.[70]

La possibilità di comprendere le logiche del confronto con questo oggetto tanto da parte della critica che da parte della produzione letteraria italiana passa preliminarmente attraverso l'identificazione dei temi fondanti del mito e principalmente della lettura che Goethe ne offre. Quanto al metodo, quel processo ermeneutico di individuazione di concetti e temi, intratestuale e intertestuale, a partire dal quale si può procedere all'analisi del fenomeno ricettivo di un tema, o, come nel nostro caso, di un mito, passa necessariamente attraverso una selezione, una segmentazione di un *continuum* semantico e tematico molto ricco e pieno di rimandi interni, anche per la lunga storia del mito in oggetto. La selezione dei temi prenderà corpo al termine di una prima fase di ricostruzione della più generale storia del mito, nonché della storia della sua presenza nella critica italiana, onde identificare i nodi tematici, accanto a quelli formali, concettuali o anche concretamente testuali, prevalenti, che si configurano come vere e proprie linee evolutive di riscrittura letteraria.

Si possono sinteticamente individuare tre grandi tipologie di queste interpretazioni di lungo periodo in cui critica e creazione letteraria dialogano nella storia ermeneutica del mito faustiano in Italia: una tipologia più latamente tematica, una tipologia squisitamente formale, una tipologia più propriamente mitologica. Fra loro spesso queste tipologie ermeneutiche si vengono ad intrecciare e a contaminare, alcune mantengono un ruolo di filtro culturale propriamente letterario più evidente, talvolta configurandosi come mediazioni critiche, formali o testuali proprie della tradizione letteraria italiana.

Nella prima categoria di stampo tematico si potrebbero sistemare i motivi, fra i tanti presenti nel mito di Faust, che definiscono con maggiore evi-

70. Fusillo, *L'altro e lo stesso*, p. 23.

denza il profilo identitario di questo personaggio e della sua vicenda, spesso costruita per antitesi dialettiche: ereditando infatti l'articolazione per coppie di contrari propria dei miti primitivi, il mito moderno di Faust la rielabora nel dubbio interiore tra elementi antitetici, nella polarità degli opposti, nella contraddizione dilaniante, finanche tramite la proposta di personaggi e situazioni in forma di endiadi ipostatiche. A partire dalla stessa natura duplice di Faust, soggetto irrisolto tra l'azione e la contemplazione, tra il bene e il male, la scienza e la magia, la fede e la disperazione, l'amore e l'egoismo, che diviene da Dottor Faust un più semplice Heinrich nelle scene amorose di dialogo con Gretchen. Per proseguire con il Mefistofele che vuole il male ma genera il bene («Ein Teil von jener Kraft, / Die stets das Boese will, und stets das Gute schafft», *Faust I*, vv. 1336-1337[71]). A completare e complicare la dialettica del doppio, emerge, sempre intorno all'azione del protagonista, il tema della coppia: Faust fa coppia[72] con Wagner, ma anche con Margherita, prima, con Elena poi. Il suo principale compagno e antagonista resta però senz'altro Mefistofele, al punto da farsi da questi contendere lo stesso ruolo di protagonista: al seguito della de Staël molti critici si erano trovati d'accordo infatti nell'attribuire preferenza all'ambiguo personaggio diabolico e anche nelle riscritture riemerge come vedremo in più di un caso la scelta da parte dell'autore di riconoscere a Mefistofele il ruolo primario nell'azione, finanche dedicandogli il titolo dell'opera. Altri invece preferirà al Dottore e al suo antagonista diabolico il personaggio di Margherita, inserendosi lungo quella linea interpretativa che riconosceva alla prima parte della tragedia goethiana, e quindi al dramma di Margherita, la sostanza principale e maggiormente originale, di matrice fortemente romantica ma facilmente banalizzabile in chiave patetica, dell'interrogazione faustiana su arte e natura, scienza e vita, amore e morte, peccato e redenzione. Eleggere quindi a soggetto centrale della vicenda faustiana altri personaggi invece del protagonista originario appare chiaramente una scelta ermeneutica totalizzante e ideologicamente pregnante a discapito della ricchezza pure ambigua, ma per questo stimolante, della polarità attiva della tragedia goethiana, evidentemente troppo tesa, instabile ed irrisolta per essere in quanto tale accettata *tout court* dalla cultura letteraria italiana, fino almeno al pieno Novecento.

71. «Una parte della forza / che vuole sempre il male e opera sempre il bene».

72. In accordo con questa rilevante differenza tra coppia e doppio già andava il contributo di Zagari, *Jean Paul, Hoffmann e il motivo del 'doppio' nel romanticismo tedesco*, p. 266.

Vi è poi il motivo, connesso con Mefistofele, del patto con il Diavolo, che si riallaccia alla tradizione medievale antecedente, rinnovata radicalmente innanzitutto nella metamorfosi del patto in scommessa, duplice, tra Mefistofele e Faust e tra Mefistofele e Dio stesso, tramite l'evidente ripresa goethiana del libro veterotestamentario di Giobbe condita di una nuova, modernissima ragion d'essere: la crisi malinconica in cui versa il protagonista Faust. Diverso significato avrà quindi la ripresa della versione goethiana di scommessa o il recupero, come alcuni ancora nel pieno Novecento faranno, del tradizionale patto a scadenza. Emergono infine come portanti i temi della salvezza e della dannazione, del viaggio e della *quête*, fino alla catabasi negli inferi – in Italia fortemente innestata di richiami alla catabasi dantesca a consolidare, anche creativamente, la lunga storia della comparazione tra il *Faust* goethiano e la *Divina Commedia* – o all'utopia che è anche ucronia che porta al grande tema del dislocamento, per lo più nella dimensione onirica, della ricerca faustiana in un altrove alternativo che spesso diviene finanche strutturale di tutto il percorso faustiano di ricerca di un oltre, addomesticando in un certo senso l'elemento inquietante del sovrasensibile, del magico, del demoniaco, del desiderio stesso (si va dal ballo fantastico del 1851 *Il sogno dell'alchimista* a *Il sogno di Faust* del 1973).

Alla tipologia formale di citazione e confronto testuale appartengono alcune linee interpretative che anche in sede creativa rendono identitaria della vicenda faustiana la sua forma drammatica, in declinazione tragica, magari ribaltata in commedia, con un'interrogazione metapoetica, oltre che morale, sul lieto fine, non sempre riconfermato e spesso materia di polemica estetica ma anche teologica (ancora nel tutto ideologico *Faust Mediterraneo* di Giraldi del 2007). L'importanza strutturale dell'apparato paratestuale viene altresì da taluni ripreso in funzione citazionale rispetto al capolavoro goethiano: in particolar modo si afferma come interessante il *Prolog im Himmel* del dialogo tra demone e Dio, ma anche lo spazio metaletterario della *Zueignung* e metateatrale del *Vorspiel auf dem Theater*, con tutto quanto concerne il dibattito sul pubblico e l'arte moderna (si veda il paragrafo sull'*unbekannte Menge*), resta un riferimento formale fortemente significativo ma relativamente poco recepito dalla nostra tradizione letteraria almeno fino a dopo Pirandello (lo recuperavano in funzione di *captatio benevolentiae* ed *excusatio* Salvatore Taglioni già nel 1838, Leopoldo Fregoli nel 1902, Onip nel 1929, mentre con funzione pirandellianamente metateatrale oltre che intertestuale ad esempio

Adriano Grande, all'interno dello stesso svolgimento dell'azione narrata in *Faust non è morto*, e ancor più scopertamente Tommaso Landolfi, nel suo *Faust 67*).

In particolare la forma tragica, cui molta critica ha riconosciuto una matrice epica, trova nel concetto di opera-mondo un'altra forma identitaria del mito come interrogazione assoluta, universale e cosmica, che riporta alla dialettica tra Vero e Bello, poesia e filosofia, politica e teologia, autorizzando letture, e riscritture, fortemente ideologiche del mito (penso alle italianizzazioni programmatiche, dichiarate e militanti di Silvio Pagani, 1925 e Giraldi, 2007, ma anche alla "femministizzazione" di Lina Mangiacapre, 1990).

Infine, alla tipologia prettamente mitologica di linee interpretative, appartengono le varie e possibili infrazioni e contaminazione del mito faustiano con altri miti, antichi e moderni: rispetto alla questione della *curiositas* Faust è riconosciuto erede di altri personaggi mitici che spesso riaffiorano, esplicitamente o meno, nelle riscritture della vicenda faustiana, come ad esempio Icaro, Prometeo, Ulisse. E qui l'interferenza mitologica si sovrappone a un'interferenza specificamente testuale, nel reiterato richiamo all'Ulisse dantesco, più che a quello classico, omerico. Torna poi un accostamento, consacrato già da Grabbe nel 1829, con l'altro protagonista mitologico della modernità, ossia Don Giovanni, o quello con l'Amleto shakespeareiano o del Don Chisciotte di Cervantes. Meno attivato creativamente risulta, invece, l'incontro con un altro individualista irregolare spesso evocato dalla critica primo-ottocentesca accanto a Faust, ossia Manfredi.

Tutte queste tipologie interpretative si vanno inevitabilmente intrecciando nella pratica intertestuale creativamente dinamica e complessa, restando però spesso significativamente riconoscibili come ideologicamente portanti.

Nell'analisi, organizzata privilegiando temi (pertinenti quindi al pensiero) prima e più ancora che motivi (pertinenti invece all'azione) centrali delle interpretazioni critiche e poi creative del mito faustiano, si cercherà anche di evidenziare le linee formali di riscrittura e confronto citazionale con le versioni precedenti, fra le quali certamente la tragedia di Goethe, almeno per tutto l'Ottocento e il primo trentennio del Novecento, resta, accanto alle opere di Gounod, Berlioz e Boito, l'ipotesto privilegiato e primario di riferimento. Più complessa nel corso del Novecento si farà il processo intertestuale, arricchendosi di molto i fenomeni d'interferenze dei procedimenti di traduzione, travestimento, parodizzazione, *pastiche*, attualizzazione, contaminazione, al punto da rendere sempre più difficile l'identificazione di linee evolutive comuni ai vari autori tanto distanti nelle scelte tematiche e formali operate rispetto alla tradizione del mito affrontato. L'ipotesto goethiano, per non dire quello di Marlowe e di Spies, perdono spesso la centralità fin qui conservata accanto alle loro semplificazioni operistiche largamente note e presenti a pubblico ed autori per tutto il primo secolo di ricezione faustiana (si pensa in particolare a Berlioz e ancor più a Gounod). Anche per questa ragione nell'analisi dei palinsesti faustiani in lingua italiana, come già in parte nella ricostruzione delle linee interpretative della nostra critica, ho scelto di concentrarmi sul lungo periodo che va dal 1808, passando per il 1832, considerando gli esordi del XX secolo, attraversando le ideologie predominanti delle due guerre, e giungendo fino ai giorni nostri.

2. Faust e la critica italiana

> Un'opera che al poeta fruttò tanta fama, e secondo noi, tanto maggiore del giusto.
>
> (Niccolò Tommaseo, *Faust, Dizionario estetico*)

1. *Il capolavoro sbagliato:* Faust *come antimodello*

> Ma chi potrebbe reggere a un componimento lungo quanto quattro delle nostre tragedie, in cui parlano più di trenta attori, in cui non dirò da un atto all'altro, ma da scena a scena si fanno viaggi di trecento e più miglia, in cui si contiene tutta la vita di un uomo, in cui è un formicolaio delle faccende più domestiche, in cui s'introducono molti personaggi i quali interessano per due scene e poi spariscono per sempre, ed altri che sono fanciulli nel primo atto e decrepiti nell'ultimo? [...] ma mi si permetta di dirlo, troppo dato in braccio a quella libertà, che ricusando ogni sorta di confini va degenerando nel mostruoso. [...] Quale gloria però non farebbe il signor Goethe per raddoppiare a se stesso e al teatro Alemanno, s'ei volesse un giorno persuadersi che la irregolarità può solamente far inganno per breve tempo; che Shakespear [*sic*] idolatrato dalla sua nazione, non ha che poche scene pel resto dell'Europa; e che corre sempre gran pericolo di perdere di vista la natura chi perde di vista i divini modelli de' Greci, ai quali unicamente debbono Racine e Maffei il merito di essere belli per tutte le nazioni e per tutti i tempi?[1]

Questo giudizio settecentesco sulla tragedia stürmeriana *Götz von Berlichingen*[2] di Goethe pare anticipare molte delle riserve formali che di lì a qualche decennio caratterizzeranno la "dis-ricezione" del capolavoro goethiano dedicato al mito di Faust.[3]

1. De Giorgi-Bertola, *Saggio storico-critico sulla poesia alemanna*, pp. 105-107.

2. Fra l'altro a dire di Lukács, *Studi sul "Faust"*, in *Goethe e il suo tempo*, pp. 218-219, Goethe stesso in *Poesia e verità* «conferma l'origine contemporanea e uguale della scelta di questi due argomenti», ossia Götz e Faust.

3. Parte dei temi trattati nel presente paragrafo sono stati anticipati nel mio *I primi lettori italiani del* Faust.

Il *Saggio storico-critico sulla poesia alemanna* del 1779 di Aurelio De Giorgi-Bertola (1753-1798)[4] viene considerato l'atto di inaugurazione degli studi comparati di letteratura italiana e letteratura tedesca, studi che subito evidenziarono come solo una prospettiva cosmopolita,[5] di matrice illuminista, potesse aprire all'interessamento, alla comprensione, al dialogo come reale occasione di scambio e crescita, ed eventualmente all'apprezzamento, di lettere e filosofie distanti da quella nazionale.[6] In chiusura di tale presentazione De Giorgi-Bertola prova ad offrire al lettore, giustamente considerato digiuno di una conoscenza diretta dei testi e degli autori di cui si parla, una sintesi dei caratteri nazionali della letteratura alemanna, concludendo che essa avrebbe come carattere suo proprio una forte matrice morale, cui egli plaude, una talvolta eccessiva ambizione filosofica, una ascendenza inglese o anglomane che le nuoce, un'inclinazione a tinte orientaleggianti accompagnata da una profonda conoscenza dei testi biblici. Parte di questi giudizi riaffioreranno nella storia della ricezione del *Faust* goethiano, talvolta come dimostrazioni concrete, tal'altra come acritica ripetizione maturata in pregiudizio.

La storia della ricezione critica del *Faust* in Italia[7] va di pari passo con quella delle sue traduzioni in italiano, sollecitate, a loro volta, dagli stimoli d'oltralpe; sono spesso le recensioni alle nuove traduzioni a far nascere discussioni e dibattiti intorno a Goethe e specialmente ai contenuti della

4. De Giorgi-Bertola, esortava così i suoi connazionali, nella prefazione al suo lavoro, all'esercizio della comparazione: «Non so se v'abbia esercizio più atto a raffinare e perfezionare il gusto, ed anche ad ingrandire e fortificare l'immaginazione, di quello che risulta dal paragonare tra di loro le ricchezze d'arti e di lettere di differenti nazioni; né so se lo spirito conosca altro più delicato piacere di questo. Come poi non dee gioire singolarmente l'Italia esaminando quei germi letterarj che tramandò a tutti i moderni, e vedendoli non pur cresciuti, ma prodigiosamente fruttiferi?» (*Saggio storico-critico*, p. 3).

5. Piace ricordare qui l'affermazione che «è certo che il cosmopolitismo letterario, padre e non figliuolo del romanticismo, pose i suoi germi con J.J. Rousseau», Mazzucchetti, *Schiller in Italia*, p. 195.

6. Vittorio Santoli sostiene questa teoria nel capitolo *Riflessi italiani della cultura letteraria settentrionale*, in Id., *Fra Germania e Italia*, p. 95: «il Razionalismo dell'Illuminismo portava al Cosmopolitismo [...] e, insieme, all'attualità [questi due movimenti] dovevano operare quella gran conversione dal passato al presente, [...] quella rottura dell'incentramento mediterraneo, quella reazione antibarocca che caratterizzano appunto la crisi del Settecento e aprono le porte alla cultura boreale. La quale per la prima volta [...] s'inserisce in maniera organica e continua nella cultura letteraria d'Italia».

7. Un tentativo di ricostruzione viene avanzato da Paola Del Zoppo nel suo Faust *in Italia*, pp. 27-60.

sua opera poetica. Ma già prima della traduzione in italiano dell'opera di Goethe (1835) era iniziato il dibattito, tutto ideologico e in parte pregiudiziale, sul suo valore e morale e artistico.

> La pubblicazione del Faust coincise con il periodo che segna la nascita della storiografia letteraria, sorta com'è noto nell'età romantica, quando di un'opera si teneva presente [...] soprattutto il contenuto, psicologico o ideologico, particolarmente in Germania.[8]

Eppure non mancarono, in Francia e in Italia, anche critiche di natura squisitamente formale, con cui però, più o meno consapevolmente, interferivano spesso giudizi di valore di altra natura.

Uno spoglio degli articoli di germanistica apparsi sulle pagine di riviste italiane della prima metà dell'Ottocento,[9] conferma che poco era diffusa nel nostro paese la conoscenza della lingua tedesca e che molti erano i pregiudizi criticamente non supportati da una reale conoscenza diretta dei testi e degli autori tedeschi. Riguardo alle occorrenze goethiane, è significativo che vada facendosi mano a mano prevalente l'interesse per il *Faust* rispetto a quello per le sue opere precedenti e già largamente apprezzate.[10]

In Italia la scarsa conoscenza della lingua tedesca favorì non solo la diffusione delle traduzioni in francese, ostacolando perfino il fiorire di traduzioni in italiano, ma incoraggiò altresì le traduzioni in italiano a partire dai testi in traduzione francese, cosa che generò fra l'altro una catena di errori e approssimazioni linguistiche, testuali e infine esegetiche.

Proprio dalla Francia,[11] però, com'è noto, arrivò in Italia lo stimolo prima teorico poi fattivo all'attività traduttoria come atto fondamentale per il dialogo tra letterature e culture, canale necessario e fruttuoso degli scambi tra le varie culture nazionali: fu com'è noto la polemica scatenata

8. Persichino, *Dall'*Urfaust *al* Faust, p. 248.

9. Carmassi, *La letteratura tedesca nei periodici italiani del primo Ottocento (1800-1847)*. Sul ruolo che svolsero le riviste letterarie dell'epoca nella diffusione della cultura tedesca in Italia vedi Belski, *La ricezione di J.W. Goethe in alcune riviste italiane dell'Ottocento*, in Girardi, *Goethe e Manzoni*, pp. 77-90.

10. Carmassi, *La letteratura tedesca nei periodici italiani*, p. LXIX: «L'importanza di Goethe è confermata dal numero degli articoli che si occupano di lui e delle sue opere, anche se viene tradotto assai meno di Schiller. I recensori si occupano soprattutto del *Faust*, ma non tutti concordano nell'attribuire meriti all'autore».

11. Cfr. per i rapporti della letteratura francese con Goethe, Baldensperger, *Goethe en France*.

dall'articolo di Madame de Staël[12] infatti a muovere gli intellettuali italiani in direzione di un confronto più aperto con la letteratura europea, e in particolar modo proprio con la produzione teatrale inglese e tedesca:

> Dovrebbero a mio avviso gl'Italiani tradurre diligentemente assai delle recenti poesie inglesi e tedesche; onde mostrare qualche novità a' loro concittadini, i quali per lo più stanno contenti all'antica mitologia: nè pensano che quelle favole sono da un pezzo anticate, anzi il resto d'Europa le ha già abbandonate e dimentiche.[13]

Ancora a Madame de Staël, nel cui paese più forte era l'identificazione di Goethe principalmente come autore del *Werther*,[14] si devono i primi saggi di traduzione in francese del *Faust I*, risalenti al 1814: l'intera traduzione in francese avverrà poi solo dieci anni più tardi e i traduttori si troveranno così anche ad essere i pioneri del commento all'opera. Madame de Staël tratta dell'*étonnant ouvrage*[15] del *Faust* di Goethe nel suo celeberrimo studio *De l'Allemagne*, uscito nel 1810, immediatamente proibito e mandato al macero, quindi riedito nuovamente in Francia nel 1814 e subito dopo in Italia. L'autrice articola in quattro capitoli[16] un ampio discorso sulla cultura tedesca, consapevole della scarsa conoscenza diretta che ne avevano gli intellettuali europei; vi viene sviluppato un ragionamento di storia delle idee, a suo modo anche molto moderno, che spesso però cede al vago, al sommario, all'impressionistico. Ad esempio nel capitolo *Come si giudica in Inghilterra la letteratura tedesca*, l'autrice, nell'enfatizzare la differenza tra il pragmatismo inglese e l'amore dei tedeschi per l'astrazione teorica, scrive utilizzando immagini forse inconsapevolmente, o piuttosto

12. Il famoso articolo uscito sulle pagine della «Biblioteca italiana», I (1816), portava il titolo *Sulla maniera e l'utilità delle traduzioni*. Esso è considerato atto d'inizio della polemica e della storia del Romanticismo italiano. I testi principali della polemica romantici-classicisti sono stati raccolti in *Discussioni e polemiche sul romanticismo (1816-1826)*, a cura di Bellorini.

13. M.me de Staël, *Sulla maniera e l'utilità delle traduzioni*.

14. «Goethe è, fino al 1825, l'autore del *Werther* e tutti sanno che un capolavoro è il nemico peggiore per la diffusione delle altre opere minori», Mazzucchetti, *Schiller in Italia*, p. 209.

15. Questo il primo appellativo con cui presenta al lettore la tragedia di Goethe, M.me de Staël, *De l'Allemagne*, p. 296. Su www.gallica.bnf.fr è leggibile la prima edizione Paris, H. Nicolle, 1810.

16. *1- La Germania e i costumi dei tedeschi; 2- La letteratura e le arti; 3- La filosofia e la morale; 4- La religione e l'entusiasmo.*

intenzionalmente, faustiane, indicando una suggestiva quanto pericolosa sovrapposizione identitaria tra Goethe, *Faust* e il popolo tedesco:

> Les Allemands sont comme les éclaireurs de l'armée de l'ésprit humain; ils essayent des routes nouvelles, ils tentent des moyens inconnus: comment ne serait-on pas curieux de savoir ce qu'ils disent au retour de leurs excursions dans l'infini?[17]

All'interno del capitolo sulla *Letteratura e le arti*, essa dedica un paragrafo a Goethe e l'intero XXIII paragrafo al suo *Faust*, confermando la direzione ideologica poco sopra rintracciata, quando afferma perentoriamente che Goethe «pourrait représenter la littérature allemande toute entière»;[18] ne offre quindi contestualmente un ritratto folgorante:

> Goethe ne perd jamais terre, tout en atteignant aux conceptions les plus sublimes. Il y a dans son ésprit une vigueur que la sensibilité n'a point affaiblié [...] c'est une double existence, une double force, une double lumière qui éclaire à la fois dans toute chose les deux côtés de la question.[19]

Subito si tende, quindi, a confondere la critica testuale della tragedia faustiana con l'analisi storico-biografica mitizzante dell'autore, e di questi con l'intera letteratura tedesca, favorendo un'identificazione di lungo periodo tra lo spirito faustiano e quello della nazione tedesca, semplificatoria e foriera di conseguenze ideologico-politiche che sarebbero esplose un secolo più tardi. Nei confronti della tragedia faustiana di Goethe Madame de Staël dichiarava contemporaneamente ammirazione e insofferenza, giacché romanticamente vi riconosceva un'opera di vero genio poetico, pur senza riuscire ad apprezzarla pienamente: venivano identificati infatti numerosi "errori formali" nell'opera, al punto, a suo parere, da renderla un antimodello:

> Le pièce de *Faust* cepandant n'est certes pas un bon modèle. Soit qu'elle puisse être considérée comme l'oeuvre du délire de l'esprit ou de la satiété de la raison, il est à désirer que de telles productions ne se renouvellent pas.[20]

Venivano deprecati l'uso di un linguaggio eccessivamente basso, la commistione di generi, l'utilizzo di espedienti fantastici che ne rendevano

17. M.me de Staël, *De l'Allemagne*, p. 124.
18. Ivi, 2. VII – *Goethe*, p. 143.
19. Ivi, pp. 143-144.
20. M.me de Staël, *De l'Allemagne*, p. 320.

ancor più incredibile l'andamento dell'azione: ammirazione e stupore coesistevano di fronte alla lettura di un tale "mostro superbo".[21]

> Certes il ne faut y chercher ni le goût, ni la mesure, ni l'art qui choisit et qui termine; mais si l'imagination pouvait se figurer un chaos intellectuel tel quel l'on a souvent écrit le chaos matériel, le *Faust* de Göthe devrait avoir été composé à cette époque. On ne saurait aller au delà en fait de hardiesse de pensée, et le savoir qui reste de cet écrit tient toujours un peu du vertige.[22]

Con queste note di fatto si inauguravano le posizioni critiche più durature anche nella critica italiana, che si sarebbero consolidate nella splendida definizione ossimorica di Imbriani del "capolavoro sbagliato". De Staël reputava inoltre centrale nell'azione la tragedia di Margherita, dubitando fortemente della possibilità di un ulteriore sviluppo del testo in una fantomatica, sebbene annunziata, "seconda parte":

> La pièce est interrompue après ces mots. L'intention de l'auteur est sans doute que Marguerite périsse, et que Dieu lui pardonne; que la vie de Faust soit sauvée, mais que son âme soit perdue.[23]

Il personaggio di Faust le appariva d'altronde debole,

> Faust rassemble dans son caractère toutes les faiblesses de l'humanité: désir de savoir et fatigue du travail; besoin du succès, satiété du plaisir. C'est un parfait modèle de l'être changeant et mobile dont les sentiments sont plus éphémères encore que la courte vie dont il se plaint. Faust a plus d'ambition que de la force.[24]

Dunque «Faust est un caractère incostant»,[25] sicuramente secondario rispetto a quello di Mefistofele, vero protagonista attivo del dramma: «Le diable est le héros de cette pièce».[26]

Molte delle posizioni della critica francese continueranno a lungo ad influenzare la critica successiva, francese e italiana, anche se di lì a qualche anno il Conte di Sainte-Aulaire,[27] primo traduttore dell'intera prima parte dell'opera, pur confermando al contempo le difficoltà, se non anche

21. Rossel, *Historie des relations littéraires entre la France et l'Allemagne*, p. 111.
22. M.me de Staël, *De l'Allemagne*, p. 296.
23. Ivi, p. 319.
24. Ivi, p. 298.
25. Ivi, p. 302.
26. Ivi, pp. 296-297.
27. Goethe, *Faust, tragédie*, tra. par le Cte Luis-Clair Beaupoil de Sainte-Aulaire.

le resistenze, di fronte al "disordine compositivo" della tragedia goethiana, avrebbe restituito centralità al personaggio faustiano:

> Goethe a donné à son ouvrage le titre de tragédie: et cependant on n'y trouve pas l'ordre et le développement régulier des événements qu'exigent les productions de ce genre. [...] Goethe s'adresse, dans cet ouvrage, à toutes les dispositions possibles de l'ésprit.[28]

Nella presentazione di Sainte-Aulaire resta forte l'interesse e l'apprezzamento per il dramma di Margherita. Il traduttore aggiunge delle note esplicative sul metodo adottato nelle scelte traduttorie, rimarcando gli elementi di vaghezza del testo e contrapponendo alla vaghezza, letta come caratteristica della lingua tedesca *tout court*, la ricercata chiarezza propria invece, a suo dire, della lingua francese; chiude infine con l'affermazione che l'oscurità, di lingua e pensiero, sarebbero carattere tipico tedesco.[29]

Adalbert Stapfer[30] è l'altro traduttore del *Faust I* in francese, in quel medesimo 1823 in cui compariva anche la traduzione del Conte de Sainte-Aulaire; entrambe le traduzioni sono in prosa, e sembra che Heine le giudicasse insopportabili "clairs de lune empaillé".[31] Gérard de Nerval offre alle stampe la terza, famosa versione del *Faust I* in lingua francese: con essa nasce il riconoscimento in Francia di capolavoro umano, universale e non prettamente germanico, della tragedia del *Faust I*.[32] Il traduttore si fa anche qui esegeta e critico dell'opera tradotta, riportando ad un ruolo di protagonista Faust attraverso l'esaltazione romantica dell'indole titanica,[33]

28. *Notice sur Faust*, ivi, p. 3 e pp. 12-13.

29. Ivi, *Remarque du traducteur*, pp. 25-29.

30. In Rossel, *Historie des relations littéraires entre la France et l'Allemagne*, p. 105, il merito di aver fatto conoscere il Goethe drammaturgo in Francia viene ancora una volta riconosciuto tutto a M.me de Staël con *De l'Allemagne*; quindi Albert Stapfer pubblicò nella sua traduzione il *Faust I*. In questo saggio di Victor Rossel si apprende anche che la prima versione francese della leggenda faustiana appare nel 1598 ad opera dell'autore Pierre-Victor Palma-Cayet e viene riedita più volte negli anni successivi: 1603, 1667, 1674, ivi, p. 35. Circa nello stesso periodo (1609) arriva dalla Germania in Francia anche la leggenda dell'Ebreo errante: l'autore accomuna le due leggende per la comune origine tedesca e protestante, ivi, pp. 35-36.

31. Ivi, p. 111.

32. Rossel, *Historie des rélations littéraires entre la France et l'Allemagne*, p. 112. Secondo Rossel però il teatro francese poco recepì la tragedia faustiana, se non per vie traverse, citazionali o parodiche. All'opera in musica spetterà la vera consacrazione del tema faustiano nella cultura francese, ivi, pp. 113-116. Non così positiva, successivamente, sarà l'accoglienza della seconda parte della tragedia.

33. Goethe, *Faust*, tr. par de Nerval, G., *Observations*, p. IX.

a dispetto dell'interpretazione di Madame de Staël, che pure egli cita con rispetto.[34] Il personaggio Faust viene paragonato a quelli di Manfredi (il *Manfred* di Byron era stato pubblicato nel 1817, e Goethe stesso sembra sostenesse nel 1823[35] che considerava il proprio *Faust* fonte di ispirazione per il *Manfred* byroniano) e di Don Giovanni,[36] con le debite differenze, perché «l'amour des femmes les perd tout trois!»:[37] anche queste assimilazioni di Faust ad altri profili di eroi tragici e mitici perdureranno a lungo nella critica italiana fino a maturare in effettive interferenze dialogiche e testuali nelle riscritture creative faustiane. Da parte sua Margherita si distingue per la sua verità umana,[38] confermando il ruolo di sublime patetico che sempre accompagnerà le sue riedizioni creative. Nelle sue iniziali *Observations* il traduttore parte dall'affermazione che «je regarde comme impossible une traduction satisfaisante de cet étonnant ouvrage»;[39] quindi definisce meriti e limiti delle precedenti traduzioni, riconoscendo eleganza e armonia alla versione di Sainte-Aulaire, meriti che pure talvolta andavano a discapito della fedeltà all'originale, e, al contrario, imputando a Stapfer di aver voluto tradurre tutto, compreso l'intraducibile.[40] Il traduttore si esprime inoltre sul finale, che pare offrire al lettore una possibile consolazione:

> la dénouement ainsi interrompu permet au lecteur la pensée consolante, que celui qui l'a intéressé si vivement par son génie et ses malheurs échappe aux griffes du démon, puisqu'un repentir suffirait pour lui reconqérir les cieux.[41]

Nel 1840, dopo l'uscita della seconda parte della tragedia goethiana, Nerval,[42] modifica l'introduzione e riconosce la grande importanza del *Faust II*, pur conservando la sua preferenza per il *Faust I*, e interpretando

34. Nella sua traduzione del *Faust* G. de Nerval cita questa frase di M.me de Staël «Il fait réfléchir sur *tout*, et même sur *quelque chose de plus que tout*».

35. Eckermann, *Conversazioni con Goethe*, 2008, lunedì 13 aprile 1823, p. 412.

36. Si vedrà quanto a lungo il parallelo con quello che viene riconosciuto l'altro grande mito moderno occidentale durerà, vedi paragrafo *Des Italieners feurig Blut: Faust e Don Giovanni.*

37. De Nerval, *Observations*, p. X.

38. Ivi, p. XI.

39. Ivi, p. V. Ritorna l'attributo «étonnant» già utilizzato dalla De Staël.

40. Ivi, p. VI.

41. Ivi, p. XI. De Nerval cita, con qualche approssimazione e anacronismo, la leggenda faustiana, confondendo la prima edizione di Spies, 1587, con quella di Widmann, 1599, e ponendo in un'improbabile 1561 la traduzione di Cayet del testo di Widmann.

42. *Faust de Goëthe, suivi du second Faust.*

come un difetto il ritardo del completamento dell'opera;[43] prevede infine che il pubblico avrebbe sempre avuto difficoltà nel comprenderlo: «on peut penser que la popularité lui manquera toujours».[44]

A Goethe riconosce di aver superato i dubbi e le critiche alla religione del Seicento e del Settecento, avendo raggiunto un equilibrio nella sua proposta di un panteismo moderno: Dio è ovunque.[45] La questione propriamente religiosa, posta nel *Faust* da Goethe e tradizionalmente presente nel mito, in Italia si presenta subito come uno degli elementi di critica e resistenza principali almeno per tutto il corso dell'Ottocento. A partire dal dibattito filosofico-religioso sul presunto panteismo dell'autore, o da quello teologico sulla motivazione etico-teologica della proposta di salvezza del protagonista con le sue chiare radici di matrice protestante nell'idea di salvezza "per Grazia"[46] e non per opere, si sviluppa una critica di stampo morale accanto, e talvolta commista, a quella di tipo puramente estetico. Già de Staël implicitamente proponeva una sovrapposizione del valore dell'opera con quello dell'autore, e finanche dell'uomo-Goethe, creando uno slittamento dell'oggetto del canone dagli autori alle opere, con un'ulteriore intercambiabilità, a ben guardare ambigua e foriera di confusioni, di singoli autori con intere tradizioni letterarie nazionali, base per una nuova considerazione della storia letteraria nella più ampia prospettiva europea.

Tutti questi elementi rendono spesso centrale, nel dibattito sul valore dell'opera, i contenuti filosofici, morali e religiosi propostivi; non appare allora un caso che proprio in riferimento al rapporto tra arte, morale e religione si abbia il primo accenno al *Faust* in un autore italiano.

Si tratta di Alessandro Manzoni che nelle sue *Osservazioni sulla morale cattolica* cita il *Fausto* (di Goethe), italianizzato, accanto alle *Nubi* (di Aristofane) – e proprio ad Aristofane la stessa de Staël aveva avvicinato il *Faust*[47] – come esempi di opere in cui autori comici (*sic*) guarderebbero con umorismo straniante ai rapporti tra morale e religione:

43. Ivi, p. VII.
44. *Ibidem.*
45. Ivi, p. VI.
46. Goethe confidava a Eckermann: «Tutto ciò (la redenzione di Faust) è in piena armonia con la nostra concezione religiosa, secondo la quale, per salvarci, le nostre forze non bastano, ma occorre anche l'intervento della grazia divina». Eckermann, *Conversazioni con Goethe*, 2008, 6 giugno 1831, p. 392.
47. M.me de Staël, *De l'Allemagne*, XIII, p. 319: «on y trouverait quelques rapports avec Aristophanes».

> Dalle *Nubi* fino al *Fausto* i sistemi positivi sulla parte morale e intellettuale dell'uomo sono sempre (o al loro apparire o col tempo) caduti nelle mani di scrittori comici; e il sentimento eccitato da questi è stato o gajo, o schernevole, o anche penoso, secondo che hanno più fatta risaltare o la vanità dei sistemi particolari o la vanità terribile della mente umana: il che è dipenduto dalla malignità, dalla vivacità, o dalla profondità del genio dei diversi scrittori.[48]

Evidentemente il *Fausto* goethiano detiene qui essenzialmente la «funzione esemplificativa, all'interno del ragionamento sul rapporto tra categorie di comico e drammatico»,[49] di un'opera in cui il "genio profondo" dell'autore fa "risaltare la vanità terribile della mente umana" eccitando nei lettori un "sentimento penoso". Ermes Visconti, probabilmente seguendo la suggestione manzoniana, ma più generalmente condividendone la prospettiva, riprende *Faust* deliberatamente come modello morale della dialettica tra scienza e fede, ragione e religione. In un primo tempo, in epoca pressoché contemporanea alle *Osservazioni* manzoniane, nelle sue *Riflessioni sul bello* (1818-1822) ne sottolinea il profilo d'intellettuale solo e insoddisfatto che riscopre il senso nella semplicità della fede del popolo festante la mattina di Pasqua, oltre la *ybris* di Icaro (*Faust*, vv. 640-643) e la malinconia di Amleto (*Faust*, vv. 664-667): il riferimento è alla seconda scena, *Fuori porta*,

> Fausto, nella tragedia di Goethe, dopo avere vegliata la notte fra le meditazioni d'un tormentoso scetticismo, interrogando le scienze e l'indipendente intelletto, sui destini dell'anima umana e sulla ragione d'ogni esistenza, osserva nel mattino d'un giorno festivo l'ilarità de' suoi concittadini, che si diportano all'aperta campagna frammisti alle genti del contado [...] e ricade de' passatempi d'un'umanità meno adulta alla vita interiore de' pensieri.[50]

A distanza di qualche anno, nelle sue *Letture Spirituali*, Visconti giunge a capovolgere assiologicamente il personaggio di Faust nell'emblema dell'avidità di conoscenza che allontana da Dio, anti-modello per il buon cattolico:

48. Manzoni, *Sulla morale cattolica. Osservazioni*, nota 1, pp. 33-34. Persichino in Id., *Appendice II – Cenni sulla critica italiana del* Faust, in *Dall'Urfaust al Faust*, p. 253, riferisce di un altro cenno manzoniano al *Faust* a proposito della teoria della tragedia fin qui non identificato.

49. Lupo, *Presenze manzoniane*, pp. 207-236.

50. Visconti, *Riflessioni sul bello* (1818-1822), in Id., *Saggi di Ermes Visconti intorno ad alcuni quesiti concernenti il bello*, p. 90.

Fausto, un personaggio sul quale corrono popolaresche tradizioni, venne rappresentato idealmente da un ammirabile poeta, come un gran saputo, ma traviato in filosofie malvage. Vegliava egli una notte in mezzo a' suoi volumi, stava infruttuosamente meditando sul senso dell'Evangelio di s. Giovanni, era accorato di non poter mai comprendere il mistero dell'esistenza dell'uomo e de' suoi destini; quando ad un tratto gli giunge all'orecchio una divota melodia, con cui i fedeli celebravano la risurrezione di Gesù Cristo. Sicché que' semplici, che saranno stati nella chiesa, femminelle, artigianucci, senza tante lucubrazioni, avevano conosciuto il complemento de' misteriosi destini umani e ne esaltavano; mentre l'erudito Fausto intisichiva senza neppure trovare la strada per cui incamminarsi ad intenderli.[51]

Tra 1818 e 1819 usciva «Il Conciliatore foglio scientifico-letterario» che eleggeva a proprio programma l'unione di utile e bello, arte e morale con economia e politica. Mentre Goethe risulta implicito e necessario modello di conciliazione tra classico e romantico, il suo *Faust* non trova grande spazio nel dibattito de «Il Conciliatore». Eccezioni significative sono le due occorrenze identificabili nello spoglio della rivista: la prima di Giuseppe Pecchio, nel numero 54 del 1818, in cui si prende *Faust* come modello del dramma romantico

Credete voi un proteo il celebre Goethe il quale essendo propenso a modellare il teatro tedesco sulle forme del teatro francese, ammonito, da una lettera di Schiller, di abbandonare quel piano timido e servile, abbracciò un sistema più vasto, e vi dié principio col dott. Faust?
Il passaggio dall'errore alla verità, dal bene al meglio non sarà mai un proteismo.[52]

Faust è esempio, riferimento, di un teatro nuovo, non servile e pedissequo rispetto ad altri modelli di teatro, esempio del teatro romantico, di un "sistema più vasto" dell'arte e del teatro. Nella medesima direzione va anche l'altra citazione, secondaria ed implicita, riconoscibile in una definizione del teatro tedesco da parte dei suoi detrattori: Serafino Grassi in testa. Contro di lui scrive Pietro Borsieri in un articolo del 10 ottobre 1819 che lo vede araldo del dramma romantico europeo:

Il Sig. Grassi prima di proclamare che il dramma romantico, cioè quello di Schiller, di Goethe, di Lessing e d'altri tali, è un mostro nato dalla sfrenatezza dell'entusiasmo, fondata sull'evocazione dei demoni, sulla magia, sulle

51. Visconti, *Letture spirituali*, p. 116.
52. Pecchio, *Giustificazione*, in «Il Conciliatore foglio scientifico-letterario».

> streghe, ora smarrito tra le nubi, ora ravvolto nel fango, il Sig. Grassi poteva avere la bontà d'interrogare sé medesimo s'ei crede che le opere divenute orgoglio e proprietà d'intere nazioni potessero comporsi senza profonda meditazione sull'intima essenza dell'arte?[53]

Faust qui apparirebbe, semmai, più che antimodello, modello nuovo e difficile, incompreso forse, perché eccezionale e diverso rispetto alle proposte teatrali francesi e italiane. Altra prospettiva avrà, una decina di anni più tardi, la recensione di Giuseppe Mazzini alla traduzione di Nerval della prima parte della tragedia sulle pagine dell'«Indicatore Livornese»[54] (mancando ancora una completa versione in italiano). Di circa un mese prima è però l'unico riferimento negli appunti dello *Zibaldone* leopardiano a *Fausto*, che si riconosceva ancora simile al *Manfredo* byroniano – come già in Nerval – per la comune dose di «novità e ardire».[55] E qui ancora una volta *De l'Allemagne* sembrerebbe porsi come fonte nel lemma *hardiesse*, usato dalla de Staël e ripreso da Leopardi che ben conosceva quel celeberrimo saggio a partire dal 1821, come risulta dallo stesso *Zibaldone*. Fra l'altro Leopardi già in un pensiero del 1820 aveva annotato a proposito del *Manfredo*: «Io so che letto *Verter*[56] mi sono trovato caldissimo nella mia disperazione, letto Lord Byron, freddissimo, e senza entusiasmo nessuno»,[57] attribuendo così la sua preferenza al *Werther*[58] a scapito del *Manfred* e presumibilmente all'opera che veniva assimilata a esso, il *Faust*. Infatti Leopardi sembrerebbe aver presente il *Faust* goethiano già quando, nei primi giorni dell'aprile del 1824, scrive il *Dialogo di Malambruno e di Farfarello*, in cui Malambruno evoca le potenze demoniache per chiedere loro, nella persona di Farfarello: «Tu m'hai da contentare d'un desiderio

53. Borsieri, in «Il Conciliatore foglio scientifico-letterario», p. 424. Probabilmente il riferimento è alla *Dissertazione dell'Avvocato Serafino Grassi indirizzata alla Reale Accademia Torinese di Scienze e Belle Lettere, in lode di Vittorio Alfieri da Asti*, Asti, 1819.

54. Mazzini, *Faust – tragedie de Goethe*.

55. Leopardi, pensiero 4479, 1 aprile 1829, in Id., *Zibaldone*, tomo II, p. 3036.

56. Sull'amore di Leopardi per il *Werther*, e le risonanze nella sua opera, si veda Santoli, *Riflessi italiani della cultura letteraria settentrionale*, in Id., *Fra Germania e Italia*, p. 120: «Il *Werther* fu l'unico libro d'arte tedesco che il Leopardi veramente pregiasse, tanto che ne sentì l'eco nei *Canti*; e non solo in *Consalvo*, ma anche nel *Risorgimento* (cfr. *Werther*, II, 20 gennaio), nell'*Infinito* e nelle *Ricordanze* (cfr. *Werther*, II, 9 maggio e Dopo le undici)»; ma anche Borgese, *Leopardi wertheriano e l'Omero di Ugo Foscolo*.

57. Leopardi, pensiero 261, 4 ottobre 1820, in Id., *Zibaldone*, tomo I, p. 272.

58. Leopardi, *Disegni letterari*, in *Poesie e prose*, pp. 1204-1220, tra i vari progetti, di cui molti disattesi, c'era anche quello di «un romanzo, l'*Eugenio*, a imitazione del Werther».

[…] Fammi felice per un momento di tempo».[59] E il diavolo gli risponde che questo è desiderio purtroppo assolutamente irrealizzabile.

Così emergono interferenze faustiane anche quando scrive il suo *Dialogo di Tristano e di un amico*, nel 1834: proprio in questo dialogo, in particolare nell'elenco dei saperi moderni derisi da un Tristano propenso alla morte per perdita di motivazioni esistenziali, appare riconoscibile il monologo iniziale del *Faust*:

> Ma viva la statistica! Vivano le scienze economiche, morali e politiche, le enciclopedie portatili, i manuali, le tante belle creazioni del nostro secolo! E viva sempre il secolo decimonono! Forse povero di cose, ma ricchissimo e larghissimo di parole.[60]

In quei medesimi anni esce la recensione romanticamente militante di Mazzini alla traduzione in francese di Gérard de Nerval, coeva a un altro articolo mazziniano dedicato a Goethe nel quale Mazzini riconosce nel poeta tedesco "l'intelletto sovrano dell'epoca" che apre al concetto di letteratura europea.[61] Il giovanissimo Giuseppe Mazzini salutava nell'opera di Goethe una di quelle «opere, che non hanno modelli, e non possono avere».[62] Mazzini partiva dalla considerazione che

> Qui da noi il nome di Goethe suona massimo, e venerato; ma più, cred'io, per malìa di propensione forestiera, e prestigio d'autorità, che per opinione fondata, e studio dell'opere sue; dacché pochi ne sanno l'idioma, e traduzioni de' suoi scritti non sono, o pessime; se per noncuranza, o terrore di vecchie dottrine, non so, forse per ambe cagioni; pure, giova sperare, che l'esempio di pochi valenti, Maffei, Bellati, Ambrosoli, avrà imitatori. Intanto – poiché per abitudine inveterata il parlare arrogantemente, e il decidere senza esame, pare oggimai diritto di critici – s'è detto in Italia di Goethe quanto lo spirito di parte, e i pregiudizi

59. Leopardi, *Dialogo di Malambruno e Farfarello*, del 1824, in Leopardi, *Operette morali*, in Id., *Poesie e prose*, pp. 38-40, pp. 38-39.

60. Leopardi, *Dialogo di Tristano e di un amico*, del 1834, in Leopardi, *Operette morali*, in Id., *Poesie e prose*, pp. 212-221, p. 220: «e *ardisco* desiderare la morte, e desiderarla sopra ogni cosa, con tanto *ardore* e con tanta sincerità». Ivi, p. 218. Niva Lorenzini vi ha identificato l'ipotesto che interferirebbe a livello di tonalità ironiche e stranianti tra il *Faust* goethiano e il travestimento faustiano di Edoardo Sanguineti. Lorenzini, *Introduzione. Il Faust di Sanguineti: la parola all'inferno*, nella riedizione di Sanguineti, *Faust. Un travestimento*.

61. Mazzini, firmato Un italiano, *D'una Letteratura Europea* (Io intravedo l'aurora d'una Letteratura Europea: nessuno fra i popoli potrà dirla propria; tutti avranno contribuito a fondarla. Goethe).

62. Mazzini, in *Critici dell'Età Romantica*, p. 48.

> dettavano; e il *Fausto* fu pazzamente vilipeso, o sterilmente magnificato, senza che alcuno avvertisse mai, ch'io mi sappia, l'ordine delle idee, e il pensiero fondamentale. Agli uni, che non vogliono demoni se non greci, o romani, parve opera di stregoneria; e manderebbero, credo, l'autore a farne *ammenda onorevole*, se i letterati avessero carceri, ed *alguazili* ad eseguire i loro decreti; gli altri, insofferenti di freno, lodarono a cielo, perché vi scorsero l'ideale della licenza. Tutti guardarono più alle forme, che alla sostanza, più alla *morta lettera* che allo spirito vivificante; tutti diedero sentenza del *Fausto* a norma di sistemi antichi, ed adattabile ad una classe intera di scritti.[63]

La novità e unicità dell'opera vengono poste al centro della critica mazziniana, che rivaluta positivamente anche alcuni elementi fin lì letti come negativi, capovolgendo così la reiterata accusa di oscurità in riconoscimento di originalità.[64]

A Mazzini interessa dimostrare l'originalità di quest'opera, quindi l'inutilità, di contro, delle leggi astratte del far poesia: per Mazzini resta fondamentale la comprensione della singola opera all'interno del contesto storico in cui è nata, «l'epoca scorsa, ritratta nel *Fausto*».[65]

> Ora, il *Fausto* è tal opera, che non appartiene a classe veruna, e però non può giudicarsi per via di leggi, e teoriche, che sono desunte per lo più dall'uso comune d'una nazione, o d'un secolo. [...] Ma quanto alla scelta de' mezzi, è lavoro che procede isolato, indipendente affatto da qualunque sistema, o canone d'arte.[66]

Nel pensiero e secondo il giudizio del giovane Mazzini tale extracanonicità è sintomo di straordinarietà, genialità, unicità che lo rende singolo, individuo e universale al contempo, "classico":

> V'hanno opere, che rifiutano l'analisi – l'impressione per esse prodotta è unica, potente, universale, come il pensiero, che le dettò. [...] E l'opere del genio son tali.[67]

63. *Ibidem*.

64. Ivi, p. 64: «Parmi, che il *Fausto*, considerato in tal guisa, non presenti quella insuperabile oscurità, che involge i più tra i lettori. L'apparizione di molti personaggi, de' quali non può trovarsi ragione drammatica, divien necessaria, se in essa è simboleggiata una classe intera di viventi, e molte scene, che sembrano inutili, servono mirabilmente a compire il gran quadro della umanità in un'epoca determinata».

65. Ivi, p. 66.

66. Ivi. pp. 48-49.

67. *Ibidem*.

Egli inoltre continuerà a vedere completata la tragedia in questa sua prima parte, tanto da asserire, all'uscita della seconda parte, «che meglio sarebbe che il *Fausto* fosse rimasto incompiuto (1861)»,[68] non riconoscendovi evidentemente quanto si era a suo tempo augurato si potesse avverare, ossia che alla parte tutta individuale del *Faust I*[69] potesse un giorno aggiungersene una che desse voce all'aspetto collettivo, solidale, sociale dell'esistenza.[70]

L'attenzione per i periodi storici generatori di determinate modalità letterarie è centrale in Mazzini, che costruisce secondo questo modello un canone poi consolidato in cui dopo Omero, Dante, Shakespeare, pone il Goethe del *Faust* a pietra miliare dell'arte moderna, precorrendo in questo il giudizio del De Sanctis nella sua *Storia della Letteratura Italiana*:

> Come idea, il *Fausto* è il rappresentante d'un'epoca di transizione – afferma Mazzini – che si stende dalla caduta dell'Impero Romano fino all'XI secolo, e quella ch'ebbe veramente principio dalla Rivoluzione Francese, benché fin dalla riforma alcuni sommi la preparassero.[71]

Mazzini aveva a cuore innanzitutto le idee cui un'opera letteraria poteva dar voce e vide in Faust il Genio isolato, in Mefistofele la personificazione dell'egoismo, in Margherita la splendida immagine dell'innocenza della natura: egli era «pieno di una nuova religiosità laica che gli faceva vedere il *Faust* come un mistero».[72]

Proseguendo in ordine cronologico, prima di arrivare all'anno in cui venne pubblicata finalmente la prima traduzione italiana della prima parte del *Faust* goethiano, traduzione dell'esule lombardo Giovita Scalvini uscita nel 1835, incontriamo nelle pagine delle riviste dell'epoca altre

68. Nota aggiunta nel 1861 al presente articolo, dallo stesso Mazzini, ivi, p. 63.

69. «Tutto è individuale nel *Fausto*: l'orgoglio e la coscienza delle sue forze lo hanno persuaso, che il suo destino è unico, il fine a cui deve tendere, diverso dal fine dell'altre creature», ivi, pp. 64-65.

70. «Per tal modo Goethe, piangendo i traviamenti, e i tristi destini del genio isolato, ha cantata la necessità d'un affetto, che lo annodi ai viventi, ed ha celebrato per così dire l'ultimo funebre ufficio al periodo consumato. Forse, se a lui non fossero canuti i capelli, non mancherebbe il desìo, né la potenza per pingere il nostro, e mostrarci Fausto, invaso dal novello spirito, riconciliato con l'umanità, e con se stesso. Oh! se dalla veneranda bocca di lui, del vecchio interprete dei secoli, e dell'uomo, uscisse la parola sulla risurrezione, il cantico della nuova esistenza! Come noi l'accoglieremmo riverenti, e ci lancieremmo più animosi nel bel sentiero, e ne faremmo deposito sacro alla nascente generazione!», ivi, p. 66.

71. *Ibidem*.

72. Cfr. Santoli, *Critici italiani del* Faust, p. 215.

tracce dell'attenzione per Goethe e il suo *Faust*. Nel 1831 Michelangelo Salomon presenta un'*Analisi critica del Faust. Tragedia di M. de Goethe*[73] dove si ricostruisce la storia del personaggio faustiano a partire dal teatro di marionette, cui lo stesso Goethe fa riferimento esplicito come fonte di ispirazione, citando anche il frammento di Lessing e l'opera di Klinger. Quindi si torna a presentare la tragedia goethiana come fonte del *Manfred* di Byron (come già in Leopardi e in Goethe stesso),[74] quasi a consacrare ulteriormente il binomio autori-opere del canone romantico del teatro europeo. Vengono anche riportati tradotti alcuni frammenti in prosa di *Faust*, alternati con sunti, «ponendo frequenti confronti, in lunghe note, con il *Manfred*. [...] È annunciata anche la seconda parte del *Faust*; tutto il poema viene definito un insieme di sublime e di triviale»[75] e concludendo ancora una volta con lo sconsigliare caldamente l'imitazione di una tale opera. Proprio in quel 1831, prima quindi dell'uscita della seconda parte della tragedia goethiana, in Francia un anonimo italiano si impegna invece a imitare il *Faust* con una riscrittura per musica che va in scena l'otto marzo di quell'anno a Parigi, con il titolo italianizzato di *Fausto*.[76] Come risulta dalle recensioni di un anonimo francese uscite il 9 e il 12 marzo sulle pagine del «Journal des débats politiques et littéraires», l'autore del testo desiderava esplicitamente mantenere l'anonimato, mentre nota risulta l'autrice delle musiche, applauditissima da critica e pubblico, Louise-Angélique Bertin[77] (1805-1877). Nell'anno successivo, 1832, in un articolo sulla vita e le opere di Goethe, si apprezza invece del *Faust* proprio la varietà di toni e la multiforme realtà sociale che fa da cornice alla vicenda

73. L'articolo esce firmato M.S. in «L'Indicatore, ossia Raccolta periodica di scelti articoli tolti dai più accreditati giornali italiani, tedeschi, francesi, inglesi ecc. intorno alle scienze fisiche, alla letteratura, alle belle arti», 3, 8 (1831), pp. 368-399. «L'Indicatore» è la rivista in cui Cesare Cantù, quattro anni più tardi, avrebbe pubblicato la propria recensione alla traduzione del *Faust I* di Scalvini.

74. Eckermann, *Conversazioni con Goethe*, 13 aprile 1823, p. 412.

75. Carmassi, *La letteratura tedesca nei periodici italiani*, p. 160.

76. Anonimo, *Fausto, opera semi-seria in quattro atti*, musiche di Louise Angelique Bertin; prima rappresentazione Parigi, Théatre Italien, 7 marzo 1831. E recensioni anonime della medesima penna, la prima brevissima del 9 marzo 1831 e la seconda, ben più ricca, del 12 marzo 1831 in «Journal des débats politique et littéraires».

77. E non Lucie come indicato erroneamente da Balmas, *Faust in Italia e la cultura francese*, ripreso da Del Zoppo, Faust *in Italia*, p. 203.

dell'eroe goethiano.[78] Quindi sulle pagine della rivista «L'Eco»[79] esplode nel 1834 l'ammirazione per il *Faust;* i tempi erano decisamente maturi per accogliere la prima traduzione italiana dell'opera, che esce infatti l'anno successivo, *Fausto* di V. Goethe,[80] seguita immediatamente da diverse recensioni[81] che inevitabilmente rilanciano il dibattito sul testo.

In quegli anni Giovita Scalvini (1791-1843),[82] giovane letterato lombardo, ebbe in sorte di finire per ben diciassette anni in esilio politico (fu in Svizzera, Francia, Inghilterra, a Londra, ospite di Foscolo e si fermò infine in Belgio) iniziò la sua versione dal tedesco del *Faust* di Goethe – sembra sulla base delle traduzioni francesi e inglesi[83] – grazie all'ospitalità e alla collaborazione dei coniugi Arconati che lo accolsero presso il loro castello di Gaesbek. Oltre che traduttore Scalvini fu critico letterario, anche se molta della sua produzione saggistica rimase allo stato

78. In «L'Eco», 5, 64 (1832), pp. 253-255. La notizia si apprende in Carmassi, *La letteratura tedesca nei periodici italiani*, p. 186. Sulle pagine della stessa rivista si erano ricordati i *Funerali di Goethe*, in «L'Eco», 5, 52 (1832), pp. 206-207. Nel 1834: B. Luigi, presenta un parallelo tra Fausto e Merlino, in «Il Ricoglitore italiano e straniero. Ossia Rivista mensuale europea di Scienze, Lettere, Belle Arti, Bibliografia e Varietà», 1,1 (1834), pp. 97-99.

79. Anonimo, *La leggenda di Faust.*

80. Goethe, *Fausto, tragedia di Volfango Goethe*, traduzione di Giovita Scalvini, 1835, seconda edizione *Faust. Tragedia*, 1896. Nel 1960 Nello Saito cura una nuova edizione di questa traduzione, avendone ritrovato un esemplare corredato di note autografe del traduttore.

81. A.G.B.: Avvocato Giovanni Battista Bolza (1801-1869), *Fausto, di V. Goethe.* Recensione alla traduzione di Scalvini del *Faust.* Francesco Ambrosoli, recensione alla traduzione di Scalvini del *Faust.* Cfr. Carmassi, *La letteratura tedesca nei periodici italiani*, pp. 208-211.

82. Di Giovita Scalvini Niccolò Tommaseo pubblicò una raccolta di *Scritti* nel 1860, che comprendono anche lettere scelte dal loro scambio epistolare. Molti dei lavori critici di Scalvini furono pubblicati solamente postumi, mentre alcuni apparvero sulle pagine della «Biblioteca italiana».

83. Del Zoppo, Faust *in Italia*, p. 71. Sembra che la conoscenza della lingua tedesca di Scalvini non fosse raffinatissima, e così egli s'avvalse anche delle traduzioni francesi, e quindi anche inglesi, che in quegli anni erano due: quella a cura di Levenson Gower, del 1825 e quella di Hayward del 1833. Anche a pubblicazione avvenuta, si conserva ulteriore testimonianza di questo dato in una lettera di Scalvini a Giovanni Arrivabene del 1840 riguardante il *Faust II*: «Dopo che avessi letto rapidamente in francese la seconda parte, potrei risolvermi a tradurla adagio dal tedesco», lettera citata in Zanasi, recensione a *Faust. Traduzione di Giovita Scalvini*, p. 214.

di appunto e perciò inedita fino al pieno Novecento.[84] Fra gli autori da lui più largamente considerati, accanto ai compatrioti Foscolo e Manzoni, compare il Goethe del *Faust*: di fatto leggendo le note critiche al testo[85] si viene a scoprire che proprio il primo, lodatissimo traduttore del capolavoro goethiano è anche il maggiore detrattore della sua oscurità formale nonché della sua indifferenza morale. In tutta la critica letteraria scalviniana prevale l'impostazione contenutista e moralistica,[86] e non c'è dunque da sorprendersi se anche di fronte alla tragedia di Goethe l'impostazione prevalente resti questa. Le accuse di oscurità formale, da un lato, e freddezza, distacco morale eccessivo, dall'altro, rivolte a Goethe e al suo *Faust* in particolare, sono d'altronde accuse di lunga durata nella critica italiana: dopo esser già emerse nelle pagine della de Staël, infatti, si è visto come quella del giudizio morale di Manzoni prima e di Visconti poi, fosse stata la porta d'ingresso della riflessione sul *Faust* nel nostro paese. Scalvini da parte sua differenzia le due accuse di limite estetico – l'oscurità – e di limite morale – l'indifferenza – sostenendo ciò non di meno la grandezza epocale dell'opera, ancora una volta inserita nel canone della modernità accanto alle opere di Byron:

> le due migliori poesie di Byron, le più consentanee alla mia anima qual me l'hanno fatta i miei tempi, sono il *Caino* e il *Manfredo* e queste due opere col *Faust* sono le migliori produzioni della moderna poesia. Non le considero nel loro scopo morale, ma solamente in rispetto alle emozioni che suscitano in noi, e come specchio più verace dei nostri tempi.[87]

Compare quindi, a ben guardare, nella sua impostazione critica, il tentativo di separare il giudizio estetico da quello morale, che ricade però romanticamente in un giudizio storico più che puramente estetico. Per quanto riguarda il limite dell'oscurità, Scalvini parte da una questione teorica:

84. Scalvini, *Foscolo, Manzoni, Goethe – Scritti editi e inediti*. Dei *Materiali goethiani* di Scalvini offre una nuova edizione Cappuccio, nella sua versione riveduta de *Critici dell'età romantica*. Un buon commento alle posizioni critiche di Scalvini su Goethe e il suo *Faust*, si legge in Beller, *G. Scalvini fra Manzoni e Goethe*, in Girardi, *Goethe e Manzoni*, pp. 97-109.

85. Probabilmente i frammenti critici dedicati al *Faust* avrebbero dovuto costituire la *Prefazione* alla riedizione della sua traduzione del *Faust I* progettata da Mazzini e mai realizzatasi, vedi la lettera di Giuseppe Mazzini a Giovita Scalvini in Luzio, *Giuseppe Mazzini*.

86. Vedi la nota introduttiva di Cappuccio, *Giovita Scalvini*, in *Critici dell'età romantica*, pp. 25-37.

87. Scalvini, *Materiali goethiani*, p. 352.

«l'oscuro delle cose deve aver chiarezza nell'arte»:[88] perciò resta fermo che «la poesia non è un trattato speculativo»,[89] ma anzi si differenzia negli scopi dalla scrittura critica: deve cercare di raggiungere una forma chiara anche rispetto ad una realtà poco chiara.

La colpa di oscurità viene giudicata tanto più grave in Goethe in quanto ricercata volutamente dall'autore; secondo Scalvini infatti:

> Goethe è oscuro per l'incertezza che lascia nella forma, per non dir tutto il suo pensiero, per non prender parte per nessuna opinione come se desiderasse stare in pace con tutte. [...] Egli aveva dunque bisogno di porre del mistero nei suoi scritti, [...] Il misterioso nella sua opera era cercato e voluto, [...] quel misterioso non nasceva dalle tempeste della vita e della sua anima. [...] Voler interpretare Goethe in verità è un andare contro il proprio suo intento, giacché egli teneva per fermo che un'opera d'arte dev'essere misteriosa.[90]

Altrove Scalvini sembra voler mitigare tale giudizio di condanna del *Faust* e del suo autore, cercando così di comprendere le motivazioni dell'oscurità dell'opera:

> Se le opere di Goethe riescono malagevoli ad intendersi perché l'indole dell'autore lo inclinasse a quegli argomenti che per la loro profondità si nascondono alla comune veduta, [...] chi vorrà biasimarnelo?[91]
> [...] Ora, alla poesia deriva oscurità anche dalle lingue moderne, non più schiette e fanciullesche e ingenue come quelle antiche, ma ingombre, per ogni vocabolo, e dei primi significati, e degli ultimi [...] le lingue s'avviluppano, se mi è lecito dire così, dello sviluppo dell'umano pensiero.[92]

Questa maggiore oscurità sarebbe dunque propria dell'età moderna, delle lingue moderne, oltre che della scelta dell'autore, che pure diviene infine colpa e limite morale, quando nasce dall'indifferenza per l'utile e dalla scelta esclusiva per il bello: lo schema normativo che Scalvini traccia distinguendo tra poeti impegnati, come Byron e Manzoni, e poeti distaccati, come Goethe appunto, presuppone un giudizio di valore tutto romantico e risorgimentale, secondo il quale utile e bello dovrebbero andare di pari passo nelle grandi opere d'arte:

88. Ivi, p. 266.
89. Ivi, p. 268.
90. Ivi, *Dai Materiali goethiani*, p. 419 e 417.
91. *Della poesia e del Faust di Goethe*, in Scalvini, *Dai materiali goethiani*, p. 262.
92. Ivi, p. 267.

> Ma in ogni età havvi due sorta di uomini: quelli a cui l'impulso e il far via per la placida o pigra lor natura è molesto, e quelli che stanno coll'età loro e progrediscono inquieti.[93]

È perciò un male che

> un grandissimo ingegno non abbia meglio sentito quanto avrebbe potuto essere salutare al suo secolo, non si sia curato che dell'arte e non degli uomini, non abbia voluto indirizzare le menti verso quel vero morale senza del quale le arti sono senza intendimento, le abbia anzi gettate nel dubbio, nel disprezzo della scienza, abbia, piuttosto che curarle, inasprite tutte le piaghe della sua età.[94]

La traduzione del *Faust I* di Scalvini esce nel 1835 e fino al 1960 resta questa la sua unica edizione; in quell'anno infatti Nello Saito, ritrovato un esemplare annotato dallo stesso Scalvini, ne cura una nuova edizione. Compito prioritario della traduzione di un'opera poetica, secondo Scalvini, era quello di

> interpretare nel tutto e passo per passo, l'impressione, la forma, per così dire, che ha fatto l'autore su gli animi dei suoi concittadini. Ciò è considerare l'opera nella sua vita.[95]

Tale priorità contenutistico-emotiva lo porta a scegliere la fluidità della prosa, preferendola alla ben più ardua resa in versi del testo:

> L'anima umana concepisce in versi le cose diversamente da quello che faccia in prosa. La nostra mente abita in tutta un'altra regione quando si lascia andare all'armonia della musa, di quello che quando adopera le parole sciolte. Ciò ch'è conveniente in poesia, sa d'artificio e di falso in prosa; e con ciò, o lettore, la mia traduzione è in prosa d'un poema tutto in versi, tutto in rima, tutto vario di metri. Se avessi saputo fare una buona traduzione del Faust in versi, non avrei fatto una traduzione.[96]

Il traduttore deve, sempre secondo Scalvini, percorrere il cammino inverso rispetto al poeta: «la parola deve mettergli nell'anima il sentimento, è in lui secondo e acquistato quello che nell'autore fu primo e ingenito, e ciascuno sente a suo modo»; quindi conclude che «questa mia traduzione del *Faust* è dunque piuttosto un saggio che una cosa compiuta secondo

93. Ivi, p. 351.
94. Ivi, p. 423.
95. Ivi, p. 413.
96. Ivi, pp. 414-415.

sistema, ed ha non so che di mostruoso».[97] Saggio che pure resta alla storia come la prima traduzione completa del *Faust I* in lingua italiana.

Tra le molte recensioni alla traduzione scalviniana si distingue il lavoro critico di Cesare Cantù che tornerà di lì a breve a rioccuparsi del *Faust*: dopo aver recensito a caldo la traduzione di Scalvini, esortando in chiusura il traduttore a provvedere anche alla versione della seconda parte della tragedia, Cesare Cantù[98] si occupa nuovamente del *Faust* nel paragrafo 19 del suo lungo saggio *Sulla letteratura tedesca.*[99]

> Lirico, epico, drammatico, romanziero, critico, fisico e sommo in ogni genere, non potevamo stringere l'immensa corporatura di Göthe in nessuna delle divisioni fatte antecedentemente: solo deve camminare nella storia, come solo va tra la folla dell'umanità e fra il drappello degli immortali.[100]

Già dall'*incipit* della presentazione l'*auctor* è *actor* delle sue stesse opere, è titano solitario, è il poliedrico, incommensurabile individualista, finanche egoista, romantico protagonista della sua stessa tragedia che «solo deve camminare», e non essere nemmeno avvicinato da possibili imitatori. Cantù ricorda di Goethe innanzitutto il *Werther*, deprecandone, secondo l'ideologia cattolica sua propria, i funesti effetti di emulazione al suicidio che generò in tutta Europa.[101]

Tutti i grandi protagonisti delle opere goethiane vengono interpretati come portatori di istanze autobiografiche, autoreferenziali: «come il reale nel *Werther*, così l'ideale è ritratto nel *Meister*, in cui Göthe ancora dipinse sé medesimo».[102] Quando arriva a scrivere del *Faust*, capolavoro già consacrato come tale, è interessante che Cantù senta l'esigenza, probabilmente generata da ragioni divulgative, di ripercorrere la vicenda del personaggio, anche se sommariamente e senza il supporto di una ricerca completa ed esatta, ricordando ai lettori la precedente tragedia di medesimo argomento faustiano di Christopher Marlowe.[103]

97. Ivi, pp. 412-416.

98. Cantù nel suo *Della Letteratura italiana*, cita Goethe (Gothe) solo una volta e a proposito del *Werther*.

99. Cantù, *Sulla letteratura tedesca*, par. 19. Cit. anche in Carmassi, *La letteratura tedesca nei periodici italiani*, p. 243.

100. Cantù, *Sulla letteratura tedesca*, p. 53.

101. Ivi, p. 55.

102. Ivi, p. 56.

103. Ivi, pp. 65-66. Compaiono in queste pagine anche traduzioni italiane del *Dottor Faustus* di Marlowe.

Questo riferimento è forse la prima testimonianza italiana di una conoscenza diretta del testo di Marlowe che verrà tradotto solo nel 1898 da un giovane napoletano.[104] La diffusione della tragedia di Marlowe in Italia appare dunque chiaramente conseguenza dell'interesse e del dibattito sull'opera goethiana. Segue una nota teorica sulla questione della riscrittura letteraria, considerata atto creativo originale e differenziata dal plagio.[105]

Cantù propone quindi una definizione tipologica del teatro tedesco, idealmente contrapposto qui, probabilmente, a quello inglese:

> ma la drammatica tedesca, più che di ritrarre le passioni, s'occupa di sviluppare i caratteri. E in questi due il poeta ritrasse l'idealismo e il materialismo, le due grandi classi, fra cui si divide la spezie umana, quei che vogliono conoscere e quei che vogliono godere.[106]

Il critico sottolinea anche come i caratteri dei personaggi diventino nel *Faust* goethiano tipi, esempi universali quindi, riconoscendo a questa natura tipologica un fine cui riescono solo i grandi scrittori, (tra i quali, nelle esemplificazioni scelte, spicca il nome di Manzoni).[107]

Si apre qui un parallelo che diverrà canonizzante per le due letterature nazionali ma anche per la storia del dialogo tra le due culture, l'italiana e la tedesca, parallelo tra Goethe e Manzoni – che ebbero fra l'altro occasione di scambio diretto e nutrirono reciproca stima – che potrà risultare attivo anche quando non esplicito, anzi forse proprio perché implicito, in altri momenti della storia della ricezione di *Faust* in Italia, e che storicamente inizia con l'accenno manzoniano al *Faust* nelle sue *Osservazioni sulla morale cattolica.*

L'elemento tipologico delle letterature nazionali anche se pare conservare un pregiudizio acritico, se non manicheo, testimonia spesso nei fatti una forza ideologica durevole perché inconsapevole, contenendo fra l'altro fattori culturali ampi e significativi, da riconsiderare criticamente nella

104. *La tragica storia del dottor Fausto di Marlowe*, traduzione in versi di Eugenio Turiello. Nella critica francese il paragone con l'opera di Marlowe, tutto a suo discapito, viene fatto da Nerval nell'*Introduction* alla traduzione completa di *Faust I* e *II* del 1840, p. V.

105. Cantù, *Sulla letteratura tedesca*, p. 67.

106. *Ibidem*. Cfr. *Goethe e Manzoni*, a cura di Girardi.

107. Cantù, *Sulla letteratura tedesca*, p. 73: «Noi raccogliemmo qui i tratti di questi tre caratteri, dei quali Göthe formò altrettanti tipi, gran segno del genio. (In nota: Voltaire un solo ne formò, il Seide. Alfieri? Metastasio? Nota? Ma tutti già san dire è un don Rodrigo, è un don Abbondio, è la Perpetua, è donna Prassede)».

loro effettiva validità specifica: agiscono in questo senso elementi extra-letterari come quello religioso, ad esempio, o fattori propriamente letterari, come il dibattito sui generi, su temi e modelli formali, sul rapporto con l'antico e il classico. Il dialogo tra Italia e Germania, insomma, si verrebbe a configurare in forma di confronto non tanto tra Manzoni e Goethe, che pure di Manzoni tradusse entusiasta il *Cinque Maggio* salutandovi la migliore ode in morte a Napoleone, ma tra *Faust* e *I Promessi Sposi*, dato che non è mancato chi abbia intravisto nel *Faust* goethiano una fonte di spunti e riprese per il romanzo di Manzoni.[108] Già Scalvini, essendosi occupato precedentemente del romanzo manzoniano, spesso si trova a creare dei confronti tra queste due opere tanto distanti.[109]

Da parte sua Cantù manifesta subito, esemplarmente, alcune resistenze ideologiche e morali, solo in seconda istanza anche formali, che ostacolano un pieno apprezzamento del capolavoro goethiano: resistenze ideologiche che si fanno nazionali in un'epoca in cui forte era sentita l'esigenza di riconoscersi in un'ideologia unica e condivisa, una cultura, una letteratura, una lingua, nazionali, come presupposto delle lotte per l'unità politica nazionale del paese. E così ecco che Cantù arriva ad auto-eleggersi portavoce dei lettori italiani tutti, di ogni lettore italiano, scrivendo:

> Ma l'azion loro è tramezzata da tanti episodi, da una folla tale di persone e di cose, che il lettor italiano neppure saprebbe immaginare, né arriverà a comprendere chi non siasi fatto tedesco di idee e di sentimenti [...] prodigio di poesia, assoluto errore di buon senso.[110]

Conseguenza naturale sarà quindi quella di rimarcare il carattere nazionale non solo dell'opera *Faust*, del Faust personaggio goethiano, ma anche del personaggio Faust in genere, identificando ancora una volta, ma qui esplicitamente come mai prima, il carattere faustiano con quello tedesco:

> Il *Faust* di Göthe ebbe non poca efficacia sul carattere de' suoi paesani, e massime dopo la rivoluzione francese, ultima fe' sentir la sua scossa in Ger-

108. Su questo si veda Capelli, *Faust nei* Promessi Sposi. Il critico conclude l'elenco di paralleli nelle due opere – ad esempio quello tra personaggi, come Don Ferrante e Wagner o il protofisico Lodovico Settala e il padre di Faust, e, rifacendosi al suggerimento di Visconti, tra situazioni, come il monologo iniziale di Faust e la notte dell'Innominato – arrivando a sostenere che: «molto maggiore di quel che appare dalle lettere e dalle biografie era l'affinità di spirito che univa questi due autori».

109. Scalvini in *Critici dell'età romantica*, pp. 50-53.

110. Cantù, *Sulla letteratura tedesca*, pp. 73-74.

mania, una folla di scettici sorse, beffardi del sapere, panteisti, materialisti; seppellì il serio, divenne galante, lasciò l'idealismo per darsi l'aria di leggero, d'elegante, d'incredulo: l'orgia fu collocata al posto della credenza. Il *Faust* ne fu in gran parte cagione.[111]

Al saggio di Cantù viene posposto, per volontà dello stesso critico, un commento tedesco anonimo interessante che pure imputandogli sommarietà ideologica e limitata conoscenza della cultura e letteratura tedesca, a partire dagli scritti di Lutero, riconosce però al critico italiano il valore di originalità e finalmente di autonomia rispetto alla critica francese, Madame de Staël in testa, sottolineandone implicitamente la pervasività sul pensiero italiano. Cesare Cantù aveva offerto al lettore un riassunto completo di entrambe le parti della tragedia del *Faust*, concludendo con un commento vaticinante sulla fortuna dell'opera e dell'autore:

> Così finisce questo poema che alcuni compatiranno come un delirio di ragione sfrenata; altri sapranno e vorranno vedervi il dramma dell'idealismo e dell'intelligenza: la scienza che, in lotta colla realtà della vita, acquista la fermezza di cuore, arde per la bellezza, abbandonasi alla passione che lo eleva, genera la poesia che cerca l'infinito e cade sulla terra: il genio del male è vinto all'ultima soluzione delle cose terrene, quando tutte le differenze di spirito e di moralità si risolvono nell'unità suprema.[112]

Di fatto Cantù ribadisce il rimprovero già adombrato nella sua pur positiva recensione alla traduzione dell'opera di Scalvini, rimprovero di assenza di moralità nelle opere goethiane, di scetticismo e impassibilità che dal personaggio rischia di arrivare al lettore: il criterio che aveva voluto seguire e aveva riconosciuto e lodato nel testo di suo riferimento per la storia della letteratura tedesca, *Die Deutsche Literatur* di Menzel,[113] ossia il criterio che vuole sposati bello e buono nella creazione artistica, si ritrovava pericolosamente disatteso dalla complessità del *Faust*:

> Pur troppo abbiamo dovuto notare la pessima pendenza del *Werther*: è forse migliore quella del suo capolavoro? Qual sentimento rimane in core dopo aver letto il *Fausto*? A quale azione benevola, magnanime, religiosa ti spinge? Quali principii assoda? Quale virtù t'insinna [*sic*]? Diresti ch'egli abbia studiato l'uomo soltanto per discrirvi quanto in esso v'ha di materiale; e l'ori-

111. *Ibidem*.

112. Ivi, p. 78. Seguono: bibliografia, biografia.

113. Menzel, *Die Deutsche Literatur*, Stuttgard, 1828, da poco tradotto in italiano nel 1836 da G.B. Passerini. Cantù, *Sulla letteratura tedesca*, parr. 8, 9, 10.

ginalità del *Faust* consiste nel camminare a ritroso di quanto fecero sempre i poeti. Poiché questi generalmente tendono a mostrare la vittoria dello spirito sopra la materia e la nobiltà dell'uomo; nel *Faust* invece sono vôlti in beffa tutti gli sforzi che l'umanità fece dai suoi primordii fin ad oggi è la più acre satira contro l'umanità, [...] Quindi, invece di guidare l'età sua, come avrebbe potuto e come dee fare il genio, la secondò fiaccamente, blandendone gli errori, i pregiudizii, la vanità, la supina vigliaccheria. [...] potea santificar qualche profonda moralità, e invece consacrò il godimento. [...] Ed io, intento in questo *Saggio* a migliorar se so i miei concittadini coll'esempio degli stranieri, non volli, a costo di sembrar severo, tacere questi rimproveri. Alle grandi bellezze di Göthe arriva il genio solo, le colpe di lui può schivare ogni uomo, [...] di quelli uomini che si ammirano ma non si amano.[114]

La durata di questi giudizi morali sull'opera letteraria di Goethe si manifesta nel loro riemergere in critiche più tarde, tanto che negli anni in cui la laicità delle nuove leggi permetteva la libera circolazione di credenti di altre confessioni religiose in tutto il territorio nazionale, un cardinale, Gaetano Alimonda, nel suo militante trattato storico-religioso su *Lutero e l'Italia*, non si astiene dall'utilizzare emblematicamente, se non metaforicamente, immagini e citazioni dal *Faust* di Goethe per dimostrare l'incompatibilità della cultura italiana con la religione luterana e di conseguenza con tutta la cultura tedesca.[115]

Sulla stessa linea del giudizio di Cantù si colloca anche lo stringatissimo giudizio ironico e diminutivo di Niccolò Tommaseo, espresso nel suo *Dizionario estetico* del 1840 proprio in riferimento alla traduzione di Scalvini:

Lo ringraziamo [Scalvini] da ultimo dell'avere agli Italiani ignari della lingua tedesca fatto abilità di apprezzare, in parte almeno, un'opera che al poeta fruttò tanta fama, e secondo noi, tanto maggiore del giusto. Per-

114. Cantù, *Sulla letteratura tedesca*, pp. 94-96, 98. Del 1839 ho trovato una curiosa testimonianza di interesse e plauso per la seconda parte della tragedia di Goethe su Faust, firmata da Francesco Viganò, sulle pagine di una rivista "femminile". Viganò espone al lettore l'interesse di questa seconda parte della tragedia, presentandone quindi al lettore un saggio di sua versione dal francese, con questo auspicandone la traduzione pari a quella del *Faust I* di Scalvini.

115. Alimonda, *Lutero e l'Italia*. A titolo d'esempio nella *Prefazione* intitolata *L'Italia non può amare Lutero*, a p. XLII, si legge: «Wolfango Goethe nella persona di Mefistofele fa così parlare il diavolo: *Sono lo Spirito che nega continuamente; ed è ragione, però che quanto sussiste è degno che sia subissato*. Al Goethe si vuol credere che questa definizione orrenda suoni esatta, conciossiachè egli è addentro nella scuola: più debbono a lui credere i tedeschi, che nel loro Goethe il massimo letterato adorano». Ma ancora a pp. 446-449 etc.

ché se (lasciando la bellezza del dire nella quale il Goethe dicono sommo) consideriamo del Faust la intenzione morale, o la verità storica o la varietà poetica; se distinguiamo le cose sentite dall'ingegno dalle sentite col cuore profondo; le considerazione vestite da affetti, dagli affetti vivi e veri; se compariamo il dubbio gelido e derisore di questo cortigiano senza coscienza e senza patria al dubbio mesto e severo e passionato e credente dell'Inglese divino; impareremo a discernere il fiore di campo dal fiore di seta, la tempesta teatrale dalla tempesta dell'Oceano e dell'Alpi, l'attore dall'uomo.[116]

Al *Faust* di Goethe dedica costante attenzione, senza però mai offrirgli uno studio monografico, Francesco De Sanctis, che com'è stato detto elegge il capolavoro goethiano a metro di giudizio canonico proponendone spesso il confronto con il capolavoro nazionale per eccellenza, ossia la *Divina Commedia.*[117] Nella sua *Storia della Letteratura Italiana* (1871) De Sanctis cita l'opera di Goethe ben ventidue volte, quattro volte senza italianizzarne in *Fausto* il titolo, e di queste tre volte accostandola all'opera da lui posta al centro della tradizione letteraria del nostro paese, la *Commedia* di Dante: «Una storia intima, personale, drammatica dell'anima com'è il *Faust*, non era possibile in tempi ancora epici, simbolici, mistici e scolastici» (Capitolo VII, *La Commedia*).

Più avanti, nel capitolo XX su *La Nuova Letteratura*, De Sanctis riafferma l'unità formale del testo goethiano che verrà negata invece dal suo allievo Vittorio Imbriani: «la (conciliazione di) tutti gli elementi della storia in una vasta unità, della quale rimane monumento colossale la *Divina Commedia*, della cultura moderna il *Faust*». De Sanctis dimostra di conoscere l'origine del mito, facendone cenno nel capitolo su *La Prosa*, e accostando ancora una volta la vicenda medievale del dottore Fausto al "concetto lirico" dantesco:[118] la salvezza proposta da Goethe sembra persino "ispirat[a] da Dante".[119] Per De Sanctis c'è una chiara linea evolutiva che dalla *Commedia* giunge al *Faust* goethiano, seguendo la quale si registra il mutato rapporto dell'uomo con la conoscenza:

116. Tommaseo, *Goethe (G.V.), Fausto, tradotto da G. Scalvini*, in Id., *Dizionario estetico*, p. 184.

117. Per una breve storia del filone critico che volle comparare la tragedia di Goethe alla *Comedia* di Dante si legga il paragrafo successivo *La Divina Tragedia*.

118. De Sanctis, *Storia della Letteratura Italiana*, p. 81.

119. Ivi, p. 136.

La scienza però non contraddice, non annulla, anzi fortifica e dimostra lo stesso concetto della vita. [...] L'intelletto è in cima alla scala; l'amore dee essere inteso, se ne dee avere intelletto.

Tale è la soluzione dantesca. A quattro secoli di distanza il problema si ripresenta, ma i termini sono mutati. Il punto di partenza non è più l'ignoranza, la selva oscura, ma la sazietà e vacuità della scienza, l'insufficienza della contemplazione, il bisogno della vita attiva. La sapiente Beatrice si trasforma nell'ignorante e ingenua Margherita; e Fausto non contempla ma opera; anzi il suo male è stato appunto la contemplazione, lo studio della scienza, e il rimedio che cerca è ribattezzarsi nelle fresche onde della vita.[120]

Il giudizio di De Sanctis sembra rifarsi, nella sua impostazione alla teoria esposta nel saggio *Révolutions d'Italie* dal francese Edgar Quinet (1803-1875):

Dante et Faust marquent en effet les deux âges opposés de la science humaine, et ils se rencontrent à ces extrémités. Dante, c'est l'adolescence de l'ésprit humain; comme il n'a jamais éprouvé l'impuissance du savoir de l'homme, il a pour la philosophie la même adoration que pour la religion; il est convaincu que l'or pur de la vérité est au fond de son creuset, qu'il possède dans un livre les secrets de l'univers, que le syllogisme de Sigier lui ouvrira les portes de tous les mystères. Science naive, il s'en abreuve comme du lait maternel, et croit goûter la sagesse de Dieu. Faust, au contraire, tel que Goethe l'a montré, c'est l'ésprit humain dans sa vieillesse; plus il sait, plus il doute: à mesure qu'il apprend, il s'éloigne du terme; las de penser, il voudrait pouvoir oublier. Sortout ces contradictions se montrent à découvert dans la manière différente de sentir et de concevoir l'amour. La femme que Dante place audessus de toutes les autres, personnifie pour lui le savoir et la philosophie. Quelle est, au contraire, la Béatrix de Faust rassasié de science? Qui lui représente la félicité? Une jeune fille qui ne sait rien, Marguerite, un enfant du peuple, l'image de la suprême, de la céleste ignorance.[121]

Anche nella critica di De Sanctis intorno al *Faust* come in molta critica fin qui incontrata, a Mefistofele viene riservato un posto d'onore, ancora per tramite dantesco: i due capolavori sono ormai necessariamente legati nella comune storia canonizzata della letteratura europea, al punto che per capire la riuscita del personaggio diabolico di Mefistofele si ricorre alla te-

120. Ivi, pp. 152-153.

121. Quinet, *Révolutions d'Italie*; vedi voce *Quinet, Edgar*, in Enciclopedia Dantesca Treccani.

oria del brutto utilizzata per consacrare la superiorità estetica dell'*Inferno* sul *Paradiso* danteschi:

> L'Inferno è il regno del male, [...] il caos: esteticamente è il brutto. Dicesi che il brutto non sia materia d'arte, [...] Ma è arte tutto ciò che vive e niente è nella natura che non possa essere nell'arte. [...] Il brutto è elemento necessario così nella natura, come nell'arte: perché la vita è generata appunto da quetsa contraddizione tra il vero e il falso, il bene e il male. Togliete la contraddizione, e la vita si cristallizza. [...] Il bello non è che sé stesso; il brutto è sé stesso e il suo contrario, ha nel suo grembo la contraddizione, perciò ha vita più ricca, più feconda di situazioni drammatiche. Non è dunque meraviglia che il brutto riesca spesso nell'arte più interessante e più poetico. Mefistofele è più interessante di Fausto, e l'inferno è più poetico del paradiso.[122]

È opportuno in questo contesto ricordare come il De Sanctis, giovane prigioniero nel carcere di Castel dell'Ovo, negli anni tra il 1851 e il 1853, avesse avuto interesse per il *Faust* di Goethe e si fosse anche dedicato alla traduzione, poi mai portata a termine, della seconda parte della tragedia. Sono solo le prime scene della tragedia faustiana, pubblicate sulla «Polimazia» di Firenze nel 1854,[123] uscite quindi quando ancora non esistevano traduzioni di questa trascurata, incompresa e meno ancora apprezzata seconda parte dell'opera.

In quel torno di anni[124] si ebbe, prima sulle pagine di rivista poi in volume per Le Monnier nel 1857, la traduzione del *Faust – seconda parte* di Giuseppe Gazzino, seguito ideale della traduzione di Giovita Scalvini;[125] bisognerà aspettare il 1866 per averne invece la prima versione completa in versi, a opera di Andrea Maffei.[126] Nel mentre si era verificato un susse-

122. De Sanctis, *Storia della Letteratura Italiana*, pp. 175-176.

123. De Sanctis, traduzioni dal *Faust II* di Goethe, in «Polimatia», 16-18 (1854)..

124. Per quanto riguarda articoli di argomento faustiano apparsi in rivista segnaliamo: 1839: breve sunto di *Faust I*, P.P. (?), *Fausto, tragedia di Goethe*; Marmier, *La cronaca di Faust*.

125. Sulle traduzioni in italiano del *Faust* di Goethe, vedi scheda p. 1123 nella versione a cura di Fortini e le indicazioni bibliografiche specifiche ivi contenute.

126. Scalvini aveva auspicato tale opera di traduzione indirizzando nei suoi *Materiali goethiani* proprio a Maffei l'invito a tentarla: «Ma se la mia traduzione non fosse trovata affatto indegna, e se chi se ne sentisse le forze, come il mio amico Maffei, volesse mettere in rima quello che io non ho osato e innestarlovi, rileverebbe di pregio il mio libro e farebbe cosa grata all'Italia» (*Foscolo, Manzoni, Goethe – Scritti editi e inediti*, p. 416.

guirsi di traduzioni, parziali o complete[127] e l'arrivo delle prime riscritture originali del mito di Faust.

La traduzione di Andrea Maffei (1798-1885) del 1866 venne applaudita e dai più preferita alle precedenti: d'altro canto il traduttore trentino si era guadagnato la fama di ottimo ed elegantissimo traduttore dal tedesco già dal lontano 1818, anno in cui uscì la sua versione degli *Idilli* di Salomon Gessner. Per Maffei, forse il traduttore dal tedesco e dall'inglese più noto della sua epoca, la traduzione costituisce un'opera di avvicinamento e appropriazione linguistica e culturale del testo straniero; al letteralismo della versione egli mostrava di preferire la godibilità e comprensibilità per il nuovo lettore, facilitato in questo dal traduttore che risulta così interprete mai trasparente del testo presentato:

> Ho pensato sempre che ciaschedun traduttore, per quanto intenda a rimanere fedele al testo dell'opera tradotta, non può fare a meno di dare al proprio lavoro un colorito speciale, derivanti dalle speciali attitudini del proprio ingegno qualunque esso sia.: non può non mostrarsi di quando in quando anche lui, imprestando per così dire al poeta tradotto qualcosa della propria individualità.[128]

Maffei sembra quasi voler rimarcare la mobilità del confine tra traduzione, interpretazione e riscrittura. Il suo prefatore della seconda edizione del 1869, Eugenio Checchi, plaude proprio alla capacità di Maffei di

> non solo riprodurre la fedele immagine delle opere di quei grandissimi ch'egli ha tradotti, ma infonder loro tale un carattere, e se mi è lecito dirlo, tale *un sapore di italianità*, che non mica traduzioni paiono i volumi suoi stupendi, ma creazioni di sana pianta, e opere schiettamente originali e nazionali.[129]

A Maffei viene riconosciuto inoltre il merito di aver finalmente reso fruibile la difficile, contestata, seconda parte del capolavoro goethiano.[130]

127. Traduzioni di Rota, 1860, Persico, 1861, Guerrieri Gonzaga, 1862.

128. Maffei, *Dedica*, p. III.

129. Checchi, *Il Fausto di Wolfango Goethe*, p. LXXVII. Imbriani nella sua recensione negativa alla traduzione del Maffei citerà, deridendoli, proprio questi elogi del Checchi, in particolare l'affermazione: «quella straordinaria felicità di sapere trovar sempre nella poesia e nell'idioma della sua patria la frase, la parola, il modo di dire che corrispondano a ciò che volle significare l'autore nella propria lingua», ivi, p. LIII.

130. Checchi, *Il Fausto di Wolfango Goethe*, pp. LII-LIII.

Nella *Prefazione* alla traduzione di Maffei, Eugenio Checchi ricorda anche l'opera di Marlowe,[131] preferendole però la versione goethiana del mito faustiano.[132]

Diffusamente applaudito per la sua traduzione, Maffei ricevette invece una recensione sarcasticamente negativa da Vittorio Imbriani (1840-1886), che nell'articolo *Traduttore, traditore*[133] del 1869 prendeva spunto addirittura da un articolo di Giuseppe Mazzini che nell'ormai lontano 1837 avrebbe scritto:

> Abbiamo alcune traduzioni di autori stranieri; ma, generalmente, il senso e lo spirito degli originali sono immolati a modi artificiali e di convenzione, nelle traduzioni di Maffei (*sic*) come in altre.[134]

Imbriani, ironico e privo di remore nel denunciare le *Fame usurpate*, sentenzia dunque: «sarebbe malagevole il tradurre con meno intelligenza, con più inesattezza, accumulando più spropositi».[135]

Qualche anno prima lo stesso Vittorio Imbriani aveva pubblicato un saggio riassuntivo, da un certo punto di vista, dei giudizi negativi e pregiudizi positivi fin qui prevalenti in Italia sul capolavoro goethiano; il saggio porta il titolo programmatico *Un capolavoro sbagliato* (*il* Fausto *del Goethe*), ed esce per la prima volta nel 1865, per poi essere raccolto insieme ad altri lavori critici di Imbriani nel 1877 proprio nel volume *Fame usurpate*. La critica di Vittorio Imbriani ha il pregio di essere atto di libero giudizio, schietta presa di posizione, puntigliosa dimostrazione di quanto affermato, spiritoso, tagliente tentativo di comprendere l'opera e, modernamente, i meccanismi socio-culturali che ne avevano determinato la ricezione positiva o negativa. Imbriani ragiona infatti sul concetto stesso di "fama usurpata", partendo dall'osservazione che

131. Di lì a qualche anno Arturo Graf dedica all'opera di Marlowe un intero saggio, nel quale il giudizio sulla prima stesura letteraria del mito, pur nascendo dall'intento di renderla nota in quanto tale, risente continuamente del paragone con il capolavoro goethiano, Graf, *Il Fausto di Marlowe*, in *Studi drammatici*, pp. 207-248, ivi p. 246 si conclude affermando che «Il dramma di Marlowe è tuttavia il dramma del Dottor Fausto; il dramma di Goethe è il dramma di un Fausto che personifica la coscienza di una età, le aspirazioni e gl'intendimenti di un'umanità ringiovanita».

132. Checchi, *Il Fausto di Wolfango Goethe*, pp. III-IV.

133. Imbriani, *Traduttore, traditore*, in «Umbria e Marche», II (1869), poi in Id., *Fame usurpate*. Citerò dall'edizione crociana del 1912.

134. Ivi, p. 279.

135. Ivi, p. 283.

> l'inclito pubblico nostro (essendo avvezzo alla pecoraggine, alla inerzia intellettuale, a giurare *in verba magistri* dalle istituzioni, che ha più care e più venera, non che dalla educazione) faceva atto di fede in chi pretende di sapere, ammirando universalmente l'ignoto poema.[136]

Il critico napoletano osserva:

> siamo letterariamente nello stato di sicurezza e imparzialità [...] non [ci] si trova più in un'epoca produttiva [...] ci riposiamo sugli allori passati, e, essendo inerti al presente, nessuna rivalità viva può accecarci gli occhi della mente.[137]

L'attacco ai giudizi acritici diffusi in Italia sul capolavoro goethiano parte dalla denuncia dell'insufficienza delle traduzioni disponibili: fin da quella di Scalvini, in cui «la soppressione del verso fa una gran tara alle bellezze del *Fausto*»[138] nonché quella del Persico, traduttore che colpevolmente «traduce il *Fausto* in versi sciolti, togliendogli così quel carattere lirico, o meglio, melodrammatico, spiccatissimo nell'originale».[139]

«La vita e l'importanza vien conferita a' lavori d'Arte dal concetto estetico, che incarnano; dal problema artistico o tecnico, che risolvono; essenzialmente diverso nelle diverse arti»:[140] questo il principio del giudizio puramente estetico e precipuamente letterario che Imbriani vuol esprimere, chiarendo che: «Noi dunque considereremo il *Fausto* in sé, e semplicemente come lavoro d'Arte; ci brigheremo solo d'investigarne il concetto poetico e d'esaminare in che modo sia stato incarnato».[141] E proprio dal giudizio estetico Imbriani parte per riconoscere nel *Faust* un "capolavoro sbagliato":

> Facendo l'autopsia estetica dell'opera di Goethe, vi abbiamo ravvisato un triplice contenuto eterogeneo: epopea, leggenda e novella.[142] Vedemmo l'epopea starvi proprio a pigione; e leggenda e novella non esservi fuse in una

136. Imbriani, *Un capolavoro sbagliato* (*il* Fausto *del Goethe*), in Id., *Fame usurpate*, p. 115.
137. Ivi, p. 124.
138. Ivi, p.120.
139. Ivi, p. 119.
140. Ivi, p. 131.
141. Ivi, p. 140.
142. «Nel *Fausto* ravvisiamo: un'epopea ... una novellina ... ed una leggenda», ivi, p. 145. Laddove l'epopea sarebbe la lotta tra Bene e Male, nella forma della scommessa tra Dio e Mefistofele; la novellina quella dell'amore per Margherita; la leggenda quella del patto con il diavolo.

> monade artistica, appaiono solo agglutinate esternamente. Esaminammo la novella: che rinvenimmo: nell'invenzione, prosaica e plebea; nell'esecuzione, difettosa dello sviluppo psicologico, il quale suol formare il poetico e la malia del genere. Notomizzata poi la leggenda, vi scoprimmo la deficienza di un concetto organico [...] dalla inconcettosità e dalla subjettività morbosa, sì dell'opera che dell'autore, giudicammo risultare tutti gli altri difetti organici della tragedia, l'incertezza di tono, l'ironia neutralizzata, la disocchiatezza pei migliori momenti poetici, la sproporzione delle parti, la disutilità della macchina, l'insussistenza dei caratteri, la mancanza di idealità e la sovrabbondanza dell'Allegorico.[143]

Ponendosi lungo una linea interpretativa inaugurata nel primo Ottocento in Francia, Imbriani nota anche che «le due parti sono due tutti, che si contraddicono. Il vero Fausto, quello poetico e vivo, è il Fausto della prima: e noi di quello precipuamente, per non dire esclusivamente, intendiamo occuparci».[144] Quindi affronta il problema della fama dell'opera goethiana, attribuendone la diffusione a due fattori: il plauso tedesco e nazionalista, patriottico, tributato ad autore e opera in Germania, e la moda per l'esotico, in particolare per "*la tedescheria*"[145] che aveva determinato il successo, acritico e immotivato da parte della cultura italiana. Imbriani basava la sua critica su una sorta di doppio teorema: «certamente non vi possono essere due assoluti, uno per noi, uno pe' tedeschi: ma vi possono essere centomila modi di conoscerlo quest'assoluto, anzi vi sono e si adattano alle coscienze nazionali ed alle individuali» e che «le credenze degl'individui sono il risultato dell'enucleazione intellettuale del popolo; il che rende le opinioni viemmen libere, che altri non creda».[146]

Risale a quegli anni, al 1868 per la precisione, la prima versione del *Mefistofele* di Arrigo Boito (1842-1918): il suo libretto con musica *Mefistofele* (scritto tra il 1865 e il 1868 e poi rielaborato in senso riduttivo in una seconda versione di maggior successo di pubblico nel 1875) proporrà una lettura più ottocentescamente anticlericale e gnostica del mito, in stretta relazione testuale con la versione goethiana. Anche Carducci[147] aveva

143. Ivi, pp. 232-233.
144. Ivi, p. 157.
145. Ivi, p. 237.
146. Ivi, p. 239.
147. Mari, *Carducci e Goethe*.

tributato attenzione al *Faust*, col suo *Eterno femminino regale*,[148] oltre che con la sua versione della canzone *Il Re di Tule*.[149] Insomma il testo di Goethe era entrato in qualche modo anche in Italia tra le opere di riferimento largamente riconosciute come classici.

A fine secolo si hanno alcuni contributi esegetici riassuntivi delle posizioni critiche dell'intero secolo: Ugo Canello,[150] ad esempio, afferma Croce nella sua monografia su *Goethe*, disprezza, come già Imbriani, il *Faust II*, riconoscendovi opera di «pura sapienza filosofica»:[151] strana accusa se si pensa che il riconoscimento della tragedia di Goethe come suo capolavoro ha origine proprio in ambito filosofico, laddove «la filosofia *riconobbe* nel *Faust* l'apice dell'opera di Goethe» e «furono le scuole di Schelling e, più ancora, di Hegel a tener viva la venerazione del grande poeta che consideravano un alleato ideale».[152] Sembra che nel XIX secolo l'attenzione europea per l'opera goethiana, e per il suo *Faust*, sia stata sempre alta, fino ad arrivare, con un ritardo di qualche decennio, anche nel nostro paese. Che le porte d'ingresso di Faust nelle lettere italiane siano state, per quanto fin qui rilevato, le *Osservazioni sulla morale cattolica* di Alessandro Manzoni, resta un dato significativo della preminente prospettiva morale, se non propriamente religiosa, sotto la quale i giudizi sulla tragedia goethiana si sono andati formando, in non solo apparente contraddizione con il fermo riconoscimento di Goethe come grande e profondo autore e del suo *Faust* come capolavoro. Se si nota una generalizzata e diffusa dipendenza dai giudizi francesi, Mazzini resta un caso piuttosto isolato, capace com'è di riconoscere valore epocale all'opera del *Faust*, restando però allineato con il giudizio prevalente che vedeva nella prima parte della tragedia un'opera già di per sé completa; Mazzini imputava a un persistente pregiudizio classicista della cultura letteraria italiana l'incapacità di giudicare liberamente, fuori da categorie teorico-formali normative, classiciste dunque, le opere moderne, e tra queste il *Faust* goethiano. Scalvini, traduttore talvolta incerto e critico frammentario, seppe però ragionare in termini molto liberi sul valore dell'opera, non lasciandosi limitare dal proprio giudizio su di essa; proprio lui anzi

148. Carducci, *Eterno femminino*. Vedi anche Magris, *Omaggio a Carducci*.
149. Carducci, *Il Re di Tule*, pp. 340-341.
150. Canello, *Il* Faust *di Wolfango Goethe*.
151. Croce, *Il Goethe e la critica italiana,* in Id., *Goethe*, p. 137.
152. Santoli, *Prospettive sul 'Faust'*, p. 42.

dedica, fra i primi, un'attenzione particolare alla considerazione della ricezione critica e di pubblico del *Faust*.

A completamento di quella canonizzazione statica e non produttiva di cui si era fatto cenno all'inizio (in *Per un canone faustiano in Italia*), si viene delineando un percorso discrepante del successo di pubblico dell'opera, da una lato, e la condanna della critica dall'altro: il successo dell'opera si può dedurre dalla diffusione di riscritture originali italiane di tema faustiano (a partire da quella anonima pubblicata a Parigi, del 1831), ed è altresì testimoniato dal numero delle rappresentazioni teatrali operistiche e di balletto che si sono avute in Italia anche di adattamenti di opere straniere, penso soprattutto a Gounod, ispirate al *Faust*.

D'altro canto resta un dato significativo che una delle primissime agenzie teatrali italiane, nata nel 1874 e accompagnata altresì da un periodico specializzato, portasse il nome di «Piccolo Faust»[153]. Altro dato notevole è l'esistenza di innumerevoli periodici, per lo più di satira politica e sociale, che portano il titolo di «Mefistofele» editi a partire dalla fine degli anni Sessanta dell'Ottocento.[154]

Infine anche Giacomo Barzellotti, storico della filosofia, riconoscendo implicitamente il valore universale del mito faustiano nella cultura occidentale, non esitava a sostenere in questi termini il passaggio storico nella modernità:

> Anche oggi nel dissidio tra la ragione e gli istinti, nell'eccesso dei nostri sentimenti, nella sproporzione delle nostre facoltà, nel contrasto che fanno agli occhi della coscienza morale il concetto del soprannaturale e quello della natura, il nostro spirito si risente delle battaglie e delle tempeste interiori, per cui passa da secoli. Tra la civiltà greca e questa nostra c'è di mezzo il Cristianesimo e il Medio Evo. Noi siamo i figli di Fausto, non d'Elena.[155]

153. Trezzini, *Il sistema di produzione*, nota 23, p. 1061: «la più vecchia agenzia italiana di teatro è fondata a Milano agli inizi degli anni settanta da Icilio Polese Santernecchi e Pietro Ravizza che le affiancano, dal novembre del 1871, il periodico «L'arte drammatica». Nel 1874, nasce a Bologna il «Piccolo Faust», giornale e agenzia che hanno come responsabili Antonio Firagoli, giornalista e commediografo, e Alarico Lambertini». Trezzini si riferisce a quanto scritto da Alonge, *Teatro e spettacolo nel secondo Ottocento*, p. 7, che fa il nome di Antonio Fiacchi, giornalista e commediografo, e non Firagoli (?).

154. In *Appendice* è riportata una schedatura delle riviste intitolate «Mefistofele» che ho identificato: se ne contano una trentina.

155. Barzellotti, *Ippolito Taine*, p. 362.

2. *La Divina Tragedia*[156]

Le difficoltà ideologiche, da un lato, retoriche ed estetiche, dall'altro, di comprensione e apprezzamento del mito di Faust e della sua versione goethiana – infatti appare sempre più chiaro che i due momenti coincisero nella ricezione italiana – trovarono un possibile supporto culturale nel procedimento di comparazione con quello che si andava affermando come paradigma assoluto del canone di letteratura nazionale, ossia il capolavoro letterario italiano del neo-riscoperto e consacrato padre delle patrie lettere Dante Alighieri. L'analogia tra le opere dei due massimi poeti delle nazioni a venire parte da un assioma come tale indimostrato: dall'assunto cioè che Dante per l'Italia e Goethe per la Germania sarebbero stati i profeti delle loro letterature nazionali. Colpisce a questo riguardo quanto riportato da Eckermann in merito ad un giudizio espresso dallo stesso Goethe in merito alla *Divina Commedia* di Dante, giudizio riferito come condiviso in quegli anni in Germania:

> Besonders ward der Dunkelheit jener Dichtungen gedacht, wie seine eigenen Landsleute ihn nie verstanden, und daß es einem Ausländer umsomehr unmöglich sei, solche Finsternisse zu durchdringen.[157]

La stessa oscurità imputata al *Faust* da parte della critica italiana si ritrovava specularmente in Germania riferita alla *Commedia* dantesca.

Elementi che rendono assimilabili le due opere sussistono: la *Divina Commedia* e il *Faust*[158] rappresentano entrambe un cosmo intero, dall'Inferno al Paradiso, partendo dal mondo terreno, «Vom Himmel durch die Welt zur Hölle».[159] Le due opere si presentano inoltre quantitativamente e qualitativamente universali e in esse il loro autore si cimenta, con una pretesa riassuntiva ed epocale, con le questioni ultime e il senso della vita umana, con la

156. Parte dei contenuti del presente paragrafo sono stati anticipati nel mio *«Qui si parrà la tua nobilitate»*.

157. Eckermann, *Conversazioni con Goethe*, Venerdì 3 dicembre 1824, p. 99: «si è parlato soprattutto dell'oscurità dei suoi versi, del fatto che nemmeno i suoi compatrioti li avessero mai compresi, tanto che per uno straniero sarebbe stato ancora più impossibile penetrare quelle tenebre».

158. D'altra parte non solo la critica ma anche altri fenomeni culturali contribuiscono all'affermazione di un canone; si prenda qui ad esempio la composizione di Liszt delle sue due uniche sinfonie proprio dedicate alla *Divina Commedia* di Dante e *Faust*, entrambe nate intorno al 1855.

159. Goethe, *Faust* I, v. 242.

religione e la politica, con la Storia, l'arte e la fede. È infine chiaramente rintracciabile in entrambi i casi una equivoca quanto interessante, con le dovute specificità e differenze, sovrapposizione dell'*auctor* e dell'*actor*. I paralleli tra i personaggi principali, oltre che quelli macrostrutturali fin qui indicati, si presentavano come proficua occasione di *comparatio* anche *per contrarium*: Dante e Faust guidati nel loro percorso di formazione rispettivamente da Virgilio e Mefistofele,[160] e salvati, oltre che ovviamente dal volere divino, dall'Amore impersonato da due donne, tanto diverse certo e necessariamente distanti a livello ideologico, come Beatrice e Margherita.[161] Il dato però più sorprendente è che il parallelo tra i due testi paradigmatici delle letterature italiana e tedesca non sia nato, come parrebbe ovvio, in Italia: è stata la critica tedesca a inaugurare questo filone critico comparativo di grande successo internazionale. Vittorio Santoli nelle sue *Prospettive sul "Faust"*[162] indica in Schelling il capostipite di questa tradizione critica, datandone il principio nella Germania del primo Ottocento:

> Schelling, nell'estate del 1802, alla fine dell'undicesima lezione sul *Metodo dello studio accademico* aveva detto: «Al contrasto che nasce dall'inappagato desiderio di conoscenza delle cose ha legato il Poeta le sue invenzioni in quella poesia così schiettamente tedesca e ha aperto una sorgente d'entusiasmo estremamente fresca» [...] Lui, Hegel e gli altri erano impazienti di leggere il seguito di questa «tragedia grande, sublime, anzi divina». [...] Faust è il rappresentante dell'Umanità [...] Di qui il paragone che, primo, lo Schelling istituì tra questa "Divina Tragoedia" e la *Divina Commedia* di Dante.[163]

160. Casella, *Della* Divina Commedia *e del* Fausto *di Goethe*, in *Opere edite e postume*, p. 409: «Mefistofele mal genio, suprema antitesi del Virgilio dantesco». Per l'approfondimento di tale tema si rimanda al paragrafo sull'*Antinorma mefistofelica*.

161. Per l'approfondimento di tale parallelo si rimanda al paragrafo su *Faust e il femminino*.

162. Santoli, *Prospettive sul "Faust"*, p. 41. Vedi anche Kuno Fischer, *Goethes Faust,* p. 147.

163. Santoli, *Prospettive sul "Faust"*, pp. 40-41. Santoli riporta il racconto fatto dallo storico Luden a Goethe stesso nel 1806 circa il colloquio intrattenuto nel 1799 da lui e altri studenti di Göttingen con studenti di Jena sul frammento del *Faust*; il testo è ripreso da Gräf, *Goethe über seine Dichtungen*, II, 2, pp. 12 e sgg. Anche Lukács, *Studi sul "Faust"*, in *Goethe e il suo tempo*, p. 236, racconta il medesimo episodio: questo sarebbe stato il commento degli allievi di Fichte e Schelling di fronte alla lettura del frammento goethiano su Faust: «In questa tragedia, quando sarà terminata, si vedrà rappresentato lo spirito della storia universale; sarà proprio un'immagine della vita dell'umanità e abbraccerà il passato, il presente e l'avvenire. In Faust è idealizzata l'umanità; egli è il rappre-

In effetti il filosofo tedesco aveva tributato grande attenzione ed entusiasmo al capolavoro dantesco, dedicandogli un saggio, *Über Dante in philosophischer Beziehung*[164] (1802-1803); nel suo sistema Dante occupa il posto centrale come iniziatore della poesia moderna:[165]

> la *Commedia* di Schelling [...] spezza per sempre i rapporti col modello dell'antichità – mondo dei generi –, dischiudendo quello contemporaneo – mondo degli individui –, profetizzato da un'arte che non è l'infinito calato nel finito della mitologia, ma il finito sollevato all'infinito con la percezione della storia evolventesi in un tutto illimitato.[166]

In tale prospettiva risulta facile intravedere il nesso con *Faust*: «Dante ha ripreso – per primo – tutti gli estremi ideologici più disparati secondo la tendenza di un secolo, mediante l'invenzione di una mitologia».[167]

Fu inoltre proprio la filosofia tedesca a riconoscere nel *Faust* l'apice della produzione letteraria di Goethe, incentrando la sua forza più sui contenuti concettuali che sugli aspetti formali; analoga prospettiva venne utilizzata anche nelle analisi dell'opera dantesca. La comparazione tra i due testi andò a costituire una vera e propria tradizione critica di lunga durata e vasta diffusione: per tutto il corso del XIX secolo innumerevoli sono i contributi in questa direzione tanto nella critica tedesca che in quella italiana, e anche presso il mondo culturale francese,[168] inglese, americano[169] e finanche spagnolo[170] e russo.[171] Il fenomeno quindi si pre-

sentante dell'umanità». Citazione ripresa da Cases, *Introduzione* alla versione del *Faust* di B. Allason, p.xxxiii, che cita da *Ludens Gespräche mit Goethe*, pp. 12 e sgg.

164. In *Friedrich Wilhelm Joseph von Schellings sämmtliche Werke*, pp. 152-163.

165. Così anche per il suo amico Adolf Wagner, *Zwei Epochen*, del 1806.

166. Basile, *Dante nella cultura europea del Sette e Ottocento*, pp. 503-504.

167. *Ibidem*.

168. Arturo Farinelli, nel suo regesto bibliografico in Id., *Dante e Goethe*, 1900, pp. 28-29, cita di Mézières un articolo *Dante et Goethe*, 1816 (*sic*), ma credo che la data corretta sia 1865-1866. Si tratta infatti di una risposta al volume di Stern, *Dante et Goethe- Dialogues*, già anticipato parzialmente in rivista. Abbiamo inoltre in quel torno di anni i contributi di Scherer, *Dante et Goethe*, che afferma: «Probléme posé, méthode suive, solution obtenue, rien chez eux ne se ressemble»; Montégut, *Dante et Goethe*.

169. Per il mondo anglofono abbiamo ad esempio Lowell, *Among my books*; Plumptre, *Goethe and Dante*; Morison, *Dante, Shakespeare, Goethe and the old Testament writers*.

170. Suárez Capalleja, *Estudios sovre Dante y Goethe*.

171. In un ampio saggio russo su Dante, tradotto in italiano, compare nuovamente il parallelo circa la salvazione tramite l'eterno femminino di Goethe e Dante, Merejkowsky, *Dante*, con la seguente dedica: «A Benito Mussolini realizzatore della profezia questo libro

senta come manifestazione di un interesse internazionale per questi due autori, si direbbe funzionale a una promozione di Goethe, e del suo *Faust* in particolare, tramite l'accostamento a Dante, piuttosto che viceversa; interesse che, per quel che riguarda il primo e pieno Ottocento, è, in parte almeno, riconducibile alla crescente attenzione per il concetto di letteratura europea o occidentale *tout court* se non di vera e propria *Weltliteratur,* di cui Goethe si fece profeta e difensore[172] sulle orme di Herder.[173] La nuova letteratura romantica europea aveva l'esigenza di definirsi e di consolidarsi in un canone riconosciuto come moderno e romantico in cui dopo Omero, accanto a Dante compare Shakespeare, e quindi Goethe, o Byron.

L'accostamento tra Dante e Goethe trovò terreno particolarmente fertile nell'esigenza di far dialogare la letteratura germanica con quella mediterranea, la moderna con la medioevale, nel quadro della "dantomania" che nel periodo risorgimentale dall'Italia si diffuse in Europa, e viceversa.[174] Si può ricordare come dato significativo che la Società di studi danteschi nacque prima in Germania (1865[175]) che in Italia (1888).

su Dante profeta», p. 381. Nella *Prefazione* l'autore, in data 2 agosto 1936, ribadisce anche il canone Omero, Shakespeare, Goethe e Dante, ivi, p. 4.

172. Ricordiamo in merito la citazione goethiana di Mazzini, firmatosi qui «Un italiano», nell'articolo *D'una Letteratura Europea*, (Io intravedo l'aurora d'una Letteratura Europea: nessuno fra i popoli potrà dirla propria; tutti avranno contribuito a fondarla, Goethe).

173. Lo ricorda così Augusto Foà in Id., *Il Faust di Goethe*, p. 9: «Herder fu il primo a vagheggiare il sogno di una letteratura universale, che divenne in seguito l'ideale di Goethe, e che egli e i romantici in parte attuarono».

174. Il recente festeggiamento dei 150 anni dell'Unità d'Italia è stato occasione di riconsiderazione storica, critica e letteraria di questo fenomeno. Resta fondamentale, nella considerazione dell'alterna fortuna e sfortuna critica di Dante nel canone nazionale, lo studio di Dionisotti, *Varia fortuna di Dante*. L'evento di consacrazione plateale e definitiva di Dante come padre delle patrie lettere fu senza dubbio il sesto Centenario della sua nascita festeggiato a Firenze nell'anno in cui è stata capitale d'Italia, nel maggio 1865; a riguardo cfr. il mio *Firenze 1865*. Sul legame degli studi danteschi e del mito di Dante e gli esuli risorgimentali Di Giannatale, *Il mito di Dante nella letteratura risorgimentale*. Per Dante nel mondo germanofono nell'Ottocento si pensi al lavoro di Scartazzini in particolare alla sintesi *Dante in Germania*. Un'analisi del mito dantesco la offre Malato, *Il mito di Dante dal Tre al Novecento*, tomo I, pp. 3-39, ma vedi anche Altenberg, *Figura di Dante nei paesi germanici*.

175. La *Deutsche Dante-Gesellschaft*, cfr. *Enciclopedia Dantesca Treccani*, http://www.treccani.it/enciclopedia/deutsche-dante-gesellschaft_%28Enciclopedia-Dantesca%29/.

Per mantenersi entro i confini nazionali, seppure con la consapevolezza di trovarsi all'interno di un movimento ideologico internazionale di ampia portata, si nota un proliferare delle letture critiche italiane del *Faust* attraverso il parallelo con Dante fino ai primi decenni del secolo ventesimo. Imbriani nel suo saggio su *Faust* come *Capolavoro sbagliato*[176] accenna a questo parallelo, laddove il suo maestro vi aveva fatto più volte riferimento nella monumentale *Storia della Letteratura Italiana*.[177] In De Sanctis, sulla strada tracciata già da Hegel, Goethe e Dante sono troppo distanti per essere assimilabili, pur nella condivisa grandezza "universale", metafisica: per lui «Dante e Faust sono divisi, come protagonisti, dalla divergenza, nell'arte, tra simbolo e figura»:[178]

> Ambedue sono simboli dell'idea. Faust rimane rigorosamente simbolico; è l'idea fatta persona, nella quale non si trova altra qualità che quella solo che si riferisce all'idea. Nessuna determinazione di luogo e di tempo, nessuna traccia di passioni, di partiti, di odii, d'inimicizie, di amori, d'interessi estrinseci alla concezione generale. Quindi dove l'allegoria non può essere colta, Faust rimane un personaggio freddo ed inintellegibile [...] In Dante al contrario ci sono due uomini, l'uomo e il tal'uomo, vale a dire del tal secolo, della tal città, del tal partito, con le tali passioni, convinzioni ecc...[179]

Inoltre pur cercando di fuggire il male per il bene, i loro riferimenti di valori sono differenti, anzi opposti: «il male per Dante è la vita reale [...] per Faust il male è la pura scienza. L'uno viaggia per i monti dell'Eterno, l'altro percorre tutte le fasi del mondo storico antico e moderno. Egli è che il Dio di Dante è la scienza pura, il puro spirito; laddove il Dio di Goethe è il mondo vivente».[180]

In quegli stessi anni Giuseppe Mazzini, che pure era grande sostenitore di un canone europeo di grandi autori e opere-modello, prese posizione contro un saggio che ebbe grande risonanza nel mondo letterario europeo: si tratta dei cinque dialoghi *Dante et Goethe*[181] di Daniel Stern, contessa

176. L'articolo era uscito nel 1865 per poi confluire nel 1877 entro il volume *Fame usurpate*.

177. De Sanctis, *La Nuova Letteratura*, in *Storia della Letteratura Italiana*.

178. Basile, *Dante nella cultura europea del Sette e Ottocento*, p. 511.

179. De Sanctis, *Lezione IX, Dante attore principale e permanente nel Purgatorio. Dante e Faust*, p. 478.

180. *Ibidem*.

181. Stern, *Dante et Goethe – Dialogues*.

d'Agoult, del 1866. Già nella loro anticipazione in un articolo del 1864[182] i *Dialogues* suscitarono la reazione di Mazzini dando vita ad uno scambio epistolare che sarebbe continuato fino alla sua morte.[183] Nella terza delle lettere inviate alla Stern, in data 15 marzo 1864, Mazzini sostiene che i rapporti tra Dante e Goethe sarebbero:

> des rapports de contraste plutôt que de ressemblance. Seulement, l'un complete l'autre pour ainsi dire. Dante représente partout le *moi*, Goethe surtout le *non-moi*. Tous les deux réunis forment la plus complète définition de l'Art qu'il me soit donné de concevoir.[184]

Gli elementi di distanza sono sottolineati come prevalenti anche nella raccolta di interventi di Giacinto Casella (1817-1880), che tra i testi "editi postumi" presentava un articolo intitolato *Della Divina Commedia di Dante e del Faust di Goethe.*[185] Il critico enumera similitudini e differenze innanzitutto tra i due popoli, il latino e il germanico, quindi tra i due geni assoluti, infine tra i due capolavori, giungendo velocemente a sostenere una forte distanza, nella comune grandezza e universalità, tra di loro. Casella parte dalla riconsiderazione del discorso di Schelling sulla *Divina Commedia* in cui quello sosteneva che «Dante e Goethe intendessero e praticassero l'arte in modo analogo, almeno nelle loro due grandi composizioni»;[186] ciascun poeta

> mediante una mitologia allegorica ch'egli stesso crea, o a cui nella sua potenza dà un valore universale, rappresent(a) in una grande sintesi la scienza del suo tempo e la storia: in altre parole il poeta deve sollevare i fatti e i personaggi della storia e della tradizione a tipi simbolici, che presentino sotto le forme del bello le idee generali della ragione e i concetti della intelligenza.[187]

182. Stern, *Dialogues sur Dante et Goethe*, in «Revue germanique» (1864).

183. Mazzini, *Lettres de Joseph Mazzini à Daniel Stern*. Vi compaiono esclusivamente le lettere di questi alla critica francese, mentre ad ogni apparenza le lettera di questa sarebbero andate perdute. Le lettere sono scritte in francese, e l'editore talvolta sottolinea la presenza di qualche errore, ma annota altresì con simpatia come Mazzini appellasse la Stern «soeur en Dante».

184. Ivi, p. 7. Nella lettera del 2 settembre 1864 Mazzini prende invece posizione sul problema religioso sostenendo, contro il parere della Stern, che: «je ne crains qu'une chose: votre tendance à prouver le catholicisme de Dante. Il n'était que chrétien" e "mais je vous dirai que l'ensamble de ses vues philosophique[s] et politiques tendaien directement à battre en brèche la papauté catholique. Il croyait au progrès», ivi, pp. 13-14.

185. Casella, *Della* Divina Commedia *e del* Fausto *di Goethe*.

186. Ivi, p. 401.

187. Ivi, p. 402.

Principi artistici analoghi, quindi, quelli dei due geni epocali, ma contenuti filosofici diversi se non opposti, come opposti sono il monoteismo cristiano del primo e il panteismo attribuito al secondo.[188] Strutturalmente Casella riconosce miglior unità alla *Comedia* dantesca, laddove invece imputa alla bipartizione della tragedia del *Faust* di Goethe una malriuscita tenuta del testo:

> le contraddizioni intrinseche del sistema [dell'opera Faust] vi si riflett[o]no e lo rend[o]no alquanto perplesso; come per la stessa ragione confusa spesso e tenebrosa riesce la composizione poetica, specialmente nella seconda parte: al contrario della dantesca, a cui la molto maggiore e quasi immensa vastità nulla scema di proporzione, di armonia e di chiarezza.[189]

Si arriva a leggere il percorso di Faust come tripartito dantescamente in Inferno – la tragedia di Margherita – Purgatorio – il *Faust II* – e infine Paradiso – con la salvezza finale. Se in entrambi si ritrova la centralità dell'amore, simboleggiato nella figura femminile, che tramite il bello può sollevare al vero e al bene, cioè a Dio, Casella sottolinea però la distanza tra le concezioni etiche dei due: «ma quanto diversamente da Goethe egli (Dante) intenda l'amore, ognuno può vederlo così in quei due canti del *Purgatorio* (17-18) ne' quali a fondo ne tratta, come in tutto il contesto e l'economia del suo poema».[190] Occasione del confronto tra i due testi è stata per il critico l'osservazione di due quadri di Carlo Vogel nei quali s'illustrano *Divina Commedia* e *Faust;* in essi Casella legge il suggerimento di una loro complementarità,[191] considerando sempre quasi esclusivamente la prima parte del *Faust* goethiano. Nella distanza storica e ideologica permane l'idea che i due geni poetici con i loro due capolavori incommensurabili e universali, rappresentino una comune istanza estetica, di arte "assoluta", e al contempo storica, nella condivisa volontà di liberarsi dai limiti conoscitivi della propria epoca.

Sul medesimo assunto è costruito il saggio del 1888 *Dante, Shakespeare, Goethe nella Rinascenza europea*[192] di Gaetano Trezza (1828-1892). Filologo e critico positivista, ex sacerdote, polemico e libertario, Trezza sostiene che:

188. Cfr. Grassi, *Il panteismo di Faust e lo spinozismo di Goethe.*

189. Ivi, p. 407.

190. Ivi, p. 411.

191. Casella parla finanche della *Divina Commedia* come «correzione e compimento necessario del *Fausto*», ivi, p. 413.

192. Trezza, *Dante, Shakespeare, Goethe nella Rinascenza europea.*

quanto v'è di efficace e di sano nel mondo moderno appartiene alla Rinascenza non al cristianesimo che ne fu sempre l'ostacolo più forte. [...] Nella Rinascenza la rivelazione della scienza sottentra alla rivelazione della fede. [...] La continuità e l'unità della coltura europea ritrova, per così dire, la sua via. Ora il gran fatto della Rinascenza europea si manifesta per gradi ineguali in Dante, in Shakespeare, in Goethe. I loro poemi non somigliano agli altri perché compendiano le parti più alte della Rinascenza. [...] l'unità della coltura europea vi si manifesta sotto le forme dell'arte che li divide.[193]

La visione progressiva della cultura e quindi dell'arte, come già in De Sanctis, inquadra in un unico, per quanto variegato quadro storico e teleologico epoche e autori differenti, accomunati dalla loro apertura intellettuale e libertà spirituale oltre che nella sottesa dimensione finalmente europea della storia letteraria.

Bisognava spostare il centro di quel mondo, e trasferire il dramma dal di fuori nel di dentro [...] La Rinascenza europea, [...] non è che la natura restituita a se stessa e quindi sottratta ad ogni dominio di volontà trascendenti [...] la rivoluzione che Shakespeare fece nel dramma (sta nel fatto che) egli ne spostò il centro portandolo nel carattere stesso dell'uomo,[194]

proponendo un'unità nuova: organica e interna e non più meccanica ed esterna. La redenzione di Faust giunge allora come coronamento della libertà finalmente conquistata. A suo avviso dal punto di vista formale

le due parti del *Faust* si compiono insieme [...] nell'una predomina il dramma, nell'altra il simbolo. [...] il *Faust* è un gran dramma romantico [giacché contiene] l'associazione concorde e piena nella vita di tutti, [che] è ciò che costituisce la forza efficace del pensiero moderno [...] Il *Faust* di Göthe contiene ed esprime le parti vere e le false del romanticismo europeo; è l'affermazione più vasta e più compiuta dei pericoli e delle conquiste del pensiero moderno; e rivela da una parte l'impotenza del pensiero isolato e soggettivo che si fa centro alle cose, e dall'altra l'efficacia del pensiero storico che si consocia alla vita, e si redime nell'energia dell'azione maturata nel vero.[195]

Trezza vede nel Romanticismo la forma a lui contemporanea della Rinascenza: la lotta contro un classicismo fossilizzato e sterile termina con la conquista della libertà intellettuale dell'uomo nel romanticismo vincitore

193. Ivi, pp. XXII-XXVI.
194. Ivi, pp. 101-106.
195. Ivi, pp. 141-150.

impersonato dal Faust salvato. A questo saggio fa riferimento un altro critico, Egidio Gorra (1861-1918), in una riflessione squisitamente dedicata a *Il soggettivismo di Dante*:[196]

> La redenzione di Dante non deve cercarsi solo nell'oltretomba, ma anche, e anzitutto, nel nostro mondo. Anch'egli, come Faust, va cercando la libertà dello spirito, e una libertà non interamente ascetica, come più d'uno ha pensato, non interamente concessa come frutto di grazia, ma la libertà morale, quella libertà dello spirito, la quale conseguita dopo una dolorosa esperienza, dopo una dura espiazione e una rigenerazione interiore, diviene fondamento di una libertà civile.[197]

Nel nuovo secolo continuano ad uscire saggi dedicati al paragone tra i due poeti e iniziano ad apparire grandi sintesi critiche, anche se prevale ormai la consapevolezza della loro distanza storica, ideologica, formale. Inoltre il dialogo tra critica italiana e critica internazionale, in particolare con la critica tedesca, s'intensifica grazie a iniziative editoriali di traduzione in italiano dei testi saggistici tedeschi, in tempi relativamente rapidi. Resta confermata la forte impressione che tale comparazione abbia come perno Dante più che Goethe: in Germania si vuole dimostrare, a partire da un modello consacrato da tutta la critica occidentale, che anche la letteratura tedesca era giunta ad offrire un capolavoro universale, modello moderno da accostare, se non da sostituire, a quello medievale italiano, suggerendo così un passaggio di testimone che attraverso Shakespeare arriva dall'Italia di Dante alla Germania di Goethe. In Italia invece Dante rappresenta parametro e paradigma teorico per avvicinare il capolavoro germanico, e spesso rimaneva vero centro della riflessione non riuscendo che superficialmente ad incidere sulla comprensione della tragedia goethiana.

A inaugurare gli studi del Novecento sul *Faust* fu Arturo Farinelli (1867-1948), con una conferenza tenuta proprio presso la Società dantesca di Milano il 16 aprile 1899, poi pubblicata nel 1900 all'interno di una collana diretta da Francesco Torraca, la "Biblioteca critica della letteratura italiana", in cui compaiono numerosi volumi dedicati a Dante.[198] Nel «con-

196. Gorra, *Il soggettivismo di Dante*, p. 19, nota 22.

197. Ivi, pp. 19-20.

198. Per esempio il n. 7: T. Carlyle, *Dante e Shakespeare*; il n. 22 L. Ruberto, *Un articolo dantesco di Gabriele Pepe e il suo duello con Alfonso di Lamartine*, Firenze, Sansoni, 1898; il n. 32: Edward Moore, *Gli accenni al tempo nella Divina Commedia e la loro rela-*

fronto tra il massimo vate italiano e il massimo vate alemanno»[199] Farinelli sottolinea subito che Goethe «onorò l'altissimo poeta, ma poco il conobbe, poco lo lesse, pochissimo s'ispirò alla *Divina commedia*, rare volte ricordò Dante nelle lettere e negli scritti, Dante che al sommo Giove nell'Olimpo della moderna poesia era in parte congeniale».[200] Per Farinelli Dante rimarrebbe oscuro alla cultura tedesca; semmai verrebbe apprezzato, strumentalmente, il Dante politico anticlericale del *De Monarchia*, essendole invece assai più congeniale l'opera di Shakespeare.

Di Dante in Germania piacquero essenzialmente i personaggi tragici come Francesca ed Ugolino e anche Goethe apprezzò le terzine di Dante su quest'ultimo: Farinelli ricorda come si debba a Federico Schlegel la proposta della nuova trinità letteraria di Dante, Shakespeare, Goethe, «il grande triunvirato della moderna poesia. [...] Era un sogno dei romantici fondere insieme in istretto connubio arte e religione [...] Dante diventa d'un tratto il poeta cattolico per eccellenza».[201] Infine suggerisce una corrisponden-

zione con la presunta data e durata della visione, versione italiana di C. Chiarini, Firenze, Sansoni, 1900; il n. 33: F. Persico, *Due letti. A. Casanova e la Divina Commedia*, Firenze, Sansoni, 1900; molti inoltre sono i volumi dedicati a paralleli tra due o più autori anche di diverse lingue, ad esempio n. 15: M. Kerbaker, *Shakespeare e Goethe nei versi di Vincenzo Monti*, Firenze, Sansoni, 1897.

199. Farinelli, *Dante e Goethe*, p. 1.

200. Ivi, p. 2. A pp. 13-15, però aggiunge che Goethe a settantasette anni scrisse un breve saggio su Dante, più retorico che poetico; egli poi scriverà nel metro di Dante – in una riproposta tedesca della terzina – il primo monologo della seconda parte del *Faust*. Infine ricorda come con maggiore fortuna si sono notate parecchie reminescenze dantesche nella seconda parte del Faust, citando come riferimento bibliografico Pochhammer, *Dante im Faust I und II*, pp. 105-106.

201. Ivi, p. 8. Il riferimento bibliografico principale è qui quello a Portmann, *Dantes Divina Commedia und Goethes Faust*, pp. 346 e sgg., dove si legge che *Faust* e *Divina Commedia* «sind zwei inhaltlich und formell verschiedene Dichtungen, die eine ein kunstvolles Drama, die andere ein klassisches Epos, die eine auf dem Standpunkt des falschen, neuern Rationalismus, immerhin hoch erhaben über dem Materialismus, die andere durchaus im katholischen Glauben wurzelnd» [sono due componimenti diversi per forma e contenuto: l'uno è un dramma artistico, l'altro un epos classico, l'uno basato sul falso presupposto del nuovo razionalismo, l'altro fondato sul credo cattolico]. Traduzione mia. Tanta critica si è interrogata sul rapporto tra teologia cattolica e teologia protestante nel *Faust* di Goethe, raggiungendo pareri discordanti. A partire da Cantù, *Sulla letteratura tedesca*, par. 19, e quindi, proprio rispetto a Dante, Spera, *Dante e Goethe*, in *Letteratura Comparata*. Ancora negli anni Trenta del Novecento Grassi, *Commento alla vita di Faust: contributo ad una concezione goethiana della vita*, sostiene l'anticattolicità del *Faust* di contro alla sua reale aspirazione ad un'universalità evangelica: «questo concetto di un mondo divino che si

za tra l'affermazione contenuta nel *De Monarchia*: «*beatitudinem scilicet Huius vitae, quae in operatione propriae virtutis consistit et per terrestrem paradisum figuratur*» e la vicenda di Faust nella tragedia di Goethe.

Farinelli, nella sua varia e ricchissima produzione critica, tornerà più volte sul parallelo tra i due poeti: nel 1909 scrivendo de *Il "Faust" di Goethe*,[202] e qualche anno più tardi, nel 1922, occupandosi della fortuna di Dante negli altri paesi europei, sceglie di intitolare il paragrafo sulla Germania con la sineddoche *Dante e Goethe*.[203] A quei primissimi anni del nuovo secolo, per la precisione al 1904, risale un altro ampio saggio sul *Faust* nel quale riaffiora, come argomento già dato per noto, il paragone con la *Divina Commedia*: si tratta di un lavoro di Augusto Foà, nel quale si ribadisce la presenza di elementi comuni tra i due capolavori, identificati nella comune universalità dell'argomento e nella comune salvazione finale tramite l'amore delle due donne amate.[204] Nel 1906 Lorenzo Maffei

realizza, d'un Dio risolto tutto nell'amore, negato come conoscenza, cioè come essere, è di stampo essenzialmente idealistico, e può essere contenuto in germe nell'annuncio cristiano, ma non ha nulla a che vedere con il cattolicesimo, che questo germe soffocò nella Scolastica, sotto le maglie del richiamato pensiero greco con la sua fondamentale trascendenza», ivi, p. 457, nota 9. Grassi si pone, nella formulazione di tale giudizio, in linea con quanto già scritto in merito, nel 1909, da Borgese, in *La sconfitta* (*sic! disfatta*) *di Mefistofele*, poi in Id., *Mefistofele, con un discorso sulla personalità di Goethe*, 1911. Ma al giudizio di Borgese, che vede tra il *Faust I* e il *Faust II* compiersi una traiettoria dell'idea religiosa i cui estremi sarebbero «la conoscenza e l'azione, la teologia e la fede, il domma e l'amore o, in altri termini, l'antico e il nuovo Testamento, il giudaismo e il cattolicesimo», Grassi risponde sottolineando che «il cattolicesimo non ci sta nell'epilogo del poema, che in quanto apprestatore delle figure degli eremiti, dei santi sparsi in rupi e grotte, dal basso al vertice d'una sublime montagna, rapiti in estasi. Parrebbe una glorificazione del monachesimo; ma in sostanza non è che la esaltazione della potenza intuitiva [...] un brivido luterano si sente attraverso la loro preghiera. Essi invocano la pace di Dio, che redimerà la natura tutta, [...] mi pare di ascoltare Lutero, che quella pace invoca, [...] Io direi piuttosto che fra il primo e il secondo Faust l'idea religiosa compie un'immensa traiettoria, ai cui estremi sono la teologia e una filosofia dello spirito», ivi, pp. 458-459. Anche Manacorda rifiuta la presenza del cattolicesimo in Goethe, Manacorda, *Introduzione* a *Il Faust*, versione integrale dall'edizione critica di Weimar. A favore della presenza di elementi cattolici nel *Faust* sono invece gli interventi di Zardo, *Goethe e il cattolicesimo*; anche Croce, *Goethe*, p. 114 parla di «cattolico Paradiso»; e Borgese, *Mefistofele*, pp. 136-139, scrive che Goethe, luterano di formazione ma di fatto miscredente, deriderebbe Lutero e ricondurrebbe al cattolicesimo come sintesi storica del cristianesimo *versus* giudaismo dal *Faust I* al *Faust II*.

202. Farinelli, *Il "Faust" di Goethe*, con dedica al maestro Arturo Graf.

203. Farinelli, *Dante in Spagna, Francia, Inghilterra, Germania (Dante e Goethe)*.

204. Foà, *Il Faust di Goethe*, p. 122 e p. 167.

(?), dedica un saggio a *Il simbolo in Dante e Goethe*, (Divina Commedia *e* Faust)[205] rintracciando un'analogia tra i due poemi proprio nel comune utilizzo del simbolo come forma di significazione, ignorando evidentemente la distinzione operata già da De Sanctis tra simbolico e figurale:

> Nel dramma di Goethe io ho veduto qualche cosa di non opposto a ciò che Dante ha simboleggiato nella sua Visione [...] personaggi simbolici e allegorie sono, come nelle Visioni del Medioevo, nelle creazioni popolari e nelle opere artistiche individuali maturate dalla Rinascenza.[206]

L'assimilazione alla *Divina Commedia* del *Faust* appare nuovamente utile al suo riconoscimento di opera universale; entrambi i poeti sono visti come precursori e profeti di un mondo a venire per significare il quale hanno dovuto necessariamente utilizzare una forma simbolica; inoltre, contro il parere di Arturo Farinelli che negava ogni influsso medioevale nel *Faust* goethiano, Lorenzo Maffei afferma che vi si rintraccerebbero influenze delle leggende medioevali, *in primis* l'assistenza divina all'azione, elemento di matrice tipicamente medievale, simbolo che accomuna i due poemi.[207] Maffei cita i saggi di Canello,[208] di Gorra,[209] di Trezza,[210] di Graf,[211] con i quali dialoga a distanza affrontando la differenza evolutiva tra il *Faustus* di Marlowe e il *Faust* di Goethe:

205. Maffei, *Il simbolo in Dante e Goethe*.

206. Ivi, p. VII.

207. Ivi, pp. 106-107.

208. Ivi, p. 74 cita da Canello, *Il* Faust *di Wolfango Goethe*, pp. 291-500, p. 470: «i personaggi sono non per conto proprio ma per conto dell'autore, che li incarica di rappresentare un concetto astratto; sono figure di cartapesta, son maschere e non persone; e l'interesse estetico è quindi pressoché nullo».

209. Ivi, p. 18 da Gorra, *Il soggettivismo di Dante*, p. 19: «La redenzione di Dante non deve cercarsi soltanto nell'oltretomba, ma anche anzitutto nel nostro mondo. Anch'egli, come Faust, va cercando la libertà dello spirito e una libertà non interamente ascetica, [...] ma la libertà morale, [...] fondamento di libertà civile».

210. Trezza, *Dante, Shakespeare, Goethe nella Rinascenza europea*. Trezza fa riferimento, citandolo esplicitamente, proprio in chiusura del libro: Maffei, *Il simbolo in Dante e Goethe*, p. 99: «possiamo concludere con Trezza: "Noi moderni siamo con Faust, ma con Faust redento nell'attività che lo sottrae per sempre ad ogni concetto falso della natura e della storia. L'avvenire vedrà quel mondo vagheggiato da Faust [...] vedrà le vecchie Sibille dell'ignoranza cacciate dal tripode, e collocata in lor luogo la scienza rivelatrice del vero, educatrice di virtù morali e sociali, legislatrice serena della giustizia. Benedetto quel giorno, e benedetti coloro che lo affretteranno coll'attività dello spirito! Allora anche noi gli diremo con Faust: "Fermati, sei così bello!"».

211. Graf, *Il* Fausto *di Cristoforo Marlowe*.

Faust non sarà più il solo avido di oro o il solo ambizioso di gloria o di sapere, ma in lui si unificheranno le due tendenze e dalla fusione ne uscirà l'uomo della Rinascenza dapprima, l'uomo moderno di poi.[212]

Nella terza parte del saggio si tirano le somme sulle *Relazioni simboliche tra i due poemi*:

L'allegoria generale dei due poemi è quasi identica nell'intenzione, diversa nei mezzi. [...] L'uomo del Goethe, [...] incarnato nel Faust, [...] trova da sé la via che lo conduce alla libertà dello spirito. [...] La redenzione che ne' due poemi è la redenzione cristiana dell'anima, in Faust prelude al concetto informatore della moralità e della logica dei giorni nostri; quella di Dante è ancora medioevale.[213]

Torna inoltre il parallelo tra il *Faust* di Goethe e il romanzo di Alessandro Manzoni: seguendo le similitudini tra vari personaggi della tradizione occidentale, Prometeo, Amleto, Werther, Maffei arriva a proporre la comparazione tra Margherita e Lucia, giungendo alla conclusione che

nella letteratura nostra troviamo un carattere affatto opposto a questa Margherita; effetto forse dell'antilogia dei caratteri dei due creatori. La Lucia dei *Promessi Sposi*, posta accanto alla Gretchen del *Faust*, fa un vivace contrasto degno veramente d'esame.[214]

Così anche tra Beatrice e Margherita l'antilogia, ossia la loro distanza, resta evidente se non quando le due figure femminili acquistano sovravalore simbolico.[215]

Anche Giuseppe Spera (1835-1908), nel saggio del 1896 dedicato a *Dante e Goethe* all'interno del suo volume di *Letteratura comparata*,[216] accenna al dualismo Beatrice-Margherita, in conclusione del suo ragionamento tutto antitetico svolto tra "Dante sintetico" e "Goethe analitico", "Goethe grandioso" e "Dante sublime", "Poema di Goethe" ed "Epopea di Dante", "Dante poeta del pensiero e delle Fede" e "Goethe poeta del dub-

212. Maffei, pp. 66-76.

213. Ivi, pp. 104-108.

214. Ivi, pp. 80-81.

215. Ivi, p. 110; Maffei sostiene che Beatrice assomigli quasi più a Elena, e Margherita a Francesca da Rimini. Cfr. qui il capitolo su *Faust e il femminino*.

216. Spera, *Dante e Goethe*, in *Letteratura comparata*, pp. 29-51. Dello stesso torno d'anni il saggio di Antonino Mari, *Il mito di Elena nel Faust di W. Goeth*e, in cui anche il critico definiva "divino" il poema di Goethe, ivi, p. 13.

bio e della scienza", "Goethe critico" e "Dante mistico", "Dante credente" e "Goethe positivista".[217] La sua analisi intende essenzialmente dimostrare la superiorità formale e morale di Dante, "il maggior Poeta dell'umanità"[218] e Goethe: entrambi sarebbero geni, apici precursori di un'intera civiltà umana; e per entrambi il critico sceglie di parlare dell'opera massima, che riconosce proprio nella *Divina Commedia* e nel *Faust*. È interessante la linea genetica che Spera suggerisce riproponendo una distanza ideologica tra la cultura italiana e quella nordica,

> (una) tetra caligine, che offusca il sereno del cielo e della mente nei sommi artisti nordici: quel loro ideale vaporoso, vago, indeterminato non può spiegarsi alla intelligenza del poeta italiano che, per quanto voglia delirare, con scettico cinismo aberrando dal vero, pur dovrà sentire più potentemente l'arte, rapito ai puri splendori del bello. Anime educate all'attica venustà, alla maestà latina, alla medievale civiltà religiosa, non ponno rinnegare la italica storia.[219]

Conclude quindi, secondo criteri più improntati a principi moralistico-cattolici che non estetici, constatando l'esistenza di

> due forme artistiche odierne, che emergono da Dante e Goethe, che s'individuano l'una in Manzoni, l'altra in Leopardi; ed anche oggidì ne vediamo le tracce in noi, pochi seguaci del Manzoni e nei molti fautori del moderno verismo, più o meno decenti e misdecenti.[220]

Di lì a pochi anni, nel 1909, esce in Italia la traduzione della prima parte dello studio di Karl Vossler sulla *Divina Commedia*,[221] apprezzato come opportuno e calzante dallo stesso Croce.[222] Il dantista tedesco cede alla tentazione di aprire il suo lavoro con una *Introduzione* dedicata a *Il* Faust *di Goethe e la* Divina Commedia *di Dante*.[223] Vossler parte dal presupposto che l'affinità tra i due poeti e i loro capolavori sia «tutta spirituale, intima, e perciò più profonda»:[224] non si tratta quindi di rintracciare impronte dantesche, criptate o esplicite, nell'opera di Goethe, ma di definire tale affinità: per meglio illumi-

217. Spera, *Dante e Goethe*, p. 29.
218. Ivi, p. 51.
219. Ivi, p. 40.
220. Ivi, p. 51.
221. Gentile aveva recensito Vossler, *Die Göttlische Komödie*.
222. A tal proposito si veda il saggio di Della Terza, *Osservazioni sulla critica dantesca fuori d'Italia*, pp. 533-547.
223. Vossler, *La* Divina Commedia *studiata nella sua genesi e interpretata*.
224. Ivi, p. 1.

nare la grandezza dell'opera di Goethe. Nel *Faust* viene raffigurato «in forma drammatica l'impero della volontà; nell'altro (*Divina Commedia*) l'impero della verità in forma di visione».[225] Vossler suggerisce però alcune caratteristiche e alcune affinità spirituali: entrambi gli autori non sono pensatori o studiosi ma essenzialmente poeti, entrambi partono da loro stessi per ritrovare un'unità. Vossler riprende implicitamente una distinzione di Dilthey tra poeti personali, ossia soggettivi, e poeti impersonali, ossia oggettivi, e tanto Dante che Goethe vengono classificati nella prima categoria di poeti soggettivi,[226] accanto a Petrarca e Byron, Heine e Leopardi, Schiller e Carducci.

La sua posizione viene recuperata da Giuseppe Antonio Borgese[227] che apprezza la maggiore tenuta di ragionamento dimostrativo rispetto ai numerosi confronti fumosi e superficiali precedenti ma, quasi interloquendo con quanto ripreso in Vossler da Kuno Fischer, sostiene che quella di Faust non sia una caduta cui segue una redenzione ma una costante salita.[228] Così anche Croce nella sua monografia su *Goethe* del 1919 riprende il parallelo con il capolavoro dantesco quasi solo come riferimento informativo, giungendo alla conclusione che tale accostamento aveva fondamentalmente giovato alla critica dantesca piuttosto che alla critica comparatistica, conclusione che pare ancor oggi condivisibile. Anche il saggio di Farinelli raccolto nel volume su *Dante in Spagna, Francia, Inghilterra e Germania*, nel 1922, nasce come recensione sul «Bollettino della Società Dante Alighieri Italiana» all'uscita, nel 1907, dello studio *Goethe und Faust* di Emil Sulger-Gebing.[229]

225. Ivi, p. 8.

226. Ivi, p. 19. Cfr. il saggio di Gorra proprio su *Il soggettivismo di Dante*. Per curiosità si ricorda che invece nella categoria dei poeti impersonali vengono a ritrovarsi insieme Shakespeare, Cervantes e Ariosto.

227. Borgese, *Mefistofele*.

228. Ivi, p. 112.

229. Sulger-Gebing, *Goethe und Dante*. A riguardo una sintesi critica si trova in Friederich, *Dante in Germany*, e in Valeri, *Dante e Goethe*, pp. 197-204. Diego Valeri vi affronta il paragone tra la *Commedia* e il *Faust* «luogo comune della critica letteraria italiana e tedesca», individuando nella capacità di dare «forma poetica a tutto un universo», nel «senso anagogico» delle figure, nella descrizione del diabolico (con un intenso parallelo tra il diavolo "loico" del XXVII dell'*Inferno* e Mefistofele) e nell'«intima somiglianza del personaggio di Faust con l'Ulisse dantesco» i punti di affinità tra i due grandi poemi; scheda sintetica in www.diegovaleri.it. Si veda anche il più recente saggio di Marcella Roddewig, *Dante in Deutschland und in den deutschsprachingen Ländern*, pp. 75-98, come sintesi generale della fortuna di Dante in Germania e nei paesi di lingua tedesca.

Il paragone tra Dante e Goethe è stato dunque, in sintesi, una delle vie di affermazione e consacrazione mondiale dei due autori e dei loro capolavori, e in particolare del moderno tramite l'*auctoritas* dell'antico, più che un vero e proprio dialogo tra letteratura italiana e letteratura tedesca, come dimostrano anche gli interventi in tale direzione tributati all'uno e all'altro in occasione dei rispettivi centenari del 1921 e del 1932.[230] Di certo, alla base di tale confronto vi erano la maggiore diffusione e conoscenza delle due opere e, per quel che qui interessa, del mito di Faust e in particolar modo del *Faust* goethiano nella cultura italiana con il tentativo di canonizzazione di quella "strana" tragedia. D'altro canto la diffusione degli studi comparativi tra questi due autori, e tra quelle due opere, anche sotto forma di più specifici paralleli fra temi e personaggi,[231] fu anche l'occasione per riflettere sulla possibilità di costituire un canone letterario europeo condiviso, stabilendo innanzitutto principi valutativi teorici comuni e quindi una comune periodizzazione e sistemazione storico – letteraria.

Rimane però che queste posizioni critiche talvolta pregiudiziali che volevano assimilare due opere così distanti si attivino storicamente nelle opere italiane di riscrittura faustiana. E forte doveva essere sentita la corrispondenza tra le loro opere anche da parte della cultura tedesca se Thomas Mann, scrivendo negli anni della seconda guerra mondiale la sua versione anti-faustiana del mito di Faust, volle porre sulla soglia testuale una citazione dall'*Inferno* di Dante:[232]

230. Carinci, *Il Lucifero di Dante, il Satana di Milton, il Mefistofele di Goethe*; Santayana, *Three philosophical poets. Lucretius, Dante and Goethe*. Ma poi ancora Cestaro, *Dante e Goethe: le due Divine Commedie*; Santoni, *Dante e Goethe*.

231. Nell'ambito della critica che volle vedere in *Faust* una *divina tragoedia*, sono stati sviluppati paralleli, per lo più *per contrarium*, tra le due guide Virgilio-Mefistofele: Casella, *Della* Divina Commedia *e del* Fausto *di Goethe*, pp. 397-414, p. 409: «Mefistofele mal genio, suprema antitesi del Virgilio dantesco»; Sulger-Gebing, *Goethe und Dante*; Valeri, *Dante e Goethe*. Ancora dell'Ottocento le riflessioni di Franzutti, *Sul tipo di Mefistofile e sull'ideale della margherita nella tragedia il* Faust *di W. Goethe* e il saggio di Curto, *Mefistofele nel* Faust *di Goethe*, che riconosce l'importanza essenziale del genio del male per la crescita e il miglioramento morale (*Faust I*) ed estetico e civile (*Faust II*) del protagonista; Id., *La definizione di Mefistofele*. Interesse critico per il genio del Male che proseguirà nella produzione critica primonovecentesca, ad esempio Borgese, Carinci, George Santayana, Graf, *Mefistofele*; Jovine, *L'Astarotte di L. Pulci e il Mefistofele di W. Goethe*; Jacini, *Faust e Mefistofele*; Grassi, *Mefistofele e la sua prima lezione*. Vedi qui il capitolo sull'*Antinorma mefistofelica*.

232. Mann, *Doctor Faustus*, la citazione ripropone i versi di *Inferno* II: 1-9.

Lo giorno se n'andava e l'aer bruno
toglieva li animai che sono in terra
da le fatiche loro; e io sol uno
m'apparecchiava a sostener la guerra
sì del cammino e sì de la pietate,
che ritrarrà la mente che non erra.
O muse, o alto ingegno, or m'aiutate;
o mente che scrivesti ciò ch'io vidi,
qui si parrà la tua nobilitate.

L'idea del *Faust* come capolavoro sbagliato, da un lato, e quella di *Faust* e *Divina Commedia* come capolavori nazionali posti alla base della cultura dell'Europa moderna, dall'altro, sono i due motivi principali che resistono nel lungo periodo fino a tutto il XX secolo.

3. *Verso l'Apocalisse*

La coscienza di ambiguità e intrinseca contraddittorietà di quel passaggio di secolo della civiltà occidentale ben si poteva riconoscere nei caratteri estremi di confronto tra Bene e Male, di incertezza tra ottimismo e pessimismo da qualche secolo espressi nella metafora assoluta[233] della Apocalisse, nonché in quella più specifica forma metaforica dell'uomo moderno dalle due anime in irrisolvibile lotta del mito di Faust. Questa atmosfera di inizio della fine e nascita di un nuovo tempo troverà nel primo conflitto mondiale occasione storica e ideale di cesura, come suggerito dall'ormai consacrato studio *Il Secolo breve* di Hobsbawm nonché dal più recente contributo di storia delle idee di Emilio Gentile sull'*Apocalisse della modernità. La Grande Guerra per l'uomo nuovo*.[234] Proprio in questo clima culturale viene inaugurata inoltre, con le considerazioni di Nietzsche, una lettura politica del mito faustiano che ideologicamente conduce verso la deriva negativa che porterà l'Europa alle dittature della prima metà del secolo.

233. Per il concetto di metafora assoluta ci si rifà alla teorizzazione di Blumenberg, in particolare al suo *Paradigmi per una metaforologia*. Sembra inoltre che l'idea di metafora assoluta trovi radici concettuali nella proposta di Spengler dell'*Ursymbol,* ma tale accostamento meriterebbe un approfondimento di verifica.

234. Mi riferisco al saggio di Gentile, *L'Apocalisse della modernità*.

Uno studio sul mito faustiano di quegli anni dovrà quindi necessariamente essere sviluppato con stretto riferimento alla cronologia degli eventi storici[235] ma anche alle ideologie dell'epoca. L'attenzione rivolta al mito faustiano in questi primissimi anni del Novecento può altresì correlarsi alla sempre maggiore diffusione degli studi germanistici nel nostro paese, alla maggiore intensità dei contatti politici, di contrasto prima e di alleanza poi, con lo Stato tedesco, nonché al desiderio di coronare il sogno romantico di un canone occidentale di letteratura.

L'interesse per Faust in questo periodo vede ad esempio Arturo Graf (1848-1913), che si era interessato a questo mito per lungo tempo considerando anche la versione di Christopher Marlowe già in un articolo del 1876, pubblicare nel 1901 un saggio intitolato *Mefistofele* uscito sulla rivista «La Nuova Antologia».[236] Nel 1913 Graf decide di dedicarsi creativamente a questo mito scrivendo due poemetti drammatici: *La morte di Faust* e *L'assunzione di Mefistofele*.[237] Benedetto Croce riconosce altresì ascendenze faustiane anche nel suo atto unico *Una sosta dell'ebreo errante*, del 1905.[238] Anche Enrico Thovez (1869-1925) si cimentò con un progetto di riscrittura faustiana: sono del 1900-1902 i suoi primi sette schemi del *Nuovo Faust*, poi divenuto *La trilogia di Tristano*, testo che resterà incompiuto e verrà pubblicato postumo solo nel 1938.[239]

In quei primissimi anni del nuovo secolo Croce stesso si era reso disponibile quale prefatore di una riscrittura teatrale del mito faustiano, l'opera di un autore napoletano, Mario Giobbe (1863-1906), giornalista e traduttore che volle altresì esplicitare, nella sua versione del mito, la diretta ispirazione non solo alla prima parte del *Faust* di Goethe, ma

235. Già era giunto a questa conclusione, che qui è resa premessa metodologica, lo studioso francese Dabezies che si interroga sui *Visages de Faust au XXe siècle*, il quale propone in apertura del suo studio, fermo più o meno all'inizio della seconda metà del secolo, la necessità di un metodo che faccia interagire la critica letteraria con la sociologia letteraria, e questa con la sociologia *tout court*, la statistica con la cronologia, la storia letteraria dunque con la storia, Dabezies, *Visages de Faust au XXe siècle*, pp. 3-4.

236. Questo dopo aver scritto nel 1889 una monografia sul *Diavolo*, in cui rari sono i riferimenti al diavolo faustiano: Graf, *Il Diavolo*; quindi Id., *Mefistofele*; Croce, in coerenza con quanto sopra riportato, giudica questo esperimento «di niun valore», Croce, *Goethe*, p. 140. Di questo come dei seguenti esperimenti di riscrittura di argomento faustiano si parlerà nel capitolo su l'*Antinorma mefistofelica*.

237. Graf, *Poemetti drammatici*.

238. Graf, *Una sosta dell'ebreo errante*.

239. Thovez, *Il nuovo Faust o la trilogia di Tristano*.

anche alla versione della *Tragica storia del Dottor Faustus* di Christopher Marlowe.[240] Contemporaneamente esce una parodia dell'opera di Goethe, del noto trasformista Leopoldo Fregoli (1867-1936), intitolata *Faustino.*[241]

Tutte queste riscritture e messe in scena testimoniano un vivo e duraturo interesse per il tema faustiano e per l'opera di Goethe, un confronto attivo con esso che durerà anche negli anni successivi, tanto da parte dei letterati che da parte di un pubblico sempre più variegato: indicativo a riguardo resta il fatto che il secolo si fosse aperto con una nuova versione metrica di *Faust* di Biagi.[242] Nel 1904 esce la prima stesura italiana per ragazzi del mito faustiano,[243] e nel 1911 esce la versione del *Faust, racconto popolare* di Carlo Riccio, che ancora una volta ripropone la sola vicenda del *Faust I*, ponendo al centro del racconto la storia d'amore con Margherita.[244] Una scelta che si ripeteva nella seconda parte della versione in italiano accompagnata da musica di Alfredo Brüggemann, del 1910[245] intitolata *La trilogia del Faust*, o nel romanzo di Dionigi Norsa, *Gretchen.*[246] Anche la riscrittura del 1912 di Filippo Surico (1882-1954)[247] propone un Faust protagonista di una vicenda erotica in forma di commedia leggera che ricorda più i toni e le situazioni del *Così fan tutte* che non la serietà dell'interrogazione ultima del Faust goethiano. Sempre in quel torno d'anni, tra l'inizio e la fine del primo conflitto mondiale, si hanno ben due versioni al femminile del mito faustiano: l'una in forma di romanzo, di Haydée, pseudonimo della scrittrice e giornalista

240. Giobbe, *Mefistofele: tragedia in cinque atti.* Una nota: Benedetto Croce volle offrire una copia della sua Prefazione «All'amico carissimo Giovanni Gentile (il suo B. Croce)», copia conservata nel Fondo Gentile della Biblioteca di Filosofia dell'Università di Roma "La Sapienza". Dell'anno successivo sempre di Croce, *Volfango Goethe a Napoli.*

241. Fregoli, *Faustino.* Una curiosità che testimonia quanto il trasformista Fregoli fosse noto nell'Italia del primo Novecento: Giuseppe Ungaretti lo nomina nel suo primo articolo italiano, uscito durante la guerra, in *Zona di guerra / Vivendo con il popolo*, in «Il Tempo», 4 gennaio 1918, ora in Ungaretti, *Vita d'un uomo*, p. 7.

242. *Faust*, tragedia di Goethe, versione metrica di Biagi.

243. Anonimo, *Il* Faust *narrato alla gioventù.*

244. Riccio, *Faust: racconto popolare.*

245. Brüggemann, *Gretchen/Margherita.*

246. Norsa, *Gretchen.*

247. Surico, *Il ventaglio di Faust.* La copia del 1919 che ho visionato è conservata a Torino e riporta la dedica autografa «Ad Arturo Foà in ricordo della fraternità torinese». Questa è una delle poche versioni italiane non identificate da Dabezies.

ebrea triestina Ida Finzi (1867-1946), del 1914,[248] l'altra invece in veste cinematografica, a partire da un "libretto", del 1917.[249] Iniziano quindi ad emergere varie tipologie di riscrittura che testimoniano un confronto gradualmente più libero e disinvolto con questo mito, avvicinato sempre più alla tradizione italiana: non vi sono solo vere e proprie versioni in cui si reinterpreta la medesima fabula, con eventuali tagli ed aggiunte, ma anche versioni parodiche come in Haydée e in Surico, storie totalmente altre in cui un Fausto, o una Fausta, sono, sebbene riconoscibilmente eredi del leggendario Dottor Faust, protagonisti di tutt'altre vicende in contesti totalmente differenti.

Perfino Pascoli ha lasciato testimonianza di un suo interesse per il mito con un abbozzo del 1904 di un dramma intitolato *La figlia di Ghita*:

> Di *Mefistofele*, definitivamente intitolato *La figlia di Ghita*, fece allora (1904) la sbozzatura in versi delle due prime scene, e il rimanente, che trovò opportuno semplificare un po' nell'intreccio, in parte appuntò e in parte delineò in prosa. E altro non poté fare. [...]. Si giunse così al 1911 [...] Ebbene, tra le cose che si proponeva di fare in quell'anno, per onorare la sua patria, c'era anche un dramma, *La figlia di Ghita*. Lo riteneva tanto sicuro che lo aveva persino promesso alla valente artista Emma Gramatica, la quale ne era esultante, e nell'estate gli diceva di aspettarlo con ansia! [...] Il povero dramma non poté avere se non la lima ai primi versi nel mentre che egli li trascriveva nel fascicoletto di carta fine che avrebbe dovuto accoglierlo tutto![250]

Intanto, nonostante l'attenzione degli autori e il plauso del pubblico italiano evidentemente continuassero a essere principalmente attratti dal dramma di Margherita e dalla losca figura di Mefistofele, più che dal profilo del protagonista originario, in quegli stessi primi anni del secolo crebbe anche l'attenzione per la versione inglese di Marlowe rivolta, però, più alla ricostruzione del mito prima dell'interpretazione di Goethe, che non ad una vera considerazione della versione del giovane drammaturgo inglese come opera autonoma. A partire dalla prima traduzione in italiano della tragica vicenda del *Dottor Faustus*, quella ad opera di Turiello del 1898, si hanno

248. Finzi, *Faustina Bon*.

249. Alfa, Martini, Mascagni, *Rapsodia Satanica*; interprete: Lyda Borelli, messa in scena di Nino Oxilia, prima proiezione a Roma, teatro Augusteo, 1917. Film muto con commento sonoro dal vivo di Pietro Mascagni; messa in scena di Nino Oxilia. Questa è anche una delle poche versioni italiane non identificate da Dabezies.

250. Pascoli, *Nell'anno mille sue notizie e schemi di altri drammi*, p. 43.

altre tre traduzioni nel giro di dieci anni: di Panella, a Milano nel 1903, di Giustiniani, a Livorno nel 1907, di Bardi, a Bari nel medesimo 1907;[251] e infatti Pascoli in apertura del sopracitato dramma *La figlia di Ghita* citava il verso del *Dottor Faustus* «*Be I a devil, yet God may pity me…*».[252]

Nel suo ampio saggio sul *Faust di Wolfango Goethe*, anche Augusto Foà (1877-1948) fa riferimento alla versione tardo-cinquecentesca di Marlowe, nell'esporre l'evoluzione del mito da leggenda popolare a dramma, sostenendo che Goethe non la conoscesse affatto.[253]

Foà afferma d'essersi deciso allo studio del *Faust* di Goethe per una carenza di studi storici su questo argomento. La caratteristica prima dell'attività culturale di Foà era infatti la sua apertura internazionale, scevra di pregiudizi estetici o ideologici, tanto ch'egli aveva fondato, nel 1898, la prima Agenzia Letteraria Internazionale[254] in Italia, con lo scopo precipuo di ampliare i contatti della cultura letteraria italiana con quella straniera. Tale posizione evidenzia che molti dei lavori critici italiani dell'epoca su *Faust* assumevano una prospettiva o puramente descrittiva, riassuntiva dell'opera e della critica in merito, o un atteggiamento ideologico, pregiudiziale, che fosse positivo o negativo, oppure, infine, un taglio marcatamente filosofico, trascurando un'analisi approfondita di tipo storico-testuale. Il filone critico faustiano di impronta filosofica in effetti, come si vedrà più avanti, offre numerosi saggi nel corso di quei tre decenni del secolo: si pensi a contributi di stampo filosofico-politico-culturologico come quelli di Lorenzo Giusso, *Il ritorno di Faust*,[255] in cui Faust viene a costituire un riferimento mitico-ideologico, di stampo spengleriano, o ai numerosi lavori di Leonardo Grassi, più incentrati invece sull'ermeneutica testuale e concettuale dell'opera di Goethe. Da parte sua Foà conclude il suo lavoro storico – testuale su *Faust* rilanciandone, accanto al valore estetico, il portato morale:

> E quest'ideale egli lo trova, questa meta egli la raggiunge, e questa felicità propria, pregustata nel pensiero della felicità di tutti, cui egli avrà cooperato,

251. Una breve ricostruzione della ricezione dell'opera su Faust di Marlowe in Italia, ci fa scoprire che la prima traduzione italiana risale al 1898.

252. Pascoli, *Nell'anno mille, sue notizie e schemi di altri drammi*, p. 171. Nei medesimi primi anni del secolo nel mondo anglosassone si dava alle stampe lo studio di Hauhart, *The reception of Goethe's Faust in England in the first half of the nineteenth Century*.

253. Foà, *Il* Faust *di Goethe*, p. 98.

254. Vedi sito dell'agenzia tuttora operativa, http://www.agenzialetterariainternazionale.com.

255. Giusso, *Il ritorno di Faust*.

mentre da un lato rende vana la filosofia del dolore, dall'altro riduce i nostri desideri, e le nostre aspirazioni dentro la cerchia del possibile, del positivo, dell'umano. Ecco perché, oltre il sommo valore estetico, noi ammiriamo nel *Faust* un alto valore morale, e vediamo in lui, annunziato fin dal 18° secolo, il codice del moderno consorzio umano.[256]

Dopo un secolo di condanna morale del *Faust* goethiano ne viene invece scoperto un valore di moderno vangelo, grazie all'evoluzione di senso conferitagli dall'aggiunta del *Prologo in Cielo*: «era l'idea stessa che Schiller cercava per l'amico, quella per cui il *Faust* poté divenire la *Divina Commedia* della Germania e, si può dire, il Vangelo dei nuovi tempi».[257]

Oltre a questo giudizio, particolarmente significativo se si pensa che a partire dalle posizioni del cattolico Cantù per buona parte dell'Ottocento la critica italiana era stata piuttosto compatta nel giudicare l'opera di Goethe amorale, se non finanche immorale, Foà prende altre posizioni critiche innovative e originali rispetto alla critica precedente. Egli fa sua una prospettiva storica di evoluzione e confronto fra epoche culturali e letterarie, anche rispetto ai tempi di stesura dell'opera e con ciò arriva a identificare alcuni nodi interpretativi importanti spesso fin lì trascurati o rimasti oscuri. Ad esempio, riguardo al problema del genere letterario cui apparterebbe il *Faust*, egli con grande schiettezza non gli riconosce la natura di tragedia: l'opera sarebbe poema e non tragedia «poiché per tragedia la cornice è troppo ampia, e poi, se lo scioglimento della prima parte è tragico, lieto è invece quello della seconda e, per conseguenza, quello dell'opera intera».[258] Eppure proprio la ricchezza e contraddittorietà di quest'opera è rivalutata come suo punto di forza e di vitalità artistica, ponendosi così in linea con la posizione di Hegel.[259]

256. Foà, *Il Faust di Goethe*, pp. 302-303.

257. Ivi, p. 85.

258. Ivi, p. 298.

259. Ivi, pp. 38-39: «Il filosofo (Hegel) dunque ravvisa nel singolo uomo Faust il cumulatore di tutti gli interessi dell'umanità, nel poema *Faust* una di quelle opere in cui l'uomo crede di ritrovare tutto sé stesso, non questo o quell'interesse della vita, ma il complesso di quel che rende la vita adorabile e odiosa, lo splendore e le tenebre insieme, e che perciò non si stanca mai d'interrogare e di commentare». Cita quindi anche la posizione consonante del critico francese Édouard Rod, *Essai sur Goethe*, che afferma che il *Faust* rappresentando la vita, tutta, nella sua molteplicità, apre a tutte le interpretazioni possibili, ed è perciò necessariamente opera poliedrica. Il saggio è leggibile su https://archive.org.

Proprio in questo aspetto dinamico dell'opera, e della morale che vi viene proposta, s'intravede un nucleo forte dell'incomprensione dell'opera da parte di quel segmento della critica italiana, che considerava come troppo molteplice e ricco lo svolgimento dell'intreccio, nonché poco coesa e coerente, anche a livello formale, la strutturazione dell'azione. L'eccesso di ambiguità morale, che rendeva poco chiara la posizione etica, e direi anche teologica, lasciava invece spazio alla condanna cattolica, che si fa poi sempre più diffusa in Italia. Meglio accolte invece sono state le singole figure, estrapolate dall'intreccio: di Margherita, chiaramente vittima innocente sacrificale della lotta tra Male e Bene, e di Mefistofele, più facilmente disambiguabile nella sua natura maligna, che in realtà, a ben guardare, conserva una dialettica attiva ed incerta.

Foà riscopre invece come punti di forza la molteplicità di forme e contenuti del *Faust* di Goethe, ricchezza che è anche dinamicità, esemplare del nuovo e del moderno contenuto nell'arte romantica, dedicando a questa idea il capitolo V, *Fusione dell'antico e del moderno in* Faust:

> Tipo e simbolo significano ambedue generalità, idea, legge, il contrapposto del particolare, del fatto, dell'eccezione. Ma il tipo è un modello delle qualità che siano nell'uomo, o nelle cose; il simbolo è figurazione dell'idee. Il primo è preciso, perfetto, e ci lascia vedere, attraverso il genere, l'individuo che c'interessa come tale; il secondo è indeterminato, necessariamente imperfetto nella sua ampiezza; vediamo sempre in lui, a traverso la figurazione, l'idea. Sta qui, in gran parte, la differenza tra arte classica e arte romantica. [...] Quella è uno stato che non muta, questa un divenire e si trasforma.[260]

In realtà Goethe aveva sempre negato di aver voluto, con il suo *Faust*, mettere al centro un'idea astratta, asservendo personaggi ed azione ad un messaggio simbolico: eppure lo spessore simbolico della sua interpretazione del mito faustiano resta innegabile. Come si era visto rispetto al parallelo con Dante, già dal XIX secolo le interpretazioni simboliche del primo e secondo *Faust* erano molto diffuse, e non solo nella critica italiana ma in quella di tutto il mondo occidentale. Ora, negli anni immediatamente successivi al primo conflitto mondiale, questo tipo di letture del mito di Faust incontrano diffusione crescente, assumendo altresì tinte nazionalistiche vieppiù evidenti, riconfermando la centralità, nella tradizione testuale, della versione di Goethe, e conducendo a una sempre maggiore identifica-

260. Ivi, p. 108.

zione con lo spirito germanico del mito faustiano e del faustismo, inteso come atteggiamento individualistico propenso alla sfida dei limiti, umani e divini, affermazione di volontà, forza, curiosità e coraggio sconfinanti nella *ybris*, superomistica tensione di stampo nietzscheiano. Ma questa impostazione pregiudiziale, che riconoscerebbe a Faust una natura germanica[261] prima e più che universalmente umana, conduce inevitabilmente a conclusioni di condanna ideologica, prima e più che estetica, dell'opera goethiana: Giovanni Papini si fa portavoce di questa posizione con un aggressivo e derisorio articolo del 1915.[262] Nel suo breve saggio Papini offre al lettore un attacco senza appello al capolavoro che, afferma interloquendo con la critica italiana antecedente,

> non è un capolavoro ma non è neppure sbagliato. È un libro mediocre che risponde perfettamente al suo fine: raccogliere, in forma mitica, le confusioni, i luoghi comuni, le smanie enfatiche e le finali bancarotte dell'anima tedesca. [...] un documento probatorio sopra una razza.[263]

In questo clima può allora uscire, in italiano, un testo di un russo nazionalista emigrato in Italia che oppone alla sua difesa filo-slava l'offesa culturale, politica, finanziaria e bellica germanica in veste proprio di Faust, un Faust che è ovviamente il Faust di Goethe. Il testo di Wladimiro Frenkel,[264] personaggio ancora oggi poco conosciuto,[265] esce nel 1916,

261. Schwerte, *Faust und das Faustische, Ein Kapitel deutscher Ideologie.*

262. Papini, *Atena e Faust.* In nome dell'Avanguardia Papini attua una demolizione dei classici, implicitamente riconoscendoli come tali, evidentemente.

263. Ivi, p. 198. E quindi conclude: «Eccolo qui, il nobile eroe tedesco, nella sua infinita miserabilità. Ha raggiunto i suoi fini? Non pare. Non ha goduto, non ha saputo godere. Ha fatto soffrire. È stato, come i suoi discendenti di oggi, assassino, violatore e incendiario. Non ha rispettato i patti», ivi, p. 209.

264. Frenkel, *La Russia e il Fausto nel conflitto europeo.* Frenkel cita spesso anche il Faustus di Marlowe, ma considera la versione di Goethe quella per eccellenza faustiana in quanto: «Goethe è divino [...] per aver intuito che la vecchia leggenda sul Faust accennava alle sorti future della Germania e dipingeva in modo meraviglioso le ambizioni del popolo tedesco, *solo del popolo tedesco*», ivi, p. 23. Le citazioni dal *Faust* di Goethe vengono spesso riportate, senza i versi corrispondenti, in tedesco e in italiano, secondo o la traduzione di Maffei o di Scalvini.

265. Ricordiamo qui il lavoro dello slavista italiano Stefano Garzonio, *Riflessioni sulla Russia*, in cui si ricorda come l'autore presenti due periodi di produzione piuttosto eterogenei: un primo periodo da pubblicista e osservatore politico, dal 1910 al 1925, ed un secondo periodo in cui si dedica allo studio dell'Italia, in particolare della costiera amalfitana. Garzonio ci informa della scarsa ricezione del testo di Frenkel in Italia, testimoniata

in pieno conflitto mondiale, al momento ancora definito "europeo", e ripercorre la storia e i numeri della presenza tedesca in Russia, imputando ai prussiani la colpa sostanziale, e programmatica, dell'indebolimento e dell'asservimento della Russia. Un progetto che andava avanti da oltre due secoli e che a suo parere trova profetici riscontri proprio nel capolavoro di Goethe, poeta amato e stimato anche da lui stesso, ma a suo dire autore di un lavoro profetico subliminale sulle sorti storiche tedesche, russe, ed europee *tout court*. Frenkel rilegge lo svolgimento della tragedia di Goethe alla luce della storia dei rapporti tra Russia e Prussia, partendo dall'assunto che non un portato universale avrebbero il personaggio e il mito di Faust, sebbene un rimando esclusivo alla nazione tedesca, e identificando nell'opera goethiana elementi simbolico-profetici dell'espansione tedesca in Russia. La Russia tutta verrebbe identificata nella figura di Margherita, bionda vergine ingenua conquistata dal Faust-Prussia,[266] mentre l'avventura di Faust presso la Corte del Papa verrebbe letta come simbolo della riforma luterana, l'incontro con il Sultano come l'espansione tedesca verso Oriente, Russia compresa, la storia del contadino e dell'ebreo come figurazione dell'infiltrazione economica tedesca, e infine l'episodio del vescovo come metafora dell'occupazione di Belgio, Polonia, Francia (dei cui vini, si sa, i tedeschi, Goethe in testa, vanno golosi!). I tedeschi contemporanei vengono da Frenkel ribattezzati *Faustuliposthumi*, subdoli sfruttatori della Russia, così come della Polonia e dell'Europa tutta, e il nome stesso di Faust viene ricondotto al significato

però da un'eccezione importante come quella di Piero Gobetti, in «La Rivoluzione liberale», I, 4 (1922). In questo numero si trova la recensione *Idee di uno svizzero sulla Russia*, Eduard Fueter, *La storia del secolo XIX e la guerra mondiale*, mentre è nel numero 24 di «La Rivoluzione liberale» (1922), che appare invece una breve e sarcastica notizia critica su Frenkel e un altro suo improbabile opuscolo: «Gli esuli russi ci ripagano dell'ospitalità di cui godono con una miserabile produzione libraria di politicanti. Solo un rinnegato meno che mediocre quale Wladimiro Frenkel poteva scrivere un opuscolo come *Amore e bolscevismo Talmud e Khamstvo*, dove si profana la Russia e si pretende dare giudizi politici discorrendo di oscenità. In Frenkel c'è l'incultura di un intellettuale con una incoscienza plebea e con la meschinità di un diffamatore. Il curioso è che questi traditori della patria, che chiacchierano all'estero mentre i veri russi si sforzano con ogni sacrificio di costruire il loro Stato, diventano in Italia amici e ammiratori dell'Idea Nazionale (p. 70): essi poi sono così analfabeti delle cose loro che vedono dei "profondi conoscitori della Russia" in Napoleone Colaianni e Armando Zanetti! Ma neanche i lettori dell'Idea Nazionale leggeranno le spiritosità sgrammaticate di uno sciocco come W. Frenkel».

266. Frenkel, *La Russia e il Fausto nel conflitto europeo*, p. 43.

letterale attuale di “pugno”, violenza imposta agli altri dall’aggressività insaziabile del prepotente popolo germanico. La lettura si chiude con la profezia, secondo Frenkel contenuta nella stessa tragedia, della fine di Fausto sconfitto nel conflitto europeo. Colpisce la notazione, più volte ribadita, della radice germanica dell’antisemitismo russo, secondo Frenkel subdolamente insinuato nella cultura russa come arma di distrazione: la creazione di un nemico interno comune come utile diversivo per distogliere i russi dalla difesa dall’occupazione tedesca. Tra le citazioni letterarie cui si appoggia la teoria ermeneutica di Frenkel, chiaramente forzosa e ideologica, accanto a quelle tratte dalle due parti del *Faust* di Goethe, compaiono anche frasi del *Dottor Faustus* di Marlowe, de *Il crepuscolo degli Dei* di Richard Wagner, nonché di autori russi o slavi – Griboedov, Križanić, Turgenev – e italiani – il prefatore della traduzione di Maffei, Emilio Checchi, accanto a Giosuè Carducci, Manzoni e Dante – oltre a riferimenti a Don Chisciotte e a Don Giovanni. Un canone bizzarro che invece di far dialogare differenti patrimoni letterari, tende a dimostrare strumentalmente, attraverso citazioni decontestualizzate tratte dalla letteratura europea, la fantasiosa tesi storica sostenuta dall’autore.

La pubblicazione in Italia di un opuscolo di questo genere durante la guerra testimonia che anche la letteratura iniziava a essere asservita a logiche politiche e a ideologie nazionaliste, aperte a pericolose strumentalizzazioni irrazionali della cultura che inducevano all’aggressività politica invece che al riconoscimento della sua natura di spazio laico e libero di dialogo sulle questioni del mondo e della storia. Ecco allora che Faust rischia di tornare a essere non l’uomo *tout court*, mito universale dell’uomo moderno che faticosamente anela al vero pur errando, non l’opera che con Goethe apre ad una letteratura europea in dialogo con le letterature nazionali, unendo la tradizione germanica con quella classica, e romanza, ma mito germanico di aggressiva volontà di potenza. Ormai si è avviato quel processo per cui

> Faust n’est pas un thème purement littéraire, qu’il a pris une dimension sociologique plus large, celle d’une image type ou d’un “cliché”, d’ailleurs polymorphe, susceptible de significations diverses. Cette dimension sociologique apparâit en pleine lumière dans le cas de l’Allemagne, oú Faust est devenu comme un thème national, mais ailleurs aussi Faust a été plus fois adopté comme archétype symbolique, bien plus qu’au siècle passé.[267]

267. Dabezies, *Visages de Faust au XXe siècle*, p. 2.

4. *Furori e ceneri del Faustismo*

In quello stesso stretto torno d'anni Benedetto Croce sentiva a modo suo già conclusa l'epoca faustiana e scriveva questo caustico giudizio:[268]

> E chi ai giorni nostri si mette a ridisegnare poemi o drammi alla *Faust* è da ritenere subito per ispacciato, almeno agli occhi delle persone che se ne intendono, giacché pure vi sono sempre ritardatari e provinciali, che la pensano altrimenti.[269]

Se per la critica italiana di ambito faustiano la fine della prima guerra mondiale resta una data significativa per l'uscita della monografia crociana su Goethe, a livello internazionale a segnare quell'epoca è certo la pubblicazione del saggio *Il tramonto dell'Occidente* di Oswald Spengler,[270] in cui si apre invece all'epoca del faustismo (lungo una linea interpretativa comune anche al libretto di Frenkel uscito in Italia di cui si è discusso sopra). Quando dunque Croce sosteneva che proprio nell'indifferenza politica di Goethe albergava la forza artistica della sua opera, si andava formando ed affermando veemente in Europa una lettura invece tutta ideologica e politica di quel capolavoro.

Croce scriveva infatti:

> Qualunque giudizio si porti sull'assenza di passione politica, tante volte notata, biasimata e variamente lumeggiata nel Goethe, mi sarà lecito dire che io ho sentito come singolare ventura che tra i sublimi poeti, fonti perenni di alti conforti, ce ne sia pur uno, il quale, sebbene esperto quanto altri mai in ogni forma di umanità, mantiene l'animo fuori e sopra gli affetti politici e le necessarie contese fra i popoli.[271] Ma c'è da soggiungere che

268. Per la precisione la monografia di Croce uscì nel 1918 ne «La Critica», XVI (1918), poi in volume, quindi in ristampa, con aggiunte.

269. Croce, *Goethe*, p. 53.

270. Allo Spengler la concezione aristocratico-teutonica del titanismo germanico di Faust viene da una tradizione critica nata in Germania già nell'ultimo trentennio del secolo precedente: la prima interpretazione di questo stampo è quella di von Loeper, *Einleitung und erklaerenden Anmerkungen*. Quindi vi si allineano anche le lezioni su Goethe tenute a Berlino nel 1874-1875 da Hermann Grimm. Tali posizioni compaiono mitigate in Fischer, *Goethes Faust*, del 1901. Ma la medesima concezione aristocratica viene poi ripresa dalla monografia di Gundolf del 1916 che trasforma il faustismo nella categoria storico-filosofica che Spengler farà sua. Tale *iter* viene ripercorso da Cases nella sua *Introduzione* alla traduzione del *Faust* di Allason.

271. Croce, *Goethe*, p. VI.

> la considerazione dei rapporti tra vita morale-intellettuale e vita artistica, così importante per intendere lo svolgimento dell'arte goethiana, pel quale fornisce il principale criterio storico ed ermeneutico, è in grado di rendere un altro servigio alla critica, col dimostrare inutile, vana e aberrante, per molte delle opere di lui, la ricerca dell'unità e del motivo poetico unitario. Quel continuo "sich überwinden", quel rapido superarsi, che era il ritmo e la legge della vita di Goethe, faceva sì che egli non potesse convivere a lungo con un motivo poetico, richiedente molti anni di esclusiva devozione per convertirsi in forma compiuta.[272]

Croce quindi, pur concentrando il suo giudizio esclusivamente sull'opera, come esigeva la sua estetica, riconosceva un'analogia tra autore e personaggio[273] nel loro comune *streben*, distinguendo la varietà e disomogeneità dei personaggi dalla sedicente necessità di un'unità sottesa al lavoro nel suo insieme, al di là di ogni giudizio etico o formale di tipo moralistico considerando fondamentale anche il significato filosofico della tragedia goethiana. La monografia crociana su Goethe ebbe risonanza internazionale, tanto da venir tradotta in tedesco e in inglese.

Contemporaneamente in Germania Oswald Spengler (1880-1936) prendeva Faust a rappresentante di un'intera fase storico-culturale, arrivando a parlare di una religione faustiana e di una *Kultur* faustiana all'apice della quale poneva, com'è ovvio, il popolo tedesco. Carattere primario del faustismo sarebbe quella tensione verso l'infinito che condurrebbe l'individuo al superamento di ogni legge imposta dall'esterno, sia essa umana o divina. Dal punto di vista religioso una tale tensione assoluta dell'io porterebbe a una concezione religiosa panteistica di rifiuto di ogni dogma o gerarchia (e Spengler rinviene la radice storica di questo atteggiamento di libertà individuale assoluta in fatto di religione nella Riforma e nel protestantesimo). Dal punto di vista politico il faustismo, intimamente conforme ad un atteggiamento dionisiaco e tipicamente germanico, riallacciandosi all'uso ideologico-politico del mito inaugurato da Nietzsche, si rispecchierebbe in un cesarismo provvidenziale, unica via utile al superamento della decadenza democratica dilagante in quegli anni, sotto forma del socialismo (nel 1917 c'era stata la Rivoluzione in

272. Ivi, p. 14.

273. L'interessamento di Croce alla biografia dell'autore si rispecchia nel suo studio su *Volfango Goethe a Napoli*. Così anche Grassi si dedicherà più volte alla ricostruzione delle vicende biografiche di Goethe, come ad esempio con il suo *Goethe in Italia*.

Russia) e, in molti degli altri paesi europei, di indiscriminata democrazia in mano a masse inconsapevoli.[274]

La lettura spengleriana[275] riscosse grande successo, convincendo pochi ma suggestionando molti, anche tra i critici italiani dell'opera di Goethe. Da parte sua Croce reagiva contro le teorie pessimistiche anti-storiciste di Spengler con una recensione in cui scriveva già nel 1920 che il saggio del filosofo tedesco: «non può non impensierire gravemente coloro che hanno a cuore le sorti del pensiero scientifico»,[276] avendo intravisto in esso un pericoloso, proprio perché confuso e irrazionale, focolaio ideologico di aggressività germanica.[277] Qualche anno più tardi anche nel nostro paese ci sarebbero state sempre maggiori tentativi di interloquire con la teoria di Spengler, in ambito politico, filosofico, e finanche critico letterario. Loren-

274. Una sintesi a riguardo si trova in Orvieto, *Il mito di Faust*, capitolo *XV Faust o la volontà di potenza. Il mito si nazionalizza ed entra tragicamente nella storia*, pp. 279 e sgg.

275. Per una sintetica ricostruzione della ricezione spengleriana nell'Italia del periodo da noi considerato, si veda Cottone, *Ricezione di Spengler in Italia*, in Spengler, *Il Tramonto dell'Occidente*, pp. XXIX-XLII.

276. Croce, *Pessimismo Storico in Germania*, p. 236. Contro la posizione crociana si mise Giovanni Papini, con l'articolo *Contro Roma e contro Benedetto Croce*, p. 81, mentre Francesco Flora, autore di *Spengleriana*, parte dalle assunzioni di Croce per contraddire la tesi spengleriana asserendo che «il metodo spengleriano strazia la storia viva contraendola in alcuni mutili e isolati esempi, che messi spazialmente uno accanto all'altro dovrebbero significare la legge, anzi il destino di una non ben definita cultura». L'arbitrarietà della concezione di Spengler apparirebbe così chiara; dove Spengler descrive il succedersi inesorabile e fatalmente necessario di *Kulturen* e *Zivilisationen*, Flora sostiene la loro perenne compresenza e permanenza, smontando il sistema antitetico e ciclico proposto dal filosofo tedesco. Adriano Tilgher nel 1921, anno di piena reazione idealistica al pensatore tedesco, proprio a quest'ultimo dedicò un intero capitolo del suo scritto *Voci del Tempo*: Tilgher, *Oswald Spengler*. Negli anni Trenta si hanno varie riflessioni sull'argomento. Ricordiamo Salvatorelli, *Spengler e Sorel*, e, visto il titolo evocativo faustiano, soprattutto Giusso, *Il ritorno di Faust*, poi nuova edizione aumentata circa 1929, e Id., *Spengler e la dottrina degli universi formali*. Appoggiò, diffondendo e traducendo le opere di Spengler, Beonio-Brocchieri, *Spengler*. Anche Mussolini sostenne la diffusione in Italia delle teorie spengleriane, cercando un punto d'incontro tra l'esclusivo germanismo e protestantesimo originari, in un incontro nei valori tragico-aristocratici della cultura germanica con la cultura latina e italiana per un'assunzione, si vede bene tutta ideologica nella sua forzatura, di un comune compito di redenzione dell'Europa tardo-moderna nella sua fase discendente e crepuscolare.

277. Croce, *Teoria e Storia della Storiografia*, p. 369, parla del «famigerato operone dello Spengler, che non so perché sia ancora preso tanto sul serio dai professori tedeschi (non forse perché nei loro abiti e tendenze mentali c'è molto di ciò che è venuto ad aperta luce nel pasticcio spengleriano?)».

zo Giusso (1899-1957)[278] ad esempio, in una sua raccolta di saggi significativamente intitolata *Il ritorno di* Faust,[279] riconosce tratti faustiani anche in Giovanni Gentile e nella sua filosofia:[280]

> Gentile, profondo spirito romantico, *è* per una demolizione finale di ogni trascendenza e trasferimento definitivo di Dio nell'uomo [...] *per lui* come Faust sul cavallo di Mefistofele, l'attività dello spirito non deve mai arrestarsi [...] *per lui* comprendere e conoscere sono creare. [...] *Insomma* il gentilismo si presenta come la traduzione in gergo filosofico, dei miti superumani ed attivisti dei nostri tempi, dell'Ulissismo, del Napoleismo, del Titanismo [...] dietro il mantello di Gentile si nasconde il delirio di Faust.[281]

In linea con questa lettura di stampo decisamente fascista, si trovano gli svariati contributi di critica faustiana di un libero docente di Filosofia morale presso l'Università di Catania, Leonardo Grassi (1873-1961), che nell'anno goethiano 1932 pubblicherà un saggio dedicato specificamente a *Il Faust e il tramonto dell'Occidente: di una nuova corrente esegetica del* Faust *in Germania*.[282] Già dal 1927 Grassi si era iniziato agli studi faustiani, con la pubblicazione di un saggio su *Il panteismo di Faust e lo spinozismo di Goethe*,[283] poi raccolto all'interno dei *Preludi a un commento a la vita di Faust*,[284] dell'anno successivo, le cui considerazioni maturano in un corposo volume di *Commento alla vita di Faust: contributo ad una concezione goethiana della vita*,[285] ancora del 1932. Nel mezzo, il prolifico critico diede alle stampe anche altri due studi di medesimo argomento, ossia *Goethe in Italia*[286] e *Mefistofele e la sua prima lezione*,[287] entrambi del 1931. Grassi poneva al centro della propria riflessione la personalità di

278. Lorenzo Giusso, napoletano, fu un irrequieto pensatore e saggista che a Spengler dedicò il volume *Spengler e la dottrina degli universi formali*. Curioso ricordare, per la sua tendenza ad appropriarsi in termini tipologici di personaggi-mito, il titolo di una sua raccolta di versi *Don Giovanni ammalato*, Napoli 1932.

279. Sd, poi riveduta, 1929.

280. Ivi, paragrafo IV, *Gentile, mistico dell'azione*.

281. Ivi, pp. 62-82.

282. Grassi, *Il Faust e il tramonto dell'Occidente*, già anticipato due anni prima da Id., Il Faust *e il* Tramonto dell'Occidente. Ma anche Alfero, *Titanismo e umanità*.

283. Grassi, *Il panteismo di Faust e lo spinozismo di Goethe*, poi in Id., *Preludi*.

284. Grassi, *Preludi*.

285. Grassi, *Commento alla vita di Faust: contributo ad una concezione goethiana della vita*.

286. Grassi, *Goethe in Italia*.

287. Grassi, *Mefistofele e la sua prima lezione*.

Goethe, assecondando e rendendo sostanziale così un concetto che abbiamo incontrato in forma di sfumato suggerimento dello stesso Croce, ossia il parallelo tra la personalità e l'esperienza umana e artistica di Goethe e lo sviluppo dell'azione della tragedia da questi dedicata a Faust. Nei suoi studi interloquisce anche con Croce e Gentile come ideali riferimenti filosofici e critici nazionali, accanto a studiosi tedeschi dell'epoca, dimostrando un buon grado di conoscenza linguistica del tedesco e un buon aggiornamento critico in materia. Oltre a Spengler, Grassi cita più volte Fischer, Traumann, e Jakobskötter,[288] e i loro studi sul *Faust*, nella consapevolezza di aver scelto una propria impostazione esegetica di decisa impronta filosofica, con ambizioni etico-morali:

> Quindi questi miei studi, piuttosto che di critica estetica sono d'indagine filosofica. Essi portano un deciso accento etico e storico [...] far conoscere Goethe e il suo significato nella civiltà moderna; e questo, a mio modo di vedere, è prevalentemente etico-religioso. [...] oggi, in Germania, si fa di Kant un gradino per salire al Goethe; il quale è visto come la più compiuta espressione della civiltà occidentale.[289]

Egli si proponeva di far dialogare la cultura italiana e quella tedesca, evidentemente intravedendo nell'opera di Goethe indicazioni utili ad un arricchimento filosofico della cultura italiana, di voler

> far sentire meglio in Italia il significato universale di Goethe. Goethe è un problema culturale complessissimo, di cui nota sovrana è quello religioso.[290]

In termini spesso impressionistici lo studio da parte italiana del capolavoro goethiano sarebbe quindi uno scambio non alla pari, ma piuttosto un arricchimento della cultura italiana cui la cultura tedesca potrebbe suggerire soluzioni nuove a vecchi problemi non meglio definiti: certo è, secondo Grassi, che attraverso lo studio dell'opera di Goethe si attingerebbe alla sintesi dell'intera cultura tedesca, alla sua propria concezione del mondo: «chi dice germanesimo dice grande metafisica, grande musica, grande storia o concepimento del mondo come storia. [...] È vero del resto che la riflessione sull'arte d'un popolo può darci il sistema della sua cultura, la

288. Fischer, *Goethes Faust*; Traumann, *Goethes Faust*, Jakobskötter, *Goethes* Faust *im Lichte der Kultur-philosophie Spenglers*.

289. Grassi, *Preludi a un commento alla vita di Faust*, p. 11.

290. In merito al problema religioso si rimanda alla nostra nota 201 nel presente capitolo.

sua concezione del mondo».[291] Grassi si richiama anche, criticandolo, al vecchio accostamento tra Goethe e Dante: egli piuttosto sottolinea l'essenziale distanza tra i due autori, deridendo la ipotizzata «latinità del Goethe, di cui in realtà si è parlato a vanvera e che può fare il paio con la pangermanistica germanicità di Dante».[292] Riprende però, con le dovute distinzioni, il parallelo fra i due poeti, scrivendo che con Goethe

> Si rifà qui, in un clima storico diversissimo, attraverso una natura umana opposta, lo stesso processo che condusse Dante al suo viaggio per l'Oltremondo fino al soglio di Dio. La partecipazione alla vita politica fece assurgere il divino poeta a giudicare gli uomini da quell'altezza dov'è l' "Amor che muove il sole e l'altre stelle" suggellando il medioevo; la partecipazione alla vita politica fece assurgere il poeta tedesco ad un paradiso, dove Dio non si vede, ma lo sforzo è celebrato che a Lui aspira e si sentono le infinite potenze che a Lui sospingono, sempre più in alto attratte in un viaggio, che non ha termine nel tempo, ponendo così le fondamenta del nuovo mondo del pensiero.[293]

Ma di nuovo si confondono autore e personaggio: Dante *auctor* e *actor*, Goethe, Faust:

> Faust, è stato ben detto, è Dante non più spettatore ma attore del Dramma divino; un Dante che rifà nella sua anima l'Inferno e il Purgatorio e il Paradiso; un Dante senza la coscienza viva del peccato, che si deve purgare prima di salire a Dio, ma un Dante che durante una lunga vita va peccando continuamente e non sa di peccare; e, appunto, perché non sa, non ha saputo mai e i suoi peccati si sono potenziati sempre più di spirito, si sono andati sempre più nobilitando, egli viene accolto in un Paradiso di amore, il quale ricorda che la sua anima giammai ebbe sentore che fallasse: "Die nicht ahnte dass sie fehle".[294]

Grassi vuole interloquire con la critica faustiana tedesca anche opponendosi alla piena adesione alle teorie di Spengler, che giudica interessanti ma non condivisibili: secondo Grassi, in questo in accordo con Croce, vi è una opposizione sostanziale tra la prospettiva metafisica e religiosa di Goethe nel *Faust* e il sistema di pensiero spengleriano tutto antistorico e immanentista.[295]

291. Ivi, pp. 55 e sgg.
292. Ivi, pp. 54-55.
293. Ivi, pp. 165-166.
294. Ivi, p. 223.
295. Grassi, *Il* Faust *e il tramonto dell'Occidente*, p. 16: «per questa implicita metafisica, che è alla base del *Faust*, Goethe propriamente nulla ha a che vedere con lo Spengler

Goethe col suo *Faust*, insomma, avrebbe creato il personaggio-simbolo di ogni aspirazione positiva dell'uomo moderno, *homo faber* finanche presuntuoso ma positivo e propositivo, ottimista, uomo moderno pre-decadente, insomma, mentre Spengler ne tenta un'improbabile lettura astorica, e non più sovra-storica, distorcendone inevitabilmente il significato per la forzatura anacronistica impostagli.

La teorizzazione di Spengler ha contribuito a chiarire un concetto della visione del *Faust* di Goethe che potrebbe, a suo parere, essere interessante e proficuo anche per la cultura filosofica nostrana, ossia il concetto di *Ursymbol*, simbolo originario sintetico di un'intera cultura, guida strutturante del pensiero e dell'azione di una determinata cultura e civiltà. Grassi è affascinato dalla possibilità di identificare una matrice unica e unitaria di pensiero e azione, teoria e prassi concreta, e probabilmente intravede nella forma di *streben* proposta dal *Faust* goethiano la matrice filosofica di un auspicabile modello di azione politica in sintonia con tensioni totalitariste e totalizzanti proprie alla cultura fascista a lui contemporanea, tanto che giunge finanche ad auspicare, con Goethe, una riunificazione delle religioni umane in un'unica fede. Infatti, nel suo saggio a riguardo, sottolinea come centrale del senso profondo del *Faust* di Goethe il passaggio della traduzione del versetto primo del Vangelo di Giovanni, «en archè en o logos» in cui Faust passa da *logos* come *parola*, al *logos* come *senso*, come *forza*, e infine, come *azione*.[296] In questa vicenda traduttoria Grassi intrave-

[...] per Goethe la cultura occidentale non è affatto effimero fiore, assurdamente sbocciato in una assurda eternità, ma propriamente un fiore d'eternità, per l'eternità maturante i suoi frutti». A sostegno della sottolineata distanza tra la concezione di Goethe e quella di Spengler, Grassi cita una recensione crociana ad un recente scritto del filosofo tedesco, *Der Mensch und die Technik*, del 1931, in cui Croce ribadisce: «In una bella lettura, fatta di recente da Thomas Mann, si accenna sprezzantemente a quest'ultima fatica dello Spengler e, contro la pretesa verità che costui asserisce e vanta, si ricorda il detto di Goethe: "che il vero si riconosce soltanto dalla sua capacità a promuovere la vita": il che, proprio non è, come si è visto, l'effetto delle teorie dello Spengler, atte soltanto, in chi presti loro fede, ad accrescere pessimismo e scoraggiamento, cosa della quale non c'è bisogno nel mondo e, meno che altrove, in Germania», Croce, recensione a Spengler, *Der Mensch und die Technik*, citata da Grassi, *Il* Faust *e il tramonto* dell'Occidente, p. 6, nota 1.

296. Gadda in merito scrive: «il germanismo finisce per tradurre fichtianamente: "in principio era l'Azione"», in Gadda, recensione a *Il Faust tradotto da Manacorda*, p. 760. Allo stesso principio è informata la riflessione pedagogica di Pierfrancesco Nicoli, *Faust e Wagner*, in cui l'autore sostiene che: «la vera coltura è azione, è un continuo, inquieto tentativo di superare se stessa. La scienza che non è azione, che non è critica, incontentabilità, ardimento, non è la scienza di Faust, è la scienza di Wagner», ivi, p. 5.

de il fondamentale passaggio dalla cultura magica alla cultura occidentale, ossia moderna: un percorso quindi non solo germanico, ma universale, o per lo meno occidentale, in questo convenendo con il critico spengleriano Jacobskötter.[297] Grassi, in sintonia con le teorie razziali dell'epoca, riconosce al capolavoro di Goethe un netto «segno del genio tedesco» e quindi anche «il segno della razza» germanica: eppure questo carattere nazionale originario forte di «libro della *rivelazione*[298] di un popolo a se stesso e quindi strumento della sua salvezza e redenzione»[299] lo renderebbe testimonianza poetica e umana universale:

> Non ai soli Tedeschi, ma a tutto il mondo ha detto Goethe le parole essenziali della salute, «il redimersi dell'eroe attraverso l'azione, la vittoria sulla morte e il demonio per mezzo dell'impulso di autoconservazione e svolgimento della mònade, l'esplicarsi e il potenziarsi dell'entelecheia»[300] che sono come lo splendore sulla cima del suo cuore umano.[301]

Insomma, Grassi a suo modo propone ai lettori italiani una ermeneutica pragmatica, politicamente impegnata, oltre che filosoficamente produttiva, che li inciti e li esorti a un novello faustismo nazionale *sub specie italica*, a un fascismo attivo e aggressivo sotto la guida del genio romantico di Goethe eletto ormai a duce ideologico:

> Non [...] solo [...] ai Tedeschi, sibbene ad ogni uomo che viva della conquista della propria umanità, ad ogni popolo che viva della speranza della propria resurrezione o della propria grandezza nel mondo, lo spirito del Goethe è ristoratore. Soprattutto di lui varrebbero i bei versi fraterni del nostro poeta: *Gli uomini il tuo pensier nutre ed irradia, / come l'ulivo placido produce / a gli uomini la sua bacca palladia, / ch'è cibo e luce.*[302]

Gli anni Trenta, fors'anche per ragioni puramente ideologico-politiche, sono stati in effetti anni produttivi, in Italia, nell'ambito degli studi faustiani, altresì in direzioni differenti da quella proposta, o comunque

297. Ivi, pp. 34-35.
298. Corsivo mio.
299. Citazioni dalla *Prefazione* di Grassi a Id., *Commento*, p. XV.
300. Ivi, p. XV, Grassi cita da Traumann, *Goethes-Faust*.
301. *Ibidem*.
302. Ivi, pp. XV-XVI. I versi appartengono al *Commiato* di *Alcyone* di Gabriele D'Annunzio, testo edito nel 1903, e sono riferiti al Pascoli. Ironia della storia! Proprio Pascoli, attento lettore del *Faust*, ne tenterà, come si è detto, una riscrittura originale poi lasciata incompiuta.

sollecitata, dal libro di Spengler. Giuseppe Antonio Borgese, ad esempio, che di Faust e Mefistofele si era già occupato nei primi anni del secolo in diretto dialogo con la contemporanea critica tedesca (lo stesso Grassi interloquisce nei suoi studi con le posizioni critiche di Borgese), pubblica solo nel 1933 la sua monografia sull'argomento, aggiungendo ulteriori saggi a quelli precedenti.[303]

Il 1932 è l'anno del primo Centenario della morte di Goethe e quella commemorazione è stata occasione prolifica d'interventi critici e riassunti storiografici.[304] Zamboni ad esempio dedica al poeta tedesco una biografia in cui, fin dalle prime pagine, lo affianca agli altri due massimi poeti dell'età moderna: Dante e Shakespeare.[305]

Vi istituisce poi il parallelo tra vita dell'autore e senso profondo della sua interpretazione del mito di Faust, per chiarire quanto fosse erronea la lettura di Goethe come sereno poeta classicista.[306]

Nella ricostruzione biografica del poeta, infatti, resta centrale l'evoluzione dell'opera che lo accompagnò lungo tutta la vita, trasformandosi con lui e con lui sviluppandosi, strutturandosi, arricchendosi: Zamboni vede in questa storia evolutiva la coerenza dell'opera, delle sue due parti, del suo protagonista Faust:

> un'idea centrale abbastanza nitida informa il secondo *Faust* e si collega all'idea che Goethe negli anni dell'amicizia con Schiller era già andato sviluppando nel primo *Faust*. Col *Prologo in Cielo*, che costituisce la chiave di volta delle due parti del suo grande dramma, e colla scena del patto tra Faust e Mefistofele, Goethe aveva già cercato di inquadrare i due blocchi possenti dell'*Urfaust* nel disegno concepito verso gli ultimi anni del secolo XVIII. [...] il motivo centrale *era* già adombrato nei due frammenti giovanili: l'ane-

303. Borgese, *Mefistofele, con un discorso sulla personalità di Goethe*; Paragrafo *La disfatta di Mefistofele* già del 1909, poi in Id., *Saggio sul Faust*. Si possono qui ricordare anche i suoi saggi di politica culturale tedesca, *La nuova Germania*, e *Italia e Germania*.

304. Anonimo, *Elenco delle opere di Goethe e sul Goethe stampate in Italia*; Benco, *L'anno goethiano*; Id., *Volfango Goethe*; Tschudy, *Goethe e la critica italiana*; Tecchi, *Libri italiani su Goethe nel primo centenario della morte*.

305. Zamboni, *Goethe*, pp. 13-16: «la loro vita è tutta trasfusa nelle loro creazioni, e la conoscenza più esatta di essa appagherebbe spesso soltanto la curiosità, pur legittime, dei posteri. Il destino di Goethe non è invece tutto racchiuso nelle sue opere, [...] in Goethe, più che in altri poeti, l'opera era solo una parte di un tutto [...] Infatti le sue opere, in una misura maggiore e diversa, che in altri poeti, non sono solamente organismi estetici in certo modo autonomi».

306. Ivi, p. 19.

lito al godimento, eternamente insoddisfatto, che fa passare Faust da un'esperienza ad un'altra, assurgere continuamente verso forme più alte della vita e finalmente alla redenzione.[307]

Nello stesso anno esce un'altra biografia di Goethe, ricostruita attraverso una scelta in traduzione italiana[308] dal ricco epistolario goethiano, ad opera di Lavinia Mazzucchetti,[309] germanista che proseguirà a lungo la sua opera di studio, raccolta e traduzione dell'opera del poeta tedesco,[310] e sempre dello stesso anno è la monografia *Goethe* di Emil Ludwig.[311] Già nel 1927 si erano avute inoltre nuove prove traduttorie del *Faust*,[312] che culminano nell'importante versione integrale di Guido Manacorda il quale accompagnò il suo lavoro, in parte in prosa e in parte in versi, con un secondo ricco volume di *Commento* testuale, oltre che con svariati interventi critici di argomento faustiano.[313] Proprio dalla versione di Manacorda si partì per ideare la prima radiotrasmissione del *Faust* di Goethe alla radio italiana,[314] sdoganando al contempo l'incommensurabile capolavoro tedesco e il nuovo mezzo di rappresentazione radiofonico, in un incontro tutt'altro che scontato tra mezzi tecnologici e grande letteratura classica

307. Ivi, p. 260.

308. Prima prova di traduzione in italiano delle lettere di Goethe, anche a dire della stessa autrice e traduttrice Lavinia Mazzucchetti.

309. Mazzucchetti, *La vita di Goethe seguita nell'epistolario*.

310. Nel 1944 inizierà la pubblicazione delle opere di Goethe a sua cura.

311. Ludwig, *Goethe, Storia di un uomo*. Sono questo gli anni in cui fioriscono le biografie come celebrazioni di personalità straordinarie, titaniche. Proprio nella stessa collana mondadoriana di Ludwig erano uscite le biografie di Napoleone, Guglielmo II, Bismarck, Lincoln, Schliemann, e, a questa altezza in preparazione, i *Colloqui con Mussolini*.

312. *Faust parte I*, nuova traduzione italiana in versi, trad. di Vellani; *Faust*, passi scelti e collegati, testo tedesco, note e *Introduzione* di Baseggio; *Faust. Tragedia*, parte I, nuova traduzione italiana in prosa. Di Baseggio si ha nel 1932 la prima traduzione in italiano dell'*Urfaust*. Inoltre si ricordi Ferraretto, *Margherita, simbolo e realtà nel* Faust *di Goethe*. La centralità dell'interesse per il dramma di Margherita è testimoniano anche dalle traduzioni della sola prima parte della tragedia che in quegli anni si susseguono: di Cristina Baseggio; di Giovanni Ercole Vellani e più tardi, di Liliana Scalero, poi completata con la traduzione, sempre in versi, della II parte nel 1951; di Enzio Cetrangolo. Nel 1941 usciva anche la versione ritmica del *Faust I* di Antonio Buoso, che sarà seguita dalla traduzione per lo stesso editore del *Faust II* solo nel 1962.

313. Manacorda aveva già pubblicato nel 1922, dieci anni prima dunque, un interessante saggio su *Verso una nuova mistica*.

314. Anonimo, *Il* Faust *di Goethe per la prima volta radiotrasmesso in Italia* e Piovene, *Goethe alla radio*.

che apriva la ricezione letteraria a un pubblico sempre più vasto e vario, proponendo una modalità innovativa di rappresentazione per un lavoro che, pur essendo nato per il teatro, aveva ricevuto da più parti l'accusa di irrappresentabilità. E sempre la versione di Manacorda venne messa in scena al Teatro Licinium di Erba nel settembre di quell'anno.[315]

La traduzione di Manacorda[316] si presenta fin dalle sue pagine introduttive come traduzione fedele e attenta ai percorsi di ricezione precedente – Manacorda dichiara di aver tenuto conto delle altre grandi traduzioni italiane[317] che avevano preceduto la sua, oltre alle versioni in francese e inglese – e ovviamente istruita dalla tradizione critica, tedesca innanzitutto,[318] e quindi italiana, sul *Faust*.

Manacorda è sempre molto attento alla peculiarità del pubblico italiano, cui asserisce di proporre il primo commento italiano completo «fuori dei pochi frammentari e scolastici e delle note trascurabili di cui qualche nostra versione è fornita, e nuovo, almeno nel disegno, nell'organicità e nella mole, anche fuori di Germania».[319] Manacorda si ripromette di soddisfare tre esigenze: la raccolta "meditata e vagliata" dei dati; l'illustrazione del particolare linguistico, "specie lessicale e sintattico", e infine la critica dell'opera d'arte "e di pensiero". Agli italiani egli si augurava di offrire "una piccola enciclopedia goethiana"[320] che si opponesse alla lunga tradizione che considerava, nel nostro paese, il capolavoro del *Faust* un'opera priva di organicità; Manacorda parla a riguardo di un vero e proprio "errore radicale"[321] di questa tesi, sostenuta in prima istanza, tra i suoi contempo-

315. Venne rappresentato solo il *Faust I* nella riduzione di Manacorda, 8-18 settembre 1932; vedi Manacorda, *Guida drammatica del Faust di Goethe*.

316. Ci fu anche una riduzione della traduzione del *Faust* di Manacorda, con introduzione e note a cura di Giuseppe Zamboni, Goethe, *Faust*, del 1934. Lo stesso Giuseppe Zamboni che era stato fra l'altro autore di una monografia su *Goethe*. Si veda anche la recensione di Bassani, *Una traduzione del Faust*.

317. In particolare elogia la versione di Biagi mentre critica fortemente le più note ad opera di Scalvini e Maffei. La sua filosofia della traduzione si basa sul principio «tradurre è servire e non comandare», Manacorda, *Faust*, *Introduzione*, p. XXXVII.

318. Principali riferimenti restano gli studi: Gräf, *Goethe über seine Dichtungen*; Gundolf, *Goethe*; Witkowski, *Goethes Faust*.

319. Manacorda, *Faust*, *Introduzione*, vol. I, p. XXXIX. Un lavoro di commento al *Faust* comparabile a questo abbiamo visto potrebbe essere quello di Grassi, dello stesso 1932.

320. Ivi, p. XLII.

321. Ivi, p. XVIII

ranei, da Benedetto Croce, e rifiutata invece già da Giuseppe Antonio Borgese: «dei legami tra la prima e la seconda parte, neppure un mentecatto potrebbe dubitare».[322] Secondo Manacorda

> in favore della loro stretta, inequivocabile unità spirituale, c'è ben altra, più profonda ragione [...] lo spirito immanente della *Tat* e dello *streben*, che serpeggiano da capo e fondo dell'uno e dell'altro fino alla redenzione [...] stretta dunque l'unità teoretica, ma anche forti e naturalissime le divergenze, le oscillazioni e le maturazioni d'arte, di stile e di stati d'animo, rese anche più manifeste e acerbe da un'elaborazione e rielaborazione durata tutta una vita [...] E qui davvero esce fuori quella disunità e discontinuità di ambedue i *Faust* [...] Fiero pasticcio [...] Ma se a pena a pena ci si allontana, ecco che la confusione di stili si chiarisce e gli spigoli si smussano e le dissonanze si armonizzano, e tutto ci si presenta in una sintesi.[323]

Manacorda si mostra consapevole del problema di gusto, di parametri estetico-artistici differenti, alla base di molte delle resistenze di ricezione di quest'opera nel nostro paese, ed esprime tale consapevolezza con parole che suonano datate ma efficaci, riferendosi ancora una volta al modello dantesco come migliore rappresentante della poesia italiana e del gusto nazionale: «Certo da noi, avvezzi alla mirabile cattedrale dantesca, si desidera ancora, e non a torto, un'atmosfera meno brumosa e una disciplina architettonica più maschia e severa».[324] A suo avviso il *Faust* di Goethe, lungi dall'essersi avvicinato ad una concezione cattolica della salvezza, cosa che in molti avevano sostenuto leggendo nella intercessione di Maria accanto a quella di Margherita un elemento di matrice cattolica,[325] è invece profondamente impregna-

322. Citato da Manacorda, *ibidem*.

323. Ivi, pp. XVIII-XX.

324. Ivi, p. XX.

325. In merito cfr. il paragrafo su *La Divina Tragedia*, nota 49. A riprova dell'orgoglio culturale, prima e più che specificatamente religioso, che Goethe conservava rispetto alle proprie radici luterane, potrebbe bastare una citazione riportata da Manacorda stesso dalle *Conversazioni con Eckerman*, datata 11 marzo 1832, molto tarda quindi appartenente ad un Goethe vecchio e prossimo alla morte: «non sappiamo davvero di quanto, di quanto mai noi siamo in generale debitori a Lutero e alla Riforma. Ci siamo infatti liberati dai vincoli di un'angustia spirituale, diventando in seguito atti al progresso della cultura, a ritornare alle fonti e a comprendere il cristianesimo nella sua purezza. Abbiamo ritrovato il coraggio di stare con piede saldo sulla terra di Dio e di risentirci in questa nostra natura donata da Dio». A questo riguardo, dunque, Manacorda si allinea alla posizione del filosofo Grassi, come è stato già detto altrove, ma evidentemente ne ignorava gli studi o non lo riteneva interlocutore adeguato. Fischer, *Goethes Faust*, pp. 289-291, da parte sua sottolineava in-

to di una cultura riformata e illuministica, restando perciò ideologicamente distante dalla cultura italiana ufficiale.[326] Ancora una volta il nucleo concettuale dell'opera viene riconosciuto nell'interpretazione dei versi 1224-1237 in cui Faust si applica alla traduzione del versetto giovanneo «en archè en o logos». L'approdo al termine *Tat*, azione, dimostra la scelta di Goethe, con *Faust*, per una sintesi di teoretica e pratica, di causa ed effetto, di spiritualità e materialità, «sintesi di padre luterano-kantiano, il volontarismo [...] e di madre illuministica, l'esperienza scientifica».[327] E così

> Il Faustismo è nato [...] Rivivrà infatti nel fondo di tutti i movimenti sociali del secolo scorso e s'agita ancora in quelli del nostro secolo. Pragmatismo anglo-americano e idealismo italiano ne segnano ancora oggi, in due divergenti direzioni, le ultime propaggini.[328]

Negli stessi anni prende piede però anche la censura fascista nei confronti della produzione artistica: e risulta che diverse opere ispirate al mito faustiano entrarono nella lista dei testi da vietare, emendare, sottrarre alla pubblica diffusione.[329]

Tra gli anni Venti, esattamente il 1924, e gli anni Cinquanta, vede la luce anche la grossa fatica di traduzione, ricostruzione storica e analisi ermeneutica di Vincenzo Errante (1890-1951), che resta un monumento dell'attenzione della cultura italiana all'opera e al mito faustiano in genere.[330] Il lavoro di Vincenzo Errante intorno a *Faust* costituisce infatti

vece l'influsso massonico-templare-rosacrociano delle posizioni di Goethe. Sulla presenza nel *Faust* di un'ideologia cattolica Lukács esprime un parere che relega ad un puro ruolo estetico la sovrastruttura religiosa gerarchica cattolica, liquidando così ogni dibattico di tipo teologico sulla questione. Lukács, *Studi sul "Faust"*, in Id., *Goethe e il suo tempo*, p. 324: «Dopo il *Convito* di Platone e dopo la Beatrice di Dante mai l'amore ha avuto tale importanza nel mondo di un grande spirito. Ma l'amore di Platone e di Dante è essenzialmente ultraterreno e ascetico. Goethe, contemporaneo di quelle tendenze che divennero le "tre fonti del marxismo", è invece essenzialmente terreno, completamente di questo mondo. La forma cattolico-estetizzante della fine del Faust può indurre in errore soltanto qualche romantico-reazionario o qualche testa di legno liberale».

326. Ci si riferisce in questo senso all'avvicinamento reciproco di Stato Italiano e Chiesa Cattolica in quegli anni del Fascismo, avvicinamento ufficializzato dai Patti Lateranensi già qualche anno prima, ossia nel febbraio del 1929.

327. Manacorda, *Commento*, p. 79.

328. *Ibidem*.

329. *Censura teatrale e fascismo*.

330. Errante, *Mito di Faust*, poi Id., *Il mito di Faust: dal personaggio storico alla tragedia di Goethe*.

sicuramente un contributo fra i più ricchi di quegli anni nella produzione critica italiana faustiana: Errante si dedica a Faust per quasi un trentennio, sviluppando in più volumi i suoi studi sulla ricostruzione storica del mito, la versione della tragedia goethiana, la sua traduzione condotta interamente in versi e accompagnata da un commento. E ancora sua è la voce *Faust* per l'enciclopedia Treccani, proprio risalente a quello stesso 1932.

Errante interpretava il mito del Faust tra il XVI secolo e la versione del dramma goethiano come metafora dello spirito tedesco; nel novembre del 1922, quando ottenne la cattedra di letteratura tedesca all'università di Pavia, «nella sua prolusione [...] propose una lettura "di parte" di Goethe, visto qui come incarnazione del superuomo che preferisce agire nel dolore e nell'errore piuttosto che lasciarsi inghiottire dalla passività delle masse».[331] La sua adesione teorica al fascismo favorì negli anni successivi un'intensa attività come organizzatore e promotore di cultura, oltre a guadagnargli la cattedra di Milano lasciata proprio per ragioni di opposizione al Regime da un altro grande nome della critica letteraria italiana contemporanea, della germanistica nostrana nonché proprio degli studi faustiani italiani, Giuseppe Antonio Borgese.

Nello stesso ventennio si contano anche varie riscritture originali del mito di Faust, decisamente poco note oggi e certo di difficile reperimento.

Nel 1925 Silvio Pagani (di cui poco si sa se non dalla notizia biografica che riporta essere "nato all'inizio dell'ultimo terzo"[332] del XIX secolo) pubblica a Torino il suo *Faust in Italia*.[333] Faust in quest'opera di stampo dichiaratamente nazionalistico viaggia propriamente, guidato da Mefistofele, per le città di un'Italia rinascimentale, in un percorso che da itinerario geografico si trasforma in occasione di una rigenerazione culturale.

Nel 1929 sotto lo pseudonimo di Onip (palindromo di Pino) esce una originale versione dialettale del mito *El Faust. Scene di verità e di fantasia:* «Non si tratta né di grottesco, né di rivista e neppure di parodia; c'è forse un poco di tutto assieme»,[334] avverte l'autore in una nota introduttiva, in cui espone l'intenzione di proiettare in tempo e luogo popolare,

331. Ascarelli, *Vincenzo Errante*.

332. Così si legge nella "Notizia sull'autore", di Silvio Pagani, *Faust in Italia*, p. 1.

333. Pagani, *Faust in Italia*. L'autore aveva già edito nel 1907 il secondo atto dell'opera, *Leonardo Da Vinci e Faust*, Milano. Degli anni Venti, probabilmente del 1928 (?) è il frammento sveviano *L'ora di Mefistofele*, in *Il vegliardo*, in *Opere*, Milano, Mondadori, 2004, p. 1666.

334. Onip (pseudonimo di Ferrario), *El Faust*; ivi, p. 4.

ossia familiare a chi scrive e a chi fruisce, la vicenda dell'opera di Goethe su Faust e Mefistofele, il cui "pensiero etico" alto sarebbe: «l'eterna antitesi fra il miraggio della Gioia [...] e la visione radiosa della Bontà».[335] La finalità ultima quindi resta quella etica, educativa, e il mezzo linguistico prescelto per avvicinare il fruitore più "popolare" questa volta è il dialetto lombardo dell'autore.

Agli anni Trenta si devono *Faust non è morto* (1934), di Adriano Grande e, a opera di Mary Tibaldi Chiesa (1896-1968), una riscrittura per ragazzi (1936) edita nella collana de *La Scala d'oro* diretta proprio da Vincenzo Errante, seguita a due anni di distanza da una seconda iniziativa di questo tipo di Rina Usiglio; infine, nel 1938, esce, postumo il frammento di Enrico Thovez *Il nuovo Faust o la Trilogia di Tristano.*[336] In linea di massima sembra prevalere in questi anni l'attenzione per un pubblico più vasto e popolare, arrivando a considerare e coinvolgere anche i più piccoli con le versioni per ragazzi, in sintonia con una cultura assolutista che tende, durante il ventennio di dittatura, a semplificare ed educare invece che a invitare all'interrogazione e allo sviluppo di una curiosità libera e critica di pensiero e arte, ma anche a far familiarizzare il pubblico italiano con la cultura dei futuri alleati in politica. A partire dalle esplicite dichiarazioni di ispirazione pedagogica degli autori, per arrivare alle scelte di riscrittura e notazione scopertamente didattiche e nazionaliste, di addomesticamento in senso patriottico e filocattolico di un mito nato tedesco e luterano, colpisce l'impronta didattico-populistica di questa produzione tanto più che essa si riferisce proprio al mito della ricerca e della libertà individuale, responsabile e assoluta.

Priva di data, ma plausibilmente di questi anni, è anche un'altra curiosa narrazione della leggenda[337] di Faust significativamente edita nella

335. *Ibidem.*

336. Grande, *Faust non è morto*, Roma 1934; Tibaldi Chiesa, *La leggenda di Faust*; Thovez, *Il nuovo Faust o la Trilogia di Tristano*; Usiglio, *Il dottor Faust magister artium*. In Thovez, *Il nuovo Faust*, nella prefazione di Valeria Lupo, p. xxxiii, leggiamo: «soffermarci, con il lettore, sulla strana comparsa di Selvaggia, in veste di Maddalena pentita, in questa ultima scena della *Trilogia*, chiarificando il significato del suo enigmatico arrivo con Mariano, dal "Convento vicino", per vegliare la salma del morente (Faust-Tristano). Quale pensiero ultimo può celare l'apparizione di questi due personaggi, a tinte così prevalentemente cristiane, accanto al folle propugnatore dello pseudo-vangelo della gioia? Forse il superamento dell'ultima inumana più che superumana esperienza del romanticismo tedesco per un ritorno alla nostra più schietta tradizione?».

337. Prunaj, *Le tre leggende eterne: Cid, Don Giovanni, Faust.*

Collana *La cultura del popolo*: «Novissima biblioteca di bella cultura pubblicata per mettere alla portata di chiunque i capolavori immortali di ogni età e di ogni paese, per far conoscere a tutti le imprese eroiche e le gesta famose o comiche del passato, per rendere popolari le storie del mondo più importanti e mirabili».[338] Nella Introduzione *Le tre leggende eterne*, si fa una distinzione tra mito e leggenda:

> la Leggenda vera e propria è posteriore, per il tempo, al mito: più giovine, meno alta come importanza ideologica, gli ha però sopravvissuto: il Mito è morto da secoli, – e la Leggenda è giunta fino a noi [...] le tre che ho scelte, [...] illustrano [...] una sola idea originaria: l'idea, profondamente ed eternamente umana, della conquista.[339]

Nell'esposizione semplificata e didascalica[340] della vicenda faustiana, l'autore, con toni populistici e scopertamente filocattolici, mescola differenti tradizioni riportando ad esempio la durata del patto di ventiquattro anni, laddove la versione di Goethe non prevede invece un patto a scadenza precisa ma piuttosto una scommessa tra Faust e Mefistofele. Secondo l'autore di questo libretto «la leggenda di Faust non è solo, fra le leggende, la più recente per l'epoca nella quale nacque, e per quella che le fu immaginata, come sfondo, dalla anonima creatrice genialità popolare: è pur anco la più moderna, la più vicina a noi per la qualità e per la figurazione ideale del suo protagonista».[341] Faust

> non è l'Ulisse del folle volo [...] né Don Giovanni [...]. Ulisse è la gesta dell'Eroe, e Don Giovanni è la incarnazione del peccatore [...], poiché l'anima moderna ha superato la gesta del simbolico navigatore con la realtà dei suoi fatti [...] Ed ha superato la mania d'avventure dell'audace conquistatore di femmine.[342]

Nella trattazione del finale, invece, l'autore esplicita le sue fonti; accanto a Goethe egli tiene presente Marlowe: questi, secondo la tradizione che lo precede, condanna a perdizione il suo Dottor Faustus, mentre quello lo salva, inopinatamente e modernamente.[343]

338. Ivi, quarta di copertina.

339. Ivi, pp. 9-11.

340. Ad esempio, in apertura, l'autore offre al lettore commenti anti-luterani e filocattolici, ivi, pp. 67-68.

341. Ivi, p. 76.

342. Ivi, pp. 77-78.

343. Ivi, p. 86.

Ulteriore testimonianza di un interesse critico crescente per l'opera di Marlowe, e per il suo Faust, si ha proprio a fine anni Trenta con due monografie su Christopher Marlowe: le prime in Italia, sono entrambe del 1937, saggi critici dell'anglista Aurelio Zanco (1902-1961)[344] e di Benvenuto Cellini (1901-1966).[345] Il confronto fra i due *Faust* teatrali era stato proposto, proprio nell'anno goethiano, da un anglista di crescente fama come Mario Praz,[346] ma anche altrove la critica se ne era occupata nel medesimo torno d'anni.[347] Zanco da parte sua presenta Marlowe come autore caratterizzato da sensualità e titanismo, e ovviamente riconosce nel suo dramma faustiano l'espressione del suo titanismo sviluppato lungo la via "spirituale", che avrebbe potuto, a suo avviso, trovare forse migliore e più diretta e sintetica espressione in forma narrativa o perfino lirica.[348]

L'interesse per il fenomeno del faustismo, versione specifica e moderna del titanismo classico, resta dunque centrale nelle letture dei testi drammatici che abbiano Faust come protagonista, ma gli studi sull'opera di Marlowe, rispetto agli studi goethiani, appaiono nettamente più scevri dei pregiudizi ideologici che spesso avevano interferito con una reale libertà ermeneutica. Ammirazione, emulazione, concorrenza, forzosa ricerca di sintesi e concordanza tra tradizioni culturali differenti,[349] addomesticamento semplificativo, sono alcuni dei fattori o dei processi di distorsione critica che in quel ventennio hanno influenzato la critica e la ricezione faustiana in Italia, più o meno volontariamente e consapevolmente, spingendo così il mito di Faust a fossilizzarsi in un tipo sempre più astratto e generico, banalizzabile in profili stilizzati da intellettuale d'ogni età, se non anche da comune peccatore. Ecco allora, forse condizionato inconsapevolmente

344. Zanco, *Marlowe: saggio critico.*

345. Cellini, *Marlowe.* Al momento non sono ancora riuscita a reperire il secondo volume, dato nel primo come in corso di stampa, in cui dovrebbe essere contenuto il saggio sul *Dottor Faustus.* Tanto nel Fondo Gentile della Biblioteca di Filosofia de "La Sapienza" a Roma che nel fondo della Biblioteca dell'Attore di Genova è conservato esclusivamente il volume I.

346. Praz, *Il Dottor Faust: Marlowe e Goethe* e Id., *The Works and Life of C.M.*

347. Heller, Faust *and* Faustus. Di quel periodo è anche la ricostruzione del mito faustiano di More, Palmer, *The Sources of the Faust Tradition.*

348. Zanco, *Marlowe*, pp. 12-13. Addirittura il critico giunge ad affermare: «L'architettura del dramma ci si rivela tollerabile solamente se la consideriamo ad una certa distanza; una distanza che non ci consenta di vedere le assurdità del dettaglio, a chiunque esse si debbano attribuire», ivi, p. 56.

349. Ancora nel 1944 esce Santoni, *Dante e Goethe.*

dall'atmosfera contemporanea, riflettersi tali impressioni anche nel giudizio sul *Faust* goethiano da parte di un lettore pur sensibile e sottile come Carlo Emilio Gadda che quando si fa recensore del lavoro di Manacorda, pur plaudendo al lavoro di traduzione ed esegesi del critico,[350] arriva a definire Faust un puro «filosofema vestito da uomo»;[351] ma aggiunge:

> Non sia rimasto nel lettore il dubbio che io consideri *Faust* opera di mero sincretismo, un centone di filosofemi cavati fuori un poco dappertutto, Shakespeare e Paolo, Davide e Paracelso, Matteo e Spinoza: variamente poi ridipinti, vestiti e atteggiati alla scena. Questo dubbio sarebbe offensivo non tanto per Goethe quanto per me. No. Una profonda angoscia di ricerca, un lievito e un desiderio di originalità, se non proprio l'originalità splendente e raggiunta, un impeto e una copia poetica per tanti riguardi mirabile, pervadono tutta la macchina immane del *Faust*. Ma è indubitato che talora si ha un'impressione strana, come se l'intento e l'ardimento del Poeta abbiano superato la possibile realtà dell'opera, come se un vizio di disarmonia e di premeditata astrattezza la respingano nel limbo dell'inadempiuto, e nel polveroso magazzino dell'enciclopedia.

Il faustismo sembra andare spegnendosi[352], mentre il mito di Faust riprende il proprio cammino nella Storia, oltre il mito "tecnicizzato" superomistico e germanico, utilizzato per conseguire scopi pratici predeterminati, nella fattispecie politici e politico-culturali, tramite l'impiego di un preciso linguaggio e sistema figurale ermeneutico.[353]

5. *L'eroe postumo*

Faust sopravvive nell'interesse del pubblico, dei letterati, dei critici, nel linguaggio giornalistico, politico, scientifico persino, alla grande tragedia conclusasi con lo scoppio delle bombe atomiche. E non solo sopravvive, ma inizia una nuova vita, redenta dalle compromissioni ideologiche di cui era stato caricato nel ventennio precedente.

350. Gadda, recensione citata, p. 761, questa affermazione appare come una ironica *excusatio non petita*.

351. Ivi, pp. 761-762.

352. La critica tedesca andava in questa direzione già a partire dallo studio di Böhm, *Faust il non faustiano*.

353. Kerényi, *Dal mito genuino al mito tecnicizzato*.

> Chi si accinge oggi ad affrontare problemi riguardanti la letteratura o la cultura tedesca deve molto spesso cominciare dal vincere la diffidenza di coloro che per partito preso non vogliono sapere né di trattare problemi né di procedere alla loro revisione. [...] La risposta di taluni implica il deciso ripudio di tutta la cultura tedesca. Si tratta di un'affermazione antifascista molto radicale. [...] L'essere antitedesco è forse garanzia di antifascismo o comunque di una posizione antireazionaria? [...] Qui voglio soltanto accennare alle questioni centrali che riguardano la falsificazione reazionaria della storia della letteratura tedesca nel periodo classico, perché il lettore possa farsi un'idea chiara della lotta tra progresso e reazione in questo capitolo dello sviluppo tedesco.[354]

Contro la corrente maggioritaria della critica tedesca e più generalmente europea, da Nietzsche a Spengler, che negli ultimi decenni aveva identificato in Goethe «il fondatore della concezione predominante, antiprogressiva, antievoluzionistica, irrazionalista»,[355] e per un recupero analitico, invece, degli elementi di matrice illuminista e progressista della letteratura tedesca all'epoca di Goethe, György Lukács presenta il suo studio militante su *Goethe e il suo tempo*, che arriva in traduzione italiana già nel 1949. Terminata la guerra infatti gli studi italiani di ambito germanistico vanno arricchendosi di scambi sempre più liberi e intensi con la critica straniera, di sempre maggiori interferenze di sistemi: si traducono lavori importanti, che anche metodologicamente e teoricamente offrono nuovi concetti e strumenti di interrogazione. Proprio il saggio *Studi sul "Faust"* di György Lukács costituì un riferimento fra i più importanti per la critica italiana in merito, nonostante Croce gli avesse riservato una pessima accoglienza.[356] Gli studi faustiani proseguirono, si può dire senza soluzione di continuità, tanto con l'edizione delle *Opere* di Goethe di Lavinia Mazzucchetti per Sansoni, iniziata nel 1944, che con le nuove traduzioni del *Faust* del 1949 di Liliana Scalero,[357] del 1950 di Giovanni Vittorio Amoretti e di Barbara Allason.[358] Nella introduzione alla

354. Lukács, *Goethe e il suo tempo*, pp. 15-31.

355. Ivi, p. 29.

356. Croce, recensione al saggio di Lukács.

357. Per BUR, Milano 1949. Si ricordi che in quei primi anni Quaranta esce anche la traduzione, figlia di lunghe meditazioni e studi, di Vincenzo Errante, per Sansoni, e l'assaggio della traduzione di Rudino, *Il dramma di Margherita*.

358. Goethe, *Faust*, traduzione di Allason, in seconda edizione uscita per Einaudi nel 1965. Scrittrice e critica letteraria, Barbara Allason (1877-1968), dopo aver iniziato gli studi universitari a Napoli e averli conclusi a Torino con una laurea in letteratura tedesca, prende i primi contatti con l'antifascismo torinese. Nel 1929 avendo firmato una lettera di solidarietà a Benedetto Croce, che si era espresso al Senato contro i Patti Lateranensi, viene allontanata

seconda edizione della traduzione in prosa di Barbara Allason, Cesare Cases ragiona sul *Faust* a partire dagli *Studi* lukácsiani.

Da parte sua Giovanni Amoretti, nel presentare la sua traduzione e la *Stoffgeschichte* faustiana, mostra piena consapevolezza delle possibili resistenze di comprensione e apprezzamento da parte del lettore italiano:

> Il lettore italiano, abituato per cultura, per gusto e per letture a trovarsi di fronte ad opere d'arte chiuse entro un armonico giro di forme che maggiormente lo appaga – basti pensare alla *Divina Commedia* – avrà, dal *Faust*, come l'impressione di una certa disorganicità. Una disorganicità apparente, però. [...] Goethe ha seguito il suo personaggio – e se stesso – attraverso esperienze susseguitesi in lui in quasi sessant'anni, sullo sfondo di una cultura e di un ambiente in evoluzione.

Restano i riferimenti storici di contrapposizione del modello architettonico dantesco con quello a scene debolmente concatenate del *Faust*, eppure siamo oramai in un mutato clima culturale ed estetico, di apertura a nuove correnti e scambi, di recupero del dialogo con scuole critiche fino ad allora non considerate, se non anche ostacolate e censurate, come quella marxista di cui si fa propugnatore Lukács.

Va ricordato inoltre che nei drammatici anni Quaranta nasce una nuova versione tedesca del mito faustiano in forma di romanzo: Thomas Mann si era dedicato alla sua stesura, iniziandolo nel 1943 negli Stati Uniti e pubblicandolo col titolo *Doktor Faustus. Das Leben des deutschen Tonsetzers Adrian Leverkühn, erzählt von einem Freunde*, nel 1947; la traduzione italiana esce quasi subito dopo, nello stesso anno del centenario goethiano: 1949.[359] Proprio Thomas Mann era stato invitato in quell'anno dall'editore Mondadori ad introdurre lo studio di Lukács per il pubblico italiano; e

dall'insegnamento. Entrate in vigore le leggi eccezionali fasciste, partecipa all'attività clandestina del gruppo torinese di «Giustizia e Libertà» e, tra il 1930 e il 1934, la sua casa sulla collina torinese diviene luogo d'incontro abituale di intellettuali democratici. In quel periodo assolse anche delicati incarichi cospirativi, tra i quali il collegamento tra le organizzazioni antifasciste di Torino e Milano e il tentativo, fallito, di far evadere Ernesto Rossi dal carcere. Nel 1934, in occasione del processo a Leone Ginzburg e Sion Segre, viene arrestata dalla polizia e incarcerata per alcuni mesi. Anche negli anni del fascismo trionfante non rinuncia al suo impegno contro il regime. Goethe, *Faust-Urfaust*, traduzione in prosa di Amoretti. Giovanni Vittorio Amoretti (1892-1988) è stato l'esponente a lungo operante di quella "prima generazione" della Germanistica italiana che derivò dalla scuola di Arturo Farinelli.

359. Mann, *Dottor Faustus*. Nel 1949 si festeggiava il secondo centenario della nascita di Goethe.

proprio Lavinia Mazzucchetti, che tanto a lungo si era dedicata alla sistemazione dell'opera di Goethe, scrive l'*Introduzione* alla versione italiana del *Faustus* di Mann, sottolineando la specificità della posizione italiana rispetto alla letteratura tedesca:

> Siamo lieti che in Italia – *nel paese che spiritualmente e letterariamente sta al polo opposto di questo libro del germanesimo*, ma che è legato per recente complicità storica alla catastrofe faustiana – si pubblichi con relativa sollecitudine l'opera che, comunque giudicata e giudicabile, rimane il solo "poema" che tenti di trasfigurare ed interpretare la catastrofe del germanesimo, cioè la crisi centrale del mondo moderno.[360]

La prefatrice chiarisce quindi al lettore italiano che

> Thomas Mann non è partito dal grande Inquieto del preromanticismo, dal campione di una tribolata umanità pur sempre fedele al proprio oscuro sogno di ascesa superumana. Il *Faustus* è piuttosto rampollo della leggendaria figura popolaresca, deriva dalla tragica marionetta che Goethe ragazzo vide ancora sulla piazza di Francoforte e Thomas adulto nel raffinato *Puppentheater* del Parco di Monaco. Il Doktor Faustus è il peccatore maledetto che troppo tardi alza il suo lamento senza speranza.[361]

Proprio grazie al *Faustus* di Mann,[362] dunque, il mito va via via riprendendo un suo cammino autonomo dalla versione goethiana, ma soprattutto dalle distorsioni critico-ideologiche che si erano andate sovrapponendo ad essa. Si riscopre anche la versione inglese di Marlowe, offerta al pubblico italiano in nuove traduzioni tra gli anni Quaranta e gli anni Sessanta a cura, fra gli altri, di vari poeti: Eugenio Montale lo traduce nel 1951, Corrado Pavolini nel 1964, nel 1966 Rodolfo Wilcock. Nel 1970 escono anche l'importante traduzione dell'intero *Faust* goethiano di un altro poeta, Franco Fortini, condotta sotto la supervisione di Cesare Cases, e quella del germanista Vittorio Santoli,[363] recentemente riproposta al pubblico. Seguiranno altre tre versioni novecentesche del *Faust* in lingua italiana: quella di Mauro Veneziani (1889-1956), del 1984,[364] quel-

360. Ivi, pp. XVI-XVII. Corsivo mio.

361. Ivi, pp. XX-XXI.

362. Lukács, *La tragedia dell'arte moderna*, in Id., *Thomas Mann e la tragedia dell'arte moderna*.

363. Goethe, *Faust*, traduzione di Santoli.

364. Goethe, *Faust*, traduzione di Veneziani.

la di Roberto Hausbrandt (1907-1992) del 1987,[365] e infine la più recente e molto apprezzabile di Andrea Casalegno.[366]

Insomma l'interesse per Faust resta alto, e continua ad avere un sopravalore ideologico accanto alla rinnovata riconsiderazione del valore estetico delle singole versioni. E questo nonostante al riguardo fossero state pronunciate parole che volevano essere definitive:

> Faust è morto. [...] Può sembrare un sacrilegio nei confronti di Goethe e della sua opera (che comunque è già sacrilegamente degradata a oggetto di orgoglio e modello di bene culturale), ma non diminuisce per nulla la grandezza di Goethe, se esprimiamo il sospetto che oggi è già diventato impossibile *reincarnare* la figura di Faust. Non siamo più in grado di capire che cosa sentiva il così detto "uomo faustiano" quando si lamentava perché era un "essere limitato". L'infinito anelito all'infinito, che aveva procurato per quasi un millennio le più profonde sofferenze e aveva infiammato le opere più alte, si perde tanto rapidamente per l'"infinito" che abbiamo in mano, che ormai lo conosciamo soltanto per sentito dire, "sappiamo" soltanto *che* è esistito. [...] (Oggi) "il titano desidera perdutamente di tornare a essere uomo". [...] Noi, uomini d'oggi, siamo i primi uomini a dominare l'Apocalisse, perciò siamo anche i primi a subire senza posa la sua minaccia.[367]

A riprova di tale perdurante interesse per la figura di Faust nonostante e oltre la morte del mito faustiano, tra la fine della guerra e gli anni Sessanta, come nel resto del mondo occidentale, anche in Italia si hanno nuove narrazioni delle sue vicende, ancora molto variegate nei toni e negli intenti: si segnala ad esempio la prima versione fumettistica del 1946, ad opera di Federico Pedrocchi, *Il Dottor Faust. Episodio 1 e 2*, con tavole di Rino Albertelli,[368] accanto alla commedia di Dino Terra, *Il Faustino*, del 1952,[369] e, dello stesso anno, l'atto unico del *Faust perduto* di Umberto Liberatore.[370] Esce in Italia, nel 1949, anche una nuova versione cinematografica

365. Goethe, *Faust*, traduzione di Hausbrandt.

366. Goethe, *Faust. Urfaust*, traduzione di Casalegno, con l'introduzione di Gert Mattenklott e la prefazione di Erich Trunz; poi con introduzione e prefazione di Italo Alighiero Chiusano e con illustrazioni di Eugène Delacroix (ma si tratta solo della I Parte del *Faust*).

367. Anders, *L'uomo è antiquato*, pp. 239-241.

368. Pedrocchi, *Il Dottor Faust. Episodio 1 e 2*.

369. Terra, *Il Faustino*. Testo rappresentato ma tutt'ora inedito. Si ringrazia la Fondazione Dino Terra, nella persona del Prof. Mario Battaglia, per averci permesso di leggere il copione per intero.

370. Liberatore, *Faust perduto*.

faustiana di Gallone, *Faust e Margherita,* che giunge quasi quaranta anni dopo le precedenti versioni cinematografiche italiane: la *Serenata Faust* del 1907, il *Faust* di Andréani del 1910 e *Rapsodia satanica,* declinazione al femminile del mito del 1917. L'impressione è che, nel superamento critico di quel filone ermeneutico che aveva appiattito il valore universale del mito faustiano *sub specie* goethiana sulla dimensione nazionale e nazionalistica germanica, grazie anche alla nuova versione di Mann, e poi di altri,[371] in Italia come altrove si recuperi gradualmente l'interesse per il personaggio Faust, non più prettamente identificato con la sua interpretazione goethiana, approdando negli anni Sessanta a una nuova percezione sovrastorica e sovratestuale del mito che apre a una concezione finanche extrastorica, dalla quale nasce un nuovo *ipertipo* faustiano, più marcatamente intellettuale. Ne sono testimonianza le nuove riscritture che dagli anni Sessanta in poi offrono autori affermati in Italia, che di conseguenza avevano un più vasto pubblico e una più vasta risonanza critica: si pensi alla versione pirandelliana e nichilista di Landolfi, *Faust 67*,[372] seguita a distanza di tempo da quella di Sanguineti, del 1985, e di Testori, del 1990, solo per citarne alcuni.[373] Più frequenti diventano infatti, ed è un fenomeno che appare confermare la crescente duttilità del personaggio che da mitico diviene tipico, le comparse di Faust in testi non esplicitamente incentrati sulle sue vicende: si pensi ad esempio alla *Storia dell'alchimista che vendette l'anima*, ne *Il castello dei destini incrociati* e *Due storie in cui si cerca e ci si perde*, ne *La taverna dei destini incrociati*, di Italo Calvino; a *La giacca stregata*, in *Il colombre*, di Dino Buzzati, nel 1966, alla citazione faustiana che aleggia nel *Franco cacciatore* e alle *Stanze della funicolare* di Caproni.[374]

Dal punto di vista critico la ricostruzione bibliografica della saggistica italiana di argomento faustiano è stata più volte proposta in riviste e testi

371. Brjusov, *L'angelo di fuoco*, Bulgakov, *Il Maestro e Margherita*, Lunačarskij, *Faust e la città*, Valéry e poi in Italia Landolfi, Sanguineti, fino a Strehler.

372. Preceduta da due versioni meno note di Gestri, *Il piccolo Faust: Leben und Erinnerungen eines Dichters des Dunkelheit.*

373. Celli, *Le tentazioni del professor Faust*; Tobino, (Lucida Mansi), *La bella degli specchi*; Sanguineti, *Faust* (poi trasformato in opera musicale da Luca Lombardi); Niccolai, *Margherita e i gioielli di Faust*; Manzoni, *Doktor Faustus. Scene dal romanzo di Thomas Mann*; Strehler, *Faust, frammenti parte prima*, e *frammenti parte seconda*; Testori, *Sfaust*; Mangiacapre, *Faust Fausta*, romanzo e poi lungometraggio; Cavalli, *Faustino, Mefisto e Jimmy il computer*, etc.

374. Preceduti da due altre occorrenze nobili, Dino Campana, *Canti orfici*, e Italo Svevo, con *Il vecchione*, pp. 134, e *Confessioni di un vegliardo*, p. 372.

di germanisti italiani,[375] e sembra perciò inutile riproporne qui una sintesi ulteriore. Anche per quanto riguarda la storia delle traduzioni una sintesi ragionata del problema si può ripercorrere attraverso il volume *Cesare Cases, Laboratorio Faust* a cura di Roberto Venuti.[376]

Paradossalmente proprio dopo il crollo del faustismo, in Italia Faust riesce a tornare vero protagonista del proprio stesso mito, a rimpossessarsi del proprio profilo moderno ormai diventato però una maschera vuota: nel 1990 si arrivava addirittura a scrivere che «Il Dottor Faust, la maschera: [...] è in sé essenzialmente inconsistente»:[377]

> su ogni singola variazione dei suoi tratti, da quattro secoli, si va specchiando la particolare contingenza storica che ha dettato la composizione della sua vicenda, poiché Faust [...] forma e spessore si sono imposti sulla sua immagine solo in virtù della numinosità delle altre immagini evocate negli episodi della sua storia.[378]

Il mito di Faust sarebbe però paradossalmente emblematico della resistenza difficile della dimensione stessa del mito nella piena modernità, e post-modernità: strumento di evocazione mitologica più che esempio mitico, esperimento che nel suo stesso fallimento apre però alla permanenza del Mito in quanto tale: meta-mito, sopravvissuto in ipertipo.

375. Sampaolo, *"Il primo dei moderni". Gli studi italiani su Goethe negli ultimi* trent'anni, pp. 111-121.

376. Cases, *Laboratorio Faust.*

377. Carlotti, *Faust: la maschera e il mito,* p. 5.

378. *Ibidem.*

3. Palinsesti italiani

Il mito è insomma una norma.

(Cesare Pavese, *Del mito, del simbolo e d'altro*)

1. *L'antinorma mefistofelica*

Si è visto come dalla Francia fosse arrivato in Italia lo stimolo critico a interessarsi alle letterature europee tutte e a quella tedesca in particolare, Goethe e *Faust* in testa; spetta sempre a Parigi, con Madame de Staël, l'inaugurazione del filone critico che identifica in Mefistofele, antagonista diabolico del protagonista intellettuale in crisi, il vero centro di interesse drammatico dell'azione, il personaggio maggiormente originale nel nuovo profilo modernamente ambiguo del male che egli incarna.[1]

Mefistofele si contende con Margherita, quasi sua vera antagonista in termini di ricezione, l'attenzione del pubblico, degli scrittori e dei compositori di tutto l'Ottocento, francesi e non solo, lasciando in secondo piano il più grigio e melanconico protagonista intellettuale in lotta con se stesso: se il personaggio goethiano di Margherita offuscherà a tal punto la classica bellezza di Elena, facendo quasi dimenticare che ad essa soltanto il Faust tradizionale aveva offerto le proprie attenzioni, Mefistofele da parte sua inizia a conquistarsi alcune opere a suo nome. Francese sarebbe il primo esempio di riscrittura faustiana che elegge Mefistofele a vero protagonista, prestando il suo nome alla titolazione del testo: *Méphistophélès*, dramma in tre atti in

1. M.me de Staël, *De l'Allemagne*, pp. 296-297. All'esaltazione del personaggio Mefistofele corrisponde l'affossamento del ruolo di Faust, visto come debole e succedaneo. Per la figura di Mefistofele nel tempo si veda Mahal, *Mephistos Metamorphosen.* Per Mefistofele in Goethe, e per gli altri personaggi Schmidt-Möbus, Möbus, *Who is who in Goethes Faust?* Vedi anche Caire, Pestelli, *Il patto con il diavolo*; D'Agostino, *Il patto col diavolo*, Id., *Gli antenati di Faust.*

versi di Jean Pierre Lesguillon (1799-1873) del 1829;[2] francese è la rappresentazione in immagine forse ancora oggi più famosa, certo sorprendente anche per lo stesso Goethe,[3] di Faust e del suo compagno Mefistofele, che si erge anche visivamente a protagonista nelle diciassette litografie di Eugene Delacroix del 1827. Eppure non c'è dubbio che la consacrazione artistica nella cultura europea del personaggio di Mefistofele come protagonista sia avvenuta tramite un'opera italiana, di un autore che si formò però proprio a Parigi e che lì strumentò in parte la prima opera di riscrittura completa del *Faust* goethiano: Arrigo Boito (1842-1918). Nella metà del secolo XIX nasce il progetto del giovane artista italiano di scrivere parole e musica di un'opera dedicata alla tragedia goethiana su *Faust*: «l'opéra le plus ambitieux que le sujet faustien ait inspiré au XIX siècle: le *Mefistofele* di Boito [...] un diptyque [...] Aveuglement de jeunesse, ou intuition de génie: on aurait peut-être tenu là une alternative italienne á la tétralogie wagnérienne».[4]

In Italia si erano allora già avute le prime versioni del mito faustiano, tutte per musica – arie, opere o balletti – ma mai nessuno, come del resto neppure in Francia, si era confrontato con entrambe le parti della tragedia goethiana, mai nessuno aveva osato riconoscere al diabolico Mefistofele il ruolo di protagonista, anche se il fascino per quel diavolo moderno si avvertiva come prepotente.

Dopo pochi anni dalla pubblicazione nel 1808 della prima parte della tragedia *Faust* di Goethe la febbre faustiana si era diffusa in tutt'Europa, ma certamente è ancora Parigi a essere centro propulsivo di questa moda culturale. A Parigi, capitale in particolar modo della fortuna musicale del Faust, figura «prédestiné *a priori* à un devenir musical»,[5] nel 1831 viene stampato e rappresentato anche il primo testo italiano di riscrittura faustiana: il *Fausto. Opera semi-seria*, anonimo e musicato da una giovane compositrice, Louise-Angelique Bertin (1805-1877): «un *Fausto* triplement étonnant: il était l'un des premiers opéras sur le drame de Goethe, de langue italienne, composé par une jeune femme encore méconnue».[6] Quest'opera

2. Lesguillon, *Méphistophélès*. Il dramma risale al 1829, ma venne censurato e rappresentato in una seconda versione nell'aprile del 1832 (*Méphistophélès, ou le Diable et la jeune fille*, drame en 3 actes et en vers, Paris, Panthéon, 7 avril 1832). Delaporte, *Méphistophélès* del 1858.

3. Eckermann, *Conversazioni con Goethe*, 29 novembre 1826, pp. 142-144.

4. Reibel, *Faust. La musique au défi du mythe,* pp. 140-141.

5. Ivi, p. 9.

6. Ivi, pp. 109-110.

ripropone, secondo quanto classicamente voleva il melodramma, l'intrigo amoroso come motivo centrale di tutta l'azione, movente dello stesso patto diabolico di Faust con Mefistofele, insieme a un più generico desiderio di una seconda giovinezza da parte del protagonista al fine però proprio di poter ottenere l'amore della giovane Margarita,[7] e si chiude altrettanto melodrammaticamente con due cori: un coro funebre che annuncia la dannazione di Faust e un coro angelico che canta la salvezza di Margarita.

Solo più tardi verranno scritti i *Faust* operistici francesi maggiormente noti, ampiamente rappresentati e adattati anche nel nostro paese, fonti privilegiate perfino per le versioni cinematografiche a venire, ossia i lavori di Gounod e Berlioz: «À la différence du Théâtre-Italien, l'Opéra de Paris attendit 1869 pour accueillir "son" *Faust* avec la partition remaniée de Gounod».[8] La versione di Gounod prediligeva il patetico del dramma di Margherita, mentre quella di Berlioz poneva come centrale la questione della salvezza/dannazione del protagonista, scegliendo di tornare alla sua originaria condanna.

In generale la centralità del conflitto morale, che diviene poi in seconda istanza anche religioso, ha spesso in sede creativa il risultato di offrire al personaggio di Mefistofele un ruolo primario nell'azione faustiana. Anche prima del riconoscimento esplicito di Arrigo Boito.

1.1. *Mefistofele cattivo*

In sede creativa prevale spesso una preoccupazione censoria e moralistica che induce a una caratterizzazione nettamente negativa del personaggio di Mefistofele. Nel 1836, un anno dopo l'uscita della prima traduzione italiana del *Faust I*, il compositore Luigi Gordigiani (1806-1860) aveva presentato, guadagnandosi un discreto insuccesso, un suo originale dramma giocoso, *Fausto*,[9] il cui libretto era stato scritto da Józef Luci Poniatowski (1814-1874). Mefistofilo[10] vi compare fin dalla prima scena come spirito malvagio incaricato dal Coro degli spiriti maligni di punire l'ambizioso Fausto per aver trovato la formula utile ad assoggettarsi le forze del male.

7. Castil-Blaze, recensione ad Anonimo, *Faust*. Anche in Italia la critica musicale si occuperà del lavoro della Bertin, qualche anno più tardi, nel 1837 in Anonimo, recensione ad Anonimo, *Faust*.

8. Reibel, *Faust. La musique au défi du mythe*, p. 112.

9. Anonimo, *Fausto*.

10. Si noti la scelta di italianizzare i nomi dei personaggi, secondo l'uso allora invalso, per renderli più familiari: Fausto, Mefistofilo, Teresa.

Manca il dialogo di Mefistofele con Dio e dunque manca la scommessa tra Dio e il diavolo:

> Mefistofilo: Spiriti, amici Spiriti! / io vendicarvi giuro, / Io voglio in terra ascendere, / È il suo destin sicuro, / Se si vel giuro o spiriti / qua non ritornerò / Se domo il cor del perfido / Al mio poter non ho.
>
> [...]
>
> Coro: Vola a punirlo o Spirito / Cada chi vuol l'eterno / Impero dell'Inferno, / Soggetto al suo voler./ Che contra a te sia debole / chi si stimò sì forte / Cada, e con egual sorte, / perisca il suo saper.[11]

La missione di Mefistofilo è unicamente propria delle forze del male, vendetta della *ybris* umana contro il maligno, e non scommessa tra Bene e Male; anche il profilo del personaggio risulta perciò assai semplificato, appiattito sulla malignità e non dialetticamente ambiguo come il suo omologo goethiano:

> Mefistofilo: Son Mefistofilo / Che d'ira acceso / Fa' crudo strazio / di chi l'ha offeso / Quel furor m'agita / Che volle in pria / Domar degli uomini / La tirannia. / Impera! Requie / Per me non v'è / Dagli antri orribili / Venni per te.[12]

Fausto chiede e ottiene subito la giovinezza che gli sarà necessaria per la seduzione della bella e pura Teresa:[13] Mefistofilo è consigliere maligno, uccide Valentino e fugge con Fausto, che è invece sinceramente innamorato di Teresa. Ella viene incarcerata per non aver denunciato l'assassino del fratello, giacché vuole proteggere il suo amato che crede colpevole, mentre gli altri delitti vengono cancellati dalla trama in un procedimento di alleggerimento diffuso dei contenuti orribili dell'opera. La finale salvezza del protagonista avviene quindi per puro e semplice pentimento di fronte a un diavolo sconfitto e impotente.

Più implicata di contenuti morali, declinati in termini dichiaratamente moralistici, è la sintetica versione del ballerino e coreografo Salvatore

11. Anonimo, *Fausto*, pp. 7-8.

12. Ivi, p. 11.

13. Interessa notare come nella versione di Anonimo, *Fausto*, atto I, scena V, Teresa abbia premonizione puntuale della sua prossima sorte di amore e morte in un sogno che la scuote profondamente e che lei confessa all'amica Elisa. Anche in Berlioz, *Le damnation du Faust*, del 1846, Margherita canta la canzone del Re di Thule, già compresa nelle sue *Otto scene del Faust* del 1829, in seguito allo scuotimento indottole da medesimo sogno premonitore. Nella tragedia di Goethe la canzone del Re di Thule viene cantata da Margherita memore invece del primo reale incontro con Faust all'uscita dalla chiesa.

Taglioni (1789-1868), *Faust: azione fantastica divisa in prologo e nove quadri*,[14] presentata al pubblico come storia della punizione alla *curiositas*. Come già in Gordigiani, il *Prologo in Cielo* viene sostituito da un *Prologo* agli Inferi, in forma di dantesca memoria,[15] nella Reggia di Satana, rispettando quindi il riserbo sul coinvolgimento diretto di Dio come personaggio, e censurando così il dialogo con le forze del male di memoria invece direttamente veterotestamentaria; anche qui è Satana che manda Mefistofele a conquistare l'anima del peccatore Faust, il quale, sebbene talvolta frenato dalla sua coscienza buona, firma il patto per puro desiderio di godimento e per ottenere la conquista della bella Margherita. Questa gli chiede giuramento d'amore sincero da benedire per mezzo di una croce: ma Mefistofele allontana con ogni sotterfugio Faust da quel simbolo di fede cristiana che, nella scena finale nel carcere, salverà definitivamente l'anima della pentita Margherita, dannando invece per sempre Faust. Proprio in questa ribadita condanna del protagonista peccatore, il testo si conferma come essenzialmente moralistico, cattolico-didascalico, non comparendo una benché minima dialettica tra fede e opere, peccato e pentimento, dannazione e grazia celeste.

Altri testi di balletti trovano spesso nella semplificata coreografia di Jules Perrot un riferimento testuale forte;[16] nel testo del 1848, musicato dall'italiano Giacomo Panizza (1803-1860), Mefistofele risulta il vero demiurgo degli eventi: spirito maligno, dalle fattezze sgradevoli, egli trama lungo tutta la vicenda per conquistare al peccato le anime di Faust e di Margherita, deridendone sempre la condizione con una sarcastica risata: «Mefistofele, spirito del male, sotto il suo diabolico aspetto [...] mettendo uno scroscio di risa, sparisce».[17] Ricompare poi «sotto le spoglie di uno

14. Taglioni, *Faust: azione fantastica divisa in prologo e nove quadri*.

15. Taglioni, *Faust, Prologo*, Reggia di Satana. In lontano i vari cerchi dove sono punite le diverse colpe, ivi, p. 9.

16. Perrot, *Faust*, gran ballo fantastico di Giulio Perrot; poi anche Ronzani, coreografo, *Faust*, gran ballo fantastico, ridotto e diviso in cinque quadri, e Id., Teatro Comunitativo La Fenice di Senigaglia nell'occasione della Fiera 1852; ancora Id. *Faust*, gran ballo fantastico diviso in sei quadri..., Teatro Grande di Trieste, Weis, Quaresima 1852. Di Cortesi, musica di Viviani *Fausto*, ballo fantastico in cinque quadri, (1849) 1852. Di Lasina, *Il sogno di un alchimista*: ballo fantastico diviso in cinque quadri; Pugni, *Faust*, ballo musicale, da Perrot, San Pietroburgo, 2 febbraio 1854; Panizza e Pugni, *Faust*, ballo musicale, da Perrot, Mosca, Bolscioi, 12 novembre 1861; Termanini, *Faust*, ballo fantastico da Perrot in 10 quadri, 1856.

17. Perrot, *Faust*, p. 5, *Epoca prima*, 1, *Il laboratorio di Faust*.

studente»,[18] «sotto le spoglie di un ciarlatano»,[19] quindi «Con un suo sguardo il demonio ha giudicato la paesana [Marta] degna di servire a' suoi progetti. Vana, leggiera, ambiziosa, è il personaggio che gli conviene per agire presso Margherita».[20] Per avvicinare Margherita, Mefistofele «prende in un momento la disinvoltura, un po' grottesca a dire il vero e scherzosa, d'un elegante gentiluomo».[21] Margherita ne coglie istintivamente la malvagità: «La sua vista, il suo solo contatto, hanno fatto trasalire la povera giovinetta, che resta commossa e tremante sotto la lubricità del suo sguardo».[22]

Dunque

> Con la sola forza della propria volontà il demonio fa cadere a' suoi piedi con Margherita anche talune fra le giovinette, sulle quali esercita il suo potere. La generale attenzione pende dal volere di Mefistofele che fa provare all'anima di Margherita mille sensazioni diverse [...] Le altre gravitano intorno a questa coppia principale.[23]

Insomma, il demone è al centro dell'azione, e della danza di Perrot, nucleo centripeto che conduce l'azione al suo sviluppo drammatico e al suo collasso tragico: accompagnato dal suo «riso satanico», «col consueto suo sardonico riso», il «suo eterno scroscio di risa»,[24] è lui a inviare da Margherita «le sue predilette sorelle. L'Orgoglio, la Pigrizia, la Gola, l'Invidia, l'Avarizia e la Lussuria [che] uscirono al suo richiamo dalle viscere della terra».[25] Artefice del male egli governa le tentazioni che devono condurre le sue vittime a perdizione: quando Margherita, in una lotta interiore con la propria coscienza, prova a resistere alla tentazione di cedere all'amore per Faust, «nell'istante medesimo s'incontra nello sguardo magnetico del demonio, e rimane immobile come schiacciata dal potere di quello sguardo [...] dominata».[26] Nella doppia partita di conquista delle anime dei due amanti, Mefistofele si presenta insomma con un ruolo di protagonista, assassino egli stesso di Valentino, che in questa riscrittura è il fidanzato, e non il fratello,

18. Ivi, p. 6.
19. Ivi, p. 8.
20. Ivi, p. 9.
21. *Ibidem.*
22. *Ibidem.*
23. Ivi, pp. 10-11.
24. Ivi, pp. 10, 11, 16.
25. Ivi, p. 13.
26. Ivi, p. 19.

della bella protagonista, centro di una seconda danza, apocalittica e infernale, quella dell'*Epoca seconda* dell'opera dove due volte lo spettatore è portato ad assistere alla catastrofe: una prima volta in una pre-visione degli eventi che comprendono il pentimento e l'assoluzione di Margherita, una seconda volta in chiusura del balletto, con il pentimento plateale di Faust, che lotta fisicamente corpo a corpo con Mefistofele per sfuggire al baratro infernale in cui egli lo ha gettato e dal quale «Margherita circondata da mille aereii genii tende le mani a Faust, che viene sollevato da un genio, mentre Mefistofele invano impreca, nell'impotente sua rabbia, alla natura e al cielo».[27]

1.2. *Mefistofele cattolico*

Non c'è dubbio che il personaggio diabolico, pur se impoverito rispetto all'ambiguità dialettica inventatagli da Goethe, esercitasse grande fascino e contenesse elementi di forte attrattiva per il pubblico: sarà Boito però a riconquistargli quella ricchezza e complessità di carattere, assieme alla centralità nell'azione. Inizialmente il libretto di Boito sarebbe dovuto essere «un dramma lirico-musicale» in due parti per «attenersi alla divisione tracciata da Goethe»; erano state ideate quindi due opere distinte, *Mefistofele* ed *Elena*, corrispondenti alla prima e alla seconda parte del *Faust*».[28] Tuttavia nelle lettere del fratello Camillo del 1862[29] l'opera s'intitola già unitariamente *Faust*, e si può ipotizzare che una delle ragioni che spinse Arrigo alla scelta della nuova forma unitaria sia anche stato il grande successo dell'omonima opera di Charles Gounod (1818-1893) del 1859,[30] notoriamente dedicata alla sola vicenda della prima parte della tragedia goethiana, modello da subito "negativo" per Boito: il confronto con l'opera di Gounod risulta non solo necessario, ma quasi indispensabile per capire la novità delle proposte boitiane, proprio perché probabilmente implicito riferimento nel laboratorio stesso dell'opera, così come si venne

27. Ivi, p. 15.

28. Boito, *Il primo* Mefistofele, a cura di D'Angelo, p. 11.

29. Prova ne sia la lettera inviatagli dal fratello Camillo e riportata da Nardi, *Vita di Arrigo Boito*, p. 92: «hai tu condotto innanzi la istromentazione del *Faust*? Hai tu ideato il *Nerone*?».

30. Questa la data della sua prima rappresentazione al Théâtre Lyrique, mentre la composizione sembra fu quasi ventennale. Solo nel 1869 poi arriverà, con qualche ritocco, all'Opéra di Parigi. Intanto nel novembre 1862, con la traduzione italiana del libretto di Barbier e Carrè eseguita da De Lauzières, avviene la prima in Italia, e raccoglie quell'enorme plauso di pubblico che durerà poi a lungo.

a configurare nella forma definitiva. Mentre l'opera di Gounod è un'opera chiusa in sé, che non presuppone nessun testo di riferimento, il

> *Mefisotofele* è un'opera aperta. Se non si conosce il mito [...] il *Mefistofele* di Boito non si comprende facilmente. Questa opera aperta è una delle grandi conquiste della seconda metà dell'Ottocento: è l'opera che tende a coinvolgere lo spettatore in modo sia pure indiretto, gli si rivolge cioè presupponendo che sia già al corrente, magari in modo sommario, di quanto è già accaduto prima e di quanto accadrà dopo lo svolgimento degli eventi presentati sulla scena, in quanto ciò è necessario alla comprensione di questi. L'opera si trasforma in un messaggio non si limita a riflettere la società qual è, aderendovi e giustificandola, bensì comincia a metterla in discussione [funzione interlocutoria e straniante che nel teatro del Novecento si andrà accentuando]. Il *Mefistofele* proprio per questa ragione, si presenta come una serie di "scene dal Faust" piuttosto che come un melodramma teatrale "coerente".[31]

L'autore aveva ben chiaro fin dall'inizio di voler tentare un confronto totale con l'opera di Goethe,[32] in entrambe le sue parti tragiche,[33] affrontandone con coraggio esegetico, artistico e morale, tutti i nodi formali e di contenuto rimossi dalle precedenti riscritture. Boito voleva far sua la proposta di Goethe di una nuova tragedia per scene, priva in apparenza delle unità classiche ma coesa nel suo sviluppo profondo, provocatoriamente a lieto fine, in versi, strutturata tanto a livello architettonico che nei contenuti, negli spazi, nei tempi e nei personaggi, su uno schema duplice e bipartito, commisto di alto e di basso, di antico e moderno, di soggettivo e oggettivo, di sacro e blasfemo. Il ruolo di provocazione delle convenzioni, e convenienze, artistiche e morali, già presenti nella proposta goethiana del mito faustiano,

31. Marinelli, *Faust secondo Gounod e Boito*, in *Progetto Faust*, pp. 68-69.

32. Il riferimento costante e testuale alla versione di Goethe si manifesta più pienamente nelle note del M68. Ma le conoscenze in materia faustiana di Boito non si riducevano alla sintesi goethiana: fonte privilegiata d'informazioni è stato dimostrato essere un testo presente nel fondo di Boito presso la Biblioteca del Conservatorio di Parma, e ricchissimo di annotazioni boitiane: Ristelhuber, *Faust dans l'histoire et dans la légende*. A riguardo Terbell Nikitopoulos, *Il* Faust *unica fonte del Mefistofele?*, in *Arrigo Boito*, pp. 233-259. Vale qui la pena ricordare ad esempio un'importante variante disomogenea alla versione goethiana che riprende Marlowe, e con questi Spies: in Boito Mefistofele si presenta a Faust non sotto forma di can barbone nero ma sotto le mentite spoglie di un frate grigio. Elemento che sottolinea ulteriormente la polemica anticlericale che Boito teneva a rimarcare.

33. Boito stesso in una nota alla sua prima versione del *Mefistofele*, scrive: «Il quarto e il quinto atto dell'opera sono tolti dal secondo *Faust* di Goethe, che è la continuazione e il completamento necessario del primo», in Boito, *Tutti gli scritti*, p. 152.

spesso cagione di resistenza nella sua ricezione critica, trovava nel personaggio "incivilito" del male una figura arguta e complessa dell'ambiguità del moderno che si voleva interrogare in termini liberi sul rapporto tra vita eterna e terrena, piacere individuale e crescita sociale, limiti e frontiere del sapere, arte e vita. Questa la provocazione che Boito voleva fare sua raccogliendone avanguardisticamente la tentazione radicale: nel confronto con la materia faustiana, Boito vedeva l'occasione di una riforma del melodramma in opera totale, del libretto in nuova tragedia, in cui musica e parole avrebbero collaborato al rinnovamento formale e morale dell'arte italiana assopita in formule.[34] In altre parole Boito è stato il primo letterato italiano a voler imitare l'antimodello straniero, acquisendolo come esempio di rinnovamento formale e provocazione al moralismo italiano classicista e cattolico: Errante, profondo conoscitore dell'opera di Goethe gli riconosce infatti

> di aver compreso per primo in Italia che cosa sia, in realtà, la Tragedia di Goethe. Sorretto dal dono dell'intuizione poetico, egli comprese per primo (preventivamente reagendo al pigro, diffuso pregiudizio del pubblico e ai non pochi errori e paradossi successivi della critica) che la Tragedia goethiana non si esaurisce affatto – come poesia attuata – nelle scene della Prima parte: le sole, purtroppo, popolari al di qua delle Alpi; e, del resto, anche in Germania tuttora.[35]

L'autore si dimostra più che consapevole del rischio d'incomprensione e rigetto da parte del pubblico di fronte a un'operazione tanto sfrontatamente irregolare, e ingombrante, infatti cercò di prevenire per lo meno alcune possibili incomprensioni pubblicando già a gennaio di quel 1868 il testo,[36] per dare agio al pubblico di leggerlo anticipatamente, prima della sua rappresentazione in teatro: altra iniziativa insolita, che non fece forse che accrescere, accanto alla curiosità, anche i sospetti di provocazione polemica dell'operazione boitiana. Egli costrinse poi lo stesso pubblico, nella prima alla Scala di Milano del cinque marzo, ad assistere a uno spettacolo lungo

34. Sull'antitesi tra forma e formula è costruita la rivoluzione del melodramma di Boito. Cfr. in merito D'Angelo, *Boito e il teatro musicale*, in Id., *Arrigo Boito drammaturgo per musica*, pp. 3-89.

35. Errante, *Il mito di Faust*, p. 353.

36. Boito stampò il proprio libretto a sue spese, come si evince dalla scritta sul frontespizio: «Proprietà letteraria ed artistica dell'autore. / Legge 25 Giugno 1865». Con una scelta che conteneva anche valenza ideologica. Come ci informa D'Angelo, *Nota al testo*, in Boito, *Il primo* Mefistofele, pp. 51-52, le due edizioni del 1868 (Ricordi e Bernardoni) contengono alcune varianti che identificano la seconda come edizione corretta e non pura riedizione.

quasi sei ore, decretando anche per questo il proprio insuccesso.[37] Il Fortis nel «Pungolo» a proposito dell'errore, secondo lui, commesso da Boito, di fondere insieme le due parti del poema di Goethe, esortava alla separazione delle due parti dell'opera, come già era in Goethe. Dunque la decisione di dividere lo spettacolo in due serate fu dettata non solo dalla preoccupazione della lunghezza dell'opera, ma anche dalla necessità di separare le parti formalmente tanto distanti in due momenti distinti, riproponendo in una nuova forma l'idea iniziale del dittico. Ma tale accortezza non fu sufficiente a riguadagnare all'opera il favore del pubblico, e l'otto marzo la Scala si decise a sospenderne definitivamente la rappresentazione.

La riscrittura che Boito fece della sua stessa opera sette anni più tardi risulta semplificata, accorciata, impoverita di varietà di episodi e riferimenti, ridotta agli amori, reale e ideale, per Margherita e per Elena. L'esperimento di Boito dimostra che la tradizione italiana necessitava di un "addomesticamento" e di una semplificazione dell'opera di Goethe, oltre che di un ridimensionamento formale, innanzitutto, per poter accedere al mito faustiano e apprezzarlo. Una certa attenzione e curiosità diffusa erano presenti ma mai scevre di pregiudizi estetici e ideologici, propriamente letterari, retorici, oltre che politico-religiosi. Va dunque ribadita l'identità autonoma delle due versioni del libretto di *Mefistofele*: quella del 1868[38] e quella successivamente rivista nel 1875, 1876 e 1881. Boito stesso d'altronde, nel concepire un'edizione mai realizzata dei suoi libretti, sembra che avesse il desiderio di comprendere «i due *Mefistofeli*».[39] La comparazione sinottica delle due versioni del libretto[40] ha evidenziato tagli tesi alla maggiore fruibilità del prodotto, a partire dai tempi di rappresentazione, ma anche tramite semplificazioni strutturali e di contenuto. Nella versione del 1875 viene a delinearsi più chia-

37. Famoso il bigliettino autoironico scritto da Boito stesso all'amico Emilio Praga «Pim, pum, patatrac! Ringraziamenti. Saluti». Il biglietto è in Nardi, *Vita di Arrigo Boito*, p. 277.

38. Della prima versione del *Mefistofele* esistono due edizioni a stampa dello stesso 1868. E' quindi uscita la riedizione *Il primo* Mefistofele *di Boito*, a cura di Risolo, giudicata da D'Angelo in Boito, *Il primo* Mefistofele, p. 9, non proprio impeccabile, e in Boito, *Tutti gli scritti*, significativamente preferita rispetto alla successiva versione. Si tratta di un testo più complesso e che rispetta più da vicino la ricchezza della tragedia goethiana: su questo Busnelli, *Il primo Mefistofele* e Id., *I due libretti del Mefistofele*, in Tintori, *Arrigo Boito: musicista e letterato*, pp. 53-60 e 61-88. Ed infine Boito, *Il primo* Mefistofele, 2013.

39. D'Angelo, *Arrigo Boito drammaturgo per musica*, pp. 184-189.

40. Salvetti, *La Scapigliatura milanese e il teatro dell'opera*, pp. 596-597; *Arrigo Boito musicista e letterato*, a cura di Busnelli, pp. 59-79; D'Angelo, *Rivolta pazza*, prefazione a Boito, *Il primo* Mefistofele, pp. 7-49.

ramente e pianamente la divisione in due parti corrispondenti agli amori per Margherita, l'amore reale, terreno, e per Elena, l'amore ideale, il sogno, in seguito all'eliminazione dell'intermezzo sinfonico in cui la riflessione sul potere politico trovava polemica espressione. Nella seconda versione del *Mefistofele* tutto il paratesto, e con questo il dialogo con il pubblico di lettori e spettatori, viene a mancare, a partire dal *Prologo in teatro* e a seguire con le *Note*, e con le Epigrafi originariamente riportate in tedesco dal *Faust* di Goethe,[41] dove fra le altre informazioni Boito aveva anche posto in rilievo esplicito alcuni elementi anticlericali e polemicamente anticattolici che affermava di aver ereditato da Goethe, avendoli nei fatti perfino esaltati.

La forza del *Mefistofele* boitiano, più evidente ancora nel libretto del 1868, si conferma in tutta la sua originalità e innovatività principalmente proprio nei due livelli implicati nel discorso formale metapoetico, sviluppato nell'intero testo ma che trova nel paratesto la sua piena espressione, e del discorso non tanto esoterico, che pure è stato abbondantemente indagato dalla critica[42] ed era senz'altro presente anche nel capolavoro dell'altro massone Goethe, quanto di quello propriamente anticattolico. Entrambi questi elementi risultano infatti, a riprova di questo giudizio, mitigati nel secondo *Mefistofele*. La più macroscopica variante strutturale del secondo *Mefistofele* è data dal taglio dell'intero *Prologo in teatro* che Boito aveva ideato in apertura al suo libretto del 1868: oltre a rifarsi evidentemente al modello goethiano del *Vorspiel*, Boito indirettamente si voleva porre lungo una tradizione letteraria che riconosceva nel coinvolgimento del pubblico, nell'elemento dialogico, spesso più proprio, da Sterne in poi, del romanzesco e mai pienamente assorbito in Italia neppure nella produzione narrativa, una potenzialità espressiva e semantica modernamente aperta allo spazio reale e al tempo storico dell'ermeneutica di un testo, quindi all'implicita relatività del significato di un'opera.[43] Inoltre il prologo, spazio paratestuale costituzionalmente di confine tra realtà e finzione, si prestava come luo-

41. Con la sola eccezione della prima epigrafe, in latino, da *Apocalisse*, VIII, X, poi eliminata.

42. Villa, *Arrigo Boito massone*. In questo saggio si rintracciano elementi di carattere massonico e di stampo spiccatamente gnostico in tutta la produzione boitiana, che risulterebbe essere svolgimento univoco di una costante idea fissa, fondativa del pensiero gnostico che vorrebbe la perfezione essere un equilibrio tra gli opposti e non una sconfitta delle tenebre nella luce. Capostipite della lotta gnostica sarebbe Simon Mago, interpretato qui anche come figura generatrice della stessa leggenda faustiana.

43. Si rimanda in merito a quanto già detto nel paragrafo sull'*unbekannte Menge*.

go eletto di riflessione metatestuale e metateatrale, di costruzione dialogica di una poetica nuova, oltre che di una proposta alternativa di canone in cui riconoscersi. Faust come mito *tout court* viene riconosciuto come mito europeo, quindi assunto anche come italiano, lungo un asse genealogico che ne rintraccia i caratteri nella tradizione classica quanto in quella biblica, ebraico-cristiana, nella antica come nella moderna letteratura, scoprendosi sempre nuovo e sempre attuale in tutte le forme che gli hanno dato voce, esemplificando nella sua evoluzione lo svolgimento di tutta le letteratura occidentale e della sua storia di idee e forme dialetticamente intesa, e non normativamente sistemata. Boito parla di un'arte viva di forme dinamiche contro l'arte morta in formule statiche, riafferma la libertà anche per un artista italiano di parlare in termini universali e non parrocchialmente riduttivi e campanilistici, benpensanti e autoreferenziali, dei grandi temi etici ed estetici dell'umanità.

> AUTORE: [...] la Bibbia, amico mio, è piena del mio soggetto. Se, dimenticando per questa sera il sistema di Darwin, dobbiamo credere che Adamo sia stato proprio il primo uomo, ecco che Adamo è il primo Faust, e il secondo è Giobbe, e il terzo è Salomone...
> AUTORE:: [...] Ogni uomo arso dalla sete della scienza e della vita, invaso dalla curiosità del bene e del male è Faust. [...] Eschilo, pieno anch'esso del mio soggetto. Come Salomone è il Faust biblico, così Prometeo è il Faust mitologico. Ogni uomo anelante all'Ignoto, all'Ideale, è Faust; puoi discernere una favilla della sua grand'anima sotto il sopracciglio del Manfredo inglese, come sotto la grottesca visiera del Don Chisciotte spagnolo. Ogni secolo, ogni paese, ogni civiltà, ogni ciclo d'arte, ogni ciclo di storia ha il suo Faust. [...] Faust fu da principio una *complainte* cattolica; rinnovellato poscia dall'idea di Lutero, divenne una Saga alemanna contro il papato; poscia migrò in Spagna e ridivenne leggenda papista sotto la torva fantasia degli inquisitori; poscia, in Inghilterra, tornò ad essere innocente ballata puritana [...] La storia di questo soggetto compendia la storia dell'arte. Nasce *canzone* popolare, poi diventa *ballata*, poi [...] *leggenda*, poi cresce ancora ed è *racconto* [...] *romanzo* [...] *dramma* [...] *pantomima.*[44]

A Boito sembra interessare proprio il Faust tragico e riformato: eppure anche il problema formale gli stava a cuore, non disgiunto ma accompagnato dal contenuto polemico: «la storia di questo soggetto compendia la storia dell'arte»; ha infatti voluto darne la propria versione melodrammatica

44. Boito, *Prologo in teatro, Mefistofele*, in Id., *Tutti gli scritti*, pp. 98-99.

in scene realistiche e fantastiche per raccontarne la Verità umana. In un certo senso la tematica teologica viene eletta paradossalmente da Boito a contenuto privilegiato di quel realismo "barocco" antimoralistico utile innanzitutto alla riforma estetica che tende a ricostruire un realismo vero ma critico, cioè dialettico, un realismo che sappia raccontare il Vero anche per mezzo di favole ("Verità più Poesia"). Come anche nel dialogo sulla fede tra Faust e Margherita, la ricerca del vero disatteso e profanato dalle "parole dei santi" ripropone la polemica anticattolica e antidogmatica: Boito fa poi riprendere al suo *Faust* anche la dialettica tra senso e nome, che si radica in parte nel brano, tagliato dal *Mefistofele* 1868 al *Mefistofele* 1875, della traduzione del *logos* giovanneo, in parte nel dibattito sulla natura falsa e fumosa di Mefistofele in cui nome e sostanza coincidono invece perfettamente. L'interrogazione trascendente e la polemica religiosa resterebbero, cioè, in tale prospettiva, strumentali all'innovazione formale che Boito vuol proporre:

E sogno un'arte reproba
Che smaga il mio pensiero
Dietro le basse imagini
D'un ver che mente il Vero.[45]

Con Boito è il *Faust* goethiano a essere recuperato, il Faust riformato e libero, universalmente umano, finanche reprobo perché quasi pagano nel suo panteismo ma pure salvato col suo spirito ribelle dalla grazia divina, il Faust che tenta di tornare, tramite il *melodramma*, alla tragedia greca classica così come la voleva Nietzsche nel suo *La nascita della tragedia*,[46] all'opera totale wagneriana in cui musica e parola si accompagnano in modo complementare, laddove anche Steiner, nel suo saggio in cui teorizza la morte, proprio col romanticismo, della tragedia, aveva paradossalmente definito il capolavoro del *Faust* di Goethe «un melodramma eccelso».[47] Questa strada per il rinnovamento del melodramma era stata indicata da Boito teorico in un articolo del 1863:

L'ora di mutar stile dovrebb'essere venuta, la forma vastamente raggiunta dalle altre arti dovrebbe pure svolgersi anche in questo nostro studio; il suo

45. Boito, *Dualismo*, in Id., *Opere letterarie*, p. 75, vv. 92-95.

46. Nietzsche, *La nascita della tragedia.*

47. Steiner, *La morte della tragedia*, p. 118. E tra le tante opere in musica ispirate variamente al *Faust* goethiano anche in ambito musicale viene riconosciuto al *Mefistofele* boitiano il primato di sintesi d'azione.

> tempo di virilità dovrebb'essere pieno; ci si levi la pretesta e lo si copra di toga, ci si muti nome e fattura, e invece di dire *libretto*, picciola parola d'arte convenzionale, si dica e si scriva *tragedia*, come facevano i Greci.[48]

Proprio in una forma nuova di melodramma in cui la parola riacquisti una forza artistica autonoma dalla musica, che resta invece più convenzionale,[49] Boito ripropone una tragedia religiosa, sempre tragica nell'interrogazione radicale che vi si svolge, nel recupero di un credo anticattolico perché non dogmatico ma individualistico e responsabile, libero e moderno, riformato, e che sembra rimanere modernamente aperta di fronte al pubblico, nella difficile[50] proposta di salvezza finale offerta al peccatore proprio grazie al suo anelare confidente al meglio, all'oltre, pur nella cecità delle tenebre in cui abita «Il Dio piccin della piccina terra».[51]

Che il problema religioso e ideologico fosse per Boito centrale, sembra suggerirlo l'autore stesso anche altrove: il tono di molti testi di Boito, non solo del suo *Mefistofele*, risulta essere più polemico e dissacratore che non negatore, anticattolico più che anticristiano, ché anzi la tradizione testuale biblica è molto presente, talvolta filtrata da Dante, tal'altra non mediata, in tutta l'opera di Boito. Ecco allora che l'attenzione ai valori proposti dal personaggio – mito Faust nella versione di Goethe, anch'egli come Boito interessato alle tematiche esoteriche, e la questione della sua salvazione in particolare, rientrano in una più ampia cornice di polemica letteraria nazionale antimoralistica e anticattolica. Quello di Boito sembra dunque proprio un attacco a un'eteronomia pregiudiziale di stampo romantico che nella sua celebre *Polemica letteraria* uscita su «Figaro» il 4 febbraio 1864 condanna tramite l'attacco contro i pedissequi imitatori di Manzoni,[52] che pure asserisce di voler salvare:

> Dopo Dante e la Bibbia il suo fu il libro che forse rileggemmo di più [...] Il pagano Goethe nel suo *Kunst und Alterhum* acclamò primo in Germania il cattolico genio di Manzoni, e Manzoni cattolico [...] esultò nelle viscere per

48. Boito, *Cronaca musicale*, in «Perseveranza», 13 settembre 1863, poi in Id., *Tutti gli scritti*, pp. 1080-1081.

49. In merito Maeder, *Il fiasco del* Mefistofele*: fra idea e incompatibilità formale*, in Id., *Il real fu dolore e l'ideal fu sogno*, pp. 53-73.

50. Ivi, pp. 39-52.

51. Boito, *Prologo in cielo, Mefistofele*, in Id., *Tutti gli scritti*, p. 105.

52. L'articolo *Polemica letteraria* nasceva proprio come autodifesa dall'accusa di essere detrattore di Manzoni. In realtà nel difendersi, pur salvando a parole Manzoni dal proprio attacco, ne fa il capostipite della tradizione letteraria presa di mira da Boito.

> la pagana lode di Goethe. [...] che la poesia non è arte, né scienza, né religione, né studio, ma è Genio.[53]

Boito si presenta araldo di un'arte nuova, alternativa al realismo moralistico proposto da Manzoni, appunto, un'arte autonoma e provocatoria, in cui rifondare un altro tipo di realismo critico e polemico, libero e provocatorio

> un'arte malata, vaneggiante, al dir di molti, un'arte di decadenza, di barocchismo, di razionalismo, di realismo ed ecco finalmente la parola sputata. Realismo! Un povero peccato vecchio come Job, come Aristofane[54], come Svetonio, anzi più ancora; come il primo che ha pianto, come il primo che ha riso, come il primo che ha raccontato.[55]

La radice cultural-religiosa della polemica che si fa letteraria contro la poesia moralistica cattolica detiene dunque in Boito una valenza privilegiata, conservando un'ambiguità rispetto al concetto di autonomia dell'arte, e ciò risulta manifesto anche in sede creativa, come nella lirica *Il mio tempio e il mio culto*, del 1853, precedente perciò di una decina di anni alla prima versione presentata al pubblico del suo *Mefistofele*:

> Nel mio tempio non si vendono
> Le preghiere pe' defunti,
> Non si traffica col sangue
> De' miserrimi consunti
> [...]
> Il mio tempio dove supplico,
> Dove piango è questo cuore;
> Dio per me non è che il genio
> Della speme e dell'amore,

53. Boito, *Polemica letteraria*, in Id., *Opere letterarie*, p. 436.

54. L'opposizione del realismo polemico di un Aristofane a quello moralistico del "manzonianesimo" colpisce particolarmente rispetto all'accostamento a suo tempo fatto dalla De Staël e poi ripreso proprio da Manzoni tra l'Aristofane de *La Nuvole* e il Goethe del *Faust* come immorali derisori della sacralità della materia religiosa.

55. Boito, P*olemica letteraria*, in «Figaro», 4 febbraio 1864, ora in Id., *Opere letterarie*, pp. 327-330, p. 329. Si vuole sottolineare il nome di Aristofane, che già era stato posto accanto al Goethe del *Faust* dalla de Staël come poi da Manzoni. Vedi qui paragrafo *Il capolavoro sbagliato:* Faust *come antimodello.* La Bibbia, Dante, Goethe, Manzoni, e Giobbe, Aristofane, Svetonio: Boito sta evidentemente proponendo un suo personale canone riformato, come farà a suo modo anche nel *Prologo in teatro* del M68, in cui riconoscersi e collocarsi, onde aprire, tramite l'inserimento del *Faust* di Goethe nella tradizione italiana, quella stessa tradizione letteraria a quella europea e occidentale.

[...]
Oh! Preghiamo il Dio de' liberi,
Ma preghiamo a cielo aperto
Come un giorno un altro popolo
Lo pregava nel deserto.[56]

In una chiave di certo più marcatamente gnostica Boito riproporrà nel libretto del *Mefistofele* una analoga visione della fede che da evangelica si snatura in "panteistica", pur cercando di rimanere entro una cornice cristiana del credo, tenendo evidentemente ben presente il testo di Goethe e il moderno individualismo del suo Faust. Tale cornice cristiana conserva una sua sostanzialità riformata, ma in parte resta qui strutturazione estetica: eppure non da ora la critica letteraria di Boito trovava nella materia religiosa un elemento forte della contestazione radicale alla tradizione italiana: «la radicalità della contestazione scapigliata boitiana si volgeva tanto contro la letteratura che contro la religione. La quale contestazione altro non era che una caratteristica della trasgressività scapigliata».[57] Questa centralità dell'elemento religioso emerge in un luogo testuale significativo ed esemplare della posizione polemica ed eterodossa di Boito, e prima di lui di Goethe, dove si tocca il confine di quella che è stata definita cornice cristiana per arrivare a varcarne la continenza in una direzione pagano-panteistica, ossia nella scena del dialogo tra Margherita e Faust – Enrico, in cui la giovane lo interroga sulla sua fede, ottenendo una risposta elusiva quanto suggestiva di cui intuisce, senza riuscire a comprendere però pienamente, l'ambiguità: come è stato chiarito da Lukács, il dialogo religioso tra Margherita e Faust resta fondamentale nello svolgimento del dramma erotico dei due personaggi, giacché «soggettivamente, nel momento dell'ebbrezza, è avvenuto tra lui e lei un avvicinamento, oggettivamente però, senza che essi se ne accorgano, si apre già un abisso che li divide».[58] Ma leggiamo in maniera sinottica le due versioni di questo

56. Boito, *Il mio tempio e il mio culto*, in *Poesie sparse*, in Id. *Opere letterarie*, pp. 156-157, vv. 1-44.

57. Villa, *Introduzione* a Boito, *Opere letterarie*, p. 16. La critica prosegue ricordando come: «La si può vedere inaugurata nella *Scapigliatura milanese. Frammenti* (1857), manifesto della Scapigliatura preunitaria, ove Cleto Arrighi presentava il suo prototipo dello scapigliato come rivoluzionario non solo in quanto patriota-cospiratore, ma anche in quanto eterodosso, avendolo descritto intento alla lettura della *Bibbia* del Diodati, il testo ufficiale dei protestanti. Nel 1875 su «La plebe» del 10 marzo, Olindo Vaccari avrebbe definito (e in epoca pressoché conclusiva) gli scapigliati "rivoluzionari in politica, quanto in religione e in arte"». *Ibidem*.

58. Lukács, *La tragedia di Margherita*, in Id. *Studi sul "Faust"*, p. 311.

dialogo religioso di Goethe e del *Mefistofele* del 1868, passo praticamente invariato nelle successive versioni:

A. Boito, *Mefistofele*, 1868, atto II, scena I, *Il giardino*	J.W. Goethe, *Faust I*, **vv. ??**
Margherita: Dimmi se credi, Enrico, - nella tua religione. Faust: Non vo' turbar le fedi - delle coscienze buone. D'altro parliam; darei - per chi amo, fanciulla, sangue e vita. M.: Non basta. - Creder bisogna, e nulla. Tu credi, Enrico. F.: Ascolta, - vezzoso angelo mio. Chi oserebbe affermare - tal detto: *Credo in Dio!* Le parole dei santi- son beffe al ver ch'io chiedo; e qual uomo oserebbe - tanto da dir: *Non credo?* Colma il tuo cuor d'un palpito - ineffabile e vero E chiama poi quell'estasi - Natura! Amor! Mistero! Vita! Dio! Poco importa: - non è che fumo e fola, A paragon del senso, - il nome e la parola. M.: Tutto ciò è bello e buono. - Tali cose ripete, Ma con voce e parole - differenti, anche il prete. Convien ch'io vada; addio».	Margarete: Nun sag, wie hast du's mit der Religion? Du bist ein herzlich Mann, Allein ich glaub', du hältst nich viel davon. Faust: Laß das, mein Kind! Du fühhlst, ich bin dir gut; Für meine Lieben ließ'ich Leib und Blut, Will niemand sein Gefühl und seine Kirche rauben. M.: Das ist nicht recht, man muß drann glauben! F.: Muß man? M.: Ach! Wenn ich etwas auf dich könnte! Du ehrst auch nicht die heil'gen Sakramente. F.: Ich ehre sie. M.: Doch, ohne Verlangen. Zur Messe, zur Beichte bist du lange nicht gegangen... Glaubst du an Gott? F.: Mein Liebchen, wer darf sagen: Ich glaub'an Gott? Magst Priester oder Weise fragen, Und ihre Antwort scheint nur Spott Über den Frager zu sein. M.: So glaubst du nicht? F.: Mißhör mich nicht, du holdes Angesicht! Wer darf ihn nennen? Und wer bekennen: Ich glaub ihn! Wer empfinden, Und sich unterwinden Zu sagen: Ich glaub ihn nicht? Der Allumfasser, Der Allerhalter, Faßt und erhält er nicht Dich, mich, sich selbst? Wölbt sich der Himmel nicht da droben? Liegt die Erde nicht hier unten fest? Und steigen freundlich blickend Ewige Sterne nicht herauf? Schau ich nicht Aug in Auge dir, Und drängt nicht alles Nach Haupt und Herzen dir, Und webt in ewigem Geheimnis Unsichtbar sichtbar neben dir?Erfüll davon dein Herz, so groß es ist, Und wenn du ganz in dem Gefühle selig bist, Nenn es dann, wie du willst, Nenn's Glück! Herz! Liebe! Gott! Ich habe keinen Namen Dafür! Gefühl ist alles;Name ist Schall und Rauch, Umnebelnd Himmelsglut. M.: Das ist alles recht schön und gut; Ungefähr sagt das der Pfarrer auch, Nur mit ein bißchen andern Worten. F.: Es sagen's allerorten Alle Herzen unter dem himmlischen Tage, Jedes in seiner Sprache;Warum nicht ich in der meinen? M.: Wenn man's so hört, möcht's leidlich scheinen, Steht aber doch immer schief darum;Denn du hast kein Christentum.

In questo confronto sinottico, oltre a evidenziarsi la maggiore concisione del testo di Boito, colpisce il fatto che in Goethe vi sia il suggerimento del ruolo di intermediazione, intercessione, di Margherita, che sarà fondamentale poi nel finale della tragedia, mentre Boito lo elimina, quasi a suggerire un'ulteriore volontà di evitare qualsiasi elemento riconducibile ad una cristianità cattolica. Lo scrittore dedica proprio a questo brano un commento,[59] in occasione dell'inaugurazione di una scultura di Faust e Margherita ad opera di Antonio Tantardini (1829-1879). Boito infatti interpreta la statua come sintesi scultorea della scena citata: «La definizione filosofica di questo dialogo e di questo gruppo è, a parer nostro: Scienza e Coscienza»[60] concludendo «Margherita è l'amore di Faust, Margherita è la coscienza di Goethe, è la pura fiammella cristiana di quella grande anima pagana».[61] Margherita, ovvero la coscienza, in Boito appare più disposta a soprassedere sulle stonature teologiche da lei appena intuite, come anche a lasciarsi avvicinare da Faust: nel prosieguo della scena infatti, di fronte all'invito a un incontro amoroso, Margherita non si tira indietro ma anzi si concentra subito sull'impedimento pratico al loro convegno: «Non dormo sola – e in lieve sopor mia madre giace». In generale, il profilo del personaggio appare alleggerito, semplificato, contratto anche musicalmente tramite «l'eliminazione dei luoghi musicali legati al personaggio nelle varie traduzioni musicali (niente ballata del re di Thule, niente gioielli, niente arcolaio»[62] ancora una volta anche in aperta polemica rispetto alla centralità tutta melodrammatica e sentimentale, patetica, che essa deteneva nella versione di Gounod.

Proprio il confronto con la dialettica tra fede e non fede, tra fede e religione, cattolicesimo e protestantesimo, cristianesimo e paganesimo, tra salvezza e dannazione eterna, tra felicità mondana e ultramondana, tra Dio e divino, fanno del Faust un personaggio peculiare nella sua interrogazione sulle cose ultime e nella sua ricerca del senso della vita, che è un'interrogazione radicale, assoluta e rivoluzionaria. L'"idea fissa"

59. Boito, *Faust e Margherita*, in «Museo di Famiglia», 25 dicembre 1864, ora in Id., *Opere letterarie*, pp. 363-365.

60. Ivi, p. 363.

61. Ivi, p. 365.

62. Boito, *Il primo* Mefistofele, p. 19.

di Boito era allora non a caso proprio quella del Faust come modello sovrastorico e manifesto storicamente con caratteri unici e riconoscibili, di colui «che ha assaporato tutto lo scibile del bene e del male».[63] E lui decise di interpretare, dopo varie declinazioni poetiche e narrative, il Faust salvato dal suo utopistico slancio individualistico che solo l'amore di Dio può accettare anche nei suoi errori, e che *in extremis* apre a una prospettiva altruistica. Boito sembra suggerire, con il suo Faust in dialogo teologico con Margherita, che la fede sia il vero centro d'interesse, al di là della formula religiosa che nella storia umana essa ha assunto. La posizione di Boito si presenta dunque polemicamente in contrasto con la morale cattolica che alla tradizione religiosa riconosce un'importanza sostanziale pari a quella della Parola rivelata. La posizione radicale ed evangelica che Boito, assume trova ancora una volta nella scelta della titolazione una manifestazione polemicamente provocatoria: tale dichiarazione di dislocamento del centro narrativo, e quindi esegetico, dell'opera, è in parte in linea con la corrente critica inaugurata dalla de Staël, in parte segno di distinzione dal lavoro di Gounod, in parte ancora proposta del «primo dei "supercattivi" del teatro boitiano»[64] e rimarca la volontà dissacratoria dell'autore rispetto ad ogni tradizione dogmatizzata in formula.[65] Una caratteristica particolare del Mefistofele boitiano confermerebbe tale valenza polemica intenzionale e provocatoria del personaggio eletto a eponimo dell'intera opera: Boito, consapevole del rischio di insuccesso per incomprensione del nuovo, irride preventivamente il pubblico implicitamente facendo spesso accompagnare da un irriverente fischio l'apparizione del suo Mefistofele, l'unico personaggio, fra l'altro, ad avere dei pezzi *a solo* e delle *forme chiuse*: formule tradizionali che Boito, mettendo in bocca all'ironico Mefistofele, implicitamente sbeffeg-

63. Boito, *Faust e Margherita*, p. 364.

64. Boito, *Il primo* Mefistofele, p. 13.

65. La contrapposizione di formula e forma viene esposta da Boito in un suo articolo di *Cronaca Musicale*, in «Perseveranza», 13 settembre 1863, ora in Id., *Tutti gli scritti*, p. 1080: «La forma, la estrinseca manifestazione, la bella creta dell'arte, ha tanto di comune colla formula, come un'ode di Orazio col rimario di Ruscelli, come i raggi di Mosè con le orecchie dell'asino. E ciò che ne preme tosto di dire si è che, da quando il Melodramma ha esistito in Italia fino ad oggi, vera *forma* melodrammatica non abbiamo avuta giammai, ma invece sempre il diminutivo, la *formula*».

gia.[66] Il suo profilo ironico[67] apre all'interrogazione e al dubbio che tutto irride e tutto relativizza, manifestazione straniante del confronto con l'ambiguità del male in cui l'uomo riscopre il proprio dualismo, come il Goethe del «Zwei Seelen wohnen ach in meinem Brust!» e come Boito poeta già aveva espresso in *Dualismo*:

> Son luce ed ombra; angelica
> Farfalla o verme immondo,

66. Qui si condivide pienamente l'ipotesi interpretativa offerta da Salvetti, *La Scapigliatura milanese e il teatro d'opera*, in *Il melodramma italiano dell'Ottocento*, pp. 567-604, che specifica: «la *forma chiusa*, tradizionale momento del belcanto e della commozione. Veniva sbeffeggiato dal fischio e dai gestacci vocali di Mefistofele. Mefistofele veniva così ad incarnare la beffa goliardica che il lucido intellettualismo dello Scapigliato giocava al borghese, e al suo desiderio di edonismo nello spettacolo dell'opera», ivi, pp. 601-602. Rafforza con osservazioni di carattere squisitamente musicale tale ipotesi anche Girardi, *Mefistofele: un'affascinante utopia*. Girardi scrive: «Mefistofele è l'anima laica di tutta l'opera. Conquista il rango di personaggio più vario e interessante sin dal *Prologo in cielo*, dove occupa un breve scorcio a partire dal secondo tempo, lo *Scherzo Stromentale* che si apre col tintinnio del "sonaglio". Il recitativo del diavolo dissolve i fumi degli incensi, frantuma la dolce cantilena delle Falangi celesti, raccoglie la possanza delle fanfare che al levar del sipario squarciavano la "Nebulosa", e la trasforma in arguzia. L'orchestra rincorre la sua voce, gli archi ora staccano con brillantezza, ora legano, gli strumentini mimano i "concetti" del suo pomposo eloquio – il preannuncio del viene dato dall'acciaccatura del flauto cui risponde grottescamente il fagotto. Mefistofele si trova perfettamente a suo agio nella forma, declamando con fierezza sopra la melodia degli archi gravi del Trio, poi sollecita i trilli di flauto e violino con l'immagine del «grillo saltellante» che «a caso / spinge tra gli astri il naso [...] Nel primo atto il motivo smaschera il frate grigio che pedina Faust, poi risuona quando Mefistofele appare vestito da cavaliere. Nel secondo si presta assai bene ad accompagnare la cabaletta «Fin da stanotte nell'orgie ghiotte» (es. 4.b), e nella scena del giardino colorisce le frasi che il demonio rivolge a Marta. Nel Sabba romantico Boito variò efficacemente il "motivo del sonaglio", che acquista un piglio drammatico grazie all'alternanza fra Si bemolle maggiore e minore e allo sviluppo dell'acciaccatura (es. 4.c): un mesto tintinnio, non privo d'ironici risvolti, che inquadra Mefistofele mentre spinge Faust verso gli «spaventosi culmini del Brocken (monte delle streghe)». L'uso estensivo di questo motivo, e il suo perfetto adattarsi al personaggio, è uno dei segni della particolare attenzione che Boito ha riservato al suo demonio. Nessun dubbio lo colse a proposito di questa parte, fra tutte la meno ritoccata. Nella prima versione era l'unico ad esprimersi mediante forme convenzionali, la ballata «Ecco il mondo», nel cuore del Sabba romantico (a. II), e soprattutto la canzone del fischio («Son lo spirito che nega», a. I) con cui si presenta a Faust». In Di Martino, *"Lo spirito che nega": tra il* Faust *di Goethe e il* Mefistofele *di Boito*, pp. 563-564, viene suggerito Baudelaire, *Morte eroica*, come possibile ipotesto di riferimento di questo fischio irriverente e anticonvenzionale.

67. Sull'identità di Mefistofele come "spirito che nega" ragiona Di Martino in *Tra cielo e terra*.

Sono un caduto chérubo
Dannato a errar sul mondo,
O un demone che sale,
Affaticando l'ale,
Verso un lontano ciel.[68]

Dualismo che più di tre secoli prima Marlowe aveva voluto rappresentare con due entità esteriori, l'angelo buono e l'angelo cattivo, che Goethe ricompone in un difficile equilibrio polare e in Boito, modernamente, invece, dilaniano interiormente l'io.[69]

Riconoscere a Mefistofele il ruolo di vero protagonista dell'opera è un'indicazione ermeneutica forte, impegnata su una linea interpretativa di lungo periodo,[70] impegnativa giacché sembra porre come centrale la questione del peccato interna alla dialettica tra il Bene e il Male, quindi la dimensione religiosa del mito: non solo la dimensione latamente religiosa ma anche precipuamente i suoi caratteri anticattolici. Al protagonista Mefistofele, infatti, Boito sceglie di restituire i panni del frate grigio, invece di quelli del can barbone nero scelti da Goethe, panni grigi recuperati, come egli stesso ricorda, dalle «vecchie leggende e gli antichi dipinti del Faust [che] mettono il frate grigio. Noi, per rispetti scenici, abbiamo preferito la forma antica, convinti che l'indole anti-cattolica del poema di Goethe sarebbe fors'anche, così, maggiormente accentuata».[71]

Boito vuole "accentuare" i caratteri anticattolici del mito e lo fa consapevolmente, apertamente, come anche consapevolmente, ma meno apertamente, aveva voluto porre la sua opera all'interno di una tradizione gnostica e massonica.[72] Anche «il significato esoterico dell'opera [è] sovrapponibile [...] alle ambizioni artisticamente rivoluzionarie dell'autore».[73]

68. Boito, *Dualismo*, in Id., *Opere letterarie*, p. 51.

69. Fra l'altro anche questo essenziale motivo dell'anima duale che regna nel petto di Faust mentre trova esplicita espressione nel M68, non compare nel M75: A. Boito, M68, Atto primo, scena prima, Faust a Wagner: «Un anelito sol, siati in eterno / l'altro nascosto. / Sventurato! Due anime discerno / che dimorano in me con fato opposto. / L'una s'abbranca al mondo, / Alla carne vieta; / E L'altra nel profondo / Etere vola, / E squassando la creta, / Serenamente all'Ideal s'impola», p. 16.

70. Si veda, sopra, il paragrafo su *La Divina Tragedia*.

71. Boito, nota a *Mefistofele*, in Id., *Tutti gli scritti*, p. 118.

72. Villa, *Arrigo Boito massone*.

73. Boito, *Il primo* Mefistofele, p. 16. In particolare la metafora palingenetica propriamente apocalittica, indicata come motivo fin da quella citazione dell'*Apocalisse* in Epigrafe al *Prologo in Cielo*, poi rimossa, e richiamata dai sette squilli di trombe e dai sette tuoni,

Grazie a Boito dunque, e tramite la fortuna del suo secondo *Mefistofele*, Faust entra ufficialmente nella tradizione letteraria italiana, permettendo così a questa di accedere a sua volta, dopo secoli d'isolamento, alla letteratura occidentale, da protagonista. L'importanza di Boito come modello di adattamento italiano del mito faustiano si manifesta negli anni successivi in prima analisi nella scelta da parte di altri autori di intitolare le proprie riscritture faustiane a Mefistofele: Mario Mariani con il suo *Mefistofele*, esperimento insolito di narrativizzazione dell'ipotesto boitiano, propone una vera e propria parafrasi letterale della versione di Boito del mito faustiano, mentre Anna Berton Fratini nel 1890 col suo romanzo *Mefistofele biondo*,[74] scrive un romanzo che porta le tracce di questa tradizione esclusivamente nel personaggio che offre il proprio nome al titolo dell'opera e, a conclusione di secolo, un'altra autrice, Isolina Batacchi Legnani, scrive il suo racconto faustiano intitolandolo *Esmeralda e Mefistofele*, unendo sotto questi due nomi le eredità di Hugo e Goethe. Nel Novecento ci saranno altre riscritture italiane che riprenderanno tale centralità di Mefistofele fin dal titolo, come ad esempio il *Mefistofele: tragedia in cinque atti* di Mario Giobbe, del 1902, nel 1910 un romanzo popolare *Mefistofele* che considera evidentemente ipotesto privilegiato da "ridurre" per un pubblico meno colto proprio il lavoro di Boito (tanto che nella medesima collana l'editore Bietti proponeva anche un *Faust*), e di Arturo Graf, *L'assunzione di Mefistofele*, del 1913;[75] fino ad arrivare agli anni Venti al frammento sveviano *L'ora di Mefistofele.*[76] Il testo di Boito diviene perfino un ipotesto di filtro ermeneutico nello stesso confronto con l'opera di Goethe: Borriello, nel suo studio sul *Mefistofele*, riconosce infatti una eco involontaria al *Prologo in cielo* di Boito nel commento di Manacorda al *Vorspiel* di Goethe: Boito avrebbe, cioè, così bene interpretato Goethe da rendersi anacronisticamente indispensabile per ogni lettura del proprio stesso ipotesto.[77]

corrisponde all'idea di palingenesi dell'arte presentata già da Boito in una dichiarazione del 13 settembre 1863 su «La Perseveranza», ora in Boito, *Tutti gli scritti,* p. 1084.

74. Berton Fratini, *Mefistofele biondo*; Mariani, *Mefistofele*; Batacchi Legnani, *Esmeralda e Mefistofele.*

75. In Graf, *La morte di Faust* e Id. *L'assunzione di Mefistofele*, *Poemetti drammatici.*

76. Svevo, *Opere*, p. 1666. Ma ancora fino al nuovo millennio il personaggio mefistofelico continua a riapparire, certo di un riconoscimento interdiscorsivo, prima ancora che intertestuale, da parte del pubblico.

77. Borriello, *Mito, poesia e musica nel Mefistofele di Arrigo Boito*, pp. 25-29.

Manacorda scrive infatti:

> *Prologo in cielo* (vv. 243-353), Teatro nel teatro al modo shakespeareiano e d'oggi. [...] Andamento, musicalità, spirito di sinfonia beethoveniana[78]: in questo soltanto forse, ma non è poco, Goethe s'incontra col Dioniso della musica. Un andante stupendo: il canto dei tre arcangeli a chiusura di coro. Un lungo "scherzo": il beffardo Mefistofele alla gran corte di Dio e in gara temeraria con lui. Urto gigantesco di vita sotto la schermaglia ironica. Un breve "sostenuto": l'ammonizione degli arcangeli. Un rapidissimo "brioso" finale: Mefistofele soddisfatto del buon Dio. Questa la Preistoria spirituale – cronologicamente posteriore – del dramma, e il presupposto teologico-metafisico delle forze che vi agiranno.

Il *Mefistofele* di Boito, anche in termini autonomi dal capolavoro goethiano, grazie al suo successo del 1875 penetra interdialogicamente nella cultura dell'epoca, italiana, europea e mondiale; nato dall'interferenza di differenti sistemi culturali, nel proporsi come riscrittura della tragedia di Goethe, accetta e apre implicitamente alla canonizzazione di secondo livello, quello dinamico, di quel testo.[79] A partire da questa riscrittura la storia della ricezione del mito faustiano in Italia cambia, si arricchisce di una linea di sviluppo nuovo, lungo la quale sono identificabili grandi e piccoli snodi: sempre da essa ad esempio sembra derivare un fenomeno latamente culturale come la diffusione in Italia di una notevole quantità di periodici, spesso satirici, che scelgono come titolo proprio il nome di Mefistofele.[80] Insomma, la letteratura italiana, in un certo senso, vi riconosce sul lungo periodo il proprio capolavoro faustiano.

78. Si pensi alla polemica sulla presenza quasi "letterale" di motivi beethoveniani (*Sonata a Kreutzer*, adagio del quartetto Op. 130, Sonata in mi bemolle, Op. 7) nelle melodie "Dai campi ai prati", "Lontano lontano lontano" e "Forma ideal purissima" del *Mefistofele* di Boito, vedi Nardi, *Vita di Arrigo Boito*, pp. 396-397.

79. Il riferimento è alla distinzione proposta da Itamar Even-Zohar tra una canonizzazione statica e una dinamica di un particolare testo in una determinata tradizione letteraria, cfr. il paragrafo *Per un canone faustiano in Italia*.

80. Il nome di Mefistofele è consacrato ad arguto conoscitore di vizi e virtù umane, ironico se non anche satirico, e Rinaldo De Sterlich lo sceglie perfino come proprio pseudonimo, alternato a quello di Fausto, per firmare i propri ricordi e le proprie riflessioni storiche e politiche sull'Italia nascente del secondo Ottocento: De Sterlich, *Il Re Vittorio Emanuele nella sua vita intima*, Id. *Il viaggio in Egitto di S.A.R.*; Id., *Vent'anni prima*; Id., *Senato e statuto: breve dissertazione di Fausto*; Id. *Nei ministeri: bozzetti, profili e scene della vita burocratica / tratte dal vero da Fausto*.

1.3. *Mefistofele oltre-uomo*

Nel 1902 il nuovo secolo si apre con la riscrittura per teatro di un drammaturgo napoletano, Mario Giobbe (1863-1906), che intitola la sua tragedia in cinque atti proprio *Mefistofele*. L'autore di questo dramma, poeta, giornalista e traduttore napoletano,[81] dichiara, forse anche perché possiede la consapevolezza del traduttore, le sue fonti dirette – «il primo Faust di W. Goethe la tragica storia del Dottor Faust di Cristofaro Marlowe» – e propone ai suoi contemporanei un Mefistofele e un Faust contemporanei. Il titanismo rinascimentale e poi romantico, infine nieztscheano, appartiene senza dubbio più al personaggio di Mefistofele che a quello di Faust che nel dramma di Giobbe è invece già tutto uomo della crisi di primo Novecento. L'autore sceglie dichiaratamente di marcare la sfasatura del cronotopo del suo ipertesto rispetto all'antecedente tradizione letteraria del mito. Il testo attiva inoltre un processo interdiscorsivo e intertestuale di "italianizzazione" del mito faustiano, fin dalla scelta del titolo che si richiama, più che alle fonti dichiarate, alla più famosa riscrittura italiana del mito, ossia il melodramma *Mefistofele* di Arrigo Boito. Ma anche nelle altre occorrenze citazionali presenti nella trama linguistica e ideologica dell'opera, il riferimento alla tradizione letteraria nazionale emerge continuamente come motivo strutturante. Non è solo il titolo però a porre al centro dell'azione, accanto a Faust, proprio Mefistofele, quasi a presentare le alternative reazioni dell'io di fronte alla vita: Faust subisce nei fatti la vita, interiorizzando la crisi storica, mentre Mefistofele se ne fa cinico protagonista opportunista e amorale, più ancora che immorale.

La tragedia in due parti di Goethe dedicata al mito di Faust apre la scena del primo atto di *Notte* – dopo un ricco paratesto composto da *Dedica*, *Prologo in teatro* e *Prologo in Cielo* – *In un'angusta stanza gotica dall'alta volta* in cui *Faust siede inquieto davanti al suo leggìo*. Si tratta del celeberrimo monologo del protagonista[82] con cui, *mutatis mutandis*, anche Marlowe aveva fatto iniziare l'azione della sua tragedia faustiana: la scena dello studio, in

81. Musella, *Giobbe, Mario*; Vento, *Mario Giobbe (1863-1906)*.

82. Così ne scrive Benedetto Croce nella *Prefazione* al testo di Giobbe, *Mefistofele*, p. 9: «Si legga il monologo iniziale. Ecco un Fausto che dispera della scienza scolastica e della positiva, e cerca una conoscenza più soddisfacente delle cose nelle scienze occulte, nella magia. È una situazione di spirito ben chiara, che apparve nel bel mezzo del razionalismo del secolo XVIII con gli entusiasmi pei Mesmer e pei Cagliostro, e riappare nel più forte del naturalismo del secolo XIX con la voga dello spiritismo e del teosofismo».

cui il Dottor Faust s'interroga sul senso del suo sapere convenzionale, percependone i limiti e aspirando a una conoscenza totale cui forse solo la magia potrebbe farlo accedere. Si presenta davanti a lui il vuoto dell'insoddisfazione che lo porta a desiderare un "oltre" che sia una dimensione alternativa del sapere, da cui la tentazione delle arti magiche, se non anche alla scelta di una vita puramente pratica, la ricerca dell'attimo da godere in sé per sé: alternativa e dialettica che sia oggettiva nell'alternanza di scene tra l'interno dello studio-laboratorio e l'esterno della strada. Ebbene, proprio durante questo lunghissimo monologo il Faust goethiano è sul punto di cedere a una tentazione di negazione totale, autodistruttiva, di suicidio insomma, spinto dalla consapevolezza dell'impossibilità di raggiungere qualsivoglia soddisfazione e quindi ogni felicità: «Was grinsest du mir, hohler Schädel, her? / Als daß dein Hirn, wie meines, einst verwirret / Den lichten Tag gesucht und in der Dämmrung schwer, / Mit Lust nach Wahrheit, jämmerlich geirret!».[83] Lo sguardo del Dottore viene attirato da un'ampolla piena di veleno: «Ich grüße dich, du einzige Phiole, / Die ich mit Andacht nun herunterhole!».[84] Questi versi dialogano implicitamente con un altro celeberrimo monologo di interrogazione esistenziale, ossia quello della scena prima dell'atto terzo dell'*Amleto* shakespeareiano che inizia con il verso forse più noto della letteratura occidentale «To be or not to be»: verso che nella memoria collettiva erroneamente s'immagina recitato proprio da un Amleto dialogante con il teschio di Yorick (sovrapponendo nei fatti la scena del monologo amletico con la prima scena dell'atto quinto in cui, nel cimitero, Amleto ritrova il teschio del suo vecchio buffone di corte).

Il primo desiderio di Faust, dell'individuo moderno dunque, è paradossalmente un desiderio di morte, di autonegazione, quindi di fatto una perdita di ogni desiderio in quanto disillusione, insoddisfazione esistenziale radicale. È, si potrebbe arrivare a dire, desiderio di non più desiderare come svalutazione del desiderare stesso, perdita totale di interesse, volontà di liberarsi da qualsivoglia desiderio in quanto necessariamente futile, inutile ed illusorio, fonte, al contrario, di infinite insoddisfazioni e frustrazioni. Scelta del non-essere come unica degna reazione ad un essere privo di senso alcu-

83. «Tu, teschio vuoto, il tuo ghigno che cosa vuol dirmi/ se non che il tuo cervello, come il mio, disviato / cercò la luce lieve, un tempo, e nel greve crepuscolo / avido di verità, si perdé tristamente?», Goethe, *Faust I*, vv. 664-667.

84. «Salute a te, incomparabile fiala / che ora calo giù con riverenza», Goethe, *Faust I*, vv. 690-611.

no. Già la versione di Goethe di questo mito nato con la modernità (mito, con Don Giovanni, propriamente *della* modernità), contiene dunque al proprio interno il germe della fine della fiducia e dello slancio vitale che l'uomo rinascimentale aveva portato nella storia. Faust nasce come emblema dell'uomo moderno e della sua libertà volitiva, con tutto il suo desiderio di conoscenza e di azione, la sua presunzione di potere, di possesso, di potenza. Un desiderio di espansione e di sviluppo che trova nello *streben* goethiano l'espressione sua più eccellente, complessa e completa; superata l'età del Positivismo più ottimista, la modernità si apre al dubbio che inficia la stessa possibilità di progresso e, peggio, apre alla paura che esso non sempre vada nella direzione di un miglioramento ma verso una vertigine distruttiva che può condurre l'uomo all'alienazione, allontanandolo dalla natura e facendo trionfare l'artificiale fino a fargli preferire all'essere[85] l'avere, forma capitalistica di ammissione dell'insensatezza dell'esistere in sé. Il dubbio che in Amleto[86] blocca la capacità di azione si risolve nel *Faust* goethiano in altra direzione, riconducendolo a nuovo desiderio di vita e d'azione, speranza ridestata dalle campane a festa della Pasqua che accompagnano i canti dei cori angelici, «promessa certa di un nuovo patto», [J.W. Goethe, *Faust*, v. 748], prefigurando ironicamente in questa parola, *patto*, lo svolgimento dell'intera vicenda a venire. Attraverso il ricordo d'infanzia, i suoni noti richiamano infatti Faust alla vita, «Erinnrung hält mich nun mit kindlichem Gefühle / Von letzen, ernsten Schritt zurück»,[87] perciò esclama Faust, «Die Träne quillt, die Erde hat mich wieder!».[88]

Il testo di Mario Giobbe apre la prima scena del primo atto *in medias res* rispetto alla vicenda del mito come si era andata narrativamente

85. Si veda a riguardo dell'alienazione in *Faust* l'analisi di Cetti Marinoni, *«Das ist die Welt». Spunti allegorici e prospettiva utopica nel primo Faust*, in *I Faust*, pp. 41-76.

86. Per un'analisi più completa dei caratteri comuni dei personaggi di Faust e Amleto si veda Lombardo, *L'eroe tragico moderno*.

87. «La memoria d'infanzia mi richiama / ora dal grave ultimo passo», Goethe, *Faust*, vv. 781-782. Ma anche Goethe, *Faust I*, v. 770, la cui traduzione di Casalegno rischia di trarre in inganno: crea un equivoco ermeneuticamente pericoloso col tradurre «la fede mi richiama ora alla vita». Non è infatti propriamente la fede recuperata che lo richiama alla vita piuttosto il rammemorarsi della sua giovinezza in cui ancora aveva fede nella vita, e si potrebbe espandere questo sentire positivo generale e genericamente esistenziale ad una condizione felice di fiducia e di fede nel Dio cristiano Padre e Salvatore. La stessa giovinezza che il poeta del *Vorspiel* di Goethe aveva a gran voce richiesto indietro per poter davvero scrivere un capolavoro: Goethe, *Faust I*, v. 197.

88. «Una lacrima: e la Terra / torna a riavermi con sé!», Goethe, *Faust*, v. 784.

consolidando negli ipotesti tradizionali di Spies (1587), Marlowe (1604) e Goethe (1808-1832)[89]e aggiungerei Boito (1868-1875), presupponendo la pregressa conoscenza ipotestuale da parte del pubblico e del lettore. La scelta del verso martelliano riconduce alla tradizione tragica implicitamente indicando la volontà di recupero di quella dimensione formale ed ermeneutica. Il patto col Diavolo, nelle vesti del subdolo Mefistofele, sembra già essere avvenuto, e questa passeggiata pasquale, al contrario del testo goethiano, anzi in controcanto quasi letterale con esso, non fa coincidere l'annuncio cristiano della Resurrezione e l'inizio della bella stagione primaverile con una rinascita spirituale di speranza e fede del protagonista, bensì si presenta come situazione lieta che acuisce il sentimento di disperazione e inadeguatezza dell'io in crisi del protagonista:

FAUST
Voci chiare del cielo che parlate e cantate,
che volete da me? Perché mi ricercate?
Parlate per coloro, cantate per coloro
che ancora possono intendervi, celesti voci d'oro!
Io v'odo: odo l'annunzio che recate a chi crede,
ma che mi val d'udirlo! Troppo in alto è la sede
onde parte l'annunzio vostro! Troppo lontano
è il tempo che pure io non v'ascoltavo invano;
[...] Oh mia primavera, mia primavera in fiore,
quando io piansi nei boschi, né piansi di dolore![90]

L'*incipit* dell'opera di Mario Giobbe riprende direttamente la scena dal testo di Goethe ma per mutarne gli accenti e i contenuti, in un'inversione assiologica emblematica:

89. Anche Gérard Genette, nel suo studio teorico *Palinsesti*, riconosce al *Volksbuch* di Spies e alla versione di Goethe il ruolo di ipotesti della tradizione del mito faustiano. Noi reputiamo fondante anche la prima versione letteraria di Marlowe, tanto più in questo caso in cui l'autore Mario Giobbe si pregia, retaggio forse della sua attività di riscrittore-traslatore, di esplicitare le sue fonti dirette comprendendo entrambe le tragedie faustiane.

90. Giobbe, *Mefistofele*, p. 23. Sono i versi iniziali della tragedia, i cui cinque atti sono titolati: *Il sogno*; *La seduzione*; *L'abbandono*; *La morte di Margherita*; *La dannazione*. Già nel paratesto risulta chiaro lo svolgimento della *fabula*, in un *intreccio* lineare che, nel suo volgere alla catastrofe, pone al suo centro la vicenda di Margherita ed anticipa la conclusiva condanna del protagonista. Il testo è scritto in versi martelliani, un doppio settenario che è tradizionalmente versificazione tragica per eccellenza.

FAUST

Ormai nessun tumulto
d'orgia mi distrarrebbe da questo mio tumulto!
Lasciami!... Ed abbia in vano nel mio cor sciagurato
tutti i tesori a un uomo concessi accumulato!
Lasciami!... e m'abbia in vano...[91]

Unico elemento che può distogliere il protagonista dalla propria volontà di persistere nella sua disperazione per questa acquisita consapevolezza della *vanitas vanitatum*, nel tumulto di afflizione di questa coscienza, è la vista di Margherita, natura pura, pura bellezza intatta: come anche in Gounod[92] è la visione di Margherita[93] a spingere il Dottore alla firma del patto con Mefistofele. Evidentemente quindi se per la centralità del protagonista mefistofelico Giobbe aveva tenuto presente Boito, a Giobbe interessava soprattutto descrivere il dramma esistenziale interiore del protagonista Faust, rispetto al quale la storia d'amore e morte di Margherita acquista un'importanza prevalente. Mario Giobbe presenta un Faust insoddisfatto della contropartita offertagli da Mefistofele nel loro patto – patto a scadenza secondo tradizione ancora in Marlowe, che in Goethe era invece già scommessa aperta – tanto che Faust di fronte alle resistenze di Mefistofele nell'accordargli la conquista immediata della bella Margherita, minaccia di rompere l'accordo, maledicendolo:

FAUST

Dammi la mia virtù!
Dammi la mia virtù ch'io trafficai nel patto!
Di qual tesoro baratto sa far la tua potenza,
se alimenti non dona (oh, mia demenza!)
che sázino? – Dell'oro
che in man si liquefà!
il bacio di una femmina
che a me in braccio perfino
strizza l'occhio al vicino!
E per ciò maledetto
avrei tutte le cose

91. Ivi, p. 24.

92. Gounod, *Faust*.

93. Ivi, p. 6: «(Il fondo del teatro s'apre e lascia vedere Margherita che fila presso il mulinello)».

di cui l'anima fa
suo pabolo[94] suo spasimo e sua felicità?
maledetto l'orgoglio
del mio pensiero, e ogni
luce di gloria, e i sogni?
maledetto me stesso
in ogni mia costanza,
in ogni mio successo,
in ogni mia speranza?[95]

La delusione è già quella radicale di un Faust post-positivista, disilluso e pentito per aver inutilmente asservito a sé il Male: ed ecco che l'amore, vero e innocente come la dolce Margherita, appare unico sogno e desiderio degno di essere pensato, natura intatta da riconquistare, speranza di senso ritrovato:

FAUST
Un frutto non marcito prima ancora che caduto
io ti chiesi! Io ti chiesi: – "Fai che dica al minuto:
Fèrmati tu sei bello!..."[96]

Margherita sarebbe allora questo frutto non marcito, la manifestazione concreta dell'attimo bello per cui varrebbe la pena vivere, e morire dannati:

FAUST
Ed è questo candore,
questo, dell'innocenza il profumo migliore.
Essa non saprà mai la sua divina essenza![97]

Non solo l'azione, che si svilupperà intorno a questo unico nodo tematico, indica la centralità esistenziale del desiderio erotico per Margherita, e per lei sola – quindi siamo all'opposto del desiderio erotico diffuso e indiscriminato incarnato da Don Giovanni –[98] ma anche il successivo

94. «*Pabolo*, o *pabulo*, sostantivo raro per "pascolo, cibo, nutrimento", anche per l'uomo», in www.treccani.it/vocabolario._

95. Giobbe, *Mefistofele*, p. 27.

96. Il corsivo del testo evidenzia il carattere di vera e propria citazione letterale dal *Faust* di Goethe, vv. 1699-1700. Giobbe, *Mefistofele*, p. 29.

97. Giobbe, *Mefistofele*, p. 41.

98. Per il paragone tra i due miti individualistici cfr. più sotto, il par. 2.3., *Des Italieners feurig Blut: Faust e Don Giovanni.*

ragionamento su desiderio e conoscenza sotto la metafora del viaggio ne conferma l'importanza: Mefistofele, che va letto eticamente "al contrario", a Marta che chiede incuriosita ed ammirata: «Siete sempre in viaggio? Sempre nuovi paesi / cercate?»[99] risponde: «Non cerchiamo per amor, ma per forza. / Il dovere d'imparare più che il desìo ci sforza.»;[100] mentre Faust da parte sua, rivolto a Margherita: «In un vostro sguardo, credetemi, s'impara / Più assai che non in tutt'i viaggi... Oh, credete!»[101] Persino Elena, che in Marlowe resta unico assoluto modello per Faust di bellezza da amare, scompare al paragone con Margherita, vera donna che può donare il vero Amore, e perciò, per questo Faust, la conoscenza della verità: Elena viene allora ricordata con volgare ironia e presto liquidata:

MEFISTOFELE

– Volesti la Bellezza, ed Elena ha dormito
nel tuo letto. – Fu scarso il cibo all'appetito?...

FAUST

Altri anche l'ebbe! E io vo' quella che non fu
mai d'altri![102]

Il riproporre la consustanzialità di animo nobile e natura innamorata nella versione moderna di una donna-angelo che, nella sua purezza, riavvicina alla verità e a Dio, anche se per averla si è disposti paradossalmente a vendere l'anima al diavolo, risulta ideologicamente strutturale. Si tenta il recupero di un amore che, nella sua assolutezza, rileva e rivela la nobiltà di animo dell'amante: tutto questo però avviene in un personaggio tragico che è al contempo un io lirico novecentesco: novello Faust poeta d'amore, anzi dell'Amore. Mario Giobbe non sceglie romanticamente di porre al centro la vicenda erotica di seduzione ed abbandono di Margherita, ma piuttosto sceglie novecentescamente di porre al centro l'io innamorato che tenta l'impresa di un amore assoluto, puro, stilnovistico, che lo possa salvare dal non-senso. Proprio per questo Mefistofele, come già in Goethe d'altronde, non piace istintivamente all'angelica Margherita, che lo definisce non a caso incapace d'amare, negatore dell'Amore:

99. Ivi, p. 38.
100. Ivi, p. 39.
101. Ivi, p. 40.
102. Ivi, p. 28.

MARGHERITA

Colui?!... Ah! Colui non può amare!
Gli è scritto su la fronte, ne gli occhi, ne 'l sogghigno
– Ah, quel suo sogghigno iniquo! Ah, quell'occhio maligno!
io ne tremo!
[...]
E m'è sembrato ch'io non amassi più
l'amor mio! che un abisso ci dividesse![103]

Il desiderio d'amore, dell'Amore, a cui vengono ridotti tutti gli originari desideri di conoscenza e azione da titanico *homo faber* faustiano, non appare allora più come diminuzione in chiave intimistica e soggettiva ma come scelta alta di un moderno io lirico, erede innanzitutto della tradizione poetica italiana oltre che di quella faustiana europea. Mefistofele, che resta invece personaggio ancorato ad un concetto egoisticamente mondano di desiderio e sfida, non comprende e disprezza la piccolezza delle aspirazioni di questo nuovo Faust, tacciandolo d'essere un piccolo borghese, si sarebbe detto allora, un bruto incapace di tensione al Tutto, all'Infinito: non più Giordano Bruno, non più Prometeo, né Icaro né Ulisse.

All'interno di questa concentrazione sul solo tema dell'amore anche *La Dannazione* del titolo dell'Atto quinto va letta in chiave immanente ed esistenziale:

FAUST

... non il cielo mi schiaccia. Il sottil velo
azzurro è ben lontano! No, non mi schiaccia il cielo!
Niente preme il mio petto. Soffoco, perché stretto
a contenere il suo stesso anelito il petto.
Io soffoco di me: soffoco del cor mio.
Il mio giudice, il mio carnefice son io!
– Tu non m'intendi? ... Ah, foss'io stato quel titano
che tu immagini![104]

Il nuovo eroismo del novello Faust consiste, malinconicamente, nell'accettare la vita come dolorosa, nel saper ascoltare la voce del rimpianto, nel desiderare la morte dopo che l'oggetto d'amore non è più: Faust torna dunque a scegliere il suicidio, finendo come il Faust di Goe-

103. Ivi, p. 69.
104. Ivi, p. 132.

the, cent'anni prima, era cominciato, con una fiala di veleno, *pharmacon* micidiale contro il mal di vivere.

Ma agli occhi del nuovo demone titanico Mefistofele questa di Faust è una resa, una non accettazione eroica dell'eterno ritorno, la prova definitiva della sua debolezza di cristiano sottomesso alle leggi convenzionali: a questo Faust suicida sopravvivono allora solo il vecchio che, come nella tragedia di Marlowe, lo avrebbe voluto redimere dalla sua disperazione, e Mefistofele, che perpetuerà in negativo, secondo la propria natura, la fama dello *streben* del saggio Dottore. È dunque questo personaggio a riconquistarsi il ruolo di sopravvissuto protagonista del nuovo secolo, prendendo addirittura parola in vece di Faust, e in sua vece è Mefistofele che si presenta come nuovo modello novecentesco del titano, dell'oltre-uomo:

MEFISTOFELE

Poiché fra noi
non fu mai velo, e poi che suo maestro io fui,
io parlerò in sua vece!

FAUST

Vecchio, scaccia costui!
MEFISTOFELE, a Faust
Parla tu, allora, parla! – Non vedi? Egli ti dà
dolcemente le mani calde di carità!
Parla!

IL VECCHIO

Taci, demonio!

MEFISTOFELE, a Faust

Parla!

IL VECCHIO

Taci, serpente!

MEFISTOFELE, a Faust

Eri tanto loquace! Eri tanto eloquente!...
La più vil femminuccia codesto puerile
tuo pudore sa vincere! ... Ahimè, quanto sei vile!

IL VECCHIO, a Faust, tenendolo stretto quasi paternamente

Non temere!

MEFISTOFELE, a Faust

Rientra, infelice, nel gregge!
[...]
Sottomettiti alla legge!
Basta che tu t'umili e sarai perdonato![105]

Faust a queste accuse di arrendevolezza non sa opporsi che negandosi, togliendosi quella vita che gli pare non più degna di essere vissuta: ma il novello Mefistofele non è più quello di un secolo prima, puro negatore, ma invece si fa assertore di una nuova verità radicata nella capacità nietzschiana di ridere della vita, finanche della sua tragicità, dei suoi dolori, di continuare a volerla vivere e rivivere così com'è, senza cercare consolazioni metafisiche:

MEFISTOFELE, impassibile, gigantesco

No. questo non è già
il trionfo... poi ch'egli non è caduto, ma
si è sottratto... Poi ch'egli, che non avea potuto
giungere sulla vetta, non per forza è caduto!...
non per forza d'altrui, salutando col riso
schietto del core invitto il fulmine improvviso![106]

E, a conferma della valenza di vero protagonista, è ancora Mefistofele che chiude la tragedia, con queste sue ultime, definitive, profetiche parole, l'intera azione del dramma:

MEFISTOFELE

Altri verrà che giunga! – or chiama gli studenti,
chiama i servi e le femmine, povero vecchio, e menti! (Esce). TELA

La tragedia di Giobbe, importante per la sua declinazione nietzschiana, novecentesca, europea ed italianissima al contempo, resta interessante anche per la polemica sulla questione della liceità della riscrittura e della fedeltà alla fonte,[107] e meglio sarebbe dire alle fonti, che generò, e a cui volle rispondere,

105. Ivi, pp. 133-134.

106. Ivi, pp. 140-141.

107. Vedi ad esempio Romano Simonini che nella sua recensione sostiene che «un vero artista [...] non oserà mai mettere le mani nelle opere altrui, staccarne frammenti, ricomporli come pezzi di un gioco di sapienza cinese», in Simonini, *A proposito di Mefistofele e di Giobbe*, pp. 82-91. Il dramma di Giobbe venne recitato presso il Teatro Adriano, Piazza Cavour, Roma, oggi sala cinematografica.

difendendo la libertà di ogni artista di scrivere e riscrivere secondo il proprio genio, Benedetto Croce, con quel breve ma sapido saggio sul problema della riscrittura che divenne poi la *Prefazione* proprio al lavoro di Giobbe.

In linea con quanto già anticipato, ancora una volta, proprio da Goethe stesso, si difende la propria libertà di riuso intertestuale nel suo *Faust*:

> Del resto il mio Mefistofele canta una canzone di Shakespeare, e perché non dovrebbe? Perché devo darmi la pena di inventarne una apposta, se quella di Shakespeare era perfetta e diceva ciò che doveva? E anche se il Prologo del mio *Faust* ha una certa somiglianza con quello del libro di *Giobbe*, ancora una volta, va benissimo, e sarei piuttosto da lodare che da biasimare.[108]

Croce, nella sua *Prefazione* alla nuova tragedia faustiana italiana, riscopre questa libertà dell'arte a crescere su se stessa partendo da una bella riflessione che riassume un po' la storia della ricezione di *Faust* in Italia: Croce si rifà, per la sua riflessione, proprio ad «un suo celebre articolo critico – in cui – affermò che pel poeta non vi sono personaggi *storici*, ma ch'egli accorda semplicemente alla storia l'onore di prendere da lei alcuni nomi per darli alle creature della sua fantasia».[109] E prosegue: «Che cosa sono Fausto o Mefistofele o Wagner se non dei nomi? Vi sono tanti Fausti e Mefistofele e Wagner quanti artisti li hanno elaborati, mettendovi ciascuno (se era artista davvero) qualcosa di diverso e di proprio».[110] Croce continua ricordando che Goethe stesso ha scritto la sua personale versione di una leggenda che gli pre-esisteva, mutandola profondamente: «E della libertà da lui professata usò largamente il Goethe allorché prese a trattare la leggenda di Fausto, alterando a suo modo l'antico libro popolare o il popolare dramma per burattini».[111] Quindi, ragionando sulla particolare difficoltà di confrontarsi artisticamente con un capolavoro come è il *Faust* di Goethe, Croce ricorda come tanta critica, a partire da Goethe stesso, passando per Kuno Fischer, Schöer, e l'italiano Imbriani, abbiano sottolineato anche i limiti di tenuta testuale di tale capolavoro: «*Capolavoro sbagliato*, sissignori, è una definizione pregna di verità. Il torto dell'Imbriani fu [...] di battere in modo unilaterale e sofistico sulla parola sbagliato: laddove bisogna battere anche, e con bene altra forza, su quella di capolavoro».[112] Croce

108. Eckermann, *Conversazioni con Goethe*, 18 gennaio 1825, p. 108.
109. Croce, *Prefazione* a Giobbe, *Mefistofele*, p. 5.
110. Ivi, p. 5.
111. Ivi, p. 6.
112. Ivi, p. 7.

ripercorre la lunga storia, complessa, interrotta e varia, della composizione dell'opera goethiana, ricordando la grande distanza di temi e forme tra le due parti della tragedia: anche nel lavoro del grande tedesco convivono istanze filosofiche e artistiche in contraddizione tra di loro.[113] Suggerisce quindi che la spiegazione di tanta varietà di toni, stili, temi, consista nella biografia dell'autore in linea con la sua lettura che di lì a un decennio egli avrebbe dato dell'intera opera di Goethe nella sua monografia del 1919: «il legame tra i varî lati della figura di Fausto non è artistico ma biografico; non dell'opera ma dell'autore».[114] Prosegue poi rimarcando l'effettiva mancanza di unità strutturale, recuperando però valore estetico di ogni singola scena, fino ad arrivare al dramma di Margherita che definisce

> un vero cuneo nella concezione della tragedia, è, insieme, considerata da sola, la parte di essa più geniale e più bella, in cui Goethe dai suoi ricordi personali assurse a un vero e proprio compiuto organismo artistico. [...] ciò che è uscito dalla fermentazione artistica di quelle impressioni personali, è l'eterna tragedia dell'incauto erotismo giovanile.[115]

Croce offre attenzione critica anche al personaggio di Mefistofele, definito «il lato prosaico dell'amore»,[116] più che un diavolo. «Anche per Mefistofele sembra che Goethe s'ispirasse ad alcuni suoi amici, dal tratto mefistofelico, al Merck, al Behrisch, all'Herder, che solevano gettare acqua sul fuoco dei suoi entusiasmi».[117] La conclusione cui quindi giunge Croce, dopo aver accompagnato il lettore ad una breve sintesi sulle questioni testuali e critiche del capolavoro goethiano, è che «il Giobbe, autore di questo nuovo Mefistofele, aveva il diritto di plasmare secondo un proprio sentimento la materia del *Fausto*».[118]

Il lavoro del *Mefistofele* non viene dunque spiegato o interpretato da Croce,[119] prefatore qui dell'opera, ma difeso da pregiudizi esterni ed inessenziali, per riaprirne le nuove questioni che vi vengono poste:

113. Ivi, pp. 8-9.
114. Ivi, p. 10.
115. Ivi, pp. 12-13.
116. Ivi, p. 12.
117. Ivi, p. 13.
118. *Ibidem*.
119. Alla difesa di Croce si oppone duramente un severo recensore del lavoro di Giobbe, Romano Simonini, *A proposito di Mefistofele e di Giobbe*. Simonini imputa inoltre a Giobbe una scarsa abilità nel rimare i suoi versi martelliani, avendo abusato dell'uso di participi, infiniti e di una «lunga serie, a base di che, me, perché», ivi, p. 88. Il critico inoltre

> il Giobbe [...] ha ritagliato dal primo *Faust* il solo episodio di Margherita, e [...] ha svolto una sua idea artistica di Mefistofele, che accennata negli atti precedenti e specie nel quarto, si afferma nel quinto [...] Come ha egli connesso con l'episodio di Margherita la sua nuova concezione di un Fausto che si uccide, e di un Mefistofele che guarda più in alto a chi saprà continuare l'opera e l'aspirazione del caduto?[120]

Negli anni Dieci del Novecento la storia di Faust viene volta in racconto sotto le spoglie del *Mefistofele* boitiano, ulteriormente semplificato per un pubblico più ampio: a distanza di un anno, nel 1910 e nel 1911, escono a Milano per due case editrici differenti ben due versioni narrative esplicitamente ispirate al libretto di Boito, l'una anonima[121] e l'altra scritta e commentata da Giulio Dal Sillaro,[122] a testimonianza del successo della versione operistica dell'artista scapigliato, da un lato, e dall'altro della diffusione di questo nuovo genere popolare di romanzo in cui l'aspetto formale era messo totalmente in secondo piano e unico fine era la relazione piana di una determinata *fabula*.

aveva così descritto il nuovo *Mefistofele* di Mario Giobbe: «Mefistofele assume l'atteggiamento e il linguaggio di un superuomo», ivi, p. 90.

120. Ivi, p. 14.

121. Anonimo, *Mefistofele*. Nella stessa "Collezione di romanzi storici e popolari" era uscito anche un *Faust*. Le due versioni del mito faustiano, quella goethiana e quella operistica di Boito, convivono quindi parallele. Già nel 1904 compare citata, ma non è stata ritrovata, una prima versione narrativa popolare per giovani lettori, Anonimo, *Il Faust narrato alla gioventù*, Roma; a questo genere appartengono anche le successive riscritture di Tibaldi Chiesa, *La leggenda di Faust*, che presenta l'intera fabula goethiana di prima e seconda parte della tragedia, e di Usiglio, *Il dottor Faust magister artium*. In queste due versioni degli anni Trenta resta interessante l'aspetto illustrativo delle tavole alternate al testo scritto.

122. Dal Sillaro, *Mefistofele*. Nella stessa "Collezione Amena di romanzi e racconti", era anche uscito, come volume n. 22, una *Dannazione di Faust*, evidentemente frutto di una adattamento narrativo del libretto di Berlioz. La stessa casa editrice aveva anche proposto, nello stesso 1911, un *Faust, racconto popolare*, autore Carlo Riccio. In questa versione, nata dall'ipotesto del *Faust I* di Goethe, Mefistofele appare subito come «cavaliere dal viso un po' truce! Grossi sopraccigli, occhi lucenti, abito elegante, grande mantello rosso», ivi, p. 9. Nonostante la semplificazione della trama e dei personaggi, in questa versione di Riccio colpisce la menzione esplicita dell'infanticidio operato da Margherita, in quanto solitamente in queste versioni popolari interveniva una implicita censura morale rispetto agli elementi più orridi della vicenda; infatti ad esempio il matricidio viene sostituito dalla morte prematura per cause naturali della madre di Margherita. Alcuni elementi, come ad esempio lo sviluppo del personaggio di Siebel in innamorato di Margherita, oppure la presentazione della casa di Margherita come «casta dimora della vergine», manifestano invece il filtro ipotestuale del *Faust* di Gounod.

Nel romanzo popolare anonimo *Mefistofele*, colpisce l'aderenza talvolta finanche letterale col *Faust* goethiano filtrato senza dubbio tramite il libretto di Boito. Ad esempio la prima apparizione di Mefistofele, come voleva la tradizione antecedente Goethe, e come recuperato da Boito, avviene nelle vesti di «un frate grigio col cappuccio [che] cercava di farsi largo».[123] La riverenza del popolo nei confronti del Dottor Faust, invece, presente nell'ipotesto goethiano, non compare in Boito né nella versione del 1868 né nella successiva; piuttosto la narrazione ripropone la scena della traduzione del primo versetto del vangelo di Giovanni, tagliata da Boito nel 1875, ma la scelta dei lemmi da sostituire in italiano con il *logos* greco non sono gli stessi scelti da Boito nel suo libretto del 1868.[124] Insomma, i libretti di Boito si confermano un filtro ipotestuale importante nella tradizione italiana di riscrittura del mito faustiano, ma pur sempre un ipotesto tra altri, spesso contaminati tra di loro, primo fra tutti la tragedia di Goethe e le sue varie traduzioni.

Altro caso è costituito dal *Mefistofele* di Dal Sillaro, presentato da una *Prefazione* e commentato da una *Appendice* che ragiona su Cristoforo Faust (!), Cristoforo Marlowe e Goethe. Il testo narrativo reinventa radicalmente la *fabula* faustiana in un intreccio molto semplificato che corrisponde indicativamente alla vicenda del *Faust I*, ossia alla vicenda dell'amore di Faust per la giovane e pura Margherita: lo scopo del "travestimento" è quello di porre al centro, «il grande contrasto fra la luce e le tenebre»,[125] ferma restando la morale vittoria di quella su queste, e la salvezza, per pentimento, del protagonista. Nelle sue brevi considerazioni sintetiche e sommarie[126] della leggenda faustiana, oltre a sottolinearne l'origine nordica, segnatamente germanica, l'autore pone in grande rilievo la versione boitiana, a conferma del riferimento qui però più latamente culturale che propriamente testuale, al libretto italiano.

1.4. *Mefistofele uomo*

Nel 1913 esce una continuazione anomala del mito, proposta da un autore che si era lungamente occupato, come critico e saggista, della figura

123. Anonimo, *Mefistofele*, p. 8.

124. Ivi, pp. 16-17: «nel principio era la parola» diviene «nel principio era la mente [...] nel principio era la possanza [...] nel principio era l'atto». In Boito, M68, la *climax* era «verbo [...] ente [...] fatto».

125. Ivi, p. 9.

126. Oltre a mancare le fonti delle informazioni riportate, l'autore riassume brevemente notizie, alcune imprecise, sulla storia del mito.

letteraria del diavolo, scrivendo anche sul Mefistofele goethiano.[127] Arturo Graf[128] propone la sua versione in poemetti drammatici de *La morte di Faust* e *L'assunzione di Mefistofele*, ponendo in versi la sua stessa teoria della natura malinconica e non pienamente negativa del Mefistofele, da Goethe in poi:

> Mefistofele è un simbolo, ma non solo [...] è anche persona concreta e vivente [...] è diavolo moderno [...] illuminato, umanizzato [...] di mente aperta e acuta, [...] ha in gran concetto la ragione e la scienza [...] se non – gli – piace il buono, – gli – piace il bello.[129]

Il Mefistofele creato da Arturo Graf è pienamente umano[130] nei suoi peccati, nei suoi dubbi, come nella sua accennata malinconia nostalgica dei tempi passati, finanche capace di "condonare" il debito che Fausto aveva contratto, e contrattato, nei suoi confronti:

> MEFISTOFELE
>
> Io tel condono. Senza né cavilli,
> Né occulte mire, né restrizioni
> Mentali. Io, Mefistofele, rinunzio
> A ogni diritto e ragion che aver potessi
> Sopra di te.
>
> FAUST
>
> Il diavol più non sei?
> Mefistofele
> Sono. Come (salvando la modestia)
> Senza diavol reggerebbe il mondo?
> Ma son fatto diavolo moderno,
> E sol conservo queste antiche fogge
> Perché più mi si affanno alla persona

127. Graf, *Mefistofele*.

128. Graf, *La morte di Faust* e *L'assunzione di Mefistofele*, *Poemetti drammatici*.

129. Graf, *Mefistofele*, pp. 4-12.

130. In questa direzione di un Mefistofele umano capace anche di compassione, va anche il primo abbozzo di quello che poi sarà un breve frammento drammatico di Giovanni Pascoli, *La figlia di Ghita*. Testimonianza ne è data nella lettera al musicista Riccardo Zandonai, cui inizialmente Pascoli pensava di affidare l'eventuale composizione della partitura edita da Benedetti, *Un libretto di G. Pascoli sul Mefistofele con lettere inedite al M. Zandonai*. Ma qui si legga più avanti, a questo proposito, il par. 2 di questo capitolo, *Faust e il femminino*.

E al volto; e ancor perché quelle d'adesso
Troppo son brutte, sordide, plebee:
E tu sai ch'ebbi sempre per l'Estetica
Un debole, e che sono aristocratico...
Ridi? Hai torto. Ma questo ora non c'entra.
Dicevamo che a Fausto, al Dottor Fausto,
Mefistofele il debito condona.
Libero sei.
[...]
deve mutar ciò che finir non vuole.[131]

Ed egli muta, sotto la penna di Arturo Graf, al punto di «molto sentir[e] [...] di Fausto / la mancanza»:[132] alla morte del suo compagno prediletto, Fausto, Mefistofele si sente solo, in un nulla vuoto e privo di senso, che gli fa percepire la noia, e torna a desiderare un colloquio con Dio:

MEFISTOFELE

Pure... Ma sì! Vorrei, se si potesse,
Confabulare un po' col Padre Eterno.
Più di una volta ne' passati tempi
Mi degnò di colloqui il Padre Eterno.
[...]
Se non disturbo.
Ah, questo vuoto, questo infame vuoto,
Dove non c'è più nulla, né da fare,
Né da disfare, e (tranne questa porta,
Questa vietata, spalancata, illogica,
Pleonastica porta metaforica)
Neanche da veder! Uh, che miseria!
[...]

L'ETERNO

Tu prima il pieno biasimavi: adesso
Biasimi il vuoto. Non se' mai contento.[133]

Mefistofele finisce quindi per accettare, quasi con rassegnazione e per ripiego, la proposta di salvezza da parte del Padre Eterno, e il poemetto si conclude in forma di moderna apocatastasi generale.

131. Graf, *La morte di Fausto*, pp. 6-7.
132. Ivi, p. 13.
133. Ivi, pp. 14-15.

Lungo questa linea interpretativa del Mefistofele uomo, peccatore tra altri pari peccatori, si trova anche una novella del 1922, dal titolo quasi crepuscolare de *La governante di Mefistofele*. L'autore, Ugo Tommasini,[134] sceglie addirittura di dare alla sua raccolta narrativa il titolo eponimo di questa novelletta in prima persona, che sostiene che «Anche Mefistofele non era in fondo cattivo ...»,[135] e fa riferimento al «Mefistofele ... Precisamente! Quello del *Faust* di Gounod e dell'opera di Arrigo Boito, quello che "fischia, fischia, fischia!"».[136] Qui viene immaginata la storia dell'infanzia e della formazione di Mefistofele, un bimbo come tanti altri piegato al peccato dai dolori dell'esistenza e dai dispetti della sorte: insomma, conclude la voce narrante, «Creda a me, il fondo di lui era buono. E' la vita che l'ha fatto mentitore, sofista, serpente, sprezzatore. ... Mefistofele (sa che s'è cambiato nome e si chiama ora Vuole-il-male-e-fa-il-bene?) salverà la sua Biancamaria-Libertà».[137]

Il fascino letterario di questo diavolo moderno, nella sua contraddittoria mescolanza di male e bene più umana che demoniaca, continuerà ad essere forte, ma le riscritture di pieno Novecento restituiranno per lo più centralità al protagonista intellettuale Faust. A fine millennio ricompare però il suo nome in alcune titolazioni, a confermare la lunga durata del suo fascino e del nome di Mefistofele anche nella cultura letteraria italiana.

2. *Faust e il femminino*

Nella storia italiana della ricezione del mito faustiano quello del femminino si presenta come uno degli ambiti semantici di maggior interesse, per il dibattito critico e riuso creativo: insomma una delle linee maestre di riscrittura del mito sarà quella che verte intorno a questo nodo antitetico impersonato da Margherita da un lato, dal mito di Elena, dall'altro e infine

134. Tommasini, *La governante di Mefistofele*, in Id., *La governante di Mefistofele*. Ugo Tommasini fu traduttore dall'inglese e dal tedesco, in particolare dell'opera di Steiner, *Filosofia della libertà*, ma anche Steiner, *La concezione goethiana del mondo*. È anche autore di alcune raccolte narrative, di cui ricordiamo anche *Bucciadoro e l'uomo* e *Le vie del sole*.

135. Graf, *La morte di Fausto*, p. 4.

136. Ivi, p. 4.

137. Ivi, p. 14. Si noti anche in questo caso l'onomastica che svela riferimenti al candore della Margherita e alla santità di Maria.

da quella proposta goethiana di *Eterno femminino* rimasta per lo più indigesta alla cultura letteraria italiana, che riunirebbe in uno, sublimandole, tutte le forme dell'amore ben distinte invece linguisticamente nel greco antico in *eros*, *filia* ed *agape*.

Goethe introduce per primo nella storia del Dottor Faust, amplificando un analogo ma minimo inserto di Pfitzer, la vicenda amorosa che vede coinvolta una giovane ingenua popolana; il nuovo personaggio di Margherita dunque, che spesso compare con il nome diminuito in Gretchen a sottolineare le sue semplici origini,[138] si trova ad affiancare, virtualmente, la donna che la tradizione aveva consacrato al fianco dell'inquieto dottore, modello mitico della donna desiderabile e desiderata per la propria avvenenza, donna e amante per antonomasia, regina della bellezza classica, ossia Elena di Troia.

> In Gretchen gewann die Hinwendung zum Volkstümlichen Gestalt, die mit dem Sturm und Drang begonnen hatte und sich bis zu den romantischen Sammlungen von Volksliedern und Volksmärchen fortsetze [...] Die Natur[139] war die große Sehnsucht der Zeit, und Rousseau hatte ihr den stärksten Ausdruck verliehen [...] Sie [Gretchen] verkörpert das stille und reine Genügen in einer kleinen Welt. Gerade weil Faust so ganz anders ist, zieht ihn dieses Dasein an.[140]

Nella nuova struttura bipartita della tragedia goethiana, dunque, questo sdoppiamento degli amori del protagonista si viene a configurare come ennesima forma di polarità tra maschile e femminile,[141] tra Natura e Cultura, tra la *Kultur* della *Gemeinschaft* germanica e la *Zivilisation* occidentale di matrice classica e mediterranea.

138. Esiste anche un'altra interpretazione di quest'oscillazione onomastica: «She is *Gretchen* in her sexual relation to Faust, who experiences her as the natural innocent with an instinct for sex. She is *Margarete* when she focuses on her goal of individual liberation», da Oergel, *Culture and Identity*, pp. 256-258.

139. Laddove si consideri «das Volk als Inbegriff des Natürlichen», Schmidt, *Goethes Faust*, p. 162.

140. Schmidt, *Goethes Faust*, pp. 162-163. «In Gretchen a vincere è la devozione per il popolare iniziata con lo *Sturm und Drang* e che sarebbe continuata fino alle collezioni romantiche di canti popolari e racconti popolari [...] la Natura è stata la grande nostalgia del tempo, e Rousseau ne aveva da parte sua offerto la più forte espressione [...] Lei [Gretchen] incarna la soddisfazione silenziosa e pura in un piccolo mondo. Proprio perché Faust è così diverso, questa esistenza lo attrae». Traduzione mia.

141. In merito Kaiser, *Può salvarsi l'uomo? Streben e amore. Simbologia dei sessi e redenzione,* in Id., *Faust o il destino della modernità*, pp. 97-114.

> Die ausfürungen zum zweiten Teil des *Faust* berücksichtigen nicht jeden Akt und jede Szene gleichermaßen. Auf die Skizzierung der für das Verständnis des Werks wesentlichen Perspektive sowie der tematischen und strukturellen Zusammenhänge folgt eine genauere Untersuchung des dritten und fünften Aktes, die jeweils einen der beiden Hauptaspekte des Dramas entschieden hervortreten lassen. Der dritte Akt gilt der Vollendung einer ästhetischen Kultur in der neuzeitlichen "Kunstperiode", die mit der Renaissance beginnt und mit Klassik und Romantik ihren Höhepunkt, zugleich aber auch ihr Ende findet; der fünfte Akt konzentriert sich mit Ausnahme der ins Jenseitige reichenden Schlußpartie auf den problematischen Zivilisations-prozeß der Moderne.[142]

L'amore può scegliere come suo oggetto di desiderio, il semplice reale o il bello ideale, l'arte o la natura, mentre l'unione sessuale può essere vista come peccato o completamento, infrazione o sublimazione dell'io, riunificazione con l'ideale, dannazione o perfino salvezza. Amor sacro e amor profano s'intersecano, sovrappongono e contrappongono nelle vicende erotiche che Faust vive con le due donne: ma i due modelli restano ben distinti, evidentemente contrapposti eppure a loro modo complementari, co-necessari. L'antica dialettica di *eros kai tanathos* si ritrova in entrambe queste situazioni, declinata però in maniere opposte: la cornice borghese e religiosa di stampo realista inquadra tutta la vicenda dell'amore terreno, individuale, del *Faust I*, conducendo quindi ad una necessaria condanna del peccato carnale, con tutta la descrizione realistica dell'orrore che ne consegue, fino al pentimento coronato dal perdono divino di Margherita, mentre la storia dell'unione con l'evocata immagine di Elena del *Faust II* pertiene a tutt'altro registro rappresentativo, inquadrato com'è in un contesto semantico di stampo esoterico e massonico, comunque iniziatico,[143] reso attraverso una visionarietà simbolica che tende al sublime cosmico. Separate e unite, infine, le due figure femminili amate dal Dottor Faust si

142. Schmidt, *Goethes Faus*t, p. 210. «Nella seconda parte del *Faust* gli argomenti non sono sviluppati equamente in ogni atto e ogni scena. Per una comprensione tanto della prospettiva generale che delle relazioni strutturali dell'opera, è necessario un esame dettagliato del terzo e del quinto atto, che fa emergere ciascuno dei due aspetti principali del dramma. Il terzo atto è il completamento di una cultura estetica nel nuovo "periodo di arte" che inizia con il Rinascimento e trova nel periodo classico-romantico al tempo stesso il suo apice e la sua fine; il quinto atto si concentra sul processo problematico della civilizzazione moderna». Traduzione mia.

143. Steiner, *Gli enigmi nel "Faust" di Goethe, exoterici ed esoterici.*

ritroverebbero, con un azzardo in odor di eresia panteista, in quell'*Eterno femminino* che, negli ultimi versi della tragedia, conduce sempre verso l'alto: culmine sincretico[144] dello *streben* che non rifugge neppure dallo scomodare la teologia mariana cattolica tramite l'implicita citazione del *Paradiso* dantesco.[145] Vi è una linea critica che riconoscerebbe un cattolicesimo di fondo[146] nella concezione della salvezza del *Faust*, proprio per la presenza dell'intercessione di Maria e Margherita. Questa linea nasce in contrasto con l'evidenza storica della formazione religiosa riformata di Goethe (si pensi all'affermazione di Goethe nelle *Conversazioni con Eckerman*, data 11 marzo 1832: «non sappiamo davvero di quanto, di quanto mai noi siamo in generale debitori a Lutero e alla Riforma. Ci siamo infatti liberati dai vincoli di un'angustia spirituale, diventando in seguito atti al progresso della cultura, a ritornare alle fonti e a comprendere il cristianesimo nella sua purezza. Abbiamo ritrovato il coraggio di stare con piede saldo sulla terra di Dio e di risentirci in questa nostra natura donata da Dio») che fu anche all'origine, come si è visto, di alcune resistenze morali alla ricezione del *Faust* da parte di tanta critica cattolica italiana (uno per tutti Cesare Cantù, che gli preferiva il *Dottor Faustus* di Marlowe, sostenendo l'immoralità materialistica di Goethe). D'altro canto l'universo femminile si presentava, nel sistema di pensiero come nella poetica goethiana, già di per sé come polo antitetico e stimolo necessario all'universo maschile per la propria ricerca del Tutto, tanto che all'*Ewigweibliche* viene affidata la risoluzione dell'intera tragedia faustiana.[147] Gli ultimi due versi della tragedia, infatti, nominano questo elemento come quello realmente salvifico dell'uomo, dando vigore alla doppia possibile interpretazione del termine neutro *das Ewigweibliche* come "femminino eterno" e "lato femminile dell'Eterno": «Nella simbologia goethiana dei sessi [...] l'uomo tende al viandante, la donna alla figura naturale, idillica» e quindi, laddove anche la divinità sia distinta in lato maschile – con «la sua energia creatrice, de-

144. Condivide questa lettura Perugi, *Elena e il suo doppio*, in *Pascoli e la cultura del Novecento*, p. 305: «definizione sincretica dell'Eterno femminino in cui si sommano cristianesimo e paganesimo».

145. Ma l'origine della questione della donna salvatrice è contenuta in *Genesi*, 3:15.

146. Sulla questione teologica cfr. nel presente lavoro il paragrafo introduttivo e nel paragrafo su *La Divina Tragedia*, nota 201, nel paragrafo su *Furori e ceneri del faustismo*, nota 290.

147. Mathieu, *Goethe e il suo diavolo custode*, offre un'interpretazione filosofica generale del femminile nel pensiero e nell'opera goethiana.

miurgica, che pone dati e norme» – e lato femminile – con «la sua potenza d'amore devota, ricettiva, generatrice e liberatrice» – la salvezza finale è il solo, vero *nostos* per cui valga la pena di quietarsi.[148]

Due interventi di fine Ottocento di due grandi letterati italiani si distinguono come belle eccezioni nel panorama italiano che per lo più poca attenzione offre a questo centralissimo concetto dell'eterno femminino: da un lato il carducciano *Eterno femminino regale,* dall'altro la riflessione del 1882 di Luigi Capuana in esplicito dialogo con quanto scritto sul finale del *Faust* goethiano da Ruggero Bonghi.[149]

Anche il comune lemma[150] attribuito da Goethe tanto ad Elena che alla *Mater* della scena conclusiva supporta questa prospettiva sintetica in un'unica grande immagine simbolica delle polarità dispiegate nel testo tramite le differenti e mutevoli figure femminili che elevano il protagonista a sfere superiori di sentimento e conoscenza. In tale prospettiva si potrebbe leggere una novelletta dannunziana di chiaro riferimento faustiano come provocatoria operazione di ribaltamento ironico del ruolo salvifico della donna. Si tratta della novella *Origine degli zolfanelli*, dove è protagonista un certo Dottor Canamus, «più sapiente di Paracelso e di Faust» e in cui «alla fine la presunzione [...] superò di gran lunga la scienza».[151] Il Dottor Canamus si sposa con una meravigliosa e nobilissima fanciulla viennese, tale Hedwige di Kuisberg, talmente temuta da Satana che, quando gli viene offerta dal marito come merce di scambio per il loro patto, risponde: «Preferisco tornare all'Inferno [...] tieniti la moglie e l'anima!».

148. Questa interpretazione viene indicata dal discorso critico di Kaiser, *Può salvarsi l'uomo? Streben e amore. Simbologia dei sessi e redenzione*, in Id., *Faust o il destino della modernità*, pp. 97-108. Id., *La rimozione degli accadimenti della natura e della storia*, in ivi, p. 58. Quindi, ivi, p. 103.

149. Carducci, *Eterno femminino regale*. Capuana, *L'eterno femminino.* Gli articoli di Bonghi *Perché Fausto si salva?* e *Se la donna salva Fausto?* Uno dei pochi autori italiani, dopo Carducci, che osa confrontarsi con l'*Ewigweibliche* goethiano, sarà Sanguineti, nelle prime battute del suo primo testo teatrale *K*, del 1959, ben prima di scrivere il proprio *travestimento* faustiano *Faust. Un travestimento*, del 1985. E le occorrenze faustiane nelle opere di Sanguineti, spesso fra l'altro non tradotte ma riportate direttamente in tedesco, risultano numerose, vedi in merito de Meijer, *Goethe, Faust e Sanguineti*, *Prefazione* a Sanguineti, *Faust. Un travestimento.*

150. Entrambe vengono appellate *Göttern ebenbürtig* (v. 7440 e v. 12012).

151. D'Annunzio, *Origine degli zolfanelli.* In merito si veda il saggio di Jurisic, *D'Annunzio e il mito moderno.*

Ma andiamo per ordine. Dato l'elevato grado di complessità dell'argomento, sembra opportuno procedere distinguendo, lasciando all'analisi il compito di far emergere, a mano a mano, evidenze e concordanze più generali: ad esempio quando l'immagine di Margherita appare nello specchio nella scena della *Cucina di strega* del *Faust* I, Mefistofele accenna ad Elena, suggerendo già qui una possibile sovrapposizione delle due figure femminili: «Du siehst mit diesem Trank im Leibe / Bald Helenen in jedem Weibe»[152].

2.1. *Gretchen e Beatrice*

Nell'accoglienza del capolavoro goethiano, tanto più nei primi anni tra 1808 e 1832 quando era nota esclusivamente la prima parte della tragedia, in molti non avevano saputo che reputarlo ben concluso così e una delle prime reazioni critiche era stata quella di considerare l'invenzione di Gretchen come fulcro dell'originalità della versione goethiana e apice della sua arte. In molti, tra critici ed autori, anche dopo l'uscita della seconda parte della tragedia di *Faust*, avevano eletto Margherita a vera protagonista dell'opera, tanto da parlare, quasi una ri-intitolazione del *Faust I*, di dramma di Margherita: «Wie schon mehrmahls gestreift, gibt es eine Tendenz zur Aufwertung Margaretes gegenüber Faust».[153] Il successo del dramma di Margherita era in qualche misura più prevedibile, riconducibile alla preferenza che Goethe attribuisce al pubblico per tutto ciò che vi è di sentimentale[154] e al riferimento al romanzesco che Goethe stesso fa nel suo *Vorspiel auf dem Theater*, che conferma ancora una volta la valenza di presentazione sintetica e metaforica dell'intera parabola faustiana del *Vorspiel*. Margherita viene consacrata come vera protagonista dell'opera e a lei direttamente arrivano ad essere dedicate alcune riscritture di radice faustiana, anche in Italia: ad esempio le romanze di Giuseppe Verdi, con le parole di Luigi Balestra tratte dal testo goethiano, *Perduta ho la pace* e *Deh pietosa, oh Addolorata*, del 1838, *La seduzione* dell'anno successivo. In essa prevale scopertamente l'intento pietoso e lirico, che già di per sé fa di Margherita la figura per antonomasia di fanciulla pura sedotta e abbandonata. Così è anche per Luigi Bassi nella sua *Aria Salve casta e pia dimo-*

152. Goethe, *Faust I*, vv. 2603-2604.
153. Scholz, *Die Geschichte der Faust-Forschung*, p. 767.
154. Eckermann, *Conversazioni con Goethe*, 29 gennaio 1826, pp. 131-132.

ra, Cavatina Margherita del 1863:[155] ma anche nei balletti, in gran parte derivati dal ballo di Jules Perrot del 1848,[156] la vicenda di seduzione e abbandono rimane centrale e resta ripresa così ancora una volta solo la prima parte del *Faust.*[157] Siamo agli antipodi della scelta anti-melodrammatica di Boito, che volle eliminare dal testo del suo *Mefistofele* ogni traccia di questi abbandoni al cantato lirico e patetico di Margherita.

Spesso invece a Margherita, e alla sua semplice proiezione virtuale (si pensa alla prima visione in uno specchio nella scena della *Cucina di strega*, *Hexenkuche*, vv. 2599-2264) viene attribuito un ruolo centrale nei desideri di Faust, fattore scatenante non secondario, nella scelta di Faust di firmare il patto con Mefistofele. Nel libretto del ballo di Jules Perrot musicato da Giacomo Panizza, Costa e Bajetti, ad esempio, pur nella sinteticità della descrizione della scena implicita nel genere stesso, è chiara la funzione primaria che si vuol attribuire alla figura di Margherita. La sua apparizione avviene come in sogno, nello stesso laboratorio in cui Mefistofele era da poco apparso all'alchimista: la visione si configura quasi come un'anticipazione dell'intera vicenda di amore e morte che ruota intorno a questo personaggio femminile:

> densi vapori ingombrano il laboratorio di Faust. Diradansi questi per alcun momento, e lasciano vedere, mentre Mefistofele sparisce, la camera di Margherita. La giovinetta è occupata ad intessere una ghirlanda di fiori di che vuol ornar il ritratto di sua madre [...] Mefistofele è costretto allontanarsi da una virtù che ha del divino, [...] La stanza di Margherita, dileguandosi fra i vapori, dà luogo ad un recinto sepolcrale. – Da una delle principali tombe, dietro le esortazioni di Mefistofele, esce la figura quasi aerea di Margherita, essere fantastico che il genio del male evocò a perdizione dell'alchimista.[158]

Si arriva addirittura a creare un idolo fallace di Margherita come ragione stessa della firma del patto con il demonio da parte di Faust che sceglie così di sottomettere a quello erotico ogni altro desiderio di potere, possesso o conoscenza.

155. Bassi, *Aria Salve casta e pia dimora, Cavatina Margherita*, Milano, Lucca, 1863, fa parte di n. 4 trascrizioni a capriccio per due clarinetti sopra i migliori motivi dell'opera *Faust.*

156. Riferimento bibliografico in merito alle prove di balletto italiane di argomento faustiano è Lillie, *Der Faust auf der Tanzbühne,* pp. 100-103.

157. Perrot, ballo, e derivati: Ronzani, Cortesi, Pugni, Lasina, Termanini.

158. Perrot, *Fausto*, pp. 6-7.

L'attenzione anche narrativa per il personaggio romanticamente patetico di Margherita, spesso intesa come immagine di misericordia, passa dalla sensibilità tardo-romantica a quella decadente: vi è una tradizione narrativa popolare che ruota intorno ad una rielaborazione in chiave erotica e patetica della figura pietosa di questo personaggio. Tradizione che predilige ambientazioni realisticamente attualizzanti forse per favorire il meccanismo di autoriconoscimento da parte dei lettori, e delle lettrici. È il caso ad esempio del racconto di Basletta del 1875, *Gretchen*, in cui la protagonista, giovane, bella, buona, bionda e tedesca, nasconde un passato traumatico che allude alla vicenda di seduzione e abbandono del *Faust I,* così come di un altro racconto "antifaustiano" del 1899, *Esmeralda e Mefistofele*[159] (che ha in comune con il coevo racconto di *Mefistofele biondo* l'utilizzo del nome di Mefistofele in modo totalmente decontestualizzato rispetto al mito faustiano di origine) o quello già primonovecentesco (1902) di Dionigio Norsa, *Gretchen.*[160] In questo racconto, analogamente a quelli di poco antecedenti sopra menzionati, la *fabula* faustiana risulta narrativamente assente ma compare menzionata e allusa come consolidamento del rimando al carattere della protagonista omonima: la protagonista del racconto di Norsa viene da Berlino, è tedesca, figlia del popolo,[161] giovane, bionda, bellissima e virtuosa: «Sì, sei bella, Gretchen, bella come colei di cui porti il nome, ma non c'è Faust sopra la terra che possa far vacillare la tua virtù».[162] A completare il gioco di rimandi onomastici la scelta del nome di Elena per la deuteragonista, così presentata:

> la giovane, formosa, birichina, adorabile Arcangeli, *la cui missione sulla terra* pareva quella di accarezzare, incoraggiare, quanti più uomini le fosse possibile, per lasciarli poi tutti, uno dopo l'altro, con un pugno di mosche [...] *Donna Elena Arcangeli era* l'*idolo* degli uomini e anche un pochino delle donne del suo mondo.[163]

159. Batacchi Legnani, *La leggenda della margherita.*

160. In generale in Scholz, *Die Geschichte der Faust, Das Frauenbild*, pp. 572 e sgg.; e pp. 766 e sgg.

161. Norsa, *Gretchen*, 1902, p. 11.

162. Ivi, p. 4. La dichiarazione d'amore che il co-protagonista le rivolgerà in chiusura suonerà così: «io ti rispetterò, ti venererò come una santa, come la stessa Madonna!», ivi, p. 97.

163. Ivi, p. 44 e p. 66. Corsivo mio.

Dietro a questo schema si potrebbe anche riconoscere il modello topico del doppio personaggio femminile (Maria ed Elena, amor sacro e amor profano) su cui è costruita anche la vicenda di un romanzo tanto importante per il Decadentismo italiano, *Il Piacere* di Gabriele D'Annunzio, del 1888. In generale l'interesse per la vicenda di Margherita presuppone il suo implicito perdono morale per ingenuità e pentimento da parte dell'autore – che talvolta omette, elimina o censura[164] scientemente le sue colpe omicide – e del pubblico, finendo col dimenticarsi quasi totalmente, se non del tutto, della vicenda faustiana, consumata nel riuso fino a scomparire. Insomma, la figura di Margherita, nella sua esemplarità universale, viene generalizzata al punto da perdere qualsiasi specificità goethiana e faustiana, conservando però i generici caratteri etici e religiosi di ingenuità e purezza[165] che le erano propri, semmai conditi di attributi nordico-germanici che ne rafforzavano l'esoticità del fascino.

Dal punto di vista critico va notato che in tutto l'Ottocento italiano, e fino ancora ai primi decenni del Novecento, proprio intorno al personaggio di Margherita si concentravano i paralleli tra i capolavori di Goethe e di Dante, paralleli che si poggiavano sui riscontri danteschi largamente riconosciuti nella scena finale della salvezza ed assunzione in cielo di Faust.[166] Il percorso di Faust era già stato letto come dantescamente tripartito in Inferno – la tragedia di Margherita –, Purgatorio – il *Faust II* – e Paradiso[167]

164. Una vera e propria censura di eros e infanticidio opera ad esempio Mary Tibaldi-Chiesa nella sua versione per giovani lettori, Id., *La leggenda di Faust*, 1936. L'autrice di questa riscrittura rimuove anche il personaggio di Marta perché moralmente troppo dubbio.

165. Tanto in Batacchi Legnani, *Esmeralda e Mefistofele*, che in Berton Fratini, *Mefistofele biondo*, le protagoniste femminili si chiamano Bianca. Come anche in Thovez, *Il nuovo Faust*, schemi, il personaggio di Bianca rappresenta l'amore puro. Nel piano dei personaggi della successiva *Trilogia di Tristano* compaiono come personaggi femminili: Selvaggia e Pia; Beatrice ed Elena; Morgana e Bianca.

166. Professione, *L'eterno femminino e l'assunzione di Faust nel poema di Wolfango Goethe*; Spera, *Dante e Goethe*, in *Letteratura Comparata*, pp. 29-51; Kerbaker, *L'eterno femminino e l'epilogo celeste nel Fausto di W. Goethe*; Maffei, *Il simbolo in Dante e Goethe*, p. 110; Maffei sostiene che Beatrice assomigli quasi più a Elena, e Margherita a Francesca da Rimini, ivi, p. 110; Ferraretto, *Margherita, simbolo e realtà nel Faust di Goethe*; Merejkowsky, *Dante e Lei*, p. 381: «"Oltre la spera che più larga gira / passa 'l sospiro ch'esce del mio core / intelligenza nova, che l'Amore / piangendo mette in lui, pur su lo tira". Questa esperienza religiosa di Dante si ripeterà anche in quella di Goethe: l'eterno femminino "ci trae su" e "dal basso verso l'alto", in Dante; "ci trae a sé", in Goethe».

167. Nel 1964 Alessandro Gestri arriva a costruire su questo schema ascensionale il suo *Piccolo Faust*.

– con la salvezza finale: ma proprio la scelta operata da Goethe di richiamarsi, per la scena finale della salvazione, ad un universo cattolico di intercessione mariana per tramite della donna amata, Margherita, permetteva di azzardare un'identificazione vera e propria della figura tutta goethiana di Gretchen con la Beatrice dantesca. In questa direzione si colloca fra gli altri il critico Ferraretto che parla di Margherita come «l'astro più bello della creazione goethiana»,[168] perciò

> Gretchen non appare nel *Faust* come un intarsio che si possa levar via senza pregiudicare l'unità fondamentale del disegno e della struttura. Esteticamente guardata, rappresenta l'elemento lirico [...] si deve ad essa specialmente se del poema drammatico il lettore trova la prima parte di gran lunga superiore alla seconda per pienezza ed intensità di vita reale. [...] *Essa lega l'umano e il divino* nell'armonia di un misticismo romantico che attrae ed esalta.[169]

Ferraretto conclude aggiungendo persino: «tale è anche la Gretchen nei ritmi divini del nostro Boito».[170] Professore di latino e greco al liceo, Ferraretto identifica una linea tipologica di fanciulle belle e pure nella letteratura occidentale, inaugurata da Omero, poi presente in Terenzio, cui segue il Dolce Stil Novo con la donna, ben ritratta da Cavalcanti nei versi «In un boschetto trova' pasturella / più che la stella bella al mi' parere, / Cavelli avea biondetti e ricciutelli / E gli occhi pien d'amor, cera rosata;» e riconoscibile infine nel ritratto dell'Ermengarda dell'*Adelchi* manzoniano: «improvvida d'un avvenir fallace / lievi pensier virginei / solo pingea». Questa idea di una tipologia letteraria della bella giovinetta ingenua e pura, che con la sua innocente bellezza ispira al bene morale, se non anche religioso, si consolida nell'evoluzione della Beatrice dantesca dalla *Vita Nova* al *Paradiso*, che già De Sanctis avvicinava alla Margherita faustiana:

> è doppia poesia, poesia omerica e dantesca, pagana e cristiana, Elena e Beatrice, o, secondo il contrapposto mirabile di Goethe, Elena e Margherita, la Beatrice a due facce, quella della lirica e quella della *Divina Commedia*, la donna e la santa, congiunte e sublimate in una sola idea.[171]

168. Ferraretto, p. 8.

169. Ivi, pp. 11-12. Corsivo mio.

170. *Ibidem*.

171. De Sanctis, *Lezione IX, Beatrice*, in Id., *Opere*, *Lezioni e saggi su Dante*, p. 144. Ma altrove De Sanctis aveva voluto storicizzare le due figure femminili distinguendone il portato simbolico: «L'ideale antico era Beatrice, la scienza che può tutto, la dottorona e la teologa; il nuovo ideale è Margherita, la vita ignorante, incosciente, ma ricca di fede, di

Dietro al profilo del personaggio che conserva, come più volte ricordato, anche reminiscenze biografiche dell'autore (ulteriore elemento che l'accomunerebbe alla Beatrice Portinari dantesca), riemergono quindi caratteri assimilabili alla funzione *Beatrix*, sviluppatasi in un vero e proprio *topos* letterario della tradizione occidentale.[172] Funzione femminile della mediazione tra mondo dell'esperienza e mondo della trascendenza, il coronamento della tragedia di Margherita nella finale scena di intercessione del *Faust II* non farebbe che consacrare in tale senso la creazione goethiana. E allora ecco che a Margherita, alla sua voce soavemente abbandonata al canto della *Canzone del Re di Thule*,[173] o al suo correlativo oggettivo della cameretta linda egregiamente fermata in musica da Gounod, e appositamente evitata invece da Boito, ai suoi biondi capelli, per sineddoche, oppure per ambiguità semantica al nome suo e del fiore candido per antonomasia, molti autori italiani tra Otto e Novecento consacrano il loro personale contributo di argomento faustiano: spesso dimenticandosi totalmente dell'altra figura, originariamente la sola posta accanto a Faust, quella di Elena, e inevitabilmente anche perdendo lo spessore della complessità che solo la compresenza di una Margherita prima, di una Elena poi, conservavano al mito e alla ricerca epistemologica del suo protagonista. Il sublime tragico verrebbe cioè ridotto al suo aspetto erotico e patetico.

Quello che a livello critico era nato come un pregiudizio generico, ossia la latente analogia che rendeva assimilabili due personaggi storicamente e poeticamente distanti come la Beatrice dantesca e la Gretchen goethiana, si era andato consolidando al punto da venir riattivato in sede creativa in termini semanticamente operativi fino a configurarsi come una delle idee portanti di alcune riscritture italiane di argomento faustiano.

Nella direzione di un'eredità stilnovistica prima e dantesca poi, va ad esempio anche la Margherita del *Mefistofele* di Mario Giobbe del 1902:

affetto, d'immaginazione e d'illusione», De Sanctis, *L'arte, la scienza e la vita. Nuovi saggi critici. Conferenze e scritti vari*, in Id., *Opere*, p. 311.

172. *Beatrice nell'opera di Dante e nella memoria europea, 1290-1990.*

173. Come è noto Carducci diede alle stampe la propria versione de *Il re di Thule*, XCV, dalle *Ballate di Goethe,* 1872, in *Rime Nuove*, *Opere*, pp. 340-341. Ma anche Carducci, *Eterno femminino*: Magris, *Omaggio a Carducci*. La versione carducciana di questo luogo lirico per antonomasia del dramma di Margherita viene ripreso tale e quale nella seconda parte della *Trilogia del Faust* di Brüggemann, *Margherita*. In merito vedasi Mari, *Carducci e Goethe*.

Margherita è la donna che apre all'Amore, donna-angelo che introduce ad una dimensione di Bene superiore. L'autore opera così al contempo un processo d'italianizzazione e di liricizzazione della vicenda drammatica di Margherita e di Faust, come già accennato[174], consolidata in aperte citazioni letterali dalla tradizione lirica medievale italiana: ci si riferisce in questo caso alla ripresa dei versi iniziali della *Canzone V* delle *Rime* di Guinizzelli, «Foco d'amore in gentil cor s'aprende / come vertute in petra preziosa»[175] in cui si teorizza questa ideologia poetico-amorosa poi variamente ripresa da Dante:[176]

FAUST

… E tu al cor mio t'apprendi
fiamma d'amor che nutri di speranza l'ardore!
Tutto prendimi il petto.[177]

Allo stesso 1902 risale la parodia diminutiva e ludica di Leopoldo Fregoli, *Faustino*, in cui Mefistofele, col nome comicamente paronomastico di Mefisto-fiele, entra in competizione con Faust-Faustino nella seduzione di Margherita-Mariquita, di cui s'innamora e che cerca di conquistare come un diavolo solamente sa fare: con minacce e promesse. Mariquita, cantante di successo, negatasi alle *avances* di Mefistofiele perde improvvisamente la voce, per vendetta del crudele pretendente deluso: ma nell'ultima scena, prima dell'*Apoteosi*, cede inopinatamente alle offerte di potere e godimento rinnovatele da Mefisto-fiele:

MEFISTO

Vuoi tu che l'avvenire per te sia seducente?
Cedi! Sei in tempo ancor…

MARIQUITA (afflitta)

No… più non m'ami!

MEFISTO

Donati a me in eterno, e il regno dell'inferno
Ai piedi tuoi porrò!

174. Si veda il paragrafo *Mefistofele oltre-uomo* in *L'Antinorma mefistofelica*.
175. Guinizzelli, *Canzone V*, II strofa, vv. 11-12.
176. Dante Alighieri, *Inferno*, canto V, v. 100 «Amor, ch'al cor gentil ratto s'apprende».
177. Giobbe, *Mefistofele*, p. 73.

MARIQUITA (con slancio)
Sì... sì... Voglio regnare!
Voglio godere, vivere e amare!
(entra nell'ascensore e si getta nelle braccia di Mefisto-fiele. L'ascensore discende).[178]

La centralità del personaggio di Mariquita-Margherita risulta qui evidente: a lei il vecchio ciabattino Faustino dedica tutte le sue attenzioni, dopo aver venduto l'anima a Mefisto-fiele ed esserne stato ringiovanito; per lei perde la testa lo stesso diavolo, eleggendola a sua regina degli Inferi; infine per inseguirla ad ogni costo, nell'*Apoteosi* del dramma, Faustino, «vinto da una forza amorosa irresistibile»[179] si getta volontariamente nell'Inferno: in un capovolgimento parodistico, insomma, tramite inversione assiologica, l'amore lo danna invece di salvarlo. Al contrario della Margherita-*Beatrix* che si presentava molto remissiva alla Provvidenza, infatti, questo di Mariquita è un modello di donna volitiva, come indicano i determinati "voglio" che pongono l'amore come ultimo desiderio, tutto erotico e non certo filantropico, dopo il "regnare, godere, vivere".

Negli stessi anni, Giovanni Pascoli dimostra interesse per questo personaggio al punto che il suo abbozzo di riscrittura, un tentativo di prosecuzione della vicenda faustiana,[180] è dedicato nel titolo alla figlia di Margherita, immaginata come sopravvissuta (a rigore la prima idea del dramma sottolineava, anche nel titolo ipotizzato, la centralità del personaggio di Mefistofele e della sua trasformazione in essere umano capace finanche di compassione e amore). Il primo abbozzo dell'idea di un dramma da dedicare alla prosecuzione del mito faustiano nacque nel 1902, e compare in una testimonianza epistolare in cui si pensava ancora a un dramma in musica:

> Mefistofele dopo la morte del dott. Faust, continuando a bazzicare la terra, trova [...] la figlia di Margherita (mettiamo che la madre non l'abbia uccisa): una

178. Fregoli, *Faustino*, p. 25.

179. Ivi, p. 26.

180. Vedi Ugolini, "*Gretchen's Tochter*". Si apprende dalle note di Perugi a Pascoli, *Opere*, vol. II, p. 2088, che Pascoli possedeva due edizioni del *Faust* in tedesco, una di Lipsia e l'altra di Leida, oltre al *Fausto*. Parte I e II, traduzione di Scalvini. Sul mito faustiano la biblioteca di Castelvecchio conserva inoltre: Giannini, *Il simbolo nel* Faust *di W. Goethe e l'opera di Boito* e Kerbaker, *Baccalaureus ed Homunculis nel Fausto di Goethe*, p. 2089. Pascoli ha anche lasciato la traduzione dei primi 78 versi del *Prologo in Teatro* del *Faust*, in Pascoli, *Opere*, vol. II, pp. 2086-2088.

> povera bimba, povera, povera, bella come il sole, innocente come l'acqua [...] La tenta come è il suo mestiere. La bimba che vive con una sua vecchia zia, nonna, che so io? – con la comare di Mefistofele mettiamo... dà retta al bel tenebroso; ma è così confidente, così innamorata, così carina che [...] il diavolo ne ha pietà. Il suo sentimento così nuovo e poco diabolico commuove Dio che, intervenendo con la sua gran voce [...] perdona al buon diavolo [...] Angelo non puoi riessere / diavolo non sei più: / sii uomo! Mefistofele uomo retto, presso la fanciulla che amava, ed essere amato non è più peccato, sì gioia grande ed infinita [...] e mortale. Egli ora è uomo: morrà ma amerà! Amore e morte![181]

L'idea venne poi fermata nel testo provvisorio *Gretchen's Tochter* del 1904, sviluppatosi in un secondo testo più consolidato nella sua natura teatrale,[182] ma solo parzialmente riscritto, del frammento *La figlia di Ghita* del 1911. Il laboratorio testuale venne pubblicato postumo, nel 1924, a cura della sorella Maria Pascoli, all'interno di un volume dedicato agli abbozzi drammatici pascoliani intitolato all'opera eponima *Nell'anno mille.*[183] L'attenzione pascoliana all'onomastica lo conduce a scegliere come nome della giovane figlia di Margherita[184] quello anagogicamente pregnante di Perdita: perduta era stata la madre, perduta sarà Perdita dietro le lusinghe di Mefistofele. Questo nome ha anche una storia letteraria che risale a *The Winter's Tale* di Shakespeare, dove la figlia legittima ma creduta illegittima di Ermione, abbandonata e poi salvata da due pastori, si chiama proprio Perdita (un riuso tutto decadente ne aveva fra l'altro già proposto Gabriele D'Annunzio nel romanzo *Il fuoco*). La

181. Benedetti, *Un libretto di G. Pascoli sul Mefistofele con lettere inedite al M. Zandonai*; a dire della sorella Maria, Pascoli avrebbe voluto intitolare questo primo abbozzo *La fine di Mefistofele.*

182. «Il fenomeno più appariscente è la riduzione a novenari degli sporadici endecasillabi precedenti, generalmente a scapito di momentanei abbandoni lirico-musicali», Pascoli, *Opere*, p. 2080. Dalla versione del 1904 alla versione del 1911, il testo, volto in prosa, viene riscritto solo per le prime due scene (la prima e alcune battute della seconda per la precisione) delle sette originarie.

183. Pascoli, *Nell'anno mille sue notizie e schemi di altri drammi.* Ne scrisse, oltre a Benedetti, Sorbelli, *Pascoli librettista. La figlia di Ghita.* Il testo de *La figlia di Ghita* viene poi riproposto in Pascoli, *Testi teatrali inediti* e Id., *Opere*, pp. 2081-2086.

184. Il rapporto di eredità allegorica e anagogica tra madre e figlia compariva nella poesia *Per sempre* nei *Canti di Castelvecchio*, 1903, in Pascoli, *Opere*, vol. I, pp. 519-533. Il nome Ghita, traduzione del vezzeggiativo Gretchen, è nome invece già utilizzato da Pascoli nel poemetto «allegoricamente più impegnato», e connesso a *Per sempre*, di *Italy*, *Primi Poemetti*, 1897, in Pascoli, *Opere*, vol. I, pp. 348-383, cit. a p. 348.

vicenda di Margherita, con l'immaginata prosecuzione, viene ad inserirsi nel già complesso e polisemico sistema simbolico delle figure femminili della poetica pascoliana in cui anche Elena deteneva un suo ruolo autonomo nutrito, come si vedrà, anche di influenze goethiane. Inoltre è stato notato che «la complessa digestione allegorica del modello goethiano comporta altresì un energico processo di italianizzazione: così Perdita assume qua e là caratteristiche che ricordano la Lucia manzoniana».[185] I processi di stilizzazione e tipizzazione del personaggio, uniti all'allegorizzazione della vicenda, riconducono ancora una volta, ma in termini ben più elaborati e consapevoli, al modello dantesco di Beatrice: e qui è addirittura Mefistofele ad essere condotto a Dio dall'amore di una donna. Pascoli conserva un dialogo continuo con il mito faustiano, nella forma della tragedia di Goethe, riassumendo e citando luoghi testuali,[186] utilizzando riferimenti lessicali e onomastici tedeschi;[187] negli appunti autografi spunta però anche una frase dal *Dottor Faustus* di Marlowe: «Be I a davil, yet God may pity me... Marlowe's Faustus, c.6»,[188] scelto poi come esergo nel frammento del 1911, testimonianza della complessità dei riferimenti testuali attivati nell'operazione di riscrittura. Il dialogo privilegiato con Goethe è però subito palesato in occorrenze citazionali quasi letterali, come nella citazione del verso 299 del *Faust I*, con cui Dio apre la scommessa con Mefistofele nel *Prolog im Himmel*: «Kennst du den Faust?», scelto da Pascoli come *incipit* del dramma, per cui gli Scolari (ma in un appunto era un più generico e classico Coro), a Marta chiedono «Non conoscete il doctor Faust?!».

185. Pascoli, *Opere*, vol. II, p. 2050. Per un parallelo ottocentesco di *Promessi Sposi* e *Faust*, Capelli, *Faust nei* Promessi Sposi. Per il Novecento riassuntivo risulta *Goethe e Manzoni*.

186. Ad esempio quando appare Mefistofele, nel vedere Marta la riconosce così: «Ah! Una vecchia conoscenza... / Marta Schwerdtlein, se non m'inganno», in Pascoli, *Opere*, vol. II, p. 2085.

187. In particolare le coppie onomastiche allegoriche complementari dell'apertura: «Conosco il doctor Frisch, il doctor Müde, / il doctor Schmit, il doctor Schneider, / il doctor Frosch, il doctor Wurm...» del *Gretchen's Tochter* del 1904 poi ridotto ne *La figlia di Ghita* in «Ma sì! Conosco il doctor Frisch... / il doctor Frosch,... il doctor Wurm...» , in Pascoli, *Opere*, vol. II, p. 2081.

188. Maurizio Perugi ci informa che «a Castelvecchio si conserva Cristoforo Marlowe, *La tragica storia del dottor Fausto*, traduzione con prefazione di Pietro Bardi, Bari, Laterza, 1907» (l'autografo si può visionare online all'indirizzo http://www.pascoli.archivi.beniculturali.it

Nel dramma pascoliano a Margherita è succeduta Perdita, a Faust si sostituisce, come seduttore, il vecchio Mefistofele, in un passaggio di testimone che è al contempo prosecuzione e ripetizione della *fabula* del *Faust* goethiano: da questo nuovo ruolo protagonista di Mefistofele si svilupperà la sua trasformazione in essere non più demoniaco ma umano, quindi mortale. Come apparentemente già a conclusione della tragedia di Goethe, qui è proprio l'amore, per tramite di una giovinetta casta e pura, a cambiare la sostanza stessa del personaggio, facendogli comprendere nel profondo come il cosmo sia retto dall'amore divino e provare di conseguenza cristianamente compassione per i suoi simili:

MEFISTOFELE

Che è questo? Lagrime? Son uomo! A questo segno dell'umanità ineffabile me ne accorgo! Uomo! mortale, dunque? Riposerò. Che è questa morte che mi ha invaso? Un senso dolcissimo eppure doloroso: una stanchezza come di bambino che ha però vicine le ginocchia della madre...
Le stelle sono là... eterne, visione breve. Oh! Come tristo recar dolore in cospetto a quelle! Mi pare se ne debbano accorgere tutte, tutte sentirsene offese, smosse... Il male è una stonatura, una scossa che si dà al quieto, solenne, mite, soave sonito dell'universo![189]

Anche il personaggio di Marta è caratterizzato da una certa ambiguità identitaria evolutiva: quando Mefistofele la riconosce come una sua vecchia conoscenza, Marta sembra non ricordarsi delle lusinghe di quest'ultimo da lei ben accette nell'antecedente vicenda del *Faust I* di Goethe:

MEFISTOFELE

Ah! voi, Marta: una vecchia conoscenza

MARTA

Scusate bel signore!
Io non vi ho visto mai.

Marta in effetti è e non è lo stesso personaggio della tragedia di Goethe: pur conservando i tratti di una natura non pura, non è più la ruffiana della tradizione: ha salvato e allevato Perdita quasi come Margherita in Goethe aveva fatto con la sua sorellina, poi morta (*Faust I*, vv. 3121-3146), secondo un processo di sdoppiamento ipostatico; eppure talvolta diviene consapevole della propria cattiveria:

189. Pascoli, *Opere*, vol. II, p. 2075.

Marta

Sì, chiamami così (mamma), e caccerai un che di cattivo che è dentro di me... Non sono stata tua madre? Non t'ho insegnato tutte le orazioni? Non ti ho data quella cara reliquia che hai sempre nella tua camera sotto il tuo crocifisso? No ho cercato di preservarti da ogni cattivo incontro, da ogni tentazione?[190]

Mefistofele quando ella si comporta troppo rettamente arriva perfino a commentare ironicamente: «Quella Marta non è sempre in sé. Questa può finire bene, cioè male (non mi raccapezzo) come sua madre...».[191] Nel sistema allegorico intessuto di profonde interferenze dantesche ed indirettamente bibliche, Marta «sul piano anagogico, corrisponde [...] alla Marta del *Convivio* [...] Marta Schwerdtlein, in seguito allo choc della morte mistica, personificata da Ghita, simboleggia il cammino della vita attiva, destinato ben presto a rivelarsi come via non vera».[192] In opposizione alla vita attiva si trova la vita contemplativa, cui introducono Margherita, Beatrice, Rachele e ovviamente Maria, e qui anche Perdita che si fa erede, al contempo, della Margherita faustiana, da un lato, e della Beatrice dantesca, dall'altro, lungo la linea pascoliana che accomuna molte delle fanciulle "beatrici" nell'immagine della tessitrice/filatrice/cucitrice, come chiarisce Pascoli stesso nella sintesi dell'azione faustiana proposta per bocca di Mefistofele in *Gretchen's Tochter:*

Mefistofele

Desiderio, azione, poi anche desiderio. Sete, bere e poi sete... Abbreviò la vita col desiderio incessante; e nel mezzogiorno si accorse che era lunga; ma all'alba... a sera... Sedusse una fanciulla...
La fanciulla sedeva al filatoio, / era una giovinetta come tante ...
Di lei si dimenticò nelle braccia di Elena... dimenticò la povera testa mozza ... Or egli è morto ... mi sfuggì. Sapete, chi l'ha salvo? La fanciulla ch'egli perdè... Pregò per lui e lo trasse... (Mi ha derubato due volte).
Gretchen's Tochter è al filatoio alla finestra, all'ultima luce del dì[193]

190. Ivi, pp. 2064-2065.

191. Ivi, p. 2065.

192. Ivi, p. 2048.

193. Ivi, p. 2061. Corsivi miei. In Pascoli fila la nonna di *Italy*, *Primi poemetti*, in Pascoli, *Opere*, vol. I, pp. 361-382; fila *La tessitrice* dell'omonima poesia, *Canti di Castelvecchio*, pp. 680-696; cuce Rosetta «all'ultimo raggio / del sole», in *Il sogno di Rosetta, Odi e Inni*, in ivi, pp. 793-799; tesse e fila Nausicaa bella in *Epistola*, *Poesie varie*, in ivi, pp. 1163-1164. E, come si vedrà, tesse perfino Elena.

La struttura per coppie antitetiche trova in questo dramma abbozzato un'interessante declinazione morale che pone al di sopra delle altre coppie amore-morte, umano-divino, la coppia bene-male, interpretata in «un'inconsueta ricchezza di sfumature nell'atteggiamento di Perdita, la protagonista»[194] che nella sua inquietudine dimostra di possedere un conflitto profondo tra innocenza e perdizione.[195] La pulsione al peccato della protagonista, finalizzata alla redenzione della propria amata madre peccatrice, scelta martirologica che è anche ad un tempo *cupio dissolvi*, si colloca oramai molto distante dall'ingenuità tutta istintiva della Gretchen goethiana, prossima ad un sentire di sapore medioevale e cattolicissimo. Paradossalmente l'ordine morale, così disgregato da dentro, viene ristabilito dalla "conversione" di Mefistofele stesso, cui segue un'ulteriore apocatastasi, come immaginato nella sua prova drammatica faustiana anche da Arturo Graf.[196]

Al di qua della morale cristiana, incerta ed evanescente nel suo statuto perenne di ombra, ricordo, narrazione mitica, compare, accanto alla più realisticamente mortale Margherita, la bella Elena, simile agli Dei.

2.2. *L'idolo Elena*

L'idolo di Elena[197] viene posto anche da Pascoli al polo opposto di Margherita, e in realtà già in Goethe svolge una funzione complementare, antagonistica, di doppio di Margherita.[198] Pascoli è il primo, dopo il solo precedente di Boito, infatti, a confrontarsi con la Elena goethiana, nell'abbozzo drammatico *Elena-Azenor-La morta*, che risale al 1894-1895 (pubblicato solo postumo nel 1924 all'interno dello stesso libretto a cura di Maria Pascoli dove

194. Ugolini, *"Gretchen's Tochter"*, p. 192.

195. *Ibidem.*

196. Si rimanda in merito al capitolo sull'*Antinorma mefistofelica, Mefistofele uomo.* Per uno studio dei due autori si veda Foà, *Arturo Graf; Giovanni Pascoli.* Graf scrive anche la sua *La dannazione di Don Giovanni.* Di Graf esistono anche i poemetti drammatici *La morte di Faust* e *L'assunzione di Mefistofele*, che terminano anch'essi, come in Pascoli, con una apocatastasi generale.

197. Sul mito di Elena vedi Bettini, Brillante, *Il mito di Elena.*

198. Una lettura datata e appiattita sulla contrapposizione reale/ideale del personaggio di Elena nel *Faust II* è data in Mari, *Il mito di Elena nel Faust di W. Goethe*, donato in copia a Giosuè Carducci e conservato presso Casa Carducci, di cui qui si ringrazia il personale per la cortese riproduzione del testo. «Fausto non è più il seduttore della bellezza innocente, ma il sedotto dalla bellezza tiranna», ivi, p. 12. Il saggio merita comunque di essere ricordato perché resta uno dei pochi in Italia a sostenere la superiorità del *Faust II* sul *Faust I*: «egli scrive il secondo Faust, molto meglio, è possiamo dire un completamento del primo», ivi, p. 16.

veniva presentato l'abbozzo del dramma su *La figlia di Ghita*), in cui Elena «è regina di povero focolare: ella fila».[199] Ma ella filava, va ricordato, già in Omero, dove per la precisione viene presentata mentre tesseva, «ricamava le molte prove che [Teucri ed Achei] subivan per lei sotto la forza di Ares».[200] A ben guardare si potrebbe vedere in Margherita la personificazione di uno dei volti che la tradizione attribuiva a molti personaggi femminili (si pensi alla tela di Penelope) e con questi ad Elena, allegoria stessa del raccontare storie, figura ambigua e contraddittoria, doppia se non molteplice nelle sue identità mitiche: lo stesso Goethe ricorda per bocca della Forcide-Mefistofele come Elena abbia una immagine duplice:

> PHORKYAS
> Doch sagt man: du erschienst ein doppelhaft Gebild,
> In Ilios gesehen und in Ägypten auch.[201]

al che Elena stessa tentenna, in preda al dubbio sulla propria identità

> HELENA
> Verwirre wüsten Sinnes Aberwitz nicht gar!
> Selbst jetzo, welche denn ich sei, ich weiß es nicht.[202]

In Goethe la descrizione dell'apparizione di Elena davanti al palazzo di Menelao a Sparta, atto terzo del *Faust II*, è tutta imperniata sull'incertezza della propria identità: Sposa o regina? Umile o nobile?

> HELENA
> Komm ich als Gattin? Komm ich als Königin?
> [...]
> Ists wohl Gedächtnis? War es Wahn, der mich ergreift?
> War ich das alles? Bin ichs? Werd ichs künftig sein
> Das Traum – und Schreckbilb jener Städtverwüstenden?[203]

199. Pascoli, *Opere*, vol. II, p. 2041.

200. Omero, *Iliade*, 125-128. Per la valenza simbolica di Elena si faccia riferimento a Loraux, *Il fantasma della sessualità*, in Id., *Il femminile e l'uomo greco*, pp. 207-226.

201. «Però si dice che, duplice immagine, tu / in Ilio eri apparsa e in Egitto anche», Goethe, *Faust II*, vv. 8872-8873.

202. «Non portare al delirio il mio spirito turbato. / In questo attimo stesso non so chi io mi sia», ivi, vv. 8874-8875.

203. «Vengo io come sposa? O è regina che vengo?» e «Sono memorie? O una illusione mi ha invasa? / Sono stata, io, tutto questo? Lo sono? Sarò io in avvenire?», ivi, v. 8527 e vv. 8838-8840.

Elena è un idolo di se stessa, non esiste senza il proprio ideale, noumeno puro della bellezza, del femminino, e questa natura la rende ontologicamente ambigua e sfuggente, piena di contrasti, incerta nella sua stessa natura reale o ideale, materiale o immateriale:

> Ich als Idol ihm dem Idol verband ich mich.
> Es war ein Traum, so sagen ja die Worte selbst.
> Ich schwinde hin und werde selbst mir ein Idol.[204]

Goethe stesso aveva dedicato grande attenzione a questo personaggio, tanto da pubblicarne gli argomenti in un'opera a sé, *Helena. Eine klassisch-romantische Fantasmagorie* (1827):[205] e nel *Faust II* Elena, che pure si trovava, mito antico, accanto al moderno personaggio di Faust fin dalla sua prima narrazione a stampa del 1587, si erge quasi a vera protagonista della vicenda, sineddoche del dialogo che vede incontrarsi e fondersi antico e moderno, classico e germanico, pagano e cristiano:

> possiamo guardare alla Helena di Goethe come traduzione-riscrittura non di un tema, non di un'opera, ma di un'intera tradizione. E' di questa Helena che si tratta nel terzo atto del *Faust*: sempre instabile sulla soglia, tra realtà e irrealtà, passato e presente, ombra e rifrazione, cangiante e rispecchiante.[206]

Pascoli ha lungamente lavorato, nel corso della sua produzione poetica e letteraria, intorno al mito di Elena, che va considerata, anche volendone cogliere gli evidenti elementi di eredità goethiana, nell'ambito della sua complessa elaborazione del femminino. Perugi da parte sua evidenzia i contatti tematico-linguistici fra i frammenti drammatici di *Gretchen's Tochter* e *Elena-Azenor-La morta*: ritornano in particolare il tema del rimpianto e quello di amore e morte.[207] Inoltre anche qui il tramite ermeneutico dantesco fa da collante ideologico e letterario:

> Il parallelismo di questo abbozzo con gli scritti danteschi eccede il piano della mera prossimità cronologica: come là, infatti, s'indaga sull'autentica essenza della donna gentile, che trascende a livello ontologico le false immagini di

204. «Io come ombra a lui che ombra era mi congiunsi. / Fu un sogno, sono le parole stesse a dirlo. / Svanisco e a me divento io stessa un'ombra», ivi, v. 8527 e vv. 8879-8881.

205. In merito si veda quanto riportato in Catalano, *Goethe*, pp. 254-261.

206. Miglio, *Goethe traduce la "grazia" di Elena*, pp. 47-70. Qui si ringrazia l'autrice per avermi offerto la possibilità di leggere il presente saggio prima della sua pubblicazione.

207. Pascoli, *Opere*, vol. II, p. 2041.

bene nelle quali occasionalmente s'incarna; così qui l'indagine è diretta a definire l'archetipo incorruttibile e immutabile della donna amata.[208]

Ma

Elena è uno fra i più caratteristici simboli bifronti del Pascoli, da *Poemi conviviali, Antìclo* a *Poemi e discorsi, L'Avvento*, e questa versione del mito (che torna nell'abbozzo di trilogia *Nell'anno mille*, (*Elena-Azenor-La morta*) è un'occasione unica per definire l'ontologia in termini che il poeta chiamerebbe filosofici.[209]

Nel carme *Eidolon Helenae (L'ombra di Elena*), Elena, sfuggente e devastatrice per l'amore che genera nelle menti e nei cuori degli uomini, sopravvive celata nell'isola di Faro dove la ritroviamo nella trilogia drammatica *Elena-Azenor-La morta*: ma ancora una volta la mitografia classica si sovrappone a quella medioevale, come già in *Presso l'urna di Percy Bysshe Shelley* di Carducci,[210] complicandosi di valenze cristiane:[211] è così

208. Ivi, p. 2039.
209. Ivi, p. 1224.
210. Carducci, *Presso l'urna di Percy Bysshe Shelley*, in *Odi Barbare* (1877), Elena fa coppia con Isotta, vv. 25-28.
211. Un lavoro sincretico simile viene attuato anche da Enrico Thovez col suo progetto faustiano in più tappe, che dal *Nuovo Faust: primi sette schemi* (1900-1902) approda alla *Trilogia di Tristano* (1938). Thovez stesso, in «Convivium», 1 (1936), spiega la sua aspirazione ad una forma d'arte drammatica, che trovava uno scoglio nella natura del suo temperamento più propensa al lirico. Da ciò probabilmente si può far derivare l'incompiutezza del dramma in questione. L'autodefinizione del progettato poema in tre parti era di «sogno di una mente universale» che prevedeva la resa ipostatica di quattro diversi temperamenti attraverso i personaggi di Marco, come gaudente sensuale, Mariano, come idealista, Fauno, realista razionalista cinico, e Tristano, a metà strada tra l'idealismo e il razionalismo. Il dramma su Faust (*Il piccolo Faust, il dramma di un'anima,* poi *Il mio Faust*, poi *Nuovo schema del nuovo Faust, poema drammatico in prosa*) sarebbe dovuto essere un dramma-poema di formazione, allegoria del percorso storico dell'umanità in una vita sviluppata per fasi. Vi veniva suggerita una circolarità («l'azione è in ogni tempo e in ogni luogo», p. 21) dell'evoluzione umana da istintiva a razionale e viceversa, sulla linea degli studi nietzscheiani di stampo tragico-pessimista. Ma a ben pensarci già in Dante, *Inferno*, V, vv. 64-69 Tristano ed Elena si erano trovati accanto l'un l'altra, accomunati, («le donne antiche e' cavalieri», *Inferno*, V, v. 71), dalla condivisa colpa della lussuria. È noto fra l'altro che in Germania l'episodio di Paolo e Francesca, insieme a quella di Ugolino, era fra i più conosciuti ed apprezzati tra Sette e Ottocento. Da Dante, attraverso Goethe, sembrerebbe che si arrivi anche in Italia, tra gli ultimi decenni dell'Ottocento e i primi del Novecento, a riscoprire l'interesse per il tema di amore e morte tramite un gusto di sincretismo mitologico ormai tutto decadente, che vede accostare il mito antico alla tradizione nordica medievale.

che l'*eidolon* di Elena compare a Pharos ma anche nel Galles, a Kardigan, ed infine, sepolta in un chiostro monastico. «*Eidolon* è dunque il corrispondente esatto del dantesco *simulacrum amoris*»,[212] inserita perfettamente in un sistema complesso di rimandi intertestuali tenuti insieme dalla concezione poetico-ideologica dell'autore che però dimostra, caso più unico che raro nella letteratura italiana, di aver compreso e assimilato profondamente la lezione di Goethe sul dialogo tra antico e moderno, occidentale ed orientale, attivato tramite un riuso moderno della tradizione del mito di Elena. Fin qui si tratta comunque di tracce faustiane nell'evoluzione di un mito altro, quello classico di Elena, e non propriamente di una rielaborazione della materia faustiana in un nuovo testo di tradizione differente.

Il mito di Elena resta tuttavia centrale e strutturante in una curiosissima proposta drammatica in forma di farsa filosofica[213] pubblicata nel 1934 da Adriano Grande (1897-1972); in questa prova metateatrale il mito faustiano interferisce, da protagonista, con altre figure letterarie come appunto Elena di Troia, Amleto, Don Giovanni, Don Chisciotte, Nemo. Un esperimento di sincretismo interdialogico e intertestuale che qui interessa soprattutto perché accanto a Faust vi compare solo Elena di Troia e non più Margherita: si tratta di un ulteriore asse di riuso del mito faustiano di tipo filosofico in esplicito confronto con altri miti letterari considerati modelli tipologico-ideologici, se non anche ipostasi di concetti astratti, archetipi esistenziali, che inevitabilmente ha effetti pure sulla interpretazione e sulla declinazione dei personaggi femminili. In questo caso Elena torna ad essere personificazione della bellezza incontrastata, desiderata ed amata da tutti gli uomini, Elena di Troia, priva di ogni ambiguità o dubbio sulla propria identità incorruttibile, al punto da proclamare di voler morire perché

212. Pascoli, *Opere*, vol. II, p. 2041.

213. Grande, *Faust non è morto*. I personaggi nascono esplicitamente dalla loro matrice mitico-letteraria, che rimane il loro genotipo profondo, ma hanno anche acquisito un fenotipo storico in nuovi nomi e funzioni, o mestieri, con scoperti giochi paronomastici: Wagner: Viviano Envious, professore di filosofia; Don Chisciotte: Cato Madness, fondatore della Superchiesa (di stampo protestante/americano); Elena di Troia: signorina Eva Maja, della Cine-Corporation, amante del Presidente della Repubblica Sancio Pansa; Don Giovanni: Narciso Narcisi, Direttore della Casa Dorata, casa di piacere e gioco; Leporello: Epicuro Beótiam, professore di danze; Polonio: Cicero Formalisti, impresario di pompe funebri; Amleto: Danilo Doubtful, disoccupato di professione; Mefistofele è tornato un cane-demonio: «Quel cane. Era il Diavolo: ora non è più che una bestia. Non temere. E se egli tenesse tuttavia del Demonio non dovrebbe nemmeno spaventarti; perché non sarebbe che il mio Demonio: quello che ciascuno ha in sé», Grande, *Faust non è morto*, p. 13.

invecchiata improvvisamente in seguito all'assunzione di un farmaco: «Se sono brutta, io non sono più nulla...».[214]

Adriano Grande propone al pubblico un dramma metateatrale in cui esplicitamente si mostra il laboratorio drammaturgico con modalità pirandelliane che aprono una strada maestra del riuso metateatrale del mito faustiano nel pieno Novecento: Faust stesso è autore e demiurgo dei personaggi,

> creature vere e fantastiche, di quelle che per alcun loro merito o demerito più mi riuscivano interessanti [...] Gli esseri che io mandai invece per il mondo son quasi tutti della più generosa acqua pazzesca: [...] Ho disposto, perciò, che qui convengano tra breve tutti quanti, affinché io possa colorarli della loro vera coscienza. [...] dai libri dei migliori favolisti ho estratto con un mio procedimento le essenze delle creature che più mi parevan vive. Quanto alle creature vissute realmente, cavai la loro essenza dalle mónadi vaganti negli interspazi.[215]

La morale finale, di registro squisitamente metateatrale, viene invece significativamente affidata ad Amleto:

> Bisogna non aver paura della letteratura, caro Drammaturgo: è necessario tornare ai miti e tornare allo spettacolo, se si vuole che il teatro abbia ancora una ragion di vita. Noi esaltammo, con le nostre figure, caratteri e vicende fondamentali dello spirito umano; al contrario delle moderne annacquature del mio antico dilemma che, nella vita d'oggidì, non riguardano nessuno.[216]

Il personaggio mitico di Elena che, per quanto evidentemente ripreso dalla tradizione faustiana, non conserva più nulla dell'ambiguità identitaria che gli aveva restituito Goethe presentandosi come modello assoluto, ideale incontaminato della bellezza spregiudicata e a-morale, si riattiva inopinatamente a contatto con il suo corrispettivo letterario maschile, Don Giovanni, il seduttore mitico modernamente immorale, già altrimenti evocato in svariate riscritture faustiane. È proprio di Elena che Faust progetta, da drammaturgo-demiurgo sperimentale, che Don Giovanni si innamori, espiando così la colpa delle sue antecedenti seduzioni:

> FAUST
>
> Non temere. *Per ragioni di lontana rassomiglianza mi sei forse tra i più cari*, quantunque, nell'amare l'amore, tu ti sia compiaciuto troppo degli equivo-

214. Ivi, p. 136.
215. Ivi, pp. 19-20.
216. Ivi, p. 143.

> ci. T'illudesti, sapendo d'illuderti: il che, alla fine, non è nemmeno onesto. [...] Avresti potuto incarnare l'esempio dell'impossibilità che han le donne di conoscere a fondo l'uomo: diventare il vendicatore della loro carità approssimativa. Di non averlo fatto, più che di altro, mi fai pena: più che della tua dannazione. A un certo momento, preso di Elena di Troia, pagherai ad essa il tributo di sofferenza che le donne pagarono a te.[217]

Siamo di fronte ad un riuso in chiave minore di Elena come *femme fatale*, figura che nel corso dell'Ottocento è variamente presente in tutta la letteratura europea, con l'eccezione di quella italiana, dove, come spiegava Praz, «l'ingenuo atteggiamento del carattere nazionale di fronte alla vita e al mondo dei sensi non era proclive al sorgere di tendenze come l'*ennui* e l'esotismo».[218] È D'Annunzio che, come accennato, teneva ben presente il carattere di Elena attribuendole, in toni e registri pienamente decadenti, il profilo di seduttrice più che non quello di vittima del fato, «a presentare ai lettori italiani (ne "Il Mattino" del 18-19 gennaio 1893, poi nel *Poema Paradisiaco*, lo stesso anno) la donna fatale adunante in sé tutta l'esperienza sensuale del mondo, reincarnazione di Elena e di Saffo: *Pamphila*»:[219]

> quella che fu da tutti posseduta [...]
> *Elena*, ancóra del mistero antico
> circonfusa per me le sue bellezze
> che vide Ilio risplendere nel sole!
> Quella amerò.[220]

Spesso rimossa nelle riscritture faustiane di pieno Novecento, Elena ricompare come protagonista *femme fatale* accanto a Mefistofele-Mefis in un testo di sapore fantascientifico-ambientalista: *Le tentazioni del professor Faust*, premio Pirandello del 1975.[221] L'autore, l'entomologo Giorgio Celli (1935-2011), ne fa uno strumento nelle mani di Mefistofele per tentare il troppo onesto scienziato professor Faust, di cui si suggerisce fra l'altro esplicitamente l'eredità prometeica: ad Elena viene recuperato quello statuto evanescente e incerto che le era proprio in Goethe, dacché viene presentata come

217. Ivi, p. 33. Corsivo mio.
218. Praz, *La carne, la morte e il diavolo nella letteratura romantica*, pp. 250-251.
219. Ivi, p. 251. Si pensi anche a quanto detto nella nota 58. Corsivo mio.
220. D'Annunzio, *Pamphila*, pp. 662-664.
221. Celli, *Le tentazioni del professor Faust*.

una divinità che ti guarda dalle copertine dei rotocalchi, da tempo. Il suo corpo nudo incendia i pensieri degli adolescenti e dei vecchi. Ma lei non è in nessun luogo. È con te, non è con te. Dorme infondo alle pupille di ogni dattilografa.[222]

Collegata all'apparizione di Elena nel *Faust* di Goethe, c'è l'immagine delle Madri: entità iniziatica e inquietante, che permette di accedere alle forme originarie, le Madri non vengono solitamente neppure nominate nelle riscritture italiane, con la significativa eccezione di un autore come Tommaso Landolfi che scriverà un suo personale *Faust* dimenticandosi delle Madri, ma che pure, interessato com'era a temi e ambienti del fantastico gotico e del grottesco romantico, le nomina nel romanzo *La pietra lunare*:

> Erano tre donne in vario atteggiamento, due di fianco una di fronte, immobili d'orrida immobilità; l'orrore era forse, appunto, solo nella loro immobilità. [...] Guardandole, subito si capiva che erano le Madri.[223]

In generale in tutta l'opera di Landolfi si possono riconoscere insolite eredità goethiane di matrice prevalentemente faustiana[224] che matureranno nei tardi anni Sessanta nel suo *Faust 67* in cui il desiderio di identificazione del protagonista pirandelliano e nichilista Nessuno viene declinato, con insoddisfazione permanente, in tutte le forme possibili: politica, economica, intellettuale, nonché ovviamente anche erotica. La sola situazione che lo interessa sarà proprio la possibilità di un rapporto erotico con la giovanissima lavandaia, personaggio ispirato a Gretchen sebbene più maliziosa, cui Nessuno confessa: «Tu eri la purezza tralasciata. [...] Io [...] farei [...] sarei, il tuo male».[225] Memore del dramma di Margherita, da un lato, nonché erede di una erotia tutta egoistica da Don Giovanni, Nessuno decreta quindi sul nascere il fallimento anche di questa possibilità di essere, tramite l'amore, Qualcuno. E viene proprio per questo, imprevedibilmente, salvato.

222. Celli, p. 19.

223. Landolfi, *La Pietra lunare,* p.189.

224. Si rimanda in merito a De Michelis, *Goethe nell'opera di Tommaso Landolfi.*

225. Landolfi, *Faust 67*, in Id., *Opere*, II 1960-1971, Milano, Rizzoli, 1992, pp. 1110-1111. La giovanissima lavandaia, assimilata per ragioni anagrafiche alla Giulietta shakespeareiana, viene collocata dall'autore, tramite le battute del protagonista Faust-Nessuno, nel regno animale: essere naturale, tutto istinto e irrazionalità, metaforaricamente poi incluso altresì in una logica, propria della poetica di tutto il fantastico erotico landolfiano, di stampo freudianamente sadico.

2.3. Des Italieners feurig Blut: *Faust e Don Giovanni*

Nel percorso di diffusione e riuso del mito e dei suoi protagonisti, si sviluppano interferenze di lungo periodo con altri miti, come quello antico di Elena o quello moderno di Don Giovanni, come già accennato,[226] privilegiando l'asse semantico dell'eros e della seduzione. «Faust et Don Juan constituent les deux sommets de la poésie mythologique chrétienne des temps modernes»: così si pronunciava nel 1805 Franz Horn (1781-1837), il primo a confrontare questi due temi drammatici,[227] mentre successiva di pochi anni è la prima opera, tedesca, che fa incontrare e confondere i due personaggi (Nicolaus Vogt [1756-1836], *Der Färberhof oder die Buchdruckerein* Mainz, 1809).[228] Nel corso del Settecento di fatto le tradizioni dei due miti non s'incrociano e bisognerà attendere il Romanticismo per avere delle opere sintetiche di queste due vicende: resta ad accomunarli la loro struttura profonda, imperniata sulla centralità del soggetto nel mondo, dell'individuo libero di scegliere della propria sorte anche contro la morale, la religione, se non contro il proprio stesso equilibrio esistenziale e vitale. Il rifiuto dell'altro, come quello delle regole sociali e religiose, conduce infatti inevitabilmente all'isolamento e alla solitudine, portando ad estreme conseguenze autodistruttive il rifiuto e la destabilizzazione delle norme comuni: da ciò deriva la dannazione cui si votano scientemente entrambi i protagonisti del mito moderno occidentale, le cui vicende sono accomunate altresì dalla presenza ambigua e incoerente di elementi simbolici pagani inseriti in una visione cristiana:[229] incoerenza e ambivalenza che genera l'apertura dell'opera ad una ulteriore pluralità di senso straniante.

In epoca romantica il femminino, e l'universo erotico cui esso apre, si presenta come una tappa comune della ricerca della libertà individuale e dell'ideale ontologico dei due miti: ogni esperienza amorosa sarà allora da intendersi come occasione di un contatto con l'Amore e, per suo tramite, con l'infinito, attimo fuggente in cui investire speranze di senso,

226. Si rimanda cap. 1, par. 2, *Per un canone faustiano in Italia*.

227. La notizia è riportata alla voce *Faust* del *Dictionnaire de Don Juan*. La voce è a cura dell'esperto del tema faustiano, Dabezies.

228. Segue la più nota, ed esplicita, tragicommedia di Grabbe, *Don Juan und Faust*. Il parallelo tra i due personaggi dell'individualismo volitivo moderno è di lunga durata: uno per tutti si veda lo studio di Watt, *Miti dell'individualismo moderno*.

229. Per queste considerazioni ci si rifà ancora alla voce *Faust* del *Dictionnaire de Don Juan*.

oppure metonimia di valori etico-religiosi da rispettare o da dissacrare. Se per Don Giovanni, seduttore seriale, le donne sono una delle tre "invarianti collettive" necessarie alla sua stessa definizione identitaria,[230] che esse siano vittime o ambigue carnefici o invece redentrici, per Faust sono certamente innanzitutto un possibile contatto, o più semplicemente una concreta occasione di dialogo, con quell'Eterno femminino che sempre trae verso l'alto, verso l'oltre.[231] Anche Kierkegaard in *Aut-Aut* (1843) identificava nella triade Faust, Don Giovanni e Don Chisciotte la matrice mitologica della modernità occidentale.[232] In linea di massima è l'appiattimento semplificatorio della *fabula* faustiana sulla seduzione e l'abbandono di una donna-vittima, con relative varianti più o meno scabrose, che apre ad una maggiore assimilazione della vicenda a quella di Don Giovanni, analogia che pure avrebbe radici ben più profonde nell'essenza dei miti;[233] un cortocircuito tra i due personaggi è presente nella stessa testualità goethiana[234] e riemerge in termini evidenti ad esempio nella riscrittura italiana del dramma giocoso *Fausto* di Gordigiani del 1836: la protagonista non si chiama qui Margherita ma Teresa, e dopo che Valentino appella Fausto "seduttore" egli esorta così Teresa a seguirlo: «Fuggiam mio bene», con parole che rimandano all' «Andiam, andiam mio bene» di Da Ponte.

Di due anni successiva è l'azione fantastica *Faust* di Salvatore Taglioni (1789-1868), che termina fra l'altro con la dannazione finale del protagonista, e che nel *Quadro VIII* cita implicitamente una situazione ereditata dal Don Giovanni nel *Chiostro con tombe a lume di luna*, dove «le figure di pietra sulle tombe si sollevano, si alzano e scendono da quelle».[235] Questa versione del 1838 si presenta, fin dalla *excusatio* al pubblico preposta al

230. Rousset, *Le Mythe de Don Juan.*

231. Goethe, *Faust II*, vv. 12110-12111. Sono i due versi finali dell'opera.

232. Marchand, *Il mito di Faust e la musica nel secolo XIX*, pp. 1002-1021.

233. D'altro canto bene dice Dabezies quando afferma del *Faust* di Goethe: «malheureusement son texte combine tant de nuances subtiles qu'il risque d'ouvrir la porte à tous les schématismes simplistes et à tous les faux sens!», in *Faust* del *Dictionnaire de Don Juan*, pp. 395-403.

234. Ad esempio nel dialogo amoroso tra Margherita e Faust, in *Faust I,* e nello scambio di battute nell'omologa scena dell'incontro di Faust con Elena, nell'atto terzo del *Faust II.* Ma è Goethe stesso a rilasciare dichiarazioni che vanno in tal senso al suo interlocutore privilegiato Eckermann.

235. Taglioni, *Faust*, p. 17.

testo in forma di premessa moralistica,[236] come riscrittura in chiave religiosa e morale della vicenda, tanto che Faust finisce dannato per le sue colpe e Margherita, nella scena finale in carcere, vedendo Faust retrocedere di fronte al crocifisso, viene «in quell'istante a conoscere la scelleratezza del seduttore»: scelleratezza evocata notoriamente da Donna Anna nel duetto con Don Giovanni, seduttore per antonomasia, della scena prima, atto primo del libretto Da Ponte-Mozart.

Altro esempio di raffronto fra le due figure, evidentemente *per contrarium*, si trova nel già analizzato dramma *Mefistofele* di Mario Giobbe: a partire qui da una liricizzazione dell'io moderno alla ricerca dell'amore il confronto con Don Giovanni, viene introdotto tramite la provocazione maligna di Mefistofele: «Da vero Don Giovanni / parla Vossignoria! / Di tutti i fior più belli e tenerelli / vorrebbe il suo piacere…».[237]

Qualche anno più tardi la versione del 1912 di Filippo Surico (1882-1954) si presenta come una satira in tre atti i cui toni ricordano più da vicino quelli dell'opera buffa alla *Così fan tutte* che non quelli della tragedia. La *fabula* stessa, pur vedendo protagonista proprio il Dottor Faust, ruota intorno alla questione di fedeltà e tradimento coniugali, e può essere sufficiente leggere la lista dei personaggi per intendere l'intreccio, che vedrà Faust e la moglie, tra travestimenti, agnizioni e false morti, tradirsi vicendevolmente: il savio Faust, sua moglie, la loro domestica, il discepolo, il servo di questo, la vedovella, il suo secondo marito, il dottore, il contadino. Un insolito testo dunque, che non può essere definito propriamente come una riscrittura faustiana, perché della vicenda faustiana nulla conserva al di fuori del semplificato profilo del protagonista, divenuto un tipo buffo e risibile di savio filosofo seduttore. L'azione s'immagina «in un paese indeterminato, alcuni secoli or sono» – così è indicato dal testo – ma il vecchio Faust è presentato proprio come «il filosofo più grande di quanti vissero, vivono e vivranno, Faust»:[238] una maschera che viene ironicamente schernita per bocca dei semplici ma pragmatici servitori:

236. Si rimanda per la citazione estesa della premessa di Taglioni *Al Pubblico*, al par. 3 di questo capitolo, *Il folle volo*.

237. Ivi, p. 26. L'attenzione di Giobbe per quest'altro mito è testimoniata dal fatto che egli avrebbe, alla sua prematura morte, fra l'altro lasciato un *Don Giovanni* incompiuto. Dietro la presentata citazione si potrebbe anche leggere una proposta di traduzione del verso 2628 del *Faust I* di Goethe riportato in esergo al presente paragrafo.

238. La Domestica, in Surico, *Fausto*, p. 13.

IL SERVO

Il vostro padrone, il vostro filosofo, il più grande eccetera eccetera, à buon vino nelle cantine?

LA DOMESTICA

Ma quando mai un uomo della sapienza non à posseduto, nel nostro principato, una cantina fornita dei vini più squisiti della terra?

IL SERVO

… egli à dunque una cantina magnifica come la sua biblioteca.[239]

La prospettiva edonistica viene così introdotta con l'ironia dal basso, per mezzo fra l'altro di un argomento, quello del vino, già altrimenti presente nel celeberrimo ipotesto goethiano che pure risulta totalmente rimosso a livello di *fabula* e intreccio. La moglie di Faust è giovane e bella, indurita rispetto alle precedenti donne amate da Faust nella tradizione testuale antecedente; ella si professa fedele e pura: per metterla alla prova Faust si finge morto e la sua vedova sarà rapidissima nel conquistare a nuove nozze il giovane discepolo del savio Faust, al cui amore non rinuncerà neppure dopo il risveglio di Faust dalla falsa morte. La beffa caratterizza l'intero testo del dramma in un gioco leggero di riflessi comici che vede continuamente inversioni di ruolo tra beffati e beffatori, traditi e traditori, vittime e carnefici.

Il profilo di Don Giovanni riappare in termini più espliciti sotto la maschera di Faust in un testo davvero esemplare del processo d'italianizzazione del mito venuto dal nord, quasi funzione primaria di quella conversione programmatica operata dall'autore nel trasporre *Faust in Italia.*[240] L'autore, Silvio Pagani (1867-?), appare principalmente interessato alla dialettica tra poesia e filosofia, in particolare nella forma che vede contrapposti istinto e ragione: all'interno di questo schema bipartito Faust rappresenta la lotta tra istinto e ragione per eccellenza, laddove la sua doppia natura si stigmatizza nella doppia identità di intellettuale alla ricerca di profonda conoscenza del vero (Faust) e di frivolo immorale gaudente (Don Giovanni), con la finale e salvifica vittoria dell'intelligenza razionale e morale sull'istinto amorale nelle intenzioni e spesso immorale nelle conseguenze. Vi prevale la diffusa dialettica tra dimensione reale e dimensione onirica, figlia delle aspirazioni e dei desideri istintuali insaziabili. Il Faust di Pagani intraprende con il suo

239. Ivi, pp. 13-15.
240. Pagani, *Faust in Italia.*

compagno Mefistofele un viaggio di formazione, quasi un *grand tour* in Italia, attraverso luoghi metaforicamente pregni della loro storia, della cultura che li ha resi noti nel mondo. Faust attraversando quegli spazi ne fa sua la storia, spesso anche procurandosi concretamente testi classici della tradizione filosofica e letteraria italiana a cui delega la sua formazione intellettuale, in una sorta di rieducazione all'italiana dello spirito tedesco. A tal proposito l'autore risulta abbastanza esplicito nel suo intento nazionalistico: già la citazione foscoliana da *Le Grazie* posta in esergo al testo recita in versi la supremazia artistica dell'Italia («In mille piagge / poser le Dive il pié: pure alla sacra / terra d'Italia il nume lor più arrise»). Quindi afferma in chiusura che

> contro tutti i futurismi volli questi "Quadri scenici" ispirati alle care romanticherie del passato. Nota tuttavia il concetto informatore dell'opera in quasi ogni sua parte è il trionfo dello spirito latino sullo spirito tedesco incarnato da Faust.[241]

Il *Faust in Italia* di Silvio Pagani è da una parte l'intellettuale tedesco rinascimentale attratto dalla cultura umanistica italiana, dall'altro un Don Giovanni spinto all'immoralità erotica superficiale ed edonistica da Mefistofele. Eppure le donne italiane sembrano meno propense a farsi adescare rispetto alle loro omologhe tedesche: in una contrapposizione che imputa maggiore libertinismo all'etica protestante, infatti, Mefistofele ricorda a Faust come «In un paese latino e fra cattolica gente ci vuol un po' di garbo!».[242]

Il viaggio in Italia di Faust si configura così a tratti come una educazione sentimentale italiana del suo lato dongiovannesco; nel *Prologo Al di sopra del mondo* Faust vaga fra le nuvole in compagnia di Mefistofele, che di fronte alla sua insoddisfazione intellettuale lo richiama ai piaceri della carne:

> MEFISTOFELE
>
> Va là, figlio di femmina,
> ci conosciamo, e so che di galanti
> avventure sei ghiotto e che ti piace
> farti gioco degli uomini. Perciò
> lasciam le nubi, o mio dottor.
>
> FAUST
>
> Sia pure.
> Ma dove mi conduci?

241. Pagani, *Faust in Italia, Note*.
242. Ivi, p. 125.

Mefistofele

Oh, in un paese
dove i giorni son brevi…

Faust

Un iperboreo
paese forse?

Mefistofele

Brevi a chi vorrebbe
tutte gustar le ebbrezze che si offrono.
Ti conduco in Italia.

Faust

Oh, sì, l'Italia!
Una notte
di plenilunio in mezzo alle rovine
del Colosseo…

Mefistofele

Non essere sì tedesco!
Farem di meglio.

Faust

Beverem del vino…

Mefistofele

e cenerem col Papa!

[…]

Tre volte sapiente, il dottor Faust
lasciò i libri e lo studio ed in Italia
venne a svagarsi. Qui facezie, lazzi
e piacevoli amori a lui fan liete
l'ore ogni dì. Lo serve fedelmente
lo scaltro Mefistofele, in attesa
di farne buona preda e di sospingerlo,
entro la soglia dell'inferno, al trono
del suo signor, Lucifero.[243]

243. Ivi, p. 21.

Partendo da Venezia, dove Faust amoreggia, grazie all'inganno di Mefistofele, con la moglie del doge, uccidendone anche l'amante di cui aveva fra l'altro assunto i caratteri, quasi un *alter ego* del Valentino faustiano, il protagonista giunge a Padova, dove si intrattiene in colloquio con Pomponazzi, peritandosi in incantesimi e beffe contro gli studenti più stolidi e petulanti. Quindi giunge a Bergamo, dove l'incontro con Colombina ricalca scopertamente il primo incontro di Faust con Gretchen:

FAUST

Posso arrischiar, mia bella signorina,
d'offrirvi il braccio? Vorrei fare insieme
un pochetto di strada.

COLOMBINA

Oh, no, signore!
Se mi vedesse il mio fidanzato!

FAUST

Avete
un fidanzato?

COLOMBINA

Assai geloso.[244]

Faust per conquistarne le grazie è infatti disposto, cinicamente, a fare «come con le Gretchen»:[245] segue la parodia della descrizione della *Pulita Cameretta*, in toni ben meno lirici e casti, e il sotterfugio della cassetta dei gioielli: ma il finale è di tutt'altro genere, giacché Colombina è fedele e il suo fidanzato Arlecchino, caratterizzato da una parlata bergamasca, caccia Faust a suon di bastonate e improperi. Mefistofele e Faust proseguono il loro viaggio: Milano, con l'incontro con Leonardo da Vinci, e poi Varenna e lungo il Po Pavia, Cremona, Mantova, Ferrara, infine Bologna e Ravenna, con un sapido richiamo a Dante e alla sua *Divina Commedia*[246] coronato a Firenze da un allegorico bacio di Faust con la Beatrice del verso 33 del *Purgatorio XXX* sotto le spoglie di Fiorenza atto a "stedescarsi":[247] «una fanciulla bionda, /

244. Ivi, p. 43.
245. Ivi, p. 45.
246. A Faust viene offerto da Mefistofele la possibilità di dormire una notte a Ravenna, presso la tomba di Dante, e di sognarne l'intero viaggio nei tre regni ultramondani delle tre cantiche della *Divina Commedia*. Pagani, *Faust in Italia*, *Note*, p. 171.
247. Ivi, pp. 171 e sgg.

vestita di color di fiamma viva che corre a noi».[248] Faust le chiede: «Fiorenza, italiano / fammi tu or col tuo bacio»:[249] il bacio acquista il valore quasi di battesimo blasfemo, in una mistica unione della giovane fiorentina, la città che rappresenta, il paese di cui è sineddoche, e Faust in *figura Christi*. Quindi il viaggio prosegue attraverso Siena, la Roma papale (in cui i due s'incontrano con il papa Alessandro VI che avrebbe venduto la propria anima al diavolo per essere papa per dieci anni), Benevento, Napoli, dove Faust convola a nozze con una certa Grazia – *nomen omen* – che ricorda da vicino il carattere di Gretchen. L'autore riscrive in effetti il dramma di Gretchen, tramite la variazione di punti cardinali della *fabula* in un intreccio che consacra la *beatrix* Grazia-Margherita a pura vittima e attribuisce al solo Faust tutte le colpe, compreso l'infanticidio del bimbo nato dal loro amore. Alla scena del carcere viene sostituita una scena patetica nel giardino di Convento a Capri, e di lì a poco Grazia morirà amata e innamorata del suo Faust, salvata dalla propria capacità di amare.

Tutto il percorso è un continuo oscillare di Faust, tentato da Mefistofele, tra le sue due anime, esemplificate nelle due forme di desiderio, carnale e intellettuale, fra cui Faust non sa scegliere e risolversi. Parallelamente a questa dialettica si sviluppa il processo di italianizzazione, appiattito da Mefistofele sulla dimensione della lussuria eppure sottilmente invece complicato nell'animo di Faust dall'educazione etico-culturale che avviene per mezzo di incontri e letture italiane:

FAUST

Dacché mi trovo in questa "sacra tellus"
fra i tedeschi non so vedermi più.
Goffi, arroganti, rozzi, boriosi,
smodati in tutto e in fondo al cor malvagi,
ah, che genìa! Chi fu
che mi volle tedesco?

MEFISTOFELE

Ghignando e additando il cielo:
Eh, quel lassù!
Ed io, per contraddirlo, ebbi il capriccio
di far di te un italiano.[250]

248. Ivi, p. 180.
249. Ivi, p. 182.
250. Ivi, p. 170.

A Roma Mefistofele gli offre anche la possibilità di un incontro con l'antichità latina: e non è privo di significato che in una scena successiva Faust consacri, accanto alla tradizione classica greca eletta da Goethe stesso come modello di classicità, anche quella romana: «Pensavo: è bella come l'Elena greca e saggia come la Lucrezia romana».[251] D'altro canto tutto il dramma è composto in endecasillabi, verso della tradizione lirica italiana per eccellenza: perciò anche a livello formale l'autore rimarca la scelta di voler italianizzare il mito.[252] Nell'*Epilogo* Faust fa alla fine la sua scelta: elegge il pensiero a via di salvezza per l'uomo, deludendo il lussurioso Mefistofele e salvando la propria anima:

FAUST

Pensare,
ecco dell'uomo il compito! E pensare
vuol dire cancellare quel ch'è nel mondo
diversità e rivalità: studiare
vuol dire pensare con misura, in lente,
meditate, incessanti operazioni
dello spirto assorbire a poco a poco
la realtà nel nulla. Il pensare dunque,
lo studiar sono per l'uomo la via
della salvezza e del riscatto, il fuoco
che sublima e purifica, la vera,
la sola nobiltà... Qual or mi trovo
minor uomo da poi che alle lusinghe

251. Ivi, p. 208.

252. Lungo questa linea d'italianizzazione del personaggio e del mito di Faust si può ricordare anche il peculiare esperimento di riscrittura in dialetto meneghino del 1929: l'autore è Giuseppe Andrea Ferrario, che utilizza lo pseudonimo di Onip per presentare al pubblico il suo *El Faust. Scene di verità e di fantasia* del 1929. Il testo presenta una vicenda altra rispetto alla *fabula* goethiana, in una forma «né di grottesco, né di rivista e neppure di parodia: c'è forse un po' di tutto assieme. Ho voluto proiettare sullo schermo del nostro ambiente popolare (e cioè della nostra città e del nostro tempo) le ombre degli eroi del poema immortale di Goethe "Faust e Mefistofele". [...] l'alto pensiero etico che informa la leggenda del poema: l'eterna antitesi tra il miraggio della Gioia [...] e la visione radiosa della Bontà [...] Tale pensiero volli, integro nella sua essenza, portare dall'elevata concezione filosofica alla piana forma dell'insegnamento». La scelta del linguaggio dialettale si colloca quindi perfettamente all'interno di quest'operazione di diminuzione che l'autore si era proposta, ed è allora interessante che per Mefistofele invece si sia scelto l'eloquio italiano, con un'autopresentazione che ricorda da vicino, con l'insistenza sul fischio nella rima «me ne infischio/fischio» il *Mefistofele* di Boito. Onip, *El Faust*, nota all'editore.

della vita cedetti! …
[…]
Oh casta solitudine
della mia Wittemberga, oh, pace santa
dell'antico mio studio!

Riprendendo quasi letteralmente, rovesciato di senso, il monologo iniziale del *Faust I* di Goethe, *Faust in Italia* ritorna ai suoi saperi, rifiutando i piaceri che la vita da Don Giovanni gli aveva offerto, in una vecchia torre che, pur sembrando apparentemente quella di Wittemberg, lascia intravedere dalle finestra «l'azzurro mare d'Italia e l'incantevole costa d'Amalfi, co' suoi ulivi, co' suoi aranci, con le fioriture di peschi e le nevicate di mandorli, nell'eterna primavera mediterranea».[253]

Per concludere si vuole ricordare qui anche il finale dell'esperimento drammatico proposto da Adriano Grande nel 1934 di cui si è già trattato, che vedeva un novello Don Giovanni innamorato perdutamente di una indifferente Elena di Troia, come decretato per vendetta dal demiurgo-drammaturgo Faust:

DON GIOVANNI

E io che fui predatore, ora, di fronte a voi, mi sento incapace di ogni atto che non sia di umile ammirazione

ELENA

Voi mi parlate, capisco, di un genere d'amore che non conosco: spiegatemelo, ché ne son curiosa…

DON GIOVANNI

[…] A nessuno l'ho mai confidato questo segreto dell'animo mio; perché non ho mai trovato chi lo potesse del tutto comprendere. Fu sempre in me una smania di uscire dal chiuso dell'anima, di perdermi senza saper dove… Ma ora lo so: è in voi, è in voi che bramavo annullarmi! … La verità è che nessuna mi diede mai la coscienza di questo che a voi ora dico… Ma ora, con voi, con voi misteriosa e divina!

[…]

L'unica donna che ho amato davvero non l'ho conquistata, ma l'ha conquistata il mio servo! Era la più bella ed è diventata, a quel che ci racconti, orrenda come i rimorsi … È la fine!

253. Pagani, p. 287.

DON CHISCIOTTE (fiocamente):

Sì... è la fine! Anche Dulcinea ha tradito la mia fede nella purezza umana [...] Anche Elena era un'illusione![254]

Siamo di fronte a un'indicazione straniante ma apparentemente definitiva di perdita di fiducia nel senso, nella "verità" delle cose, in cui il gioco d'interferenze testuali e culturali proposto nella cornice del mito faustiano rivisitato acquista un sovrasenso che rimarca il naufragio del sapere umano *tout court*.

2.4. *Faust al femminile*

Seit dem augehenden 18. Jahrhundert finden sich *nicht nur in der deutschen Literatur* erstaunlich viele Beispiele von Frauen, die dem Muster der berühmten Teufelsbündlers nachgebildet sind und die Prinzipien einer "faustischen" Existenzform auf weibliche Lebensbedingungen zu übertragen versuchen. [...] Der Teufelsbündler Faust ist keinesweg immer ein Mann.[255]

Lo studio più recente dedicato al tema delle "sorelle di Faust" si prefigge di rintracciare possibili antecedenti di un carattere faustiano femminile onde meglio comprendere, in una prospettiva di storia della mentalità e dell'immaginario, il significato delle singole figure concretizzate in un testo di fantasia che rielabori al femminile il carattere faustiano. La studiosa rimarca anzitutto una centrale questione di metodo: la necessità di contestualizzare culturalmente e storicamente ogni indagine sulle figure femminile di un mito. È chiaro allora che, se pure già nella critica ottocentesca compariva il sintagma "weiblicher Faust", si deve solo a studi novecenteschi l'attenzione più consapevole a questo fenomeno culturale.[256]

Anche la produzione faustiana di lingua italiana offre alcuni esempi di riscrittura in chiave muliebre del mito, significativamente tutti novecenteschi, nati quindi in un clima culturalmente sensibile al problema della parità tra i sessi. Non solo però il patto con il demonio sembrerebbe elemento

254. Grande, *Faust non è morto*, p. 63 e pp. 134-135.

255. Doering, *Die Schwestern des Doktor Faust*, p. 8. Corsivo mio. «Fin dalla fine del 18° secolo si possono trovare, e non solo nella letteratura tedesca, sorprendentemente molti esempi di donne che sono esemplate sul modello del famoso "patteggiatore con il diavolo", e che cercano di trasferire elementi „faustiani" sulle condizioni di vita femminili. [...] Il patto con il diavolo non deve necessariamente essere stretto da un uomo».

256. Ivi, pp. 19-32.

necessario e sufficiente a definire come faustiano un personaggio letterario, ma serve anche una più profonda motivazione della ricerca di conoscenza, di una via per superare i limiti imposti all'essere umano da natura e, o, dalla cultura. Probabilmente solo a partire dal riconoscimento culturale di una certa emancipazione identitaria e pratica della donna si poteva concepire un vero Faust femminile, che rivendichi a sé anche il diritto di superare i limiti impostile da autorità umane e divine, che voglia aumentare le proprie conoscenze ad ogni costo.

Il primo esempio in ordine di tempo è quello del romanzo della scrittrice e giornalista ebrea triestina Ida Finzi (1867-1946), nota con lo pseudonimo di Haydée: il romanzo si intitola *Faustina Bon*[257] e vinse il secondo premio del concorso indetto dalla Società Italiana degli Autori e degli Editori del 1912, per essere poi pubblicato nel 1914. La protagonista di questo "romanzo teatrale fantastico", Teresina Bozzo, si presenta in terza persona nella sintesi biografica che occupa il primo capitolo, come perfetta controfigura moderna e italiana di Margherita, piuttosto che di "Fausta": sedotta e abbandonata, partorisce sola una gracile bambina che sopravvive appena due mesi. Ma questo è solo l'antefatto, di cui lo sviluppo della *fabula* potrebbe essere interpretato come virtuale vendetta e risarcimento: la giovane infilatrice di perle di Murano – quasi una versione tutta veneziana della filatrice sedotta e abbandonata – reagisce alle sue disavventure dedicandosi al teatro e, ormai ultracinquantenne in declino, si ribella a una vita di accettazione del ruolo passivo di vittima della vita, cedendo alla profferta di un mefistofelico Tita Nonzolo, merciaiuolo veneziano ambulante, prima, portaceste di teatro poi:

> il grosso merciaiuolo, detto *Tita Nonzolo*, per il suo aspetto da prete e le sue maniere untuose, il quale condiva tutte le sue frasi di "relativi" e "relativamente", posti a proposito e a sproposito, e aveva girato mezzo mondo col suo carretto [...] Il *Tita Nonzolo* che si trova sempre sulla strada delle belle tose povere, il *Tita Nonzolo* che insegna loro come il mondo sia grande e pieno di bei giovanotti; il *Tita Nonzolo che no xe mai stà giovane e che no' l deventa mai vecio*, e che è sempre pronto a venire quando qualcuno ha la gentilezza *de farghe la so relativa ciamada.*[258]

Che Tita Nonzolo sia proprio Mefistofele ce lo dice l'ironica autrice scrivendo per lui questi pensieri:

257. Haydée (Ida Finzi), *Faustina Bon.*
258. Ivi, p. 6 e p. 25.

> Quando ero tedesco, e portavo un bel nome classico, e frequentavo i grandi poeti, io ho lottato per comperar l'anima del dottor Faust; ora che sono un modesto diavolo italiano e borghese e frequento i romanzieri spiccioli, mi piacerebbe comperar l'anima d'una Faustina, un Faust piccoletto e femmina...[259]

Chi scrive sembra voler suggerire al lettore una doppia valenza di questa nota interdialogica: con l'ironia triplice della *diminutio* (da tedesco e classico ad italiano e borghese, da grandi poeti a romanzieri spiccioli, dall'anima del dottor Faust a quello d'una Faustina "piccoletta e femmina"), si rimarca soprattutto la natura femminile dell'autrice e della protagonista, sottolineando così, per contrasto, la rivoluzione culturale in atto nel testo e con il testo, e si attiva al contempo una semantica intertestuale, intratestuale ed una extratestuale, referenziale insomma, a suo modo militante. Il testo è inoltre definito, nel paratesto, *romanzo teatrale*, quasi a sancire in una formula il passaggio storico dalla *tragedia* al *romanzo*.

I rimpianti, le disillusioni e delusioni della vita, l'impotenza di vedersi ormai vecchia con la vana consapevolezza dei propri fallimenti passati, spingono la protagonista Teresina Bozzo a pronunciare parole che aprono come un invito al patto diabolico:

> Ah, essere giovani, essere ancora belle e potenti, sapendo tutto quello che si sa poi, comprendendo la propria forza! Ah, dare l'anima al diavolo per un anno di giovinezza, ora che so![260]

Le conoscenze acquisite con l'esperienza di una vita sono rese inutilizzabili dall'età in cui oramai non si ha più possibilità di riscrivere il proprio destino: sono invece armi di riscatto quando unite a un corpo ancora giovane ed attraente, strumentalizzabile ai propri fini e non più a quelli degli uomini. La protagonista ha dunque l'ambizione di vendicarsi di una esistenza votata al fallimento, ottenendo con quel patto una nuova possibilità, cinicamente tesa a prendere dalla vita tutto quello che essa di meglio può offrire: ricchezza, potere, successo. Ma come Faust anche Faustina non trova mai piena soddisfazione nei suoi successi nati da acrimonia, calcolo e vendetta: «La vendetta è noiosa come il perdono – pensò l'ex-Teresina – con l'aggravante di essere meno sbrigativa...».[261] La seconda possibi-

259. Ivi, p. 29.
260. Ivi, p. 23.
261. Ivi, p. 281.

lità patteggiata col diavolo nasceva falsificata all'origine da un principio di alienazione dall'io che inevitabilmente portava la protagonista a una vita di finzione: la morale esistenziale, immanente, priva cioè totalmente di motivazioni e finalità trascendenti, indica quindi come unica soluzione alla perenne insoddisfazione di fronte a ciascuno dei successi raggiunti, la ricerca di un senso veritiero delle cose.[262] Anche Faustina, come Faust, seduce e abbandona un giovane sincero e innamorato che per lei si toglierà la vita: con la differenza di operare in perfetta e cinica consapevolezza, pur non riuscendo poi ad accettare totalmente la spiazzante verità di quell'atto disperato di autodistruzione. Si apre quindi una crepa nel cinismo, nella sua distaccata razionalità egoistica, che le fa piombare addosso la pesantezza della maturità e inizia così la nuova ricerca di un piacere sincero, autentico.

> – Vediamo Teresineta, vediamo ... Pensa che tu hai tutto nel mondo; sei bella, sei ricca, sei nobile, sei invidiata...
> – Tutto questo è così vuoto!
> – Sei così intelligente, anche. Puoi godere tutte le gioie che dánno l'arte e la poesia, tutti i piaceri raffinati della mente che ammira, tutti i puri banchetti della bellezza...
> – Tutto questo è così freddo!
> – Io posso darti anche più: io posso farti regina davvero, non per un'ora; io posso far di te la Musa di un grande poeta, e renderti immortale; tutto quello che il mondo può dare, io posso dartelo... *Vustu, Teresineta, vustu*?
> – No (disse la giovane donna, con voce limpida e ferma). Io voglio altro, Tita, ve l'ho già detto. Voglio essere, fosse pure per un'ora soltanto, *veramente* giovane, *veramente* innamorata, libera da questo peso di vita vissuta che mi opprime e mi schiaccia. Voglio amare e non sapere più; voglio avere diciott'anni veramente, sotto un bacio nel quale io creda; essere ciò che Teresina Bozzo fu cinquant'anni fa, a Murano, ciò che quattro anni fa, a Torino, fu Faustina Bon; voglio la sola felicità *vera* che vi possa essere nel mondo per il vostro piccolo Faust femminile, amico Tita. Questo voglio![263]

Il Mefistofele-Tita quasi si dispiace per questo desiderio, implicitamente autolesionista, di Faustina:

262. Le poche verità di questo mondo, e sulle donne in particolare, spesso vengono enunciate dall'ironico Tita Nonzolo: così che «A teatro è come negli scacchi [...] la donna *magna tutto*». Così anche che «Una mamma, una Mamma colla *so relativa* inizial maiuscola è il solo vero miracolo che abbia compìto quello lassù», ivi, p. 281.

263. Ivi, pp. 317-318.

> Vedi, fra me e Quello lassù, viviamo in una specie di pace armata, come l'Europa d'adesso; ci combattiamo in silenzio, ma cercando di serbare certe convenzioni; se rompiamo quelle, può scoppiare la guerra aperta, e addio mondo! L'amore, l'amore che tu mi domandi, Teresineta, io lo ricevo dal cielo, di contrabbando; e sono obbligato a non darlo che a prezzi ridicoli, e in quantità minime, se no quell'altro se ne accorge.[264]

Ma Faustina resta determinata a perseguire il proprio *Augenblick* di verità, ancora una volta grazie all'Amore: che sia Margherita o Elena («gli uomini sono ciò che la nostra illusione li fa»),[265] l'importante è che ci sia fiducia nella sincerità dell'amore che si vive e per il quale Faustina è disposta a morire, a ventiquattr'anni appena.[266]

Negli stessi anni nasce un secondo esperimento di declinazione femminile sperimentale della vicenda faustiana che culmina addirittura con una versione cinematografica:[267] il "poema cinema-musicale" del 1915 *Rapsodia satanica,* di Fausto Maria Martini. Il testo è tutto intessuto di simboli cromatici e lemmatici lungo la dialettica di amore e morte, e questo motivo, accanto a quello del patto con un Mefisto spuntato da un quadro, sono gli unici elementi effettivamente faustiani dell'opera.

> sostando appena per il ghigno
> di Mefisto, umanato fuor del quadro
> corroso, s'ebbe, mentre invidiava
> il destino di Faust, la più tremenda
> offerta: « Vuoi tu ritornare giovane? »
> Alba disse: « Non si combatte il tempo ».
> E il demone: « T'inganni, se tu credi
> che il tempo t'abbia inciso sulla fronte
> il segno incancellabile: più aspra
> è la mano, di più sicura forza,

264. Ivi, p. 318. L'ammiccamento alla storia europea contemporanea rafforza l'idea che l'autrice fosse interessata anche alla dimensione extratestuale, a una forma di impegno, diciamo così, della scrittura di finzione, nei confronti del mondo reale.

265. Ivi, p. 319.

266. Ventiquattro anni era il periodo tradizionalmente concesso da Mefistofele con il patto a Faust. Non così in Goethe, in cui il patto è scommessa aperta, e poi notoriamente persa dal suddetto Mefistofele. Sembra condivisibile la lettura metonimica della durata del patto che rispecchierebbe le ventiquattro ore della giornata, piccolo circolo vitale dal giorno alla notte dell'intera vita, e qui propriamente alla morte.

267. Se ne parla infatti più distesamente nel capitolo dedicato a *Fantasmagorie faustiane nel cinema italiano.*

d'Amore! Ascoltami, Alba d'Oltrevita!
S'io demone mi sono, di magie
signore, taumaturgo d'una chiesa
di fuoco, fuor dell'abside del male
sgorgato per offrirti l'inatteso
dono, ecco io, ti ridò vent'anni, aurora
rosata, e tu rinuncia, per la vita
all'amore! Un cupido, una clessidra;
tra i simboli ti scegli: quale abbatti?...»
E fiorirono, poi ch'ella ebbe scelto
il suo destino e fu gettato a terra
l'idolo del più bizzaro iddio,
tutte le primavere del suo sogno
ad Alba d'Oltrevita, e le rinacque
lo sguardo [268]

La matrice dannunziana avvicina questo ad altri esperimenti pressoché coevi in cui si notano anche intersezioni tra il mito faustiano e i racconti medievali dell'amore di Tristano e Isotta:[269] l'amato di Alba d'Oltrevita si chiama infatti Tristano, in un sistema di rimandi simbolici che gioca tanto sul livello onomastico che su quello metaforico e interdiscorsivo. Questo esperimento resta più interessante come documento di una ricerca moderna di nuove forme d'espressione artistica sincretiche che non come opera d'arte in sé, certo più importante per la storia del cinema che non per la storia letteraria.

Bisogna far passare quasi l'intero secolo XX per incontrare un'altra Fausta: si tratta del racconto-provocazione del 1990 *Faust-Fausta*,[270] in cui chiaramente la prospettiva femminista di fine Novecento si è largamente evoluta, e nella sua preminenza ideologica offusca l'utilizzo del mito faustiano riducendolo in parte a puro pretesto, come si evince dal manifesto implicito nel sottotitolo: *Un romanzo filosofico che cerca di superare le relative appartenenze di una differenza sessuata.* Eppure resta interessante la scelta da parte dell'autrice, eclettica artista femminista, di volersi esplicitamente rifare a questo mito della modernità adattandolo assiologicamente ai nuovi contenuti ideologici di suo interesse. La differenza sessuale si presenta

268. Il testo di *Rapsodia Satanica* è interamente consultabile online all'indirizzo http://www.mascagni.org/books/rapsodia-satanica#noteref-1.

269. Si pensa in particolare a quanto scritto nel paragrafo sull'*Idolo Elena*.

270. Mangiacapre, *Faust-Fausta*.

qui come il limite posto dalla natura che un nuovo umanesimo femminista si propone faustianamente di sfidare e superare: «l'essere donna e l'essere uomo come mito di Faust significa voler agire anche nella propria immagine al di là di qualunque limite sia pure quello della natura».[271] In realtà sembra che sia il pregiudizio culturale e sociale largamente diffuso sui ruoli dei due sessi a voler essere radicalmente riformato. Elementi faustiani emergono nel corso di una testualità narrativamente franta, anche nella voce narrante che passa continuamente dalla prima alla terza persona singolare, creando un effetto multiprospettico straniante; essa si presenta non priva di contorsioni logiche e narrative che rendono poco consequenziale lo sviluppo diegetico del romanzo, eppure le citazioni più o meno esplicite di *topoi* faustiani, propriamente goethiani, agiscono in parte come collante semantico ipertestuale dei vari episodi: l'iniziale tentazione dell'autonegazione nel suicidio; il patto con Mefisto, chiamato alternativamente Mefistofele; l'amore per Elena come personificazione del bello e dell'arte, unico valore assoluto ed eterno, universalmente valido; la seduzione e la perdizione di Margherita, emblema e metonimia della femminilità sottomessa a una storia maschile e maschilista, declinata in chiave partenopea; il riferimento alla ricerca dell'attimo bello per cui valga dare la vita, e l'anima; la divisione stessa del testo in due parti, che rimanda altresì alla strutturale dualità, caratterizzata sessualmente, dell'anima faustiana. Resta interessante l'esperimento di riscrittura parodica di Faust in chiave femminista, che riconferma la sua centralità di metafora assoluta della *quête* come moderna libera ricerca di senso oltre ogni limite imposto dalla cultura e dalla morale, *quête* che fra l'altro in quanto tale è l'elemento primario nella costituzione stessa di ogni storia che voglia assurgere allo statuto di *mito.*

Nel Novecento si incontrano poi ancora altri due testi che tematizzano l'emancipazione della volontà e della libertà d'autodeterminazione femminile *sub specie faustiana*: nel 1936, in piena retorica fascista della donna madre-figlia-sorella, appare in una rivista teatrale un atto unico in cui di fatto si trova un puro riferimento giocoso al mito[272] e in cui la Faustina

271. Ivi, premessa introduttiva.

272. Giordana, *Faustina e la realtà*. Del nome Faustina viene presentato il significato di "portatrice della felicità", e gli elementi faustiani si fermano ad ammiccamenti interdialogici come questi: «Sergio: "È strano: oggi, per la prima volta, mi accorgo che ventiquattro anni sono molti". Renata: "Sono molti per un paese, non per un uomo. Un paese cambia, si trasforma, ma non può rinnovarsi; un uomo sì, e rinnovarsi vuol dire ringiovanire"». Ivi, p. 38.

del titolo ricopre un ruolo totalmente secondario rispetto a quello del suo vecchio amore d'infanzia tradito. Quarant'anni più tardi, nel 1976, il tema ricompare nel racconto di Mario Tobino, *La bella degli specchi*, in cui la protagonista, bella e crudele, stringe un patto col diavolo per avere in cambio trent'anni di giovinezza in più, per poi divenire sua sposa per sempre.

Solo nel secolo XX, dunque, la cultura italiana pare aprirsi alla possibilità di un eroe femminile che si confronti col Diavolo per accontentare i propri desideri: ma vi è spesso una implicita diminuzione del personaggio nell'oggetto del desiderio, non più in lotta per la conquista di una conoscenza o soddisfazione superiore ma tesa ad ottenere la libertà soprattutto di piacere ed essere amate.

3. *Il folle volo*

Il mito di Faust rappresenta in forma moderna l'aspirazione individuale alla comprensione del senso della propria esistenza, stigmatizzata nella colpa cui rischia di condurre questo instancabile desiderio: un erede insomma di altre figure che hanno sfidato i limiti impostigli dall'autorità divina, come Icaro, Prometeo, Ulisse. La linea di assimilazione a questi altri miti della sfida del limite è un fenomeno testuale d'interferenza e interdialogicità di un certo rilievo; in particolare l'accostamento al mito di Ulisse, così come reinterpretato da Dante, si configura come asse morfologico nella storia dell'appropriazione del mito da parte della cultura letteraria italiana: una delle linee di sviluppo storico del mito che trasforma la canonizzazione del capolavoro goethiano da statica a dinamica.[273]

Nella scena dello *Studio* del *Faust I* di Goethe è Mefistofele stesso a suggerire un'analogia tra i due personaggi di Faust e Prometeo:

Hör auf, mit deinem Gram zu spielen,
Der wie ein Geier dir am Leben frißt![274]

273. Il riferimento è ancora alla distinzione suggerita da Itamar Éven-Zohar, cfr. paragrafo *Per un canone di Faust in Italia*.

274. «Non giocare più con la tua pena / che ti mangia la vita come fa un avvoltoio», Goethe, *Faust I*, vv. 1635-1636. Il verso viene ripreso quasi testualmente da Edoardo Sanguineti nel suo *Faust. Un travestimento*, del 1985: «Basta così, che tu ci giochi lì con la tua depressione, / che è un avvoltoio che ti divora le tue viscere esistenziali», p. 62. Ma questo è solo uno degli esempi che dimostrano la complessità della costruzione testuale del suo

Prometeo, per l'ambizione alla cultura, Adamo, per il primo peccato, costituirebbero i due avi, pagano l'uno e cristiano l'altro, del nuovo mito dell'umanità moderna Faust, come anche esplicitamente suggerito da Boito nella sua *Premessa* al *Mefistofele* del '68: ché infatti Faust tenterà, nel suo irrequieto offrirsi agli errori (*Irren*) come nel suo cieco lottare contro ogni limite (*Streben*), di raggiungere un senso di pace in un valevole *Augenblick* in cui riscoprire quell'equilibrio che l'età dell'oro e la giovinezza ben ipostatizzano. Goethe ci suggerisce che il ringiovanimento fisico del suo Faust tramite la bevanda magica delle streghe sia anche da intendersi come metafora della ricerca della soddisfazione, estetica o erotica che sia, cui la giovinezza schiude in quanto a sua volta giovinezza metafisica, età dell'oro della felicità perfetta, dell'equilibrio classico perduto, come aveva con altre parole anticipato nel *Vorspiel auf dem Theater*:

> So gib mir auch die Zeiten wieder, / Da ich noch selbst im Werden war, / Das ich ein Quell gedrängter Lieder / Ununterbrochen neu gebar, / Da Nebel mir die Welt verhüllten, / Die Knospe Wunder noch versprach, / Da ich die tausend Blumen brach, / Die alle Täler reichlich füllten! / Ich hatte nichts und doch genug: / Den Drang nach Wahrheit und die Lust am Trug! / Gib ungebändigt jene triebe, / Das tiefe, schmerzenvolle Glück, / Des Hasses Kraft, die Macht der Liebe, / Gib meine Jugend mir zurück![275]

«Ich hatte nichts und doch genug»: non consta la felicità nel molto avere, ma nell'essere soddisfatto, contento di ciò che si ha. E il saper ricercare tale soddisfazione, il continuare a voler credere che sia possibile raggiungerla, anche attraverso i necessari errori, rende Faust uomo per eccellenza meritevole della salvezza: per via antitetica, come si conviene al sistema goethiano, ossia per tramite dell'Eterno Femminino, e grazie all'immensa bontà divina, ossia per sola Grazia, come indica la teologia riformata cui Goethe si rifà, come già detto, consapevolmente:

travestimento, al contempo originalissima e fedelissima, anche nel cogliere e far proprie, rielaborandole spesso attraverso interferenze con la tradizione letteraria italiana, le connessioni intertestuali della tragedia goethiana.

275. «Allora rendimi anche quei tempi / quando cercavo me stesso ancora, / quando una vena viva di canti / ininterrotta risorgeva, / quando una nebbia velava a me il mondo, / la gemma ancora annunziava miracoli, / quando tanti mai fiori coglievo / splendidamente gremiti ai pendii. / Nulla era mio. Pure, avevo abbastanza: / veemenza verso il vero e gusto di ingannarmi. / Rendimi indomiti quegli impeti, / la tormentosa gioia profonda, / l'odio teso, la forza d'amore. / Ridammi la mia giovinezza!», Goethe, *Faust I*, vv. 184-197.

> Questo (la redenzione di Faust) è in armonia con le nostre idee religiose, secondo le quali veniamo beatificati non dalle nostre sole forze, ma grazie all'intervento della grazia divina.[276]

Tutto il pensiero di Goethe si sviluppa per polarità e Faust infatti resta sempre, innanzitutto, in equilibrio tra desiderio e soddisfazione: Mefistofele, principe della menzogna, vorrebbe sostituire allo *streben* il puro e semplice *Genuss* (eros, carta moneta, capitalismo, con conseguente alienazione),[277] laddove la felicità dell'uomo, sempre ricercata, si troverebbe non nella soddisfazione di possesso ma nel continuo desiderare di e per essere migliori. O forse è proprio questa la sua eterna dannazione.

Così pensa Mefistofele del povero irrequieto Dottor Faust, parlandone al Signore nel *Prolog im Himmel*:

> MEPHISTOPHELES
> Fürwahr, er dient Euch auf besondre Weise!
> Nicht irdisch ist des Toren Trank noch Speise!
> Hin treibt die Gärung in die Ferne;
> Er ist sich seiner Tollheit halb bewußt:
> Vom Himmel fordert er die schönsten Sterne
> Und von der Erde jede höchste Lust,
> Befriedigt nicht die tiefbewegte Brust.[278]

Così si evince anche dal colloquio di Faust con Wagner nella scena *Vor dem Tor* in cui ritorna il motivo del volo e delle ali come ipotiposi della ricerca soprasensibile dell'ideale: «Fausts Tendenz zu einer über alles Reales hinausreichenden Idealität und zugleich die Sehnsucht, die Beschränkung des Daseins im Grenzenlosen aufzuheben, hat Goethe durch das Leitmotiv des "Flügels" (vv. 1074, 1090, 1091) und des Fliegens, spezieller durch das Motiv des Vogelflugs pointiert (vv. 1095, 1097, 1099)»:[279]

276. Eckermann, *Conversazioni con Goethe*, 6 giugno 1831, p. 392.

277. In tal senso vanno le interpretazioni di Lukács e Cases.

278. «La serve davvero in un modo assai strano. / Lui non si nutre, lo stolto, di cibo terrestre. / La mente in tumulto lo mena lontano, / di sua follia conscio a metà. / Dal cielo pretende le stelle più belle / e dalla terra i piaceri supremi, / né cose vicine né cose lontane / sanno calmare quel suo animo convulso», Goethe, *Faust I*, vv. 300-307.

279. Schmidt, *Goethes Faust*, p. 112: «La tendenza di Faust innanzitutto verso una concreta idealità da raggiungere e allo stesso tempo il desiderio e la volontà di abolire la limitazione dell'esistenza nell'aprirsi all'illimitato, viene resa da Goethe tramite il filo conduttore della "ala" e del "volo", più precisamente dal motivo del volo degli uccelli». Traduzione mia.

Faust
O daß kein Flügel mich vom Boden hebt,
Ihr nach und immer nach zu streben!
Ich säh im ewige Abendstrahl
Die stille Welt zu meinen Füßen
[...]
Ein schöner Traum, indessen sie entweicht.
Ach, zu des Geistes Flügeln wird so leicht
Kein körperlicher Flügel sich gesellen![280]

Wagner, nella prosaicità di chi appartiene alla razza di chi rimane a terra, risponde stolidamente in modo referenziale: «Des Vogels Fittich werd ich nie beneiden» (v. 1103).[281]

In questi versi emerge una metafora dello *streben* faustiano riconducibile invece che a Prometeo a Icaro, altra figura legata alla punizione della *curiositas* e dell'*hybris* a essa connessa. Fin da subito, dal XVI secolo in cui nasce la leggenda e poi il mito del Dottor Faust, esso viene collocato infatti lungo la linea genealogica di questi altri personaggi letterari insofferenti nei confronti dei limiti, impliciti o espliciti, umani o divini, limiti posti alla conoscenza o anche all'agire: Adamo, Prometeo,[282] Icaro[283] e infine si aggiunge Ulisse che riparte come preannunciato da Tiresia nell'*Odissea* di Omero e che, tramite le fonti latine,[284] genera in Dante il viaggiatore spinto dall'«ardore / ch'i ebbi a divenir del mon-

280. «Perché un'ala non c'è che mi levi da terra / e sempre si tenda a seguirlo? / In un crepuscolo eterno vedrei / quieto il mondo sotto di me, / [...] Un sogno bello; e intanto il sole si dilegua. / Ah, ma è difficile che all'ali della mente / ali corporee s'accompagnino!», Goethe, *Faust I*, vv. 1074-1077 e vv. 1089-1091.

281. «Non le invidierò mai, le ali degli uccelli!», Schmidt, *Goethes Faus*t.

282. A tal proposito resta fondamentale la lettura diacronica e metaforica del mito di Prometeo fatta da Blumenberg nel suo *Elaborazione del mito*. Proprio nel periodo dello *Sturm und Drang* i due miti di Faust e Prometeo riemergono e sembrano convergere nell'interesse dell'interrogazione sul conflitto titanico dell'uomo con Dio, interrogazione per la quale le due figure sembrano essere esemplari. Eppure Wutrich nelle conclusioni del suo lavoro su *Prometheus and Faust* giunge alla conclusiva distinzione tra la natura fondamentalmente non-violenta e passiva di Prometeo di contro alla natura aggressiva, attiva e reattiva di Faust, arrivando a suggerire che «Goethe left his Prometheus plays uncompleted partially because he saw in Prometheus, for all his miraculous power and energy, a character who was essentially static», ivi, p. 144. Goethe si dedica al suo Prometeo negli anni 1774-1775.

283. Prandi, *Il volo, il desiderio, la caduta.*

284. Ciani, *Il volo di Ulisse, Variazioni.*

do esperto»: tutte figure collegate all'idea della libertà, connesse anche indirettamente alla *curiositas* e quindi alla *hybris*. La condanna radicale di tutti questi personaggi, variamente declinata nei secoli, ripropone sostanzialmente la condanna classica, e poi cristiana, della *curiositas*. Proprio a Icaro fanno a esempio riferimento i versi del *Coro* I in apertura alla *Tragical History of Doktor Faustus* di Marlowe in cui si sintetizza l'intera vicenda,[285] presentandola al pubblico in una cornice esemplare di rassicurante biasimo e castigo:

> Till swolne with cunning of a selfe conceit, / His *waxen wings* did mount above his reach, / And melting, heavens conspir'd his over-throw: for falling to a divellish exercise, / And glutted now with learnings golden gifts, / He *surfets* upon cursed Necromancie.[286]

L'ideologia che soggiace a questi versi è quella di condanna appunto di chi troppo vuole sapere, spingendosi oltre l'umano limite, naturale prima ancora che divino, concetto ben espresso nel motto: «*Quae supra nos, ea nihil ad nos*» riportato negli *Antibarbari* di Erasmo e attribuito nientedimeno che a Socrate. Probabilmente queste parole provengono invece dalla traduzione di Paolo in *Romani* 11, 20 nella *Vulgata* di Girolamo: «*noli altum sapere, sed time*», in cui sorgeva un fraintendimento di lungo periodo che ne spostava il significato morale dal greco «non insuperbirti, ma temi»[287] al piano intellettuale del «non osare conoscere le cose alte».[288]

> Unendo quindi cristianesimo e cultura classica, queste parole, o comunque il campo semantico da esse evocato, tornano nella letteratura emblematica come didascalie apposte ad illustrare le immagini dei miti di Prometeo e Icaro.[289]

285. La presentazione del Coro I risulta essere un riassunto della versione di Spies: si sottolinea l'eccellenza da parte di Faust negli studi, particolarmente in quelli teologici – cui si applicò lo stesso Marlowe- mettendo però subito in rilievo l'arroganza e l'errore: «Perché si è dato a pratiche diaboliche / e sazio dei doni solari della sapienza / si getta affamato sulla negromanzia», Marlowe, *Il Dottor Faust*, a cura di D'Agostino, p. 33.

286. Ivi, pp. 32-33: «Ma alla fine, gonfiato di bravura e arroganza, / troppo in alto lo spingono le sue ali di cera / e il cielo le scioglie, decreta la sua caduta / Perché si è dato a pratiche diaboliche / e sazio dei doni solari della sapienza / si getta affamato sulla Negromanzia».

287. Così conservato il passo *Romani*, 11, 20 nella versione nuova riveduta de *La Sacra Bibbia*, Società Britannica e Forestiera, Roma.

288. Si veda in proposito Ginzburg, *L'Alto e il basso*, p. 107.

289. Giombi, *Enciclopedismo*, p. 207. Sulle origini del tema si veda anche Tasinato, *Sulla curiosità. Apuleio e Agostino*.

Il mito di Faust nasce in un'epoca di passaggio, quando il processo di trasformazione semantica e assiologica della *curiositas* stava lentamente scardinando l'assolutezza della censura agostiniana, e poi medievale *tout court*, per culminare nella sua piena accettazione positiva da parte del pensiero illuminista.[290] Nel Seicento inizierà una parziale riconversione positiva dei miti della conoscenza rappresentati da Icaro e Prometeo: si pensi al processo di emancipazione «dall'ipoteca agostiniana e teologica della *cupiditas* e della *inquisitio* trasgressiva e vana».[291] Ciò che fece assurgere a figura mitica il personaggio del mago insoddisfatto delle scienze e avido di conoscenze nuove, nonché anche di esperienze estreme, al punto di venire a patti con il Demonio, sembrerebbe essere la sua intrinseca natura duplice, di uomo d'elevato rango, intellettuale e teologo sopraffino e, contestualmente, di uomo infelice, solo, disperato – nel senso più assoluto ed etimologico del termine – di uomo e basta. Lo stesso dubbio etico sulla necessità e giustezza della sua condanna resta a inquietare le coscienze di autore e pubblico, superando la certezza del testo didascalico di Spies. Da parte sua la forma della tragedia si offre come modalità privilegiata di critica ai sistemi assiologici dominanti, spazio eletto della dialettica tra umano e sovraumano, tra verità e complessità dell'esperienza umana, enigma irrisolto degli opposti: già nell'antichità il mito fermato in tragedia fece recuperare lo spessore problematico che si stava perdendo con l'irrigidimento in paradigma di fatti e personaggi mitologici.[292] Proprio attraverso il genere tragico il mito di Faust si afferma come fondativo della modernità, della dialettica interiore dell'io moderno, della dialettica ideologica tra libertà e limite, tra essere e non essere, tra agire e non agire nel Mondo,[293] con tutta la responsabilità individuale

290. A riguardo del processo di emancipazione della curiosità teoretica Blumenberg, *La legittimità dell'epoca moderna*.

291. Giombi, *Enciclopedismo*, p. 219. Agostino associava infatti la *curiositas* ai due peccati capitali di lussuria e superbia.

292. Siamo di fronte ad una duplicità irrisolta e intrinsecamente polemica, giocata su più piani, che ricorda l'originaria contrapposizione di *mythos* e *logos* alla base di ogni mitema: Faust, uomo della prima modernità, si accorge che ciò che il *logos*, in quanto razionalità dimostrativa, può offrirgli e fargli comprendere, provare o conoscere, sapere o fare, non soddisfa la sua sete di conoscenza, di comprensione del mondo, e cerca nell'irrazionale una sapienza e un potere maggiori, aprendo le porte alla magia. Si riscopre così, da un certo punto di vista, proprio nel personaggio faustiano la possibilità stessa della sopravvivenza del mito in età moderna.

293. E in questo senso si sviluppa il parallelo con un altro personaggio tragico, certo ben presente a Goethe, ossia Amleto.

che ne consegue. Faust è così «un coacervo di opposti come lo sono gli altri grandi eroi tragici del periodo, il cui *ethos*, come diceva Aristotele, dipende dal *mythos* e non viceversa».[294] Faust diventa non più leggendario esempio negativo ma mito attraverso il quale interrogarsi sulle questioni ultime, proprio tramite e grazie a questa nuova riformulazione tragica del suo personaggio e delle sue vicende, in uno scontro radicale tra civiltà teocentrica e civiltà antropocentrica, tra mondo medioevale e Rinascimento.

Il paragone tra la *Divina Commedia* e *Faust* di cui si è lungamente trattato si attiva rispetto a questo strutturale tema dello *streben* espresso metaforicamente tramite l'ambito semantico delle "ali" e del "volo", attraverso il personaggio di Ulisse, sotto le sue spoglie dantesche di viaggiatore temerario, magnanimo coraggioso, che si offre in tal senso come figura di mediazione culturale privilegiata per intendere il significato del moderno *streben* faustiano in molte riscritture italiane. Faust stesso, nel corso del dramma goethiano, presenta alcuni caratteri propri già all'Ulisse dell'*Odissea*, quali quelli legati alla sua instancabile propensione al viaggio e all'esplorazione rimarcata poi nella tradizione successiva e sviluppata da Dante; a esempio presentendo la sorte cui sta conducendo la povera Gretchen, si autodefinisce infatti viandante[295] irrequieto e perciò inaffidabile:

Bin ich der Flüchtling nicht? Der Unbehauste?
Der Unmensch ohne Zweck und Ruh,
Der wie ein Wassersturz von Fels-zu Felsen brauste,
Begierig wütend, nach dem Abgrund zu?[296]

Nel 1965 Diego Valeri[297] individua nella capacità di dare «forma poetica a tutto un universo», nel «senso anagogico» (e quindi esemplare e universale) delle figure, nella descrizione del diabolico e nell'«intima somiglianza del personaggio di Faust con l'Ulisse dantesco» i punti di affinità tra i due grandi poemi. Volendosi concentrare su quest'ultimo elemento, per dimostrare che non si tratta di semplice suggestione, si vuole mostrare come l'Ulisse dantesco del "folle volo" si possa considerare, nella storia della ricezione italiana, e forse non puramente italiana, del mito faustiano, erede di quella tradizione

294. *Introduzione* a Marlowe, *Il Dottor Faust*, a cura di D'Agostino, p. 17.

295. Della complessità dell'immagine del *viandante* in Goethe, spesso utilizzata anche in termini autoreferenziali, parla Mathieu, *Goethe e il suo diavolo custode*, pp. 96-99.

296. «Non sono io il fuggiasco, il senza tetto? / Il disumano, senza meta, senza pace, / che scrosciò come un'acqua precipitosa, di rupe / in rupe, furiosa, al suo baratro anela?».

297. Valeri, *Dante e Goethe*.

mitica della *curiositas* già rintracciata alle spalle del Dottor Faust che comprendeva, come accennato, anche Prometeo e Icaro. Dante da parte sua aveva ridonato al suo Ulisse del XXVI canto dell'*Inferno* quella «complessità e ambiguità del linguaggio letterario minacciata dall'invadenza didascalica del mito»[298], contributo analogo a quello offerto da Goethe nei confronti di Faust. Il processo di consolidamento dell'allegoresi che caratterizza il pensiero medioevale, passando per un processo di risemantizzazione radicale del mito classico in funzione cristiana, aveva avvicinato le due esperienze di Ulisse e Icaro nel lemma "volo", a sua volta legato alla dinamica del desiderio, da un lato, nonché, dall'altro, a quella dell'immaginazione poetica. Non v'è dubbio infatti che in Dante Ulisse, con la novità del suo "folle volo", sia fratello dello stesso *auctor* Dante nella follia del viaggio ultramondano, come suggerisce appunto la comune aggettivazione "folle" riferita al viaggio di Dante introdotto anche metanarrativamente nel II canto dell'*Inferno*:

> Io non Enea, io non Paulo sono; / me degno a ciò né io né altri 'l crede. / Per che, se del venire io m'abbandono, // temo che la venuta non sia *folle* (*Inferno*, II, vv. 32-35).

Anche il carattere universale dei viaggi di Dante e di Ulisse li accomuna a loro volta al metaforico viaggio dello *streben* faustiano teso all'*Augenblick* "bello" da fermare, eternandolo. La differenza sta tutta nella Grazia divina finale che assolve Faust proprio per il suo fiducioso *streben,* spinta a perseverare nell'errore umano per superare l'errore stesso, sfida alla sconfitta preannunciata che riapre paradossalmente alla speranza, alla Fede, tramite l'Amore. Già in Dante si era consolidata quella contaminazione inaugurata da Ovidio nelle sue *Metamorfosi* come anche nell'*Ars Amandi* tra volo e navigazione, laddove la navigazione di Ulisse diventa il celebre "folle volo", appunto, che ricompare nell'accenno ad Icaro del *Coro I* del *Doctor Faustus* di Marlowe «He *surfets* upon cursed Necromancie», e poi nelle traduzioni italiane del *Faust* goethiano, forse anche per tramite leopardiano e quindi ungarettiano, dei versi a ciò riferiti: «Wenn Phantasie sich sonst mit *kühnem Flug* / und hoffnungsvoll zum Ewigen erweitert, / so ist eine kleiner Raum ihr nun genug, / Wenn Glück auf Glück im Zeitenstrudel *scheitert*» (*Faust*, vv. 640-643).[299]

298. Prandi, *Il volo*.

299. Goethe, *Faust*, traduzione di Casalegno, p. 51: «Spesso la fantasia con volo audace / si dilatava all'eterno con speranza, / ma basta poco spazio ora che naufraga/ nel vortice del

L'Ulisse dantesco sembra quasi essere stato eletto dalla tradizione letteraria moderna italiana a simbolo per antonomasia dello *strebender*, tanto che ricompare diffusamente nei testi di ricreazione del mito faustiano anche quando se ne voglia offrire una denuncia moralistica come ad esempio, in trasparenza, nella versione di Salvatore Taglioni del 1838, cui è premessa una *excusatio* al Pubblico:

> L'orgoglioso desiderio di *saper troppo*, tentando con inutili sforzi di penetrare ne' segreti della natura più addentro di quanto è dato all'uomo; e il domandare alla vita maggior godimento di quello che essa può concedere, è una duplice ambizione che mena al delitto, e toglie allo spirito quel riposo che la *Provvidenza* ha creduto concedergli. La pittura e la punizione di questo stato doppiamente colpevole è quella che con ispirazione sublime di verità ha presentato in sul teatro il sommo Goethe ed è quella che ho tentato riprodurre in questo mio lavoro. Il *castigo dell'uomo orgoglioso che vuol passare oltre i limiti* assegnatoli dall'Onnipotente mano del suo Creatore; il premio conceduto a chi nella divina giustizia di Dio ripone ogni fidanza, a chi trova nella pietà i mezzi di risorgere dall'onta e dalla colpa, formano il lato eminentemente morale sotto cui debbe essere riguardato questo mio componimento.[300]

Da parte sua Boito, nel suo *Prologo* del primo *Mefistofele*, presenta una disamina di avi biblici e mitologici del mito faustiano non includendovi però Ulisse, ma ricostruendo un profilo di Faust che si potrebbe assimilare con quello dell'Ulisse dantesco incitatore alla conoscenza:

> AUTORE: [...] la Bibbia, amico mio, è piena del mio soggetto. Se, dimenticando per questa sera il sistema di Darwin, dobbiamo credere che Adamo sia stato proprio il primo uomo, ecco che *Adamo* è il primo Faust, e il secondo è *Giobbe*, e il terzo è *Salomone*...
>
> AUTORE: [...] Ogni uomo *arso dalla sete della scienza e della vita,* invaso dalla *curiosità* del bene e del male è Faust. [...] Eschilo, pieno anch'esso del mio soggetto. Come Salomone è il Faust biblico, così *Prometeo* è il Faust mitologico. Ogni uomo anelante all'Ignoto, all'Ideale, è *Faust.*[301]

tempo ogni felicità». È significativo qui che anche Franco Fortini, che offre una traduzione differente, scelga però per il verbo *schaitern*, fallire o precipitare, sempre l'ambito semantico del *naufragio*: «Se l'immaginazione è solita levarsi / ardita e confidente fino alle cose eterne / ora le basta breve spazio, se nel vortice del tempo / fa naufragio ogni gioia».

300. Taglioni, *Premessa* di *Faust*.

301. Corsivi miei.

Nella già più volte citata riscrittura del mito fortemente italianizzata di Mario Giobbe, arrivato alle soglie del Novecento Faust confonde il proprio profilo con quello dell'Ulisse dantesco in modo più diretto, dichiarando di non tendere più all'infinito, di non anelare più a quel "folle volo" dei suoi antenati letterari:

FAUST
«No!... io non volli il regno
dei cieli! – Il sogno mio, *navigatore ardito*
ma saggio, non ambì, vecchio, no, l'infinito!
Vide il mio sogno il mondo come un pomo maturo
offerto a la mia mano tesa, come un sicuro
albero di gran rami, fido sostegno e buono
dispensator di molli ombre...
[...]
una cosa umanamente buona... comprendi?... umanamente
buona!...
[...]
io sorrisi de l'cielo de la favola e al *folle*
volo[302] il mio sogno mai batter l'ala non volle!
[...]
Io soffoco di me: soffoco del cor mio.
Il mio giudice, il mio carnefice son io!» [M. Giobbe, *Mefistofele*, pp. 131-132].[303]

Così anche in un saggetto critico di qualche anno più tardo torna la definizione di Faust per tramite dell'Ulisse dantesco:

non è l'Ulisse del *folle volo* [...] né Don Giovanni [...] Ulisse è la gesta dell'Eroe, e Don Giovanni è la incarnazione del peccatore [...], poiché l'anima moderna ha superato la gesta del simbolico navigatore con la realtà dei

302. Dante, *Inferno*, XXVI, vv. 124-126: «e volta nostra poppa nel mattino, / de' remi facemmo ali al folle volo, / sempre acquistando dal lato mancino».

303. Giobbe, *Mefistofele*, *tragedia in cinque atti*. Vi compare anche un'altra occorrenza citazionale dantesca altrettanto significativa del ruolo riconosciuto a Dante e alla sua poetica come filtro ideologico e poetico nazionale *tout court*: Faust: «... E tu al cor mio t'apprendi / fiamma d'amor che nutri di speranza l'ardore! / Tutto prendimi il petto» [M. Giobbe, *Mefistofele*, p. 73], cfr. Dante Alighieri, *Inferno*, canto V, v. 100: «Amor, ch'al cor gentil ratto s'apprende», ma già Guido Guinizzelli, *Canzone V*, II strofa, vv. 11-12: «Foco d'amore in gentil cor s'aprende / come vertute in petra preziosa».

suoi fatti [...] Ed ha superato la mania d'avventure dell'audace conquistatore di femmine».[304]

Perfino Gadda, nella già ricordata recensione al *Faust* di Manacorda, quando arriva a definire criticamente Faust un «filosofema vestito da uomo», utilizza il paragone con l'Ulisse dantesco, oltre che con l'Amleto shakespeariano, riattivando un parallelo che veniva evidentemente sentito come sottinteso:

Il Dottore [...] è talvolta freddo e retòrico, o disumanato ed enciclopedico: è un personaggio costruito e "voluto", simbolo nel mondo dei simboli, filosofema vestito da uomo e non uomo che lacera sé veramente, come Amleto [...] Il dottor Faust vuole vivere tutto: e, forse, perciò appunto, non vive del tutto: assetato dell'Esperienza e dell'Atto, non li realizza e non li adempie se non come burattino, troppo più simile in arte all'Homunculus del suo Laboratorio che all'*Ulisse dantesco*. Ha talvolta del bambino, che si travesta in un gioco.[305]

Nel 1925 *Faust in Italia* di Silvio Pagani, già ricco di citazioni e luoghi di italianizzazione del mito venuto dalla Germania, dichiara subito letteralmente che «non sazio / sono ancora di *voli*»,[306] e alla fine del suo avventuroso viaggio attraverso la penisola italiana incontra persino le sirene di Ulisse del *Purgatorio* XIX, versi 19-24, citate in modo esplicito tra virgolette:

"Io son" cantava "io son dolce serena, / che' marinai in mezzo mar dismago; / tanto son di piacer a sentir piena!" / Io volsi Ulisse, del suo cammin vago, / al canto mio; e qual meco si aùsa / rado sen parte, sì tutto l'appago;

tanto che Mefistofele di seguito conclude sarcastico: «Ulisse del pensiero, eccoti là!».[307]

Di lì a qualche anno, in piena dittatura fascista, Adriano Grande scrive questa autopresentazione di Faust, in cui la differenza tra uomini e bruti consiste nel desiderio di conoscenza, coniugato però con quello di potere:

Se ti piace che io abbia un nome, questo può essere Faust. Ma se vuoi invece sapere che cosa sono, allora ti dirò che io sono l'incarnazione di ciò che fermenta all'origine di ogni spirito davvero intelligente: sono la sete di conoscenza e la volontà di potere: due cose che non s'escludono e che distinguono

304. Prunaj, *Le tre leggende eterne: Cid, Don Giovanni, Faust*, pp. 77-78. Corsivi miei.

305. Gadda, recensione a *Il* Faust *tradotto da Manacorda*, pp. 761-762. Corsivi miei.

306. Pagani, *Faust in Italia*, *Prologo*, pp. 15-16.

307. Ivi, p. 265.

l'uomo dal *bruto*. Personifico il desiderio di riacquistare quella sublime pienezza di vita, senza nessun impaccio di materia, di cui natura e arte, realtà e fantasia, parlano a volte alla gente migliore: tutto ciò di cui non resta nei più che uno smentito ricordo, che una confusa speranza.[308]

Il tema della spinta a superarsi e a capire, conoscere sempre oltre, resta chiaramente portante nella definizione del personaggio faustiano, ma quello che interessa rilevare è come alcuni lemmi propriamente riconoscibili come danteschi ritornino nella definizione di detto tema – qui il riferimento è evidentemente al lemma *bruto* – creando un cortocircuito interdiscorsivo e talvolta propriamente intertestuale con la versione dantesca del mito di Ulisse.[309] Non secondario, anche se spesso rimosso nelle testualità, ma fortemente sottinteso proprio perché rimosso, resta l'attributo del volo: "folle". Folle perché predestinato al fallimento, al naufragio come sconfitta e come punizione per l'atto di *hybris*, ma proprio perché folle e disperato ancor più eroico, nuovamente epico, modernamente sfidante, e incredibilmente vincente come atto puro di fiducia e fede nell'uomo, e, tramite l'uomo, nel Dio creatore e Madre, Eterno "al femminile" che esorta all'oltre.

Ulisse ricompare, in versione metaforica d'eterno esploratore di luoghi reali e favolosi in un'altra prova teatrale, opera di Dino Terra (pseudonimo di Armando Simonetti, 1903-1995), rappresentata a Roma al Teatro Valle nel 1952 ma mai pubblicata.[310] Qui Faust, anzi Giovanni, nella sua forma diminuita a nome proprio di battesimo che ammicca anche alla possibile assimilazione a Don Giovanni, dato l'argomento prettamente amoroso della sua ricerca, si ritrova a vivere nell'Italia degli anni Cinquanta un altro amore per una giovane Margot, aiutato da un nuovo Mefistofele, il Marchese Asmodeo (nome di un demonio biblico ebraico). Per la conquista dell'irriducibile Margot Asmodeo propone a Giovanni di intraprendere un viaggio dentro di lei, per conoscerla al meglio e meglio conquistarla, chiamando questa impresa *Viaggio di Valpurga*:

ASMODEO

Viaggeremo dentro l'intricata personalità di Margot. Guiderò te, *novello Ulisse*, in un periglioso viaggio di esplorazione. [...] Ogni donna, ogni essere uma-

308. Grande, *Faust non è morto*, p. 138. Mio il corsivo.

309. Più direttamente riferito alla tradizione omerica risulta invece l'ammiccamento, rifunzionalizzato ad un discorso modernamente identitario ed esistenziale, sottinteso nella scelta di Tommaso Landolfi di chiamare il proprio Faust Nessuno.

310. Terra, *Faustino*, 1952.

no, ha in sé un continente popolato da mostri, angeli e folletti. Solo a inoltrarci nelle tenebrose foreste della Libido potremmo incontrare i leoni e i candidi cigni, gli orridi velenosi scorpioni e le auree olezzanti ninfe. E poi, accosto alla Libido, l'intelligenza, le diverse coscienze, la pigrizia, la vanità, la poesia.[311]

Chiaramente la dimensione odeporica si confonde con quella della catabasi, riflettendo sulla coppia Giovanni/Asmodeo l'ombra di quella Dante/Virgilio in versione post-freudiana, in una inversione dei generi sessuali tra i personaggi che svolge anche una funzione di critica e straniante inversione gerarchica, tanto che i due vengono riconosciuti come «viaggiatrici per amore della conoscenza. Forse le sorelle di Ulissia la navigante».[312]

Al "folle volo" fa riferimento anche il travestimento di Sanguineti dei pieni anni Ottanta, ennesima riprova della ricchezza di interferenze letterarie, spesso squisitamente italiane e in prevalenza dantesche e leopardiane, di quella che letterariamente è forse la migliore versione faustiana italiana del secondo Novecento:

MEFISTOFELE

Qui noi ci dispieghiamo il mio mantello, soltanto,
e forza, che lì sopra poi ci elitrasportiamo!
Per questo nostro *folle volo*, mi raccomando,
niente bagaglio in eccesso: una *ventiquattrore*.[313]
Il mantello gira, l'aria tùrbina,
spegnere le sigarette, please, legare le cinture:
e pronti, che ci decolliamo, e via!
Cordiali auguri, per la tua *vita nuova*.[314]

Col crollo della Germania nazionalsocialista, del mito spengleriano del faustismo, Dante sembrava d'altro canto essere ormai entrato nell'ipertesto faustiano non più solo italiano, ricomparendo infatti perfino nel *Doktor Faustus. Das Leben des deutschen Tonsetzers Adrian Leverkühn, erzählt*

311. Terra, *Faustino*, p. 27. Si ringrazia qui per la cortesia e la competenza la Fondazione Dino Terra nella persona del suo vicedirettore e segretario amministrativo professor Mario Battaglia, che mi ha permesso di leggere il dattiloscritto dell'opera inedita. Corsivi miei.

312. Ivi, p. 36.

313. Forse ammiccamento straniante alla durata tradizionale del patto diabolico del Doctor Faust in Spies, e poi in Marlowe, di ventiquattro anni.

314. Sanguineti, *Faust. Un travestimento*, p. 66. Corsivi miei.

von einem Freunde,[315] di Thomas Mann, nell'incipitaria citazione di quei versi con cui nel II canto dell'*Inferno* inaugurava proprio il resoconto del suo "folle viaggio" nell'al di là, e con cui l'autore del nuovo Faust "postumo" si incita a raccontare la sua nuova discesa nella follia più nera e distruttrice appena vissuta dal mondo intero:

> Lo giorno se n'andava e l'aere bruno / toglieva gli animai che sono in terra / dalle fatiche loro, ed io sol uno // m'apparecchiava a sostener la guerra / sì del cammino e sì della pietate, / che ritrarrà la mente che non erra. // O Muse, o alto ingegno, or m'aiutate; / o mente che scrivesti ciò ch'io vidi, / *Qui si parrà la tua nobilitate* (*Inferno*, II, vv. 1-9).

4. *Fantasmagorie faustiane nel cinema italiano*

Da fine Ottocento accanto alla tradizione letteraria si sviluppa, in perenne osmosi con essa, la produzione filmica di argomento faustiano: con l'invenzione del cinema infatti la vicenda di Faust si offre come materia privilegiata di rappresentazione per ragioni innanzitutto di contenuto, grazie cioè alla sua ricchezza di spunti fantastici e all'eccezionalità dei motivi, giacché la nuova produzione punta essenzialmente sull'effetto di stupore. Il soggetto risultava adeguato a un'arte che rendeva possibile la rappresentazione del movimento in tutte le dimensioni spazio-temporali, giacché la sua *fabula* prevedeva un cronotopo tanto vasto quanto vario, dal reale al fantastico, e altresì magiche trasformazioni ed eccezionali fantasmagorie.

Accanto al contenuto anche il mezzo espressivo viene così a interferire in maniera privilegiata sulle scelte tematiche ed ermeneutiche delle reinterpretazioni del mito di Faust, che vedono rimarcare oltremodo gli

315. Mann, *Dottor Faustus*. Nel 1949 si festeggiava il secondo centenario della nascita di Goethe. In merito vedi Lukács, *La tragedia dell'arte moderna*, in Id., *Thomas Mann e la tragedia dell'arte moderna*. E proprio in Lukács ritorna il paragone con Dante, Lukács, *Studi su "Faust"*, p. 324: «Dopo il *Convito* di Platone e dopo la Beatrice di Dante mai l'amore ha avuto tale importanza nel mondo di un grande spirito. Ma l'amore di Platone e di Dante è essenzialmente ultraterreno e ascetico. Goethe, contemporaneo di quelle tendenze che divennero le "tre fonti del marxismo", è invece essenzialmente terreno, completamente di questo mondo. La forma cattolico-estetizzante della fine del Faust può indurre in errore soltanto qualche romantico-reazionario o qualche testa di legno liberale».

elementi di meraviglioso, fantastico, magico, e con essi del tema del doppio, con tutte le sue varianti interne.

> Il potenziale creativo insito nel mondo magico esplode in tutta la sua caleidoscopica e variopinta complessità con la nascita del cinema. Non è un caso che molti degli esperimenti sul mezzo cinematografico di Georges Méliès ai primi del Novecento – dei veri e propri spettacoli illusionistici – siano stati realizzati utilizzando il "laboratorio" faustiano. Méliès incentra la maggior parte dei suoi cortometraggi di argomento fantastico in particolare sulla figura di Mefistofele, personaggio comico dalle straordinarie capacità magiche, in grado di far apparire e scomparire – grazie alle neonate tecniche della dissolvenza, del montaggio e dell'invenzione di altri trucchi cinematografici, teatrali e fotografici – oggetti e persone dalla scena.[316]

Del potenziale espressivo e dell'influenza sull'estetica degli "effetti speciali" aveva già tenuto conto un secolo prima Goethe stesso nel suo *Vorspiel auf dem Theater* (1798), a proposito dei ritrovati teatrali dell'epoca. In chiusura della dichiarazione energica, e metonimicamente pregna, del Direttore del Teatro che invoca "fatti e non parole" (Der Worte sind genug gewechselt, / Laßt mich auch endlich Taten sehn! [vv. 214-215]), Goethe presenta provocatoriamente le potenzialità espressive offerte dal nuovo teatro, implicitamente contestandone la conseguente deriva verso cui l'estetica contemporanea rischia di andare concedendo troppo al facile compiacimento del gusto del pubblico per il meraviglioso, ma al contempo ironizzando sull'ambiguità stessa della proposta tragica provocatoria che andava presentando col suo *Faust*:

> Ihr weißt, auf unsern deutschen Bühnen
> Probiert ein jeder, was er mag;
> Drum schonet mir an diesem Tag
> Prospekte nicht und nicht Maschinen!
> Gebraucht das groß- und kleine Himmelslicht,
> Die Sterne dürfet Ihr verschwenden;
> An Wasser, Feuer, Felsenwänden,
> An Tier- und Vögeln fehlt es nicht.
> So schreitet in dem engen Bretterhaus
> Den ganzen Kreis der Schöpfung aus
> Und wandelt mit bedächtger Schnelle
> Vom Himmel durch die Welt zur Hölle! [vv. 231-242][317]

316. Zenobi, *Faust,* p. 49.

317. Goethe, *Faust I*, vv. 231-242, «Si sa, nei teatri tedeschi / chiunque mostra quel che può. / Oggi dunque nessun risparmio / di scenari o macchinari. / Su con il grande Lu-

In un notissimo commento di questo suo ultimo verso, in cui molti avevano letto la promessa di una dramma sulla potenza cosmica dell'uomo, Goethe confida ad Eckermann (6 maggio 1827) che intendeva esclusivamente presentarne l'andamento dell'azione, e non l'idea, il concetto. Insomma, come a dire di non confondere forma e contenuto, ma ragionare piuttosto sulla loro polarizzazione semantica. D'altro canto Faust stesso era per Goethe una costellazione di "schwakende Gestalten", immagini mobili e mutevoli che vuole cercare di fermare in un'opera, partendo dalla sollecitazione del loro *Zauberhauch* o "afflato magico" (*Zueignung*, vv. 1 e 8).

Marie-Georges-Jean Méliès (1861-1938), considerato di fatto "inventore del cinema" accanto ai fratelli Lumière, intuisce subito le potenzialità tecnico-espressive nonché illusionistiche del cinematografo: nascendo prestigiatore e illusionista, ha questo come interesse e prioritaria prospettiva sotto la quale considera la nuova tecnica di "fotografia in movimento", se non fotografia del movimento, e decide di ideare e realizzare egli stesso un suo apparecchio, brevettato nel 1896 come *kinetografo*.[318] Méliès contribuisce così anche al volgarizzamento, inteso sia come diffusione che come semplificazione e quindi banalizzazione in senso fantastico, dei personaggi, già caratterizzati di per sé da una connotazione magica, del Dottor Faust e, soprattutto, di Mefistofele: restituendo a questi, ancora una volta sebbene per ragioni diverse, una preminenza sul vero protagonista del mito, non intuendo invece, o comunque trascurandole di fatto nei lavori di argomento faustiano, le potenzialità "fantasmagoriche" del personaggio di Elena, già colte ed attivate da Goethe stesso nel suo *Faust*.[319]

La "poetica" di Méliès è basata sulla meraviglia, l'illusione ottica, il mistero non svelato, giacché egli vede nel cinema l'evoluzione del teatro (illusionistico), evoluzione che ne avrebbe a suo parere decretato darwinianamente il superamento, la fine. Personaggi come Mefistofele e Faust ben si prestano a spettacoli in cui anche da parte del pubblico prevalga un'attesa del fantastico, dello straordinario di matrice seicentesca, barocca, grazie alla possibilità di visualizzazione dell'impossibile e

minare e con il piccolo; / e largheggiare con le stelle! / D'acque, di fiamme e di scogli, / di bestie e uccelli, ce n'è in abbondanza. / Fate su queste esigue tavole / il giro intero della creazione / e veloci ma cauti passate / dal Cielo, attraverso la terra, all'Inferno!».

318. Rondolino, *Storia del cinema*, pp. 27-34.

319. Vedi Miglio, *Goethe traduce la "grazia" di Elena*.

concretizzazione dell'irreale, fino ad anticipare elementi di stampo fantascientifico. Nascono così i cortometraggi *Faust aux Enfers* ovvero *La damnation de Faust* (1903) tratto dalla versione di Berlioz,[320] e *La damnation du docteur Faust* (1904) ispirato invece al *Faust* di Gounod. La dimensione stessa della magia, scelta da Faust come alternativa a quella teologica nella ricerca della conoscenza, si dimostra ambigua e duplice nella sua natura: «regno della sognata liberazione dell'io e suo progetto amoroso, ma anche regno dell'illusione».[321]

A testimonianza di questo interesse di stampo "illusionistico" per il tema faustiano da parte della neonata arte cinematografica, si ricordi che anche i fratelli Lumière, nel 1897, avevano prodotto un cortometraggio *Faust: apparition de Méphistophélès*.[322] Thomas Alva Edison nel 1900 aveva creato un suo cortometraggio di un minuto su *Faust and Marguerite*,[323] i cui effettivi protagonisti sono però ancora una volta Faust e Mefistofele e ancora una volta tutto viene giocato sugli "effetti speciali" di apparizioni e trasformazioni, inopinatamente coronati con l'unione in matrimonio tra i due innamorati. Il personaggio di Margherita, molto concreto e realistico, che nel melodramma ottocentesco aveva avuto tanta attenzione da parte di autori e pubblico, sembrerebbe invece in questa fase perdere d'attrattiva rispetto ai potenziali straordinari del saggio Dottore pronto a scendere a patti col diavolo o del diavolo stesso, imprevedibile, ambiguo e ubiquo, che attraverso le tecniche cinematografiche, innanzitutto quella del montaggio, può rendere visibile l'invi-

320. Si ricordi qui brevemente come Berlioz stesso nella *Prefazione* alla sua *Dannazione di Faust*, presenta una sua *excusatio*, evidentemente altrove *petita*, circa l'infedeltà della sua opera rispetto al capolavoro goethiano. *La dannazione di Faust* è del 1842, scritta a partire dalla traduzione francese di Nerval, e riferita alla sola prima parte (già nel 1829 aveva scritto *Otto scene del Faust*); vedi Hector Berlioz, *Prefazione* alla sua *Dannazione di Faust*, versione italiana a cura di E. Gentili, Milano, Sonzogno, inizio XX sec., s.d., leggibile integralmente su http://musicologia.unipv.it/collezionidigitali/ghisi/pdf/ghisi059.pdf; Georges-Jean Méliès ne trae il suo cortometraggio con egual titolo nel 1903, lungo circa 6 minuti.

321. *Introduzione* a Marlowe, *Il Dottor Faust*, a cura di D'Agostino, p. 17.

322. Vedine notizie su http://catalogue-lumiere.com/faust-apparition-de-mephistopheles/.

323. Nel 1909 Edison avrebbe poi lanciato la sua serie "Grand Operas" con una versione filmica dell'opera *Faust* di Gounod. Sulle relazioni tra opera e cinema, *Between Opera and Cinema*. In particolare Rose Theresa, *From Méphistophélès to Méliès, Spectacle and narrative in Opera and early Film*, in ivi, pp. 1-18. C'è poi anche *Faust et Méphistophélès* del 1903, della prima donna regista al mondo, Alice Guy-Blaché.

sibile, e viceversa, scomparire e riapparire mutato, o traslato in tutt'altro contesto spazio-temporale.

Gli elementi che originariamente si presentavano come impedimenti alla rappresentabilità teatrale del mito di Faust, ad esempio la mancanza di unità cronotopica, la visione dell'ultramondano, del magico, l'apparizione, la sparizione e le trasformazioni di personaggi – Faust stesso da vecchio dottore si trasforma in giovane aitante, in cavaliere medievale, per arrivare poi vecchio e cieco alla scena finale – si presentano al nuovo mezzo cinematografico come potenziali elementi di forza e attrazione. Resta notevole il dato che la versione di Goethe venisse trascurata, se non rimossa, forse per la sua eccessiva estensione ed elaborazione laddove invece le versioni per teatro e musica di Berlioz, e soprattutto di Gounod, semplificavano estremamente forma e contenuti, stilizzavano e tipicizzavano i personaggi e le situazioni, nonché le forme narrative. Questi pionieri della nuova tecnica artistica sentono comunque la necessità di appoggiarsi all'*auctoritas* di personaggi e opere letterarie, teatrali e musicali di larga fortuna per le loro prime produzioni cinematografiche nelle quali l'elemento narrativo, presente al suo primo grado di immagini-quadro animate e quindi anche al secondo grado di sequenze di quadri, di certo è subordinato a quello puramente mostrativo.[324] «L'opposizione tra effetto spettacolare ed effetto narrativo, tra fotogramma e piano, tra inquadratura e montaggio ecc.» – potrebbe invece essere risolta in una prospettiva sinergetica e collaborativa: «il problema del cinema è stato in fondo sempre lo stesso: tramite il puntuale creare il vettoriale».[325]

Se il cinematografo delle origini – e questa produzione di cortometraggi di argomento faustiano si presta come campione probante ed esemplare a riguardo – in effetti si pensa essenzialmente come *cinema d'attrazione*, e di attrazione mostrativa, ci sembra però che oltre alla sempre maggiore tensione verso un'integrazione narrativa, qui al solo scopo del "meraviglioso", anche il riferimento ad *auctoritates* letterarie costituisca un elemento di continuità, nella differenza, con il cinema a venire, definito da Gaudreault *cinema-Istituzione*, e sviluppatosi nel corso degli anni Dieci del Novecento.

324. Il riferimento è alla sistemazione teorica della narratività della produzione cinematografica delle origini di Gaudreault, *Cinema delle origini o della "cinematografia-attrazione"*. Dello stesso studioso si veda anche *Dal letterario al filmico. Sistema del racconto*.

325. Ivi, p. 40.

In Italia[326] si potrebbe fare, anche in ambito cinematografico, ancora una volta un parallelo con la *Divina Commedia* dantesca: nel 1909 viene varato dalla casa di produzione Milano Film, un grandioso progetto di un adattamento cinematografico dell'*Inferno*,[327]

> opera che si può considerare come il punto culminante, sia per il soggetto, che per l'impegno produttivo, registico e pubblicitario, di questa fase di utilizzazione della letteratura, per dare uno statuto culturale al cinema e permettergli una definitiva consacrazione presso pubblici di tutto il mondo accanto al teatro e alla letteratura.[328]

In questo film «un perfetto dominio di trucchi e della tecnica di sovrimpressione consente di raggiungere in molti casi effetti grandiosi, la lezione di Méliès risulta perfettamente assimilata e resa più verosimile e meno fantastica».[329] Negli anni immediatamente successivi ci sono anche altre versioni cinematografiche della *Commedia* dantesca: nel 1910 viene proposto, sfruttando l'attesa per il "capolavoro" della Milano film, un altro *Inferno* della Helios di Velletri, lungo 400 metri, e quindi anche un *Purgatorio* e *Paradiso*, ancora della Helios Film; nel 1914 si ha anche un altro *Inferno* della Roma Film.[330] È forte l'analogia tra i fenomeni di adattamento cinematografico dei due capolavori che compaiono in Italia accanto ad altri testi canonizzati della letteratura occidentale, come ad esempio l'*Odissea*,

326. Bernardini, *Il cinema muto italiano*, 1910.

327. Diretto da Francesco Bertolini e Adolfo Padovan, vedi Brunetta, *Storia del cinema italiano. Il cinema muto*, p. 156. Il film per la sua grandiosità anche quantitativa, è lungo 1000 metri, resta una pietra miliare nella storia del cinema italiano altresì per la mobilitazione intellettuale che innescò: è interessante che venne considerato essenziale l'utilizzo di un filtro iconografico tra il testo letterario di Dante e il film, ossia l'opera di Doré.

328. *Ibidem.*

329. *Ibidem.*

330. Nell'Indice dei film italiani del *Cinema muto italiano*, di Bernardini-Martinelli, si trova un elenco completo delle proposte cinematografiche su questo tema in quegli anni riconosciuti come cruciali: «Nella storia del cinema muto italiano, il 1911 rappresenta l'anno di esplosione dell'Italia sia dal punto di vista quantitativo, per numero crescente di film prodotti, che dal punto di vista qualitativo per la pregevolezza delle immagini sempre più realizzate nell'uso di sfondi realistici naturali ed architettonici miranti ad esaltare le bellezze del paese. Non a caso siamo agli inizi di un periodo definito dagli autori degli "anni d'oro" in cui, ad un investimento economico consistente consegue la scelta coraggiosa ed innovativa del lungometraggio. Tale scelta, al centro anche di un acceso dibattito critico, determinerà un cambiamento radicale e sostanzialmente definitivo nell'apparato realizzativo, distributivo e di fruizione del cinema».

o nazionale, come ad esempio *I promessi sposi* o *La Gerusalemme Liberata*. Anche nel caso dell'oltremondo dantesco, come nel caso di *Faust*, si ha la compresenza dei duc clementi interessanti per quel tipo d'espressione cinematografica che punti molto sull'attrazione: l'argomento, ossia il tema della catabasi dantesca, ben si prestava all'utilizzo di tutti quei fattori di stupore, meraviglia e fantastico che rendevano lo strumento cinematografico straordinariamente innovativo e attraente per un pubblico sempre più vasto. Cinema e letteratura entravano in una nuova fase di sinergia culturale e reciproca promozione e diffusione e Faust trova anche nel cinema italiano un suo spazio di attenzione.

Le tracce di Faust in adattamenti cinematografici italiani compaiono in una prima, introvabile versione intitolata *Faust: Serenata di Faust*, del 1907, di soli 47 metri,[331] e a seguire si ha una versione già complicata narrativamente col *Faust* italiano della Cines, 361 metri, per la regia di Enrico Guazzoni (1876-1949), del 1910.[332] Accanto al *Faust* di Goethe l'ipotesto implicitamente di riferimento è ancora una volta il *Faust* di Gounod, con il testo di Barbier e Carré, di cui in italiano si aveva dal 1864 una traduzione di Achille De Lauzières.[333] Il film di Guazzoni su *Faust* aveva come fraselancio la scritta «grandiosa cinematografia tolta alla tragedia di Goethe», a rimarcare le origini letterarie alte, nobili, dunque, del soggetto, e infatti la critica dell'epoca ne sottolineò la «messa in iscena accurata e fedele»,[334] oltre

331. Prodotto da Società Italiana Pineschi. In Inez Hedge, *Framing Faust. Twentieth-Century Cultural Struggles*, p. 203, viene anche citata una versione del 1909 di Caserini, *Faust*, non rinvenuta.

332. Riportiamo qui una scheda piuttosto completa del film che accompagna la copia (consultabile on-line all'indirizzo: https://www.youtube.com/watch?v=xkxqM93yq64): *Faust*, a 1910 drama film directed by Henri Andréani, David Barnett, and Enrico Guazzoni (pittore), starring Ugo Bazzini, Fernanda Negri Pouget, Alfredo Bracci, and Giuseppe Gambardella. Writers: Jules Barbier and Michel Carré, based on Goethe's "Faust" and Faust" opera by Gounod. Silent film but a soundtrack Animatophone (Gounod, Müller) was provided. Produced by Pathé Frères (Serie d'art Pathé Frères). Two reels, 605 m. Different versions (minor changes) for UK, France, Italy, US. Distributed in Italy by Cines. Redi, *Cinema muto italiano: 1896-1930*, p. 41: «è ancora costruito secondo la regola "una didascalia, un quadro", ma non è piatto come i suoi contemporanei; vi è anche un tentativo di interpretazione da parte degli attori, gli ambienti sono costruiti».

333. Gounod, *Faust*, traduzione italiana di Achille De Lauzières, interamente leggibile all'indirizzo https://archive.org/details/faustdrammaliric00goun.

334. Sacerdoti, recensione in «la Cine-fono e la Rivista Fono-Cinematografica», 117 (16 luglio 1910), riportata in Bernardini, *Il cinema muto italiano*, p. 178.

ad apprezzarne la fotografia, gli effetti di luce e la recitazione degli attori.[335] Visionando il film sembra che tale fedeltà sia tributata ancora una volta non direttamente alla tragedia di Goethe ma al tramite del filtro del libretto di Barbier e Carré per l'opera di Gounod: manca l'intera struttura paratestuale di ingresso all'azione drammatica (la *Dedica*, il *Prologo in teatro*, il *Prologo in cielo*), mentre compare, come in Goethe e non in Barbier e Carré, Wagner come interlocutore di Faust. Non compare invece l'iniziale pulsione al suicidio di Faust, presente tanto nell'ipotesto goethiano che nell'ipertesto di Barbier e Carré, da cui è ripresa la semplificazione del desiderio faustiano in puro desiderio de "il piacere" e de "la giovinezza":[336] Mefistofele, come viene indicato anche nel titolo premesso alla scena, offre a Faust "la giovinezza" in cambio dell'anima e come nel testo di Barbier e Carré convince Faust a firmare il terribile patto tramite la visione della bella Margherita che fila.[337] Grazie alle potenzialità del montaggio, con la firma del patto avviene immediatamente la trasformazione per ringiovinimento di Faust, senza che, come in Gounod, egli debba «libar questo nappo, ove fumando / Sta la morte non più, / Né più velen, / ma vita e gioventù».[338] In un'unica scena quindi tanto nel film di Guazzoni che nell'opera di Gounod vengono a essere riassunte le scene *Notte*, *Fuori porta*, *Studio* e ancora *Studio*. Segue la scena della *Cantina di Auerbach*, così presentata anche agli spettatori del film, presunti edotti circa il riferimento goethiano alla cantina di Lipsia: la scena del film in effetti si presenta come una sintesi della scena di Goethe e non di quella dell'opera di Gounod, giacché non accetta la sovrapposizione che questa versione attuava della scena della *Cantina* con quella dell'incontro con Valentino, fratello di Margherita. La giovane e innocente ragazza nel film riappare, ancora in linea con l'intreccio dell'ipotesto goethiano, come immagine virtuale nello specchio magico: ed ecco qui che le potenzialità tecniche del mezzo espressivo cinematografico giocano un ruolo importante nella scelta degli stessi contenuti da presentare. Tale apparizione era assente nel testo di Barbier e Carrè: chiaramente non rappresentabile a teatro, l'apparizione magica di Margherita nello specchio nella *Cucina di strega* si offre invece come particolarmente congeniale alle nuove possibilità di effetto cinematografico,

335. *Ibidem*.

336. Gounod, *Faust*, p. 5, MEF.: «Che brami tu – saria dell'or?»/ … / FAU.: «No. – Bramo un tesor / Che assai più val. / Io bramo sol / La gioventù. / Io voglio il piacer».

337. Gounod, *Faust*, p. 6: «(*Il fondo del teatro s'apre e lascia vedere Margherita che fila presso il mulinello*)».

338. *Ibidem*.

e in tal senso viene sfruttata da Guazzoni,[339] restituendo al personaggio di Margherita l'ambiguità di una doppia identità, reale e immaginaria, tradizionalmente ereditata dal suo omologo classico, qui rimosso, di Elena. Della riduzione librettistica di Barbier e Carrè per l'opera di Gounod la versione cinematografica di Guazzoni rifiuta l'invenzione del ruolo di antagonista di Siebel, uno dei giovani incontrati a gozzovigliare nella taverna di Auerbach, nell'amore per Margherita ma condivide la censura dei peccati omicidi di Margherita nei confronti della madre, data già per morta in Gounod, nonché del suo bambino, di fatto con la semplice omissione dei relativi episodi: il film lascia alle pregresse conoscenze degli spettatori circa la *fabula* del mito faustiano il compito di motivare e comprendere la reclusione della giovane protagonista nella scena finale in cui ancora, come in entrambi i testi di riferimento, è la pura visione di Mefistofele a farla morire, ormai salva grazie alla sua professione di pentimento e fede.

Il lavoro di Guazzoni ha una durata di circa 18 minuti e quindi esige chiaramente una sintesi della *fabula*, oltre che dell'intreccio, rispetto alla tragedia goethiana, operata innanzitutto, come la maggior parte delle riscritture italiane e non, d'altronde, con l'eliminazione dell'intera seconda parte.

A testimonianza del riconoscimento tributato all'opera di Goethe nel nostro paese in quei primi anni del secolo, sempre al 1910 risale il film italiano su altro soggetto goethiano, *Goetz mano di ferro*, di Ernesto Maria Pasquali.[340] Il cinema in questo periodo subisce quella trasformazione che segna il passaggio discontinuo nella sua evoluzione da cinematografo d'attrazione a cinema di narrazione e la versione faustiana di Guazzoni del 1910 già rientra in questo nuovo cinema narrativo.

Nel drammatico 1917 viene quindi proiettato un altro film italiano d'ispirazione faustiana in chiave femminile piuttosto curioso e anomalo, che ben s'inserisce anche nel contesto del fenomeno nascente del divismo attoriale,[341] di cui parla fra l'altro il romanzo dell'anno precedente di Luigi Pirandello, *Si gira...*, e che vale infatti anche come documento della diffusione e dell'istituzionalizzazione in quegli anni del cinema accanto alle altre forme artistiche di narrazione. Questo nuovo film faustiano nasce da

339. Così anche l'apparizione del fantasma di Margherita nella scena della *Notte di Valpurga* che può magicamente manifestarsi sullo schermo.

340. Della Pasquali e Tempo, Torino, 272 metri.

341. Sul fenomeno del divismo vedasi Brunetta, *Storia del cinema italiano, Dive e divine*, pp. 80-91. In particolare si presentano i profili di diva di Lyda Borelli e Francesca Bertini.

un precedente progetto durato due anni: il progetto vede impegnati artisti con differenti formazioni che decidono di collaborare alla creazione di un'opera che fosse «saggio di un'arte cinema-lirica-nuovissima concepita e condotta con intendimenti di seria ricerca».[342] Il testo s'intitola *Rapsodia satanica* e si deve a Fausto Maria Martini (1886-1931), romano, formatosi nell'ambiente crepuscolare di matrice corazziniana, poi avvicinatosi al preraffaellismo dannunziano, che lascia manifesta traccia nei cromatismi del lavoro. Martini scrisse il testo di questo "poema cinema-musicale" nel 1915, prima di partire per quella guerra che gli costò poi molti anni di cure e di depressione. Il libretto, se così si può definire, è intessuto di citazioni che ne accentuano il carattere letterario: oltre a *Faust*, che peraltro resta presente nell'esplicita citazione e quindi esclusivamente tramite il motivo del patto col diavolo nelle vesti del faustiano Mefistofele, vi vengono citati il mito di Pigmalione e Galatea, la leggenda del velo di Veronica e l'amore di Tristano e Isotta.[343] È senz'altro utile leggere l'intero *Preambolo* dell'autore, che per il suo carattere programmatico si presenta quasi come un manifesto artistico del sincretismo e della sinergia artistica, atto d'impegno per il pieno riconoscimento di pubblico della nuova arte cinematografica, del mezzo quindi prima che del contenuto:

> Con animo sicuro di contribuire validamente all'elevazione intellettuale dell'opera cinematografica, ormai vicina a raggiungere la sua trasformazione in senso paramente artistico, presentiamo al pubblico questa RAPSODIA SATANICA saggio di un'arte cinema-lirica-nuovissima concepita e condotta con intendimenti di seria ricerca.
> Nomi altamente significativi si sono stretti attorno al titolo di quest'opera come attorno a un segno simbolico levato tra l'arruffio delle consuete produzioni del cinema, a rappresentare il desiderio che a questo mezzo efficacissimo di espressione artistica sia data quella dignità e quella novità che finora non ha mai raggiunto.
> Il più grande musicista moderno, uno dei nostri più nobili poeti drammatici, un'attrice di profondo temperamento, nella sua finezza fascinatrice, la vi-

342. Alfa, Martini, Mascagni, *Rapsodia Satanica*. Interprete: Lyda Borelli, concessionari per il Veneto Rossetto e Scarabelli, Venezia, s.d,, leggibile su http://www.mascagni.org/book-reader/image/504842/1/50, messa in scena di Nino Oxilia. Ivi, *Preambolo*.

343. Un tale incontro tra tradizioni letterarie distanti nel tempo e nello spazio è stato già notato oltre che in Goethe stesso, che colloca la *Fantasmagoria classico-romantica* di Elena in epoca medievale, anche in autori come D'Annunzio, Pascoli, Thovez. In merito si veda il par. *L'idolo Elena* in questo capitolo.

brante e appassionata personalità d'artista-industriale del direttore della Casa editrice dell'opera e ancora il talento e il gusto d'un altro fortunato commediografo nostro, hanno creato RAPSODIA SATANICA.
Ogni scena, ogni nota, ogni verso, ogni immagine porta il segno infallibile del molto amore e della molta dottrina che l'hanno nutrita.
Una cosa di grande importanza rileverà questa RAPSODIA: la possibilità di adunare in un'opera cinematografica le sensazioni di tutte le arti; la possibilità di fare di una sala di proiezione un magico crogiuolo di tutte le sensazioni artistiche in un insieme nuovissimo, mai tentato ed oggi ottenuto per la prima volta.
Al pubblico, che per molti segni ha manifestato il desiderio che da questo moderno mezzo del cinematografo, sorgesse finalmente un'arte essenzialmente nuova, complessa e moderna, affidiamo con fiducia quest'opera nata dal fervore e dalla genialità di tanto alti spiriti.[344]

L'autorevolezza degli autori di testo, sceneggiatura e musiche, da un lato, unite all'autorità dell'ipotesto, e degli altri ipotesti più puntualmente citati ma meno immediatamente riconoscibili invece nella rappresentazione filmica, uniti e sostenuti dalla recitazione in veste di protagonista di una delle dive più note a quel tempo, Lyda Borelli, servivano a sostenere la nobiltà della nuova arte, l'affermazione riconosciuta della nuova tecnica. Il titolo *Rapsodia* presenta l'aspetto formale del prodotto, aprendo a una concezione anche musicalmente narrativa estremamente libera, laddove l'attributo *satanica* invece sta a introdurre i contenuti, incuriosendo il pubblico al loro carattere sovrareale, meraviglioso e maledetto. Dal punto di vista recitativo nel film, che misurava originariamente 905 metri e nella versione conservata ne misura 850, per una durata di circa 45 minuti, risultano prevalere le pose funerarie e statuarie che accostano ancora il cinema muto alla pittura.[345] Inoltre l'attrice protagonista Lyda Borelli sembra offrirsi, nella sua centralità di Diva, come la migliore occasione per declinare al femminile un mito individualistico moderno come questo di Faust, privandolo però del suo specifico carattere intellettuale e limitando ad *aisthesis* ed *eros* gli ambiti di desiderio e interesse della protagonista del patto demoniaco. Il film resta altresì interessante per la storia del cinema italiano nell'ambito del processo di nobilitazione musicale dell'arte cinematografica, accanto ai puri adattamenti di melodrammi in versioni filmiche.[346] Per *Rapsodia satanica*, a differenza da quanto spesso fin lì operato, Mascagni

344. Alfa, Martini, Mascagni, *Rapsodia Satanica.*
345. Bernardi, *L'inquadratura e il quadro,* p. 284.
346. Ivi, Calabretto, *Cinema e musica*, pp. 355-6.

> definisce un preciso piano delle durate in seguito a un'accurata visione delle sequenze. Il maestro livornese, pertanto, sperimenta un metodo di lavoro del tutto nuovo dove le relazioni tra musica e immagine sono fissate con molta precisione e dove il criterio narrativo, ispiratore delle tante colonne sonore derivanti dal poema sinfonico, cede il passo a quello cronometrico. [...] *Rapsodia satanica* inaugura una nuova drammaturgia musicale-cinematografica, dove la musica è in grado di "ridisegnare l'arco di sviluppo filmico secondo una logica non desunta dalle immagini ma recata esclusivamente dalla componente musicale".[347]

Più pienamente aderente al modello faustiano, ancora una volta però considerando ipotesto non tanto e non solo la tragedia di Goethe quanto la versione di Gounod, è il film musicale italiano, definito anche opera cinematografica, di Carmine Gallone (1886-1973) successivo di più di trent'anni, *La leggenda di Faust*.[348] Gallone presenta altresì brani tratti dal *Mefistofele* di Boito, che sembra svolgere una dichiarata funzione "italianizzante" del mito faustiano. Di nuovo gli ipotesti dichiarati esplicitamente nella locandina sono la tragedia di Goethe e l'opera di Gounod, cui si aggiunge, appunto, per le musiche, il *Mefistofele* di Boito. Le stratificazioni ipertestuali si vanno sempre più moltiplicando e complicando, sovrapponendosi e mescolandosi, e non si può non sottolineare la presenza, per un adattamento italiano di un mito tedesco, di fonti tedesche, francesi e italiane. Da questo punto di vista è evidente che Boito costituisca quindi, ancora a metà del Novecento, il riferimento primo se non unico in tal senso, nonostante la ricchezza di prove faustiane ormai a disposizione nella nostra tradizione letteraria.

Negli anni Venti, intanto, solo per citare il film muto più giustamente noto su Faust, in Germania era stato girato l'ultimo film "europeo" di Murnau. Era il 1926, e Murnau scelse di recuperare, fin dal sottotitolo, la *deutsche Volksage*, anche tramite le tinte fosche della Peste che imperversa nelle scene iniziali: eppure il protagonista è oramai ben lontano dalla negatività del Dottore "ben noto mago e negromante" di Spies, giacché fin da subito il suo desiderio di conoscenza è finalizzato all'aiuto

347. Citazione presa da Piccardi, *Mascagni e l'ipotesi del dramma musicale cinematografico*, p. 469. In merito si veda anche Raffaelli, *Mascagni e il cinema: la musica per* Rapsodia satanica.

348. Chiti, Poppi, *Dizionario del cinema italiano*, vol. 2, *I film*. Vedi anche Piemontese, *Remake. Il cinema e la via dell'eterno ritorno*, in cui si affronta ancora il problema della discrepanza delle aspettative e del plauso, da parte di pubblico e critica: il primo soddisfatto nel gusto del riconoscimento, il secondo in attesa invece di originalità: ivi, p. 6.

e alla guarigione degli altri. Anche in Murnau si sviluppa la sola vicenda goethiana dell'amore tra Faust e Margherita del *Faust I*, recuperando altresì dal capolavoro tedesco la finale salvezza del protagonista attribuita alla vittoria su tutto dell'Amore.

Nell'era del cinema sonoro, nel 1949, esce quindi il primo film italo-francese sul mito di Faust: *La bellezza del diavolo* di René Clair, interpretato da Gérard Philipe, Michel Simon Nicole Besnard, Carlo Ninchi e Paolo Stoppa. Nel marzo del 1977 va in onda in due puntate una versione televisiva italiana del *Faust di Marlowe*: regia di Leandro Castellani con Tino Buazzelli, mentre del 1986 è il film di Marco Poma, *Mephisto Funk*, ispirato direttamente a Goethe e ambientato in un centro televisivo. Infine nel 1990 l'autrice napoletana femminista Lina Mangiacapre[349] scrive il romanzo *Faust, Fausta*,[350] cui segue anche nel 1991 la sua versione cine-

349. Laureata in filosofia, giornalista pubblicista (direttrice del trimestrale «Manifesta»), scrittrice, musicista, regista, si firmava Màlina in pittura, mentre Nemesi è il suo nome come fondatrice del gruppo femminista napoletano delle Nemesiache (1970). Nel 1976 ha ideato e realizzato la prima Rassegna di Cinema delle Donne a Sorrento e nel 1987 ha creato il premio cinematografico «Elvira Notari». Fondatrice della Cooperativa Le Tre Ghinee, è stata con il suo gruppo una presenza culturalmente e politicamente significativa anche nella Casa Internazionale delle Donne di Roma.

350. Mangiacapre, *Faust-Fausta*. La stessa autrice presentando una rassegna cinematografica su Faust nella storia del cinema, scriveva in occasione di RomaEuropa Festival '97: «"Dopo aver dedicato al mito di Faust la serie di concerti nelle Accademie straniere a Roma, abbiamo pensato di indagare quanto profonda sia l'influenza che tal mito ha esercitato anche nel cinema, dall'inizio del secolo fino ad oggi. [...] Il cinema, infatti, al pari con la musica ma anche della letteratura, della poesia e del teatro, non ha mai perso d'occhio Faust e lo spirito faustiano raccontandolo in numerose pellicole. L'aspirazione dell'uomo a superare i propri limiti, intesa come grande metafora della condizione umana, ha sempre destato l'attenzione della Settima Arte. Non è azzardato affermare che il cinema stesso è di per sè faustiano poichè rappresenta uno degli sbocchi tentati della Scienza, della quale è un prodotto fisico. [...]" (Monique Veaute direttore generale di Romaeuropa Festival '97). Chi non ha letto le immortali pagine del *Faust* di Goethe, Marlowe, Mann, Bulgakov? Faust-Fausta si interroga sul mito oggi e sulla lotta tra libero e servo arbitrio, tra umanesimo e riforma, tra Erasmo e Lutero, tra scienza e religione. Il patto con Mefisto non può che essere il rifiuto da una identità naturale ormai priva di senso. Ma la vita ha sempre le sue carte da giocare. Cambiare sesso, cambiare destino, tutto è possibile alla scienza. Ma la realtà è infinitamente più ricca di ogni immaginazione. Faust-Margherita-Elena-Mefisto, personaggi mito che disperatamente cercano di sfuggire alla trappola dell'umanità, ma vi ritornano catturati e sedotti. Ogni limite deve essere abbattuto, ogni confine infranto. La nuova Europa e la nuova identità saranno forse raggiunte da una donna che sfida i limiti del suo passato. L'amore per la bellezza, il mito classico, Elena, sono le uniche strade, altrimenti le barbarie

matografica, di cui la Mangiacapre compose anche le musiche originali, ritornando così alla tradizione faustiana italiana in chiave femminile inaugurata al cinema nel lontano 1917 con l'esperimento artistico sinergico di *Rapsodia satanica.*

5. *Il mito depotenziato: incerti emuli del Dottor Faust*

Lo statuto dell'identità originaria del mitema dell'intellettuale malinconico pronto a tutto, compresi i compromessi etici o l'autonegazione del suicidio, per superare i limiti raggiunti della conoscenza, era da sempre instabile. Il mito si riattiva pienamente proprio di fronte a questa nuova crisi dell'io, solo dopo Freud e Jung e dopo l'uomo qualunque delle dittature ventennali (durante le quali aveva preso corpo da protagonista della Storia quella *Umbekannte Menge* di cui Goethe aveva meglio evidenziato come pubblico di teatro vizi e virtù, forza e debolezze, e potenziale [auto]-distruttivo). Definitivamente privo di ogni dimensione titanica si scopriva viceversa ridotto ad antieroe dell'inazione, dell'impossibile tragedia, o della tragedia eterna di un personaggio in pieno collasso di ogni credibile personalità individuale. Faust d'altronde nasceva fin dalle sue origini rinascimentali come grande malinconico moderno,[351] e Goethe stesso fa partire la sua vicenda dal tentato suicidio evitato poi grazie ai suoni di festa pasquale, risurrezione e ricordo della propria giovinezza reale e simbolica: «Erinnerung hält mich nun mit kindlichem Gefühle / Von letzen, ernsten Schritt zurück».[352] In Italia per tutto

dell'indistinto, ci divoreranno. I luoghi che hanno ispirato i più grandi poeti, filosofi, musicisti di tutti i tempi: Virgilio, Goethe, Nietzsche, Wagner, saranno i luoghi in cui il nuovo Faust agita la sua antica tragedia. Desiderare ogni conoscenza e rendersi conto di sempre nuovi limiti. Un mito europeo del Faust è già realtà di unione. Nessuna Europa sarà mai possibile senza una identità culturale ritrovata. E mai come oggi nel trionfo e nella sconfitta delle scienze Faust è. presente. Faust è l'Occidente nella superba consapevolezza dell'azione, nella sua civiltà romana laica che percorre le tappe della maledizione dell'essere uomo e dell'essere donna. Oggi le nuove tecnologie possono rompere questa maledizione, ma da ogni limite infranto nascono nuovi beffardi diabolici limiti». Vedi http://www.citinv.it/pubblicazioni/MANIFESTA/2/faust.htm.

351. Si veda il paragrafo *Faust o della malinconia,* della monografia di Orvieto, *Il mito di Faust,* pp. 214-228, ma anche la miscellanea a cura di Masson, *Faust ou la mélancolie du savoir.*

352. «La memoria d'infanzia mi richiama / ora dal grave ultimo passo», Goethe, *Faust*, vv. 781-782. Ma anche Goethe, *Faust I*, v. 770, la cui traduzione di Casalegno rischia

l'Ottocento, con l'eccezione di Leopardi, il tema della malinconia non viene esplicitamente tematizzato nelle riscritture identificate, se non parzialmente nelle opere "faustiane" dei due scapigliati Prati e Boito che dimostrarono maggiore attenzione a questo aspetto di complessità e introspezione del protagonista, anticipando in questo la matrice poi decadente della noia e della nausea esistenziale che prende forma nel primo Faust italiano novecentesco, quello del *Mefistofele* (1902) di Mario Giobbe: autore e personaggio entrambi suicidi,[353] su cui vince il cinismo amorale dell'oltre-uomo Mefistofele.

La tragedia da sociale si fa sempre più individuale, privata, psicologica e interiore, e questa è una delle strade principali dell'evoluzione, o involuzione, del mito faustiano nel secondo Novecento: il ripiegamento esistenziale nell'intimo, nell'egotismo dissociato, fino anche al naufragio nel non senso totale. A questa conclusione approda, in un percorso di ricerca tutto metateatrale e totalmente statico, il *Faust 67* di Landolfi. Tommaso Landolfi si appropria del mito inserendolo nella sua poetica nichilista ma attraverso uno straniante gioco metateatrale di chiara impronta pirandelliana, in un'operazione intertestuale ricca e interessante che però non raggiunge grandi risultati artistici.

Ben note sono le definizioni di Landolfi come "ottocentista eccentrico in ritardo",[354] "il più romantico degli scrittori italiani",[355] "romantico sconfitto",[356] cui seguono interminabili elenchi di nomi di autori imitati, citati, tradotti o stravolti da questo autore "al quadrato".[357] Landolfi recupera, spesso anche deridendo, autori dell'Ottocento italiano, e il preferito è Leopardi, russo, con Gogol' e Puškin in primo piano anche come autori tradotti, e soprattutto tedesco: dei romantici tedeschi traduce Novalis, i

di trarre in inganno: crea un equivoco ermeneuticamente pericoloso col tradurre «la fede mi richiama ora alla vita». Non è infatti propriamente la fede recuperata che lo richiama alla vita piuttosto il rammemorarsi della sua giovinezza in cui ancora aveva fede nella vita, e si potrebbe espandere questo sentire positivo generale e genericamente esistenziale ad una condizione felice di fiducia e di fede nel Dio cristiano Padre e Salvatore. La stessa giovinezza che il poeta del *Vorspiel* di Goethe aveva a gran voce richiesto indietro per poter davvero scrivere un capolavoro: Goethe, *Faust I,* v. 197.

353. Se ne discute ampiamente nel capitolo sull'*Antinorma mefistofelica*.

354. Contini, *Letteratura dell'Italia Unita*, pp. 931-934.

355. Definizione di Carlo Bo.

356. Citati, in «*Il giorno*», 7 giugno 1972.

357. Si pensa alla definizione data dal critico Eurialo De Michelis con il titolo *Narratori al quadrato*, alla raccolta saggistica del 1962 in cui compare l'articolo, risalente al 1940, *Landolfi, Keaton e Mefistofele*, in «La Nuova Italia», 4 (1940).

fratelli Grimm, il decadente Hofmannsthal. Molto però deve a E.T.A. Hoffmann, per il suo gusto per le costruzioni fantastiche, ma è a Goethe che offre un tributo speciale, costante e diffuso.

Analizzando la parabola della produzione creativa di Tommaso Landolfi si raccolgono indizi di questa preferenza di Landolfi per il *Faust* a scapito del Goethe più pacificamente accolto dalla tradizione italiana, anche prima della stesura del testo a Faust dedicato. Appartiene alla prima raccolta narrativa, del 1937, il racconto *Piccola Apocalisse*, accostato dalla critica a certe atmosfere evocative e decadenti del *Faust II*. In questo racconto vengono evocate le figure di Faust e Mefistofele: «Procedono, essi, immobili ed assorti lungo una linea obliqua, come, diciamo, Mefistofele e Faust quando sono portati, sul magico mantello, via dai palcoscenici della terra: soltanto, essi sono sorretti da un raggio di luna».[358]

Ma è col primo tentativo di romanzo, *La pietra lunare. Scene della vita di provincia*, del 1939, che Landolfi si avvicina maggiormente alla tragedia di Goethe: in particolare alla sua seconda parte.

Vengono evocate le Madri, nominate da Goethe nel *Faust II*, appunto, per bocca di Mefistofele. In Landolfi compaiono così:

> Erano tre donne in vario atteggiamento, due di fianco una di fronte, immobili d'orrida immobilità; l'orrore era forse, appunto, solo nella loro immobilità. [...] Guardandole, subito si capiva che erano le Madri.[359]

Sappiamo che le Madri sono per Goethe il simbolo delle essenze immutabili delle cose, perciò considerate fuori da ogni determinazione spazio-temporale: l'assoluto colto nel vuoto, come dice Faust[360] sfidando il Nulla di Mefistofele e andando incontro alle Madri onde evocare Elena e Paride, modelli assoluti di bellezza. Landolfi indugia molto più lungamente sulla descrizione fisica di queste, quasi a dare corpo all'astrazione che rappresentano, tramite una visione pananimistica della natura di matrice decadente e dannunziana.

> "Sarò ciascuna ma nessuna
> [...] E sarò mille in una sorte".[361]

358. Landolfi, *Dialogo dei Massimi Sistemi*, p. 66.

359. Landolfi, *La Pietra lunare*, p.189.

360. Goethe, *Faust*, vv.6251-6256: «Du sendest mich ins Leere, / Damit ich dort so Kunst als Kraft vermehre" / "Nur immer zu! wir wollen es ergruenden: / In deinem Nichts hoff ich das All zu finden».

361. Landolfi, *La Pietra Lunare*.

Landolfi con questo testo, secondo Zanzotto, opera "una vera e propria rifondazione di miti":[362] un pananimismo sviluppato razionalmente, in termini pirandelliani, fa entrare nel Novecento italiano il personaggio di *Faust*.

> *La pietra lunare* partendo dal fantastico, si pone al di là del fantastico e [...] segnala nell'allegoria esitante uno degli indirizzi sicuri della scrittura landolfiana. Allegoria esitante, giacché il montaggio di citazioni è in appendice, defilato nel paratesto, in uno spazio d'interferenza – tra dentro e fuori il testo – aperto perciò al dubbio e all'esitazione.[363]

Tale esitazione e ambiguità rimarranno aperte in tutto il percorso creativo di questo autore. Al grottesco romantico si rifanno ancora molte sue opere, che però giocano sempre più sull'introspezione dell'io e sulla confusione ontologica tra sogno e realtà: un gioco tragico al ribasso e alla mortificazione, utile all'accettazione della vita, tramite la sostituzione del sublime col suo opposto, il grottesco.[364]

La scrittura di Landolfi ha tratti riconducibili alla «linea involutiva e satirica dello *Spätromantik*» anche se «è (anche) rapportabile ai rappresentanti del *Früromantik* positivo, coloro che aspirano ad un impossibile assoluto. Per essi tale assoluto si confonde con l'infinito, per il nostro non sarà che il nulla. Il segno è capovolto ma la tensione è la medesima».[365]

L'eredità romantica dell'Avanguardia novecentesca è ben stata rilevata, fra gli altri, da un critico italiano come Renato Poggioli[366] che Landolfi conobbe in quei condivisi anni fiorentini così formativi per entrambi. Se è vero che Landolfi capovolge di segno la ricerca d'assoluto propria a Faust, lo fa attraverso un secolo e mezzo di storia, e sicuramente avendo presente quanto Nietzsche aveva scritto del *Faust* goethiano. Già il Faust di Goethe era stato ridimensionato nel suo titanismo rispetto al protagonista della tragedia di Marlowe. Nietzsche da parte sua nel saggio sulla nascita della

362. Zanzotto, introduzione a *La pietra lunare*, ora in Id. *Aure e disincanti nel Novecento letterario*, p. 328.

363. Carlino, *Landolfi e il fantastico,* p.112.

364. Sul grottesco in Landolfi esiste una monografia, che, nel terzo capitolo, si occupa anche nello specifico delle eredità romantiche di Tommaso Landolfi, cfr. *Landolfi's Romanticism and grotesque images*, in Capek-Habekovic, *Tommaso Landolfi's Grotesque Images*.

365. Baccelli, *Landolfi e il Romanticismo tedesco*, in *Le lunazioni del cuore*, p. 209.

366. Poggioli, *Romanticismo e Avanguardia*, in *Teoria dell'arte d'avanguardia*, pp. 57-75.

tragedia recupera a Faust una dimensione fortemente tragica, proprio a partire dal suo nuovo titanismo imperfetto.

Con una prova teatrale tarda Landolfi ripropone il personaggio di Faust e la sua possibilità d'essere nel Novecento: partendo da questo Faust romantico, salvato da una semplice ragazza come Margherita, lo spoglia ulteriormente di certezze e verità: unica volontà positiva è quella di avere una, qualsivoglia, identità.

Il *Faust 67* è in un certo qual senso la sintesi del suo percorso creativo, contenendo molti delle costanti esistenziali e poetiche landolfiane. L'opera, realmente concepita per il teatro e messa in scena due volte, nel 1969 e nel 1987, esce nel 1969 dopo aver vinto il premio per opere drammatiche inedite intitolato a Pirandello. E Pirandello è riferimento fortemente presente in questo testo tutto landolfiano (per gli innumerevoli riferimenti a tematiche e alla produzione dello stesso autore).[367]

Il protagonista, novello Faust modernissimo nella sua disperata riflessione esistenziale, si chiama Nessuno, ed è la ricerca di essere Qualcuno, di una possibile forma d'essere, che lo porta a consultare un regista teatrale, chiedendo di offrirgli un'identità plausibile, vivibile.

> "E' semplice: io cerco un autore. O piuttosto, atteso che oggi gli autori contano poco [...] cerco magari un regista [...] un destino, appunto, una qualificazione umana".[368]

Ma i quattro canovacci di possibili vite che gli vengono offerte e presentate teatralmente non lo soddisfano.[369] Torna la stanchezza di Landolfi

367. Sulla forza dell'eredità pirandelliana di tutto il teatro italiano, e non solo, del Novecento, vedasi Ariani, Taffon, *Scritture per la scena*.

368. Landolfi, *Faust 67*, p. 1037.

369. Vengono proposti quattro modi di soddisfazione dell'ambizione umana che ricordano da vicino, quando non citano apertamente, situazioni narrative landolfiane: potere politico: Nessuno dovrebbe/potrebbe essere un despota crudele e prepotente. Nessuno è spettatore insoddisfatto e critico; potere economico: si profila la possibilità di essere un giocatore fortunato che sbanca con incredibile fortuna una sala da gioco. Continua l'insoddisfazione impaziente dello spettatore Nessuno. Successo intellettuale: si offre a Nessuno la fama di uno scrittore di successo. Ma tutto è futile e vano agli occhi dell'esigente spettatore; successo erotico: quest'ultimo quadro per un attimo sembra interessare maggiormente Nessuno, che assume il ruolo dell'attore per il personaggio del giovane scapolo decadente che riesce a sedurre e a conquistare una giovanissima lavandaia. Ma anche qui, quando la potenzialità di rinnovamento si concretizza, si attua in una quotidianità vissuta e concreta, Nessuno rifugge dall'accettare questa situazione come realtà, come vita.

nei confronti della vita, di ciò che è rispetto a ciò che potrebbe essere, il sogno, la meraviglia, l'azzardo del gioco. Si vanificano le possibili realtà offerte dal regista, con esse le realtà create da Landolfi narratore: «Infine questa è una storia qualunque, casuale, nel senso e nella misura, che l'una storia vale l'altra».[370]

Non si riesce a trovare un senso all'essere, un modo sensato di essere, vengono esaurite le possibilità e tutto piomba in un'inerzia e vacuità assolute. Le stesse da cui si era partiti.

L'epilogo, costituito dal dialogo tra Nessuno e il regista, vede intervenire una voce celeste che trasforma la mancanza d'azione denunciata dall'altrettanto fantasmagorico Signor Pubblico[371] nella salvezza di Nessuno: «Nessuno si salverà, perché non accettò mai di essere qualcuno».[372] A trionfare è quindi il negativo, unica paradossale forma d'essere ancora possibile, secondo Landolfi, nel pieno Novecento.

Il richiamo reiterato al Pubblico dimostra l'importanza attribuita ancora una volta al paratesto, che prosegue a distanza il dialogo poetico inaugurato da Goethe stesso nel suo *Prologo in Teatro*, sviluppato in toni ironici dopo più di un secolo da Landolfi. Proprio tramite la ripresa dello spazio di confine della testualità si recupera un dialogo ricco di rimandi anche teorici e non puramente tematici con la storia di questo mito. Il potenziale dialogico delle soglie testuali era stato ben intuito da Goethe con la sua proposta di un ingresso paratestuale stratificato al suo *Faust*, e la tradizione romanzesca da Sterne in poi si era interessata a questa tecnica, non trovando però, se non nel pieno Novecento, consistente risposta da parte della nostra tradizione letteraria (con le debite e nobili eccezioni). Sembra quasi che solo dopo il primo secolo dall'uscita della tragedia goethiana ne vengano pienamente colti gli stimoli formali di riflessione sulla modernità. A ben guardare infatti le riscritture faustiane più originali sono quelle che riaprono all'attualizzazione dell'interrogazione metatestuale e intertestuale, spesso proprio attraverso un esplicito, o implicito, dialogo col pubblico: penso già a Boito, nella prima

370. Landolfi, *Faust 67*, p. 1113.

371. Interessante la comparsa, direi la materializzazione del pubblico in una voce che entra sul palcoscenico a commentare: ivi, pp. 1137-39.

372. Ivi, p.1147. Interessante il raffronto con il discorso quasi speculare del padre col capocomico in Pirandello, *Sei personaggi in cerca d'autore,* p.741: «Un personaggio, signore, può sempre domandare a un uomo chi è. Perché un personaggio ha veramente una vita sua, segnata di caratteri suoi, per cui è sempre "qualcuno". Mentre un uomo [...] può non essere "nessuno"».

versione del 1868 del suo *Mefistofele*, a Mario Giobbe, che rinnova radicalmente la tradizione testuale oltre a quella mitologica, facendo interloquire due ipotesti autorevoli quanto distanti come quelli di Marlowe e di Goethe, per poi proporre una soluzione testuale, in versi martelliani di chiara matrice tragica italiana, modernamente destabilizzante.

L'identità di tragedia del testo, ad esempio, è smentita subito dall'autore: nell'*Avvertenza* Landolfi la definisce "dramma o commedia da fare", con un riferimento alquanto scoperto a Pirandello «dovrebbe essere recitato a soggetto [...] e potrebbe forse [...] aspirare alla qualifica di "commedia da fare"».[373] Quindi si esorta il lettore (*lector in fabula*) a collaborare «scartando, compendiando e deformando».[374]

L'Avanprologo o *Proprologo* che segue, previsto come monologo di Nessuno («solo, a sipario chiuso, recita la seguente poesia»), riprende testualmente il diario landolfiano *Des Mois,* (dei mesi *versus* dei "me"), in data 8.03.1964. Ricorda la dedica in ottave di Goethe, (che si scopre poi coincidere con il poeta del *Prologo in Teatro* proprio attraverso l'uso della stessa misura dell'ottava), nonché ovviamente anche la prima scena del *Faust I*, con l'*incipit* in gran stile della *lamentatio* monologante del Dottor Faust.

Il *Prologo*, che dissolve nei quadri recitati, riprende il tema della riflessione socio-culturale delle sorti del teatro, funzionale anche a definire i diversi piani della finzione, proprio come avveniva nel *Prologo in teatro* di Goethe (1798), in cui viene chiamato in causa il "gran pubblico" e la contrapposizione tragedia/romanzo,[375] quindi mimesi/diegesi. Quindi entra in scena Il Signor Nessuno presentando il proprio problema. Il riferimento al carattere pirandelliano della situazione è scopertissimo:

> – Nessuno: «Ma lì i personaggi si presentavano già carichi d'un proprio destino, d'un dramma personale [...] dispongono, insomma, d'una carica di vita».
> – Attrice: «Lei in definitiva si presenta come un uomo del tutto vuoto che noi dovremmo bene o male riempire».[376]

373. Ivi, p. 1121

374. *Ibidem.*

375. Goethe, *Faust*, *Prologo in teatro*: vv.165-168: «ist eben ein Roman. / Lasst uns auch so ein Schauspiel geben! / Greift nur hinein ins volle Menschenleben! / Ein jeder lebts, nicht vielen ists bekannt».

376. Landolfi, *Faust 67*, pp. 1037-39.

La scelta del teatro a discapito della diegesi è chiarita: la narrazione in Landolfi vorrebbe cedere il passo alla rappresentazione mimetica proprio per recuperare, conquistare realtà alle parole, ma sembra fallire nel suo fine.

Al finale è delegata ancora una volta la funzione di catalizzatore di senso: tutto già contenuto nel nome negativo del protagonista, anti-Ulisse, giacché in lui la dote di *curiositas* è diminuita a tal punto da essere annientata in un non-essere statico e passivo. Cosa conserva del Faust goethiano questo personaggio? Lo *streben* si riduce in una dimensione individuale, egocentrica, nella ricerca di un'identità convincente, e viene deluso nelle sue aspettative. C'è un gioco metaletterario troppo scoperto, intenzionale e statico per riuscire drammatico, che prende il sopravvento su tutto. Potremmo però dire che la salvezza, che coincide con una condanna a non-essere, è contenuta nel mancato atto di separazione dell'io dal tutto-possibile.

Il *principium individuationis* che Nietzsche nomina come primo peccato, divinizzato nell'apollineo, non si attua: oltre l'uomo moderno che incontra la tragicità nei limiti imposti alla sua ricerca sempre maggiore di conoscenza, si ritorna ad un tutto indistinto; o, peggio, l'io è assolutizzato in termini drammaticamente solipstistici e improduttivi.

Accanto a questa linea si sviluppa sempre più diffusamente la linea umoristica che propone un Faust diminuito nella tragicità della sua interrogazione e della sua ricerca, di cui si minimizzano ragioni e conseguenze: sia essa tesa al puro soddisfacimento materiale, potere erotico, politico, economico, o puro desiderio di successo, psicologico o intellettuale. Si tratta di due forme solo apparentemente opposte di diminuzione del mito, se non anche di trasformazione del mito in un depotenziato ipertipo; resta l'autorità letteraria o anche solo latamente culturale del mito pluricentenario, soprattutto nelle versioni moralistico-educative, solitamente rispettose del cronotopo originario, che esse siano rivolte ad un pubblico popolare (come a inizio secolo con Prunaj, *Le tre leggende eterne: Cid, Don Giovanni, Faust*)[377] o più specificamente per giovani lettori (trasposizione riduttiva) come ad esempio la versione di Mary Tibaldi Chiesa del 1936, che sceglie deliberatamente di censurare l'amore carnale tra Faust e Margherita e l'infanticidio compiuto da questa, cui segue la versione di Rina Usiglio, del 1938. Ma poi ancora, nella seconda parte del secolo, vi sono le riduzioni didattico-morali attualizzate per giovanissimi di Aldo Giovannet-

377. Prunaj, *Le tre leggende eterne*.

ti, *Faustolo* (1952)[378] e di Cavalli *Faustino, Mefisto e Jimmy il computer*.[379] Da un certo punto di vista si potrebbe dire che con queste prove si recuperi l'originaria funzione didascalica di *exemplum* con la quale la leggenda luterana era nata. A queste versioni, spesso accompagnate da un più o meno ricco apparato di illustrazioni, si potrebbero affiancare le versioni fumettistiche, che già nel mezzo prescelto preludono a un abbassamento e a una semplificazione formale e contenutistica, a una parodizzazione parodica dell'ipotesto (nell'anno 1939 Federico Pedrocchi aveva iniziato a pubblicare con illustrazioni di Gustavino – Gustavo Rosso, per poi riprendere e completare nel 1941 e nel 1974 con altri illustratori;[380] nel 1959 si ha *Il Dottor Paperus* di Luciano Bottaro e Carlo Chendi).

Altra forma di diminuzione programmatica si riconosce dichiarata fin dal titolo: dal *Faustino: parodia dell'opera Faust* di Leopoldo Fregoli, del 1902, *La dannazione di Faustino: fantasia goliardica*, del 1906, *Il piccolo Faust* di Gian Bistolfi del 1912, *El Faust*, dove la *diminutio* avviene a partire dalla lingua, con la scelta del dialetto, nel 1929, o nel 1952 *Il Faustino*, commedia di Dino Terra e *Faustolo* di Aldo Giovannetti, o *Il piccolo Faust: Leben und Erinnerungen eines Dichters des Dunkelheit*, del 1964, titolazione di memoria campaniana (con esplicito riferimento a Dino Campana e a un suo progettato *Piccolo Faust*). Anche nella prova teatrale di Maurizio Grande, del 1995, si evoca il «nanerottolo Faust di oggi»:[381] Faust è divenuto piccolo, o meglio, forse può continuare a significare qualcosa solo se rinuncia alle sue velleità titaniche di grandezza.

Sotto il profilo dei procedimenti di riscrittura si assiste inoltre a una sempre più disinvolta ibridazione dei processi ipertestuali, così come a una commistione di registro alto e basso, tragico e comico, in una dialettica pratica tra vera e propria intertestualità multipla e interdiscorsività latente che prelude anche alla formazione di una gamma sempre più ampia di linee evolutivo-ideologiche del mito, difficilmente riconducibili a pochi modelli univoci, a temi e argomenti prevalenti, a tecniche parodiche comuni, che risulta invece più facile identificare per il primo secolo di ricezione faustiana.

378. Giovannetti, *Faustolo*, in Alliprandi, *Aldo Giovannetti e il teatro didattico*.

379. Cavalli, *Faustino, Mefisto e Jimmy il computer*.

380. Si ringrazia qui la Fondazione Natalino Sapegno per le fotoriproduzioni fumettistiche dal Fondo Mafrica, nelle persona della Direttrice Dott.ssa Giulia Radin e della segretaria Barbara Zenato.

381. Grande, *Shylock e Faust*, p. 84.

Per il cinema ad esempio, come già detto,[382] l'*adattamento*, prevedendo il cambiamento di codice da verbale a visivo, da narrativo a mostrativo, ricadrebbe nella categoria di interdiscorsività, aprendo alla cultura *tout court*, pur potendo conservare però anche la presenza di elementi scopertamente e esplicitamente citazionali propri dell'ambito dell'intertestualità. In letteratura, rispetto a questo tema, col XX secolo cresce vieppiù anche la pratica della *contaminazione*, e *ibridazione*, in cui imitazione e trasformazione testuale agiscono simultaneamente su più piani: da quello linguistico a quello narrativo, da quello estetico-formale a quello contenutistico-morale.

Si assiste inoltre a una forte e sempre più consapevole rivalutazione dell'atto della ricezione come momento di incidenza semantica elevata ed ineludibile, riconosciuta all'interno della storia complessiva di un testo, e di un mito, al confronto con il lettore, o spettatore, e dunque con un più astratto pubblico, uno specifico ruolo. Il gioco citazionale viene reso più scoperto e ironico, spesso facendo prevalere su tutte la dimensione *metalettararia* del testo, laddove già il capolavoro goethiano indicava le potenzialità metaletterarie nel paratesto e all'interno del testo, e la ricerca di senso si fa di volta in volta strumento e argomento della stessa interrogazione faustiana (basti pensare alla celebre scena della traduzione del versetto incipitario del *Vangelo di Giovanni*), anche, ad esempio, tramite il riferimento alla metafora assoluta del mondo come libro e del teatro come mondo. La programmatica destabilizzazione del destinatario, sia esso lettore o spettatore, si trasforma in destabilizzazione dello stesso protagonista, e viceversa. Tale relativizzazione di senso viene operata tanto tramite la tecnica della contaminazione e del travestimento (basti pensare, un caso per tutti, data la raffinatezza del risultato, al lavoro di Sanguineti, ma anche a quello certo più ridondante di Testori), della diminuzione paradossale della ricerca esistenziale del protagonista fino al non-senso.

L'operazione parodistica comico-satirica di Franco Cuomo e Carmelo Bene[383], ad esempio, si appropria del mito filtrandolo anche attraverso il

382. Il riferimento è al paragrafo sulle *Metamorfosi testuali*.

383. Cuomo, Bene, *Faust o Margherita*. In scena al Teatro dei Satiri di Roma dal 3 al 30 gennaio 1966. Testo inedito. Due tempi di Carmelo Bene e Franco Cuomo. Regia di Carmelo Bene. Scene di Salvatore Vendittelli, costumi di Carmelo Bene, direttore di scena, Elia Jezzi. Interpreti: Carmelo Bene (Faust), Lydia Mancinelli (Margherita), Mario Tempesta (Mefistofele), Piero Vida (Wagner) e con in ordine alfabetico: Anna Angelucci, Manuela Kustermann, Valeria Nardone, Rosaria Vadacca. Si ringrazia la Signora Velia Iacovino per averci messo a disposizione il dattiloscritto del testo.

riferimento al romanzo italiano canonico per eccellenza, giocando sulle identità dei personaggi di Faust (Renzo) e Margherita (Lucia), e separando provocatoriamente i due protagonisti fin dal titolo da una congiunzione disgiuntiva: *Faust o Margherita*.

Si può osservare inoltre quanto l'operazione formale e pratica di dialogo ipertestuale si faccia metaletterariamente scoperta e tematizzata sotto il profilo della sempre più diffusa *attualizzazione* della vicenda mitica: se nell'Ottocento prevalgono le versioni rispettose dell'ambientazione germanica e rinascimentale della *fabula*, che chiaramente restava come implicito riconoscimento del carattere anche metaforicamente mitico di quanto narrato, nel Novecento accanto a versioni rispettose, per la medesima ragione, dell'ambientazione storica originaria (per esempio nelle versioni popolari o per ragazzi) si hanno sempre più esempi di riscrittura attualizzata che implicitamente prevede uno sfasamento assiologico storicamente motivato e conseguenti destabilizzazione e depotenziamento dello statuto mitico del soggetto, con esiti che vanno dal serio (Gian Bistolfi, 1911; Ida Finzi, 1914; Fausto Maria Martini, 1917; Adriano Grande, 1934) al comico (Fregoli, 1902; Onip, 1929; Dino Terra, 1952), allo straniante (con la paradossale compresenza di tragico e comico) (Landolfi 1969, Celli, 1976, Sanguineti 1985). Se è vero infatti, come scriveva Bachtin pensando al romanzo, che «il cronotopo determina l'unità artistica dell'opera letteraria nel suo rapporto con la realtà»[384] significativo sarà l'incontrare Faust in testi italiani che lo collocano in una realtà germanica di epoche passate (spesso il riferimento resta all'originaria Germania del Cinquecento) o invece in un contesto tutto italiano, contemporaneo, e attualizzato. Tanto più che, seguendo ancora Bachtin, «nella letteratura il cronotopo è sempre metaforico e simbolico»:[385] la dislocazione del mito germanico del XVI secolo nella letteratura italiana di XIX e XX secolo indica, nel gioco cronotopologico interno al testo, uno degli elementi fondamentali delle diverse declinazioni di questo mito universale (universale anche per il suo disunitario e onnicomprensivo cronotopo articolato tra cielo e terra, storico e sovrastorico, immanente e trascendente). Lo sfasamento spazio-temporale resta essenziale per la comprensione della storia del dialogo con il mito faustiano con la cultura che apparentemente meno lo avrebbe voluto com-

384. Bachtin, *Le forme del tempo e del cronotopo nel romanzo*, in *Estetica e romanzo*, p. 390.

385. Ivi, p. 396.

prendere. Spesso l'italianizzazione dichiarata e programmatica entra nel testo sotto forma di dislocazione in Italia della vicenda narrata, quasi atto d'iniziazione culturale di appropriazione del mito venuto da lontano: penso ad esempio al caso emblematico, anche per la data di edizione (1925), del *Faust in Italia* di Silvio Pagani, ma analogo motivo ideologico risulta ancora, scopertamente intenzionale nel suo fine politico-culturale, in un testo del 2007, *Faust mediterraneo* di Giovanni Giraldi.

In generale questo complesso insieme di fenomeni di riscrittura e reinterpretazione conduce a modalità citazionali parziali, decontestualizzate, contaminate, stranianti o piuttosto occasionali, frante: soprattutto nel secondo Novecento molte sono le comparse di tipi faustiani che vivono vicende non faustiane, e questo fenomeno si verifica anche per quanto riguarda altri elementi e personaggi resi autonomi, come si è visto, dalla vicenda originaria del mito. Casi del genere si annoverano anche nel secolo precedente, ma nel Novecento il mito si diluisce molto in tipi: si pensi ad esempio al Mefistofele che si pente e in un'improbabile apocatastasi finale viene assunto in cielo insieme a Margherita e Faust (per esempio in Graf e in Pascoli, come già notato),[386] o alle Margherite che scelgono come compagno Mefistofele stesso (ad esempio in Fregoli, *Faustino* del 1902 e poi in Cuomo-Bene, *Faust o Margherita* del 1966), o alle Gretchen che prestano il nome a fanciulle immacolate protagoniste di tutt'altre vicende. Nel corso del Novecento soprattutto si moltiplicano le apparizioni inopinate in un verso di poesia (Caproni) o anche in un inciso narrativo o autobiografico (Svevo, *L'ora di Mefistofele*).

Le vere e proprie riscritture del mito, depotenziato, incerto, contraddittorio, deluso o illuso, negato, restano però numerose, accanto ad esperimenti di riscrittura/traduzione selettiva (Strehler) e soprattutto quelle dovute ad autori di un complesso e articolato sistema poetico richiederebbero un'attenzione critica individuale per la loro irriducibilità a sistema. Restano attivi alcuni dei caratteri critici che si erano andati consolidando per tutto il secolo precedente di ricezione faustiana (1832-1932) in proposte creative originali: ma soprattutto dal secondo dopoguerra in poi, erede del fallito titano romantico, poi superuomo nietzscheiano e spengleriano, sarà il solo Faust-uomo in crisi, pirandellianamente incerto finanche nel proprio statuto identitario, confuso tra realtà e finzione, come nel secolo scorso lo era stato talvolta tra realtà e sogno, magia e scienza.

386. Mi riferisco qui ai paragrafi *Mefistofele uomo* e *Gretchen e Beatrice*.

La delusione di ogni aspettativa positiva di progresso, dopo che le guerre mondiali hanno lasciato intravedere la fine di tutto, ha aperto alla possibilità metonimicamente concretizzatasi nella storia, che potesse essere l'uomo stesso, con la sua scienza e la sua tecnica, a produrre la propria apocalisse globale, ben oltre l'umana scelta individuale di suicidio. Da questo assunto derivano esperimenti ucronici ed esempi di nuovi Faust "fantascientifici" rivolti alla creazione di nuovi limiti etici da dare alla scienza immorale cui la storia aveva condotto, con facili tentazioni di stampo reazionario (come già nel 1934 il *Faust non è morto* di Adriano Grande ma anche nel 2007 il *Faust mediterraneo* di Giraldi, in cui riemergono anche espliciti rimandi al pericolo morale della visione protestante tramite la quale Goethe apre alla salvazione di Faust) o anche più militanti versioni ecologiche del mito (penso al testo di Celli del 1976, *Le tentazioni del professor Faust*).

D'altro canto la forza del mito sta proprio nella logica alternativa, dialettica, che propone rispetto alle scienze razionali: il linguaggio di cui il mito si serve è esso stesso, in forza della sua organizzazione sintattica e semantica, una segmentazione del reale, una forma di classificazione e di messa in ordine del mondo, una prima regolamentazione logica. In breve, uno strumento di pensiero alternativo a quello razionale. Il mito mette in gioco una forma di logica che, in contrasto con la logica di non-contraddizione dei filosofi, si potrebbe chiamare logica dell'ambiguo, dell'equivoco, della polarità. Di nuovo Faust viene a presentarsi come emblema di questa valenza ambigua del mito *tout court*: modello strutturale d'una logica che non sia quella della binarietà alternativa, della dialettica da risolvere in una sintesi. L'identità faustiana nasceva proprio come metafora dei nuovi dubbi dell'epoca moderna, che sono anche dubbi sostanziali sugli strumenti e sui fini da perseguire, nella vita come nell'arte: «Zwei Seelen wohnen ach in meinem Brust! / Die eine will sich von der andern trennen;/ Die eine hält, in derber Liebeslust, / Sich an die Welt mit klammernden Organen; / Die andere hebt gewaltsam sich vom Dust / Zu den Gefilden hoher Ahnen. (*Faust I*, vv. 1112-1117)».[387]

Questa identità del mito che nasce consustanzialmente duplice, contraddittoria e instabile viene compresa e riscoperta pienamente in Italia forse solo nel secondo Novecento e nel corso dell'ultimo mezzo secolo si è depotenziata in frammenti che fanno ripensare alle molte trasformazioni

387. «A me nel petto, ah! Vivono due anime, / e l'una vuol dividersi dall'altra. / In una crassa bramosia d'amore / una si aggrappa al mondo con organi tenaci, / e l'altra si solleva con forza dalla polvere, / verso i campi di nobili antenati!».

del mito che si sono fin qui incontrate, ricordando, al contempo, quanto affermava Goethe stesso nella prefazione alla sua *Teoria dei colori* (*Farbenlehre*): «Denn eigentlich unternehmen wir umsonst, das Wesen eines Dinges auszudrücken. Wirkungen werden wir gewahr, und eine vollständige Geschichte dieser Wirkungen umfaßte wohl allenfalls das Wesen jenes Dinges»:[388] ossia: «tentiamo invano, in realtà, di esprimere l'essenza di una cosa. Prestiamo invece attenzione agli effetti: la loro storia completa ne abbraccerebbe senz'altro l'essenza». E quindi, per quanto riguarda gli umani, e con essi i loro omologhi fantastici:

> Vergebens bemühen wir uns, den Charakter eines Menschen zu schildern; man stelle dagegen seine Handlungen, seine Thaten zusammen, und ein Bild des Charakters wird uns entgegentreten.

Vale a dire:

> Inutilmente ci impegniamo a descrivere il carattere di un uomo. Quando invece se ne pongano insieme le sue azioni, le sue opere, ecco profilarsi davanti a noi un'immagine di esso.[389]

388. Goethe, *Vorwort*, *Zur Farbenlehre*, p. IX. Leggibile su http://www.deutschestextarchiv.de/book/view/goethe_farbenlehre01_1810?p=1. Id., *Prefazione* a Id., *La teoria dei colori*, p. 5.

389. Goethe, *Vorwort*, *Zur Farbenlehre*, p. IX-X, Id., *Prefazione* a Id., *La teoria dei colori*, p. 5.

Appendici

1. Riscritture musicali italiane di Faust

Anno	Autore	Titolo	Edizione
Metà XIX secolo	Carlo Fumagalli	*Fantasia elegante per pianoforte sopra la cavatina Salve dimora casta e pura nell'opera Faust del M. Gounod, op.93*	Milano, Gio. Canti
1861-1890	Paolo Rotondo	*Fantasie su Faust di Gounod n. 2**	
1863	Filippo Fasanotti	*Fantasia a capriccio sopra l'opera di Gounod Faust per Pianoforte a quattro mani*	Milano, Tito di G. Ricordi
1864	Natale Paoletti	*Fantasia per pianoforte sopra motivi dell'opera di Gounod*	Torino, Giudici e Strada
186?	Francesco Blanchi	*Faust fantasia per pianoforte*	Torino, F. Blanchi
1858-1876	Giuseppe Strigelli	*Faust fantasia per pianoforte*	Milano, Gio. Canti
1860-1890	Lucio Campiani	*Il Faust di Gounod: fantasia per pianoforte a quattro mani*	Milano, Gio. Canti
Dopo 1859	Giuseppe Anzoletti	*Faust di C.Gounod: fantasia per violino con accompag.to di pianoforte, op. 3*	Milano, Gio. Canti
1863	Luigi Bassi	*Aria Salve casta e pia dimora, Cavatina Margherita*	Milano, Lucca
1864-1867	Pietro Formichi	*Faust, Gounod, fantasia per pianoforte, op. 41***	Milano, F. Lucca
1865	Pietro Bertuzzi	*Grande fantasia per violino e pianoforte sopra motivi del Faust di Gounod*	Milano, F. Lucca
1865	Luigi Rivetta	*Faust e Ballo in Maschera: Fantasia brillante per Pianoforte a quattro mani : Op. 63*	Milano, Tito Ricordi
1865 ca	Giovanni Menozzi	*Fantasia sopra motivi dell'opera di Gounod, op. 46 e sopra i migliori motivi dell'opera di Gounod, op. 105*	Milano, F. Lucca
1870 ca	Edoardo Martinez	*Fantasia sull'opera Faust di Gounod per pianoforte a quattro mani*	Torino, Giudici e Strada

*1871 di Salvatore Pappalardo dedicato a Paolo Rotondo (?)

** Fa parte di n. 4 trascrizioni a capriccio per due clarinetti sopra i migliori motivi dell'opera *Faust*.

ANNO	AUTORE	TITOLO	EDIZIONE
187…	Edoardo Amigò	*Fantasia per armonium sopra motivi dell'opera Faust di Gounod*	Milano, F. Lucca
1870-1871	Luigi Hugues	*Faust: fantasia brillante per flauto con acc.to pianoforte*	Milano, F. Lucca
1872	Gustavo Rossari	*Fantasia per tromba in Fa con accompagnamento di pianoforte sopra motivi dell'opera Faust di Gounod*	Milano, F. Lucca
1872	Paolo Canonica	*Faust / opera di C. Gounod; fantasia brillante per pianoforte op.146*	Milano, F. Lucca
1872	Pietro Girompini	*Faust di Gounod, per pianoforte, Op. 88*	Milano, F. Lucca
1874	Paolo Giorza	*Faust**	Melbourne, T.J. Lamble, poi Milano, Lucca, 1880
1877	Giusto Dacci	*Faust del M. C. Gounod, gran fantasia per due pianoforti*	Genova, Capurro
1880	Sebastiano Augusto Margaria	*Faust piccola fantasia per pianoforte a quattro mani*	Milano, Lucca
1880	Sebastiano Augusto Margaria	*Faust piccola fantasia per pianoforte e flauto concertante*	Milano, Lucca
1880	Sebastiano Augusto Margaria	*Faust piccola fantasia per pianoforte e violino concertante e piccola fantasia facile e brillante*	Milano, Lucca
1880	Vinceslao Fumi	*Il sogno di Gretchen*	Firenze, Guidi
1886	Virginia Ciarlone	*Faust di Gounod: fantasia per arpa*	?
1886	Roberto Amadei	*Faust Gounod: piccola fantasia*	Milano, F. Lucca
1887 (?)	Raffaele Gaustiero	*Faust: fantasia per mandolino con acc.to di pianoforte, op.16*	Milano, F. Lucca
1890	Gustav Lange	*Gran fantasia per pianoforte sull'opera Faust di Gounod op. 198*	Milano, G. Ricordi, 1890
1890	Giuseppe Silvestri	*Faust di Gounod: fantasia per due mandolini e pianoforte*	Milano, Ricordi

* Solo spartito

Anno	Autore	Titolo	Edizione
1892 ca	Giusto Dacci	*Fantasia per banda da Faust di Gounod*	Milano, Tito di Gio. Ricordi e Francesco Lucca di G. Ricordi e C.
18…	Domenico Caldi	*Faust: fantasia*	Milano, Gio. Canti 18…
18…	Antonio Baur	*Faust fantasia per pianoforte a quattro mani*	Torino, Giudici e Strada
18…	Michele Cerimele	*Fantasia elegante per pianoforte sul Faust di Gounod op. 110*	Milano; Firenze; Napoli, Tito di G. Ricordi
18…	Carlo Andrea Gambini	*Faust del maestro Gounod : Pastorale e valzer in forma di fantasia per pianoforte, Op.145*	Milano, D.Vismara
18…	Giuseppe Gariboldi	*Faust, opera di Gounod: fantasia da sala per flauto con accomp.to di pianoforte, op.51*	Milano, F. Lucca
18…	Erennio Gammieri	*Grande fantasia brillante pour flûte et piano sur l'opera Faust de Ch. Gounod, composée par E. Gammieri et C. Ciardi*	Milano, F. Lucca
19…	Matteo Luigi Fischetto	*Faust: Opera di G. [sic] Gounod: fantasia brillante per Pianoforte, op. 14*	Milano, P. De Giorgi
1901	Giuseppe Mariani	*Faust: fantasia sopra motivi di C. Gounod*	Milano, Ricordi
1904	Alessandro Peroni	*Faust di Gounod: fantasia*	Milano, Ricordi
1946	A. Gabrielli	*Faust: fantasia dell'opera (reminiscenze) di Gounod*	

2. Periodici intitolati «Mefistofele»

TITOLO E SOTTOTITOLO	LUOGO DI PUBBL. E CASA EDITRICE	DATA USCITA N° 1	PERIODICITÀ	PERIODO DI PUBBL.
«Mefistofele», giornale satirico-umoristico	Milano, Soc. artistico letteraria,	1865	settimanale	1865-?
«Mefistofele», giornale umoristico, fantastico, artistico, sociale	Napoli, Tip. Del Commercio	1869		1869-1870
«Mefistofele», giornale ebdomadario artistico-letterario	Roma, Tip. Bartoli	05/11/70	settimanale	1870-?
«Mefistofele»	Roma, Tip. di Ripamonti e Rechiedei	1871	trisettimanale	1871-?
«Mefistofele»	Catanzaro	1876	settimanale	1876-?
«Mefistofele», giornale umoristico illustrato	Milano	20 febbraio 1876	settimanale	1876-?
«Mefistofele», periodico umoristico con caricature	Lucca, Tip. Benedini			da dicembre 1876 a maggio 1877
«Mefistofele», giornale di caricature, umoristico, politico, teatrale, ecc, ecc	Milano, s.n., poi Milano, A. Bernini	1878	periodicità non determinata	1878-?
«Mefistofele»	Chiavari, Tip. Gazzo	1879	periodicità non identificata	1879-?
«Mefistofele»	Civitavecchia, Tip. Strambi	1882	settimanale	
«Mefistofele», un po' di tutto per tutti	Brescia, s.n.	1883	periodicità non determinata	
«Mefistofele», giornale settimanale degli studenti	Genova, Tip. Sambolini	1 gennaio 1883		1883-...

Titolo e sottotitolo	Luogo di pubbl. e casa editrice	Data uscita n° 1	Periodicità	Periodo di pubbl.
«Mefistofele», giornale del popolo, organo della Democrazia Sociale	Benevento, Tip. A. D'Alessandro	1884	settimanale (domenicale) poi bisettimanale dal 1889	1884-1889 poi 1889-?
«Mefistofele», settimanale della domenica	Roma, Tipografia del Progresso, C. Piva e C.	1 novembre 1886	settimanale	1886-?
«Mefistofele», gazzettino della domenica, settimanale politico, amministrativo, artistico	Mistretta, Tip. del Progresso	1887	settimanale	1887-?
«Mefistofele», diavolate della domenica	Bari, Tip. Fusco	luglio 1888	settimanale	1888-?
«Mefistofele», giornale settimanale politico-amministrativo	Ancona, Stab. Tip. Margarelli	gennaio 1888	settimanale	1888 – 1889 (20 numeri)
«Mefistofele», foglio di Valdinievole	Pescia, Tip. Cipriani e C.	settembre 1887		1887-1890 poi "L'eco di Valdinievole", Pescia,Tip. di Valdinievole, dal gennaio 1891 a luglio 1895
«Mefistofele», gazzettino umoristico, satirico, fantastico, con caricature	Casale (Torino), Tip. Spandre e Lazzari	ottobre 1889		1889-?
«Mefistofele», giornale della domenica	Messina, Tip. Economica	novembre 1889	settimanale	1889-?
«Mefistofele», periodico amministrativo, politico, scientifico, letterario a tempo perso	Modica, Tip. F. Mazza	febbraio 1891		1891-?

Titolo e sottotitolo	Luogo di pubbl. e casa editrice	Data uscita n° 1	Periodicità	Periodo di pubbl.
«Mefistofele»	Milano, Tipografia Commercio poi dicembre 1892-aprile 1893 a Crema, Prem. Tip. Rolleri, poi aprile 1893 Ed. Carlo Prampolini	5 novembre 1892	bimensile poi settimanale	1892-?
«Mefistofele», periodico letterario-artistico-teatrale	Trieste, Eugenio de Lupi, 1893 (poi Trieste, Giovanni Balestra)	15 marzo 1893		1893-?
«Mefistofele», settimanale socialista	Foggia, Tip. Ferreri, Trifiletti, Pascarelli	22 (?) febbraio 1896	Settimanale (ma periodicità irregolare)	1896-?; sospeso 1899/1900
«Mefistofele», gazzettino teatrale dei caffè-concerti	Bologna, Tip. Legale	29 ottobre 1898		1898-1900
«Mefistofele», gazzettino umoristico, satirico, fantastico, con caricature	Ragusa, Tip. G. B. Odierna	1 ottobre 1901		1901-1903
«Mefistofele», periodico letterario marchigiano: artistico, umoristico, dialettale pupazzettato	Ancona, s.n.	7 giugno 1903	quindicinale	1903-?
«Mefistofele»	Mirandola, C. Grilli	settembre-ottobre 1906	numero unico	1906
«Mefistofele», numero unico in occasione dello spettacolo d'opera al Teatro comunale di Carpi	Carpi	21 agosto 1824	numero unico	1924

Titolo e sottotitolo	Luogo di pubbl. e casa editrice	Data uscita n° 1	Periodicità	Periodo di pubbl.
«Mefistofele», Stampa periodica italiana, Ovvero: lo sfottetto gigante; poi "Il Mefistofele: enciclopedia antologistica di vita lecchese"	Lecco, Milano, Soc. anonima Direttore Carlo Maria Pensa; ma anche Pavia, Scuola Tip. Artigianelli; "Ovvero: lo sfottetto gigante"			anni '40 del XX sec.

Bibliografia

Opere di Goethe citate

Goethe, J.W., *Faust*, in *Teatro scelto di Volfango Goethe*, vol. II, traduzione di G. Rota, Giacomo Gnocchi, Milano 1860

Goethe, J.W., *Faust*, traduzione di B. Allason, Torino, De Silva, 1950 (poi con una introduzione di C. Cases, Torino, Einaudi, 1965)

Goethe, J.W., *Faust*, traduzione di F. Fortini, Milano, Mondadori, 1970

Goethe, J.W., *Faust*, traduzione di R. Hausbrandt, con 36 disegni di M. Retzsch, Trieste, Dedolibri, 1987

Goethe, J.W., *Faust*, traduzione di G. Manacorda, riduzione a cura di G. Zamboni, Milano, Mondadori, 1934

Goethe, J.W., *Faust*, traduzione di V. Santoli, Firenze, Sansoni, 1970, ora riedito in J.W. Goethe, *Faust*, traduzione a fronte e commento di Santoli, V., a cura di Bornmann, B.M. e Di Noi, B., prefazione di F. Cambi, Castrovillari, Edizioni dell'Associazione italiana di Cultura Classica, 2014

Goethe, J.W., *Faust*, traduzione di M. Veneziani, Fasano (BR), Schena Editore, 1984

Goethe, J.W., *Faust passi scelti e collegati*, testo tedesco, note e introduzione di C. Baseggio, Firenze, Sansoni, 1927

Goethe, J.W., *Faust, tragedia parte I*, traduzione e cura di C. Baseggio, Milano, Facchi, 1923

Goethe, J.W., *Faust. Tragedie de Goëthe*, nouvelle traduction complète par de Nerval, G., en prose et en verse, Paris, Dondey-Dupré Père et Fils, 1828

Goethe, J.W., *Faust, Tragédie*, traduite en francais par A. Stapfer, Paris, Chez Ch. Motte, 1828

Goethe, J.W., *Faust. Tragédie*, traduite par le C.te L.C.B. de Sainte-Aulaire, Paris, Faisn, 1823

Goethe, J.W., *Faust, Urfaust*, traduzione e cura di G.V. Amoretti, Torino, UTET, 1950 (poi 1959 e 1975, e Milano, Feltrinelli, 1965 e 1991)
Goethe, J.W., *Faust, Urfaust*, traduzione di A. Casalegno, Milano, Garzanti, 1999
Goethe, J.W., *Faust. Tragedia di Goethe*, versione metrica di G. Biagi, con *Prefazione* di A. Franchetti, Firenze, Sansoni, 1900
Goethe, J.W., *Faust I*, traduzione di A. Buoso, Treviso, Longo e Zoppelli, 1941
Goethe, J.W., *Faust I*, traduzione di E. Cetrangolo, Pesaro, Federici, 1941
Goethe, J.W., *Faust I*, traduzione di V. Errante, Firenze, Sansoni, 1941
Goethe, J.W., *Faust I*, traduzione di G.E. Vellani, Milano, Cagliati, 1927
Goethe, J.W., *Faust II*, traduzione di A. Buoso, Treviso, Longo e Zoppelli, 1962
Goethe, J.W., *Faust II*, traduzione di V. Errante, Firenze, Sansoni, 1942
Goethe, J.W., *Faust II*, traduzione di L. Scalero, Milano, Rizzoli, 1951
Goethe, J.W., *Fausto*, traduzione di G. Scalvini, Milano, Giovanni Silvestri ed., 1835
Goethe, J.W., *Fausto, tragedia*, traduzione di G. Scalvini, Milano, Sonzogno, 1896
Goethe, J.W., *Fausto, tragedia di Wolfango Goethe*, parte I e II, traduzione di A. Maffei, Firenze, Successori Le Monnier, 1866
Goethe, J.W., *Fausto. Parte Prima*, traduzione di A. Guerrieri-Gonzaga, Milano, Tip. Bernardoni, 1862
Goethe, J.W., *Fausto. Tragedia di W. Goethe,* parte I, Traduzione di F. Persico, Stamperia del Fibreno, Napoli 1861
Goethe, J.W., *Il primo Faust*, traduzione di L. Scalero, Roma, P. Maglione, 1933
Goethe, J.W., *La teoria dei colori*, a cura di G.C. Argan, Milano, Il Saggiatore, 2008 [1993]
Goethe, J.W., *Urfaust. Il Faust nella sua forma originaria,* traduzione, introduzione e cura di C. Baseggio, Torino, UTET, 1932
Goethe, J.W., *Vorwort*, *Zur Farbenlehre*, Band I, Tübingen, in der J.G. Cotta'schen Buchhandlung, 1810

Studi

Alberoni, F., *Faust. Come il diavolo lavora per l'amore*, Venezia, Sonzogno, 2013
Alfero, G.A., *Titanismo e umanità nel* Faust *goethiano*, Genova, SIAG, 1933
Alimonda, G., *Lutero e l'Italia, Conferenze del cardinale Gaetano Alimonda, arcivescovo di Torino*, Torino, Tip. Salesiana, 1888
Alonge, R., *Teatro e spettacolo nel secondo Ottocento*, Bari, Laterza, 1988
Altenberg, G.A., *Figura di Dante nei paesi germanici*, in «Aevum», 32, 5/6 (1958), pp. 517-536
Altenberg, G.A., *La storica figura del Doctor Faust e il motivo faustiano nella letteratura europea*, Milano, Marzorati, 1960

Ambìveri, C., *Operisti minori dell'Ottocento italiano*, Roma, Gremese, 1996

Ambrosoli, F., recensione alla traduzione di Scalvini del *Faust*, in «Biblioteca Italiana. Ossia giornale di letteratura, scienza ed arti, compilato da varj letterati», 20, 78 (1835), pp. 327-340

Anders, G., *L'uomo è antiquato: considerazioni sull'anima nell'era della seconda rivoluzione industriale*, Milano, Il Saggiatore, 1963

Anonimo, *Elenco delle opere di Goethe e sul Goethe stampate in Italia e attualmente in commercio*, in «L'Avvisatore librario settimanale», V/14 (1932), pp. 357-361

Anonimo, *Funerali di Goethe*, in «L'Eco», 5, 52 (1832), pp. 206-207

Anonimo, *Il* Faust *di Goethe per la prima volta radiotrasmesso in Italia*, in «L'Avvisatore librario settimanale», V/25 (1932), p. 652

Anonimo, *La leggenda di Faust*, in «L'Eco», 36 (1834), pp. 141-143

Anonimo, recensione ad Anonimo, *Fausto, opera semi-seria in quattro atti*, musiche di Louise Angelique Bertin, in «La Fama. Giornale di Scienze, Lettere, Arti, Industria e Teatri», II/9 (1837), pp. 35-36

Anonimo, recensione alla traduzione di Scalvini del *Faust*, in «L'Eco. Giornale di Scienze, Lettere, Arti, Mode e Teatri», 8 (1835), p. 175

Anonimo, *Sul Faust*, in «L'Eco», 5, 64 (1832), pp. 253-255

Arens, H., *Kommentar zu Goethes* Faust I, Heidelberg, Winter, 1982

Arens, H., *Kommentar zu Goethes* Faust II, Heidelberg, Winter, 1989

Ariani, M., Taffon G., *Scritture per la scena: la letteratura drammatica del Novecento italiano*, Roma, Carocci, 2001

Arrigo Boito musicista e letterato, a cura di M. Busnelli, Milano, Nuove Edizioni, 1986

Arrigo Boito, a cura di G. Morelli, Firenze, Olschki, 1994

Ascarelli, R., *Vincenzo Errante*, in *Dizionario Biografico degli Italiani,* Roma, Istituto dell'Enciclopedia Italiana, vol. 43, 1993

Asor Rosa, A., *Il canone delle opere*, in *Letteratura Italiana, Le Opere*, I, *Dalle origini al Cinquecento*, a cura di A. Asor Rosa, Torino, Einaudi, 1992, pp. XXIII-LV

Aumont, J., M. Marie, *Dizionario teorico e critico del cinema*, Torino, Lindau, 2007

Bachtin, M., *Estetica e romanzo*, Torino, Einaudi, 1998

Baldensperger, F., *Goethe en France*, Librairie Hachette, Paris, 1904

Balmas, E., *Immagini di Faust nel Romanticismo francese*, Fasano, Schena, 1989

Baron, F., *Doctor Faustus from history to legend*, München, Fink, 1978

Barthes, R., *Le plaisir du texte*, Paris, Seuil, 1973

Barzellotti, G., *Ippolito Taine*, Roma, Loescher, 1895

Basile, B., *Dante nella cultura europea del Sette e Ottocento*, in *"Per correr miglior acque", Bilanci e prospettive degli studi danteschi alle soglie del Nuovo millennio*, 2 tomi, Roma, Salerno Editrice, 2001

Bassani, G., *Una traduzione del Faust*, in *Opere*, a cura di R. Cotroneo, Milano, Mondadori, 1998, pp. 1266-1971

Bates, P.A., *Faust: sources, works, criticism*, Harcourt College Pub., 1969

Beatrice nell'opera di Dante e nella memoria europea, 1290-1990, a cura di M. Simonelli Picchio, con la collaborazione di A. Cecere, M. Spinetti, Firenze, Cadmo, 1994

Benco, S., *L'anno goethiano*, in «Nuova Antologia», LVII, 1458 (1932), pp. 547-551

Benco, S., *Volfango Goethe*, in «Pegaso», 4 (1932), pp. 385-397

Benedetti, A., *Un libretto di G. Pascoli sul Mefistofele con lettere inedite al M. Zandonai*, in «Il Giornale d'Italia», 7 novembre 1924, pp. 3

Beonio Brocchieri, V., *Spengler, la dottrina politica del Germanesimo post-bellico*, Athena, 1928

Berlioz, H., *La damnation du Faust*, Paris, J. Labitte, 1846

Bernardelli, A., *Intertestualità*, Firenze, La Nuova Italia, 2000

Bernardi, S., *L'inquadratura e il quadro. Presenza della pittura nel cinema italiano*, in *Storia del cinema italiano. Uno sguardo d'insieme*, a cura di P. Bertetto, Venezia, Marsilio, 2011

Bernardini, A., *Il cinema muto italiano. 1910*, Torino, Nuova ERI, 1996

Bettini, M., Brillante C., *Il mito di Elena. Immagini e racconti dalla Grecia ad oggi*, Torino, Einaudi, 2002 e 2014

Between Opera and Cinema, a cura di J. Jeongwon, Th. Rose, New York, Routledge, 2002

Blumenberg, H., *Paradigmi per una metaforologia*, Milano, Raffaello Cortina editore, 2009

Boerner, P., Johnson, S., *Faust through four Centuries: retrospect and analysis*, Tübingen, Niemeyer, 1989

Böhm, W., *Faust der Nichtfaustische*, Tübingen, Niemeyer, 1933, poi in Id., *Goethes Faust in neuer Deutung, Ein Kommentar für unsere Zeit*, Köln, Seeman, 1949, *ad indicem*

Boine, G., recensione a *Faustina Bon* di Ida Finzi, in Id., *Il peccato, Plausi e botte, Frantumi, Altri scritti*, a cura di D. Puccini, Milano, Mondadori, 1983

Boito, A., *Il primo* Mefistofele, a cura di E. D'Angelo, Venezia, Marsilio, 2013

Boito, A., *Il primo* Mefistofele, a cura di M. Risolo, Napoli, Perrella, 1916

Boito, A., *Opere letterarie*, a cura di A.I. Villa, Milano, Istituto Proraganda Libraria, 1996, poi edizioni "Otto/Novecento", 2001

Boito, A., *Tutti gli scritti,* a cura di P. Nardi, Milano, Mondadori, 1942

Bolza, G.B., *Fausto, di V. Goethe (Traduzione di Giovita Scalvini Milano, per Giovanni Silvestri, 1835, in 16°, di pg. XI-254)*, in «Il Ricoglitore italiano e straniero. Ossia Rivista mensuale europea di Scienze, Lettere, Belle Arti, Bibliografia e Varietà», 2/4 (1835), pp. 691-704

Bonghi R., *Perché Fausto si salva?*, in «Fanfulla della domenica», 40 e 42 (1882)

Bonghi R., *Se la donna salva Fausto?*, in «Fanfulla della domenica», 40 e 42 (1882)

Borgese, G.A., *La disfatta di Mefistofele*, in «Il Rinnovamento», III/5 (1909), poi in Id., *Mefistofele, con un discorso sulla personalità di Goethe*, Firenze, Casa editrice italiana, 1911, pp. 79-162

Borgese, G.A., *Italia e Germania*, Milano, Fratelli Treves, 1915

Borgese, G.A., *Leopardi wertheriano e l'Omero di Ugo Foscolo*, Paris, Champion, 1930

Borgese, G.A., *La nuova Germania*, Torino, Fratelli Bocca, 1909

Borgese, G.A., *Saggio sul Faust*, Milano, Fratelli Treves, 1933

Borriello, A., *Mito, poesia e musica nel Mefistofele di Arrigo Boito*, Napoli, Guida, 1950

Bourdieu, P., *Le regole dell'arte. Genesi e struttura del campo letterario*, introduzione di A. Boschetti (1992), Milano, Il Saggiatore, 2005

Brunetta, G.P., *Storia del cinema italiano. Il cinema muto 1895-1929*, Roma, Editori Riuniti, 2001

Bucchianeri, E.A., *Faust: My soul be damned for the World*, 2 voll., Bloomington, 2008-2010

Butler, E.M. *The Fortune of Faust*, Cambridge, Cambridge University Press, 1953

Caire, S., Pestelli, G., *Il patto con il diavolo e la presenza del demonico nella musica del primo novecento*, Torino, Università degli Studi di Torino, 1998

Canello, U.A., *Il* Faust *di Wolfango Goethe*, in *Saggi di critica letteraria: letteratura generale, letterature neo-latine letteratura tedesca*, Bologna, Zanichelli, 1877, pp. 411-463

Il canone alla fine del millennio, numero monografico de «Critica del testo», III/1 (2000)

Il canone europeo, numero monografico de «Critica del testo», X/1 (2007)

Cantù, C., *Della Letteratura italiana, esempj e giudizj,* a completamento della sua *Storia degli Italiani*, vol. II, Napoli, Giovanni Pedone Lauriel e Giuseppe Marghieri Ed., 1858

Cantù, C., recensione alla traduzione di Scalvini del *Faust I*, in «L'Indicatore, ossia Raccolta periodica di scelti articoli tolti dai più accreditati giornali italiani, tedeschi, francesi, inglesi ecc. intorno alle scienze fisiche, alla letteratura, alle belle arti», 3/2 (1835)

Cantù, C., *Sulla letteratura tedesca*, parr. 8, 9, 10, in «Il Ricoglitore italiano e straniero. Ossia Rivista mensuale europea di Scienze, Lettere, Belle Arti, Bibliografia e Varietà», gennaio 1837, pp. 112-140

Cantù, C., *Sulla letteratura tedesca*, par.19, in «Il Ricoglitore italiano e straniero. Ossia Rivista mensuale europea di Scienze, Lettere, Belle Arti, Bibliografia e Varietà», maggio 1837, pp. 53-106

Capek-Habekovic, R., *Tommaso Landolfi's Grotesque Images*, New York-Bern-Frankfurt am Main, Peter Lang, 1986

Capelli, L.M., *Faust nei* Promessi Sposi, in «Il pensiero italiano», 20/LXXVIII (1897), pp. 171-181

Capuana, L., *L'eterno femminino*, in Id., *Per L'arte*, Catania, Giannotta, 1885, ora in Id., *Per l'arte*, a cura di R. Scrivano, Napoli, ESI, 1994, pp. 79-83

Carducci, G., *Eterno femminino regale*, Roma, casa Ed. A. Sommaruga e C., 1882

Carducci, G. *Presso l'urna di Percy Bysshe Shelley*, in *Edizione nazionale delle opere di Giosuè Carducci*, vol. IV, *Odi barbare e Rime e ritmi* Bologna, Zanichelli, 1935, pp. 129-131

Carducci, G., *Il Re di Tule, dalle Ballate di W. Goethe, XCV*, in *Rime Nuove*, *Opere*, Edizione Nazionale, Bologna, Zanichelli, 1942, pp. 340-341

Carinci, N., *Il Lucifero di Dante, il Satana di Milton, il Mefistofele di Goethe*, Chiavari, Tipografia artistica Colombo, 1933

Carlino, M., *Landolfi e il fantastico*, Roma, Lythos, 1998

Carlotti, E.G., *Faust: la maschera e il mito*, prefazione a cura di R. Tessari, Pisa, ETS, 1990

Carmassi, C., *La letteratura tedesca nei periodici italiani del primo Ottocento (1800-1847)*, Pisa, Jacques e i suoi quaderni, 1984

Casella, G., *Della* Divina Commedia *e del* Fausto *di Goethe*, in *Opere edite e postume*, vol, II, Firenze, Barbera, 1884, pp. 397-414

Cases, C., *Introduzione* a J.W. Goethe, *Faust*, traduzione di B. Allason, Torino, Einaudi, 1965

Cases, C., *Laboratorio Faust*, a cura di R. Venuti, Roma, Quodlibet, 2015

Castellano, G., *Il doppio Faust di J.W. Goethe. Contributo a un approfondimento estetico*, Merano, Editoriale meranese, 1949

Castil-Blaze, F.-H.-J., recensioni ad Anonimo, *Fausto, opera semi-seria in quattro atti, musiche di Louise Angelique Bertin*, in «Journal des débats politique et littéraires», 9 marzo 1831 e 12 marzo 1831

Catalano, G., *Goethe*, Roma, Salerno Editrice, 2014

Cellini, B., *Marlowe*, 2 voll, Roma, A. Signorelli, 1937

Censura teatrale e fascismo (1931-1944), La storia, l'archivio, l'inventario, 2 voll., a cura di P. Ferrara, Roma, Ministero dei Beni Culturali, 2004

Ceserani, R., *Quinet Edgar*, in *Enciclopedia Dantesca Treccani*, http://www.treccani.it/enciclopedia/edgar-quinet_%28Enciclopedia-Dantesca%29/

Cestaro, B., *Dante e Goethe: le due Divine Commedie*, in «Memorie della Real accademia di Scienze, Lettere e Arti», 1940-1941

Checchi, E., *Il Fausto di Wolfango Goethe*, presentazione a *Fausto*, tragedia di Wolfango Goethe, tradotta da A. Maffei, seconda edizione compiuta, parte prima, Firenze, Le Monnier, 1869

Chiti, R., Poppi, R., *Dizionario del cinema italiano. I film*, vol. 2, *Dal 1945 al 1959*, prefazione di G. Grazini, Roma, Gremese Editore, 1991

Ciani, M.G., *Il volo di Ulisse, Variazioni sul mito, Omero, Dante, Tennyson, Pascoli, Dallapiccola*, Venezia, Marsilio, 2014

Cinema muto italiano, a cura di A. Bernardini, V. Martinelli, vol. I, Torino, Rai Eri, 1995

«Il Conciliatore, foglio scientifico-letterario», a cura di V. Branca, Firenze, Le Monnier, 1952-1954

Contini, G., *Letteratura dell'Italia Unita*, Firenze, Sansoni, 1968

Crescenzi, L., *Ermeneutica morfologica. La traduzione del Vangelo di Giovanni nel Faust I* [vv. 1224-1237], in *Contraddizioni del moderno nella letteratura tedesca da Goethe al Novecento*, a cura di G. Cermelli, Pisa, ETS, 2001, pp. 31-43

Critici dell'Età Romantica, a cura di C. Cappuccio, Torino, UTET, 1961

Croce, B., *La Letteratura Comparata*, in «La Critica», 1 (1903), poi in Id., *Problemi di estetica*, Bari, Laterza, 1966, pp. 71-76

Croce, B., *Goethe*, in «La Critica», XVI (1918), poi 1919, 1921

Croce, B., *Goethe*, Bari, Laterza, 1921 (seconda ed. riveduta)

Croce, B., *Pessimismo Storico in Germania*, in «La Critica», 18 (1920)

Croce, B., prefazione a M. Giobbe, *Mefistofele*: tragedia in cinque atti: *Dal primo Faust di W. Goethe e dalla tragica storia del dottor Faust di Cristofaro Marlowe*, Milano, Pierro, 1902, pp. 5-14

Croce, B., recensione a G. Lukács, *Goethe und seine Zeit*, in «Quaderni della critica», 14 (1949), 110-112

Croce, B., recensione a O. Spengler, *Der Mensch und die Technik*, in «La Critica», XXX (1932), pp. 57-60

Croce, B., *Teoria e Storia della Storiografia*, Milano, Adelphi, 2001

Croce, B., *Volfango Goethe a Napoli: aneddoti e ritratti, con cinque incisioni*, Napoli, L. Pierro, 1903

Curto, G., *La definizione di Mefistofele (Faust, 1,1335-1336)*, Trieste, E. Vram, 1913

Curto, G., *Mefistofele nel* Faust *di Goethe*, Messina, Tipografia del Progresso, 1887, poi tradotto anche in tedesco, *Die Figur des Mephisto in Goethe'schen* Faust, Torino, L. Roux & c., 1890

D'Agostino, A., *Gli antenati di Faust. Il patto col Demonio nella letteratura medievale*, Milano-Udine, Mimesis, 2016

D'Agostino, A., *Il patto col Diavolo nelle letterature medievali (elementi per un'analisi narrativa)*, in «Studi medievali», s. 3, XLV (2004), pp. 699-752

Dabezies, A., *Des rêves au réel. Cinq siècles de Faust. Littérature, idéologie et mythe*, Paris, Champion, 2015

Dabezies, A., *Le mythe de Faust*, Paris, Colin, 1972

Dabezies, A., *Visages de Faust au XX*[e] *siècle, littérature, idéologie et mythe*, Paris, Presses universitaires de France, 1967

D'Angelo, E., *Arrigo Boito drammaturgo per musica. Idee, visioni, forme e battaglie*, Venezia, Marsilio, 2010

D'Annunzio, G., *Pamphila*, in Id., *Versi d'amore e di gloria*, vol. I, Milano, Mondadori, 1982, *ad indicem*

De Giorgi-Bertola, A., *Saggio storico-critico sulla poesia alemanna*, in Id., *Idea della poesia alemanna*, Napoli, Fratelli Raimondi, 1779, pp. 105-107

De Luca, G., *Luoghi del* Faust, in «Frontespizio», IV, 8 (1932)

De Meijer, P., *Goethe, Faust e Sanguineti*, *Prefazione* a E. Sanguineti, *Faust. Un travestimento*, Genova, Costa e Nolan, 1985

De Michelis E., *Landolfi, Keaton e Mefistofele*, in «La Nuova Italia», 4 (1940), poi *Il prestigioso Landolfi*, in *Narratori al quadrato*, Pisa, Nistri-Lischi, 1962, pp. 126-144

De Michelis, I., *«Qui si parrà la tua nobilitate»: interferenze dantesche nei palinsesti faustiani*, in *La funzione Dante e i paradigmi della modernità*, Pisa, ETS, 2015, pp. 727-738

De Michelis, I., *Firenze 1865*, in *Atlante letterario del Risorgimento 1848-1871,* a cura di M. Dillon Wanke, Milano, Cisalpino, 2011, pp. 328-334

De Michelis, I., *I primi lettori italiani del* Faust, in «Cultura tedesca», 47/49 (2015), pp. 81-92

De Michelis, I., *In principio era un ciarlatano: Faust come mise en abîme dell'io moderno*, in *Autori, lettori e mercato nella modernità letteraria*, a cura. di I. Crotti, E. Del Tedesco, R. Ricorda, A. Zava, ETS, Pisa 2011, pp. 113-122

De Muro, P., *La leggenda di Faust*, Milano, Rizzoli, 1972

De Sanctis, F., *L'arte, la scienza e la vita. Nuovi saggi critici. Conferenze e scritti vari*, in Id., *Opere*, a cura di M.T. Lanza, Torino, Einaudi, 1972

De Sanctis, F., *Lezione IX, Beatrice*, in Id., *Opere, Lezioni e saggi su Dante*, Torino, Einaudi, 1955, pp. 129-145

De Sanctis, F., *Lezione IX, Dante attore principale e permanente nel Purgatorio. Dante e Faust*, in Id., *Lezioni e saggi su Dante*, a cura di S. Romagnoli, Torino, Einaudi, 1955

De Sanctis, F., *Storia della Letteratura Italiana*, a cura di N. Gallo, introduzione di G. Ficara, Torino, Einaudi-Gallimard, 1996

De Sanctis, F., traduzioni dal *Faust II* di Goethe, in «Polimatia», 16-18 (1854), pp. 217-223; 233-236; 249-253.

De Sterlich, R., *Nei ministeri: bozzetti, profili e scene della vita burocratica – tratte dal vero da Fausto*, Bologna, Zanichelli, 1897

De Sterlich, R., *Il Re Vittorio Emanuele nella sua vita intima. Bozzetti di Fausto con Asterischi di Mefistofele*, Roma, Tipografia Elzeviriana, 1878

De Sterlich, R., *Il viaggio in Egitto di S.A.R. Vittorio Emanuele di Savoja principe ereditario del regno d'Italia: 1887 – ricordi di Fausto*, Alessandria d'Egitto, Penasson, 1887

De Sterlich, R., *Senato e statuto: breve dissertazione di Fausto*, Bari, Stabilim. Tip. De Meridionale, 1894

De Sterlich, R., *Vent'anni prima: impressioni e ricordi di Roma papale*, Perugia, Vincenzo Bartelli, 1888

Dédéyan, Ch., *Le thème de Faust dans la literature européenne*, Paris, Minard, 1954-1967

Del Zoppo, P., Faust *in Italia. Ricezione, adattamento, traduzione del capolavoro di Goethe*, Roma, Artemide, 2009

Delaporte, M., *Méphistophélès*, musica di M. Ruytler, Paris, Tipographie Morris et compagnie, 1858, poi *Mefistofele scherzo drammatico*, in *Un matrimonio per un testamento. Mefistofele scherzo drammatico*, Milano, Barbini, 1864, pp. 69-79

Della Terza, D., *Osservazioni sulla critica dantesca fuori d'Italia (Germania, America, Inghilterra, Francia)*, in *"Per correr miglior acque": bilanci e prospettive degli studi danteschi alle soglie del nuovo millennio*, Atti del convegno internazionale (Verona-Ravenna, 25-29 ottobre 1999), Roma, Salerno Editrice, 2001, pp. 533-547.

Di Giannatale, F., *Il mito di Dante nella letteratura risorgimentale*, in *Il Risorgimento italiano. La costruzione di una nazione*, a cura di G. Motta, Firenze, Passigli, 2012, pp. 81-96

Di Martino, V., *"Lo spirito che nega": tra il* Faust *di Goethe e il* Mefistofele *di Boito*, in *Il mito, il sacro e la storia nella tragedia e nella riflessione teorica sul tragico*, a cura di R. Giulio, Napoli, Liguori, 2012, pp. 555-569

Di Martino, V., *Tra cielo e terra. Arrigo Boito e il mito di Faust*, Pisa, ETS, 2016

Dictionnaire de Don Juan, a cura di P. Brunel, Paris, Robert Laffont, 1999

Dionisotti, C., *Varia fortuna di Dante*, in *Geografia e storia della letteratura italiana*, Torino, Einaudi, 1999, pp. 255-303 (prima ed. 1967)

Discussioni e polemiche sul romanticismo (1816 1826), a cura di E. Bellorini, a cura di A.M. Mutterle, Bari, Laterza, 1975 (prima ed. 1943)

Doering, S., *Die Schwestern des Doktor Faust. Eine Geschichte der weiblichen Faustgestalten*, Göttingen, Wallstein, 2001

Il doppio letterario nell'Ottocento europeo, numero monografico de «Il confronto letterario», 16, VIII (1991)

Duecento anni di Faust, in «Cultura Tedesca», a cura di M. Freschi, 37 (2009)

Durrani, O., *Faust: Icon of Modern Culture*, Westfield (Hastings), Helm Information, 2004

Eckermann, J.P., *Conversazioni con Goethe*, Torino, Einaudi, 2008
Errante, V., *Il mito di Faust: commento alla prima parte della tragedia di Goethe, I e II*, Firenze, Sansoni, 1952
Errante, V., *Il mito di Faust: dal personaggio storico alla tragedia di Goethe*, Firenze, Sansoni, 1951
Errante, V., *Interpretazione del "Faust*, Milano, Tip. Colonnello, 1955
Escarpit, R., *L'artista e il suo pubblico*, in *Letteratura italiana*, a cura di A. Asor Rosa, vol. II, *Produzione e consumo* Torino, Einaudi, 1983, pp. 5-24
Even-Zohar, I., *Polysystem Studies*, in «Poetics Today», 11/1 (1990)

Fantappiè, I., Sisto, M., *1945-1970 Letteratura italiana e tedesca: campi, polisistemi, transfer*, Roma, Istituto italiano di Studi Germanici, 2013
Farinelli, A., *Dante e Goethe*, Firenze, 1900
Farinelli, A., *Dante in Spagna, Francia, Inghilterra, Germania (Dante e Goethe)*, Torino, Fratelli Bocca, 1922
Farinelli, A., *Il Faust di Goethe*, Firenze, Tip. Landi, 1909
Fasola, C., *Goethe è popolare in Italia?*, in «Rivista di letteratura tedesca», 3 (1909), pp. 167-179
I Faust, numero monografico de «Cultura tedesca», 7 (1997)
Faust de Goëthe, suivi du second Faust. Choix de ballades et poésies de Goëthe, Schiller, Burger, Klopstock, Schubart, Koerner, Uhland, etc, traduits par de Nerval, G., Paris, Librairie de Charles Gosselin, 1840
Il Faust nelle letterature europee, a cura di L. Mor, in «Humanitas», 5 e 6 (2007)
Faust ou la mélancolie du savoir, a cura di J.Y. Masson, Paris, Ed. Desjonquères, 2003
Faustbuch. Analisi comparata delle fonti inglesi e tedesche del Faust dal Volksbuch a Marlowe, a cura di E. D'Agostini, G. Silvani, Napoli, Pironti, 1978
Ferraretto, T.A., *Margherita, simbolo e realtà nel Faust di Goethe: Con la versione di alcune scene del poema drammatico*, Lodi, Tip. G. Biancardi, 1928
Ferrucci, F., *Il mito* in *Letteratura italiana*, a cura di A. Asor Rosa, vol. V, *Le questioni*, Torino, Einaudi, 1986, pp. 513-548
Fischer, K., *Goethes Faust*, Heidelberg, Winters Ubhdl., 1901
Fischer, K., *Goethes Faust. Über die Entstehung und Komposition des Gedichts*, Stuttgart, J.G. Cotta, 1878
Flora, F. (Astolfo), *Spengleriana*, in «Leonardo», 4/1, (1933)
Foà, A., *Arturo Graf; Giovanni Pascoli*: *orazioni,* Torino, Chiantore, 1925
Foà, A., *Il Faust di Goethe. Il Parsival di W. Eschenbach, studi critici,* Firenze, Le Monnier, 1904
Franzutti, N., *Sul tipo di Mefistofile e sull'ideale della margherita nella tragedia il* Faust *di W. Goethe: cenni filosofico-critici*, Lodi, Costantino dell'Avo, 1880
Frenkel, W., *Amore e bolscevismo Talmud e Khamstvo*, Roma, La Rapida, 1922

Frenkel, W., *La Russia e il Fausto nel conflitto europeo*, Roma, Tipografia dell'Unione, 1916

Freschi, M., *Goethe, l'insidia della modernità*, Roma, Donzelli, 1999

Friederich, W.P., *Dante in Germany*, in Id., *Dante's Fame abroad, 1350-1850*, Roma, Storia e Letteratura, 1950, pp. 91-102

Fusillo, M., *L'altro e lo stesso. Teoria e storia del doppio*, Firenze, La Nuova Italia, 1999, poi Modena, Mucchi, 2012

Gadda, C.E., recensione a *Il* Faust *tradotto da Manacorda*, in «La Nazione», 12 luglio 1932, ora in Id., *Opere*, vol. III, *Saggi Giornali e Favole I*, Milano, Garzanti, 199, pp. 759-764

Gardini, N., *Teatro e individualità: il mito tragico di Faust*, in *Letteratura comparata, metodi, periodi, generi*, Milano, Mondadori, 2002, pp. 252-256

Garzonio, S., *Riflessioni sulla Russia, l'Ebraismo, il Messianesimo e la Rivoluzione di un emigrante russo in Italia*, in «Toronto Slavic Quarterly», 12 (2005)

Gaudreault, A., *Cinema delle origini o della "cinematografia-attrazione"*, Milano, Il Castoro, 2004

Genette, G., *Palinsesti*, Torino, Einaudi, 1997

Gentile, E., *L'Apocalisse della modernità. La Grande Guerra per l'uomo nuovo*, Milano, Mondadori, 2008

Gentile, G., recensione a K. Vossler, *Die Göttlische Komödie*, in «La Critica», VI (1908), pp. 53-57

Giannini, T.C., *Il simbolo nel* Faust *di W. Goethe e l'opera di Boito*, Roma, Soc. ed. Dante Alighieri, 1901

Ginzburg, C., *L'alto e il basso. Il tema della conoscenza proibita nel Cinquecento e nel Seicento*, in Id., *Miti, emblemi spie. Morfologia e storia*, Torino, Einaudi, 1986 [1978], pp. 107-132

Giombi, S., *Enciclopedismo,* curiositas *e propaganda religiosa in alcuni testi di emblematica e di retorica sacra tra Cinquecento e Seicento*, in Id., *Libri e pulpiti. Letteratura, sapienza e storia religiosa nel Rinascimento*, presentazione di A. Prosperi, Roma, Carocci, 2001

Girardi, M., *«Mefistofele»: un'affascinante utopia*, in *Mefistofele* di Boito, Milano, Teatro alla Scala-RCS Rizzoli, 1995, pp. 27-37.

Giusso, L., *Don Giovanni ammalato*, Napoli, A. Guida, 1932

Giusso, L., *Il ritorno di Faust*, Napoli, Editrice Tirrena, 1925

Giusso, L., *Spengler e la dottrina degli universi formali*, Napoli, Riccardo Ricciardi, 1935

Gobetti, P., nota su Vladimiro Frenkel, in «La Rivoluzione liberale», I, 24 (1922)

Gobetti, P., recensione a E. Fueter, *La storia del secolo XIX e la guerra mondiale*, rielaborazione italiana con aggiunte di Fausto Nicolini. Bari, Laterza, 1922, in «La Rivoluzione liberale», I, 4 (1922)

Goethe e Manzoni. Rapporti tra Italia e Germania intorno al 1800, a cura di E.N. Girardi, Firenze, Olschki, 1992

Goethe nelle culture romanze, numero monografico di «Cultura tedesca», 21 (2002)

Gorra, E., *Il soggettivismo di Dante*, Bologna, Zanichelli, 1899

Gounod, C., *Faust*, dramma lirico in cinque atti, testo del libretto di J. Barbier e M. Carré, 1859 (trad. it. di A. De Lauzières, Milano, Fratelli Lucca, 1864)

Graf. A., *La dannazione di Don Giovanni*, Roma, Dir. Nuova Antologia, 1901

Graf, A., *Il Diavolo*, a cura di C. Perrone, introduzione di L. Firpo, Roma, Salerno Editrice, 1980 (prima ed. 1889)

Graf, A., *Il Fausto di Marlowe*, in *Studi drammatici*, Torino 1878, *ad indicem*, già in «Nuova Antologia», marzo 1876

Graf, A., *Mefistofele*, in «La Nuova Antologia», luglio 1901

Graf, A., *Miti, leggende e superstizioni del Medio Evo*, Bologna, Forni, 1965

Graf, A., *Una sosta dell'ebreo errante*, in *Le poesie*, Torino, Chiantore-Loescher, 1922, pp. 740-744.

Graf, A., *Studii drammatici*, Torino, Loescher, 1878

Gräf, H.G., *Goethe über seine Dichtungen, Versuch einer Sammlung aller Äußerung des Dichters über seine poetischen Werke*, 3 parti in 9 voll., Frankfurt am Main, Rütten & Loening, 1901-1914

Grassi, L., *Commento alla vita di Faust*, Torino, Bocca, 1928

Grassi, L., *Commento alla vita di Faust: contributo ad una concezione goethiana della vita*, Torino, Bocca, 1932

Grassi, L., *Goethe in Italia*, Catania, Filippini, 1931

Grassi, L., *Il* Faust *e il* Tramonto dell'Occidente, in «Vita Nova», 7 e 11 (1930)

Grassi, L., *Il* Faust *e il* Tramonto dell'Occidente*: di una nuova corrente esegetica del Faust in Germania*, Catania, Filippini, 1932 (già in «Annuario del R. Liceo-ginnasio N. Spedalieri di Catania», 1930-1931

Grassi, L., *Mefistofele e la sua prima lezione*, Polistena, Orfanelli, 1931

Grassi, L., *Il panteismo di Faust e lo spinozismo di Goethe*, in «Giornale critico della Filosofia italiana», IV, VIII, 1927, Milano-Roma, Casa editrice d'arte Bestetti e Tuminelli, 1927

Grassi, L., *Preludi a un commento a la vita di Faust,* Catania, Studio Editoriale Moderno, 1928

Guida drammatica del Faust *di Goethe con note scenografiche e musicali*, a cura di G. Manacorda, Erba, Edizioni del Lucinium, 1932

Gundolf, F., *Goethe*, Berlin, G. Bondi, 1916

Hauhart, W.F., *The reception of Goethe's Faust in England in the first half of the nineeenth Century*, New York, Ams, 1909

Hazard, P., *L'invasion des littératures du Nord dans l'Italie du XVIIIe siécle*, in «Revue de Littérature comparée», I, (1921), pp. 30-67

Hedges, I., *Framing Faust. Twentieth-century cultural struggles*, Southern Illinois University, 2005

Heinrich Ludens Gespräche mit Goethe, a cura di E. Rosendahl, Leipzig, Hildesheim, 1932

Heller, O., Faust *and* Faustus*: A study of Goethe's relation to Marlowe*, New York, Cooper Sq. Pubs., 1972 (già in «Washington's University Studies», 1931)

Hutcheon, L., *Teoria degli adattamenti. I percorsi delle storie fra letteratura, cinema, nuovi media*, Roma, Armando Editore, 2011

Imbriani, V., *Fame usurpate*, Napoli, tip. Trani, 1877 (poi Napoli, Morano, 1888, e Bari, Laterza, 1912)

L'immagine di Faust nel Romanticismo francese e europeo, numero monografico di «Studi di letteratura francese», IX, 171 (1983), a cura di E. Balmas

International Faust Studies, Adaptation, Reception, Translation, a cura di L. Fitzsimmons, Continuum, London-New York, 2008

Jacini, S., *Faust e Mefistofele*, in «La Voce», V/10 (1913), pp. 1027-1028

Jakobskötter, L., *Goethes* Faust *im Lichte der Kultur-philosophie Spenglers*, Berlin, L.S. Mittler und Sohn, 1924

Jauss, H.R., *Esperienza estetica ed ermeneutica letteraria*, vol. II, *Domanda e risposta: studi di ermeneutica letteraria*, Bologna, il Mulino, 1988

Jovine, V., *L'Astarotte di L. Pulci e il Mefistofele di W. Goethe*, Roma, Accademia dei Lincei, 1909

Jurisic, S., *D'Annunzio e il mito moderno: la riscrittura del mito di Faust*, in «Critica letteraria», 144 (2009), pp. 441-454

Kaiser, G., *Faust o il destino della modernità (1994)*, a cura di A. Venturelli, Milano, Guerini e Ass., 1998

Kerbaker, M., *Baccalaureus ed Homunculus nel Fausto di Goethe*, Napoli, Stabilim. Tip. nella R. Università, 1904

Kerbaker, M., *L'eterno femminino e l'epilogo celeste nel Fausto di W. Goethe*, Napoli, L. Pierro, 1903

Kerbaker, M., *La morte di Faust*, Torino-Roma-Milano-Firenze-Napoli, Paravia 1910, già in Id., *La morte di Faust*, in «Il Pungolo», X (1903), p. 2

Kerényi, K., *Dal mito genuino al mito tecnicizzato – Discussione*, in *Tecnica e casistica. Tecnica, escatologia e casistica*, Atti del Convegno indetto dal Centro internazionale di studi umanistici e dall'Istituto di studi filosofici (Roma 7-12 gennaio 1964), a cura di E. Castelli, Istituto di studi filosofici, Roma 1964, pp. 153-168

Kreutzer, H.J., *Faust. Mythos und Musik*, München, Beck, 2003

Kristeva, J., *Bakhtine: le mot, le dialogue, le roman*, in «Critique», 239 (1967) (trad. it. *La parola, il dialogo e il romanzo*, in Ead., *Semeiotikè. Ricerche per una semianalisi*, Milano, Feltrinelli, 1978, pp. 117-143)

La storia di Faust nelle letterature europee, a cura di M. Freschi, Napoli, Cuen, 2000

La tragica storia del Dottor Fausto di Marlowe, traduzione di E. Turiello, Napoli, Tipografia G. Golia, 1898

Landolfi, T., *Dialogo dei Massimi Sistemi*, in Id., *Opere*, vol. I, Milano, Rizzoli, 1991

Landolfi, T., *La Pietra lunare*, in Id., *Opere*, vol. I, Milano, Rizzoli, 1991, pp. 117-202

Le lunazioni del cuore. Saggi su Tommaso Landolfi, a cura di I. Landolfi, Firenze, La Nuova Italia Scientifica, 1996

Lefevere, A., *Translation, Rewriting and the Manipulation of Literary Fame*, London 1992 (trad. it. *Traduzione e riscrittura*, Torino, UTET 1998)

Legger, G., *Drammaturgia musicale italiana. Dizionario dell'italianità nell'opera dalle origini al terzo millennio*, Torino, Fondazione Teatro Regio di Torino, 2005

Leopardi, G., *Poesie e prose*, vol. II, *Prose*, a cura di R. Damiani, Milano, Mondadori, 1988

Leopardi, G., *Zibaldone*, a cura di R. Damiani, Milano, Mondadori, 1997

Lesguillon, J.P.F., *Méphistophélès*, dramma in 3 atti e in versi, Paris, Beck, 1850

Letteratura comparata, a cura di A. Gnisci, Milano, Mondadori, 2002

Letterature comparate, a cura di F. De Cristofaro, Roma, Carocci, 2014

Letterature straniere: manuale comparativo corredato di esempi con speciale riguardo alle genti ariane, a cura di G. Mazzoni, P.E. Pavolini, Firenze, Barbera, 1915

Levi, A.R., *Le incarnazioni di Faust*, in «Gazzetta di Venezia», ottobre 1920

Lévi-Strauss, C., *La struttura dei miti*, in Id., *Antropologia strutturale*, Milano, Il Saggiatore, 1971, pp. 231-261

Lillie, R., *Der Faust auf der Tanzbühne. Das Faustthema in Pantomime und Ballet*, München, Schön, 1968

Lombardo, A., *L'eroe tragico moderno: Faust, Amleto, Otello*, Roma, Donzelli, 1996

Loraux, N., *Il femminile e l'uomo greco*, Bari, Laterza, 1991

Lorenzini, N., *Il Faust di Sanguineti: la parola all'Inferno*, introduzione a E. Sanguineti, *Faust. Un travestimento*, Roma, Carocci, 2003, pp. 7-47

Lowell, J.R., *Among my books*, Boston, Houghton, 1872

Ludwig, E., *Goethe, Storia di un uomo*, traduzione di T. Gnoli, Milano, Mondadori, 1932

Luigi, B., s.t., in «Il Ricoglitore italiano e straniero. Ossia Rivista mensile europea di Scienze, Lettere, Belle Arti, Bibliografia e Varietà», 1,1 (1834), pp. 97-99

Lukács, G., *Goethe il suo tempo*, Milano, Mondadori, 1949

Lukács, G., *Thomas Mann e la tragedia dell'arte moderna*, Milano, Feltrinelli, 1956

Lunačarskij, A.V., *Faust e la città, dramma per la lettura e scritti sul* Faust, a cura di D. Di Leo, Doria (CS), La Mongolfiera, 2013

Lupo, G., *Presenze manzoniane nelle* Lettere spirituali *di Ermes Visconti*, in *Studi di letteratura italiana in onore di Francesco Mattesini*, a cura di E. Elli, G. Langella, Milano, Vita e Pensiero, 2000

Luzio, A., *Giuseppe Mazzini*, Milano, Fratelli Treves, 1905

Maeder, C., *Il real fu dolore e l'ideal fu sogno. Arrigo Boito e i limiti dell'arte*, Firenze, Franco Cesati, 2002

Maffei, A., *Dedica*, in *Otello e La tempesta* di Guglielmo Shakespeare, *Arminio e Dorotea* di Volfango Goethe, Firenze, Successori Le Monnier, 1869

Maffei, L., *Il simbolo in Dante e Goethe (Divina Commedia e Faust)*, Alba, Tipografia Sineo, 1906

Magris, C., *Omaggio a Carducci. Satana, il progresso, la salvezza e la dannazione di Faust*, lezione tenuta in occasione della Giornata di studio C*arducci Nobel un secolo dopo (1906-2006)*, Bologna, 15 dicembre 2006

Mahal, G., *Mephistos Metamorphosen. Fausts Partner als Repräsentant literarischer Teufelsgestaltung*, Göppingen, Kümmerle, 1972

Malato, E., *Il mito di Dante dal Tre al Novecento*, in *"Per correr miglior acque", Bilanci e prospettive degli studi danteschi alle soglie del Nuovo millennio*, Atti del convegno internazionale (Verona-Ravenna, 25-29 ottobre 1999), Roma, Salerno Editrice, 2001, pp. 3-39

Manacorda, G., *Il Faust*, versione integra dall'edizione critica di Weimar, con introduzione e commento a cura di Id., 2 voll., Milano, Mondadori, 1932

Manacorda, G., *Faust ovvero dell'azione, della morte e dell'amore*, in «Nuova Antologia», 16 luglio (1931)

Manacorda, G., *Problemi eterni di Faust*, in Id. *La selva e il tempio. Studi sullo spirito del germanesimo*, Firenze, Bemporad, 1932

Manacorda, G., *Verso una nuova mistica*, Bologna, Zanichelli, 1922

Mangione, D., *Prima di Manzoni. Autore e lettore nel romanzo del Settecento*, Roma, Salerno Editrice, 2012

Mann, T., *Doctor Faustus, la vita del compositore tedesco Adrian Leverkühn narrata da un amico*, traduzione di E. Pocar, Milano, Mondadori, 1949

Manzoni, A., *Sulla morale cattolica Osservazioni*, Parte prima, Milano, Stamperia Antonio Lamperti, 1819

Marchand, G., *Il mito di Faust e la musica nel secolo XIX*, in *Enciclopedia della musica*, vol. IV, *Storia della musica europea*, Torino, Einaudi, 2004, pp. 1002-1021

Mari, A., *Il mito di Elena nel Faust di W. Goeth*e, Messina, Fratelli Salvaggio e Capone, 1897

Mari, M., *Carducci e Goethe*, in «L'Archiginnasio», 29 (1934), pp. 189-214

Marlowe, C., *Il Dottor Faust*, a cura di N. D'Agostino, Milano, Guanda, 1980 (poi Milano, Mondadori, 1983)

Marlowe, C., *Il Dottor Fausto*, in *Christopher Marlowe, Teatro Completo*, versione poetica, prefazione e note di J.R. Wilcock, Milano, Adelphi. 1966

Marlowe, C., *Due drammi (Edward II* e *Doctor Faustus)*, a cura di S. Rosati, Napoli, Edizioni Scientifiche Italiane, 1962

Marlowe, C., *L'ebreo di Malta; Edoardo II; La tragica storia del dottor Faustus*, in *I grandi della Letteratura*, n. 47, traduzione di R. Sanesi, Milano, Fabbri, 1969

Marlowe, C., *Faust*, traduzione di V. Panella, Milano, Sonzogno, 1908

Marlowe, C., *Faust*, in *Faust, dramma di Cristoforo Marlowe, dall'inglese. Idillio d'inverno, di Carlo Stieler, dal tedesco. Poesie liriche varie di poeti contemporanei spagnoli,* versioni poetiche di B.V. Giustiniani, Livorno, Arti grafiche S. Belforte, 1907

Marlowe, C., *Tamerlano; Dottor Faustus; L'ebreo di Malta*, a cura di M.A. Andreoni D'Ovidio, Milano, Editori Associati, 1992

Marlowe, C., *Tamerlano; La tragica storia del Dottor Fausto; L'ebreo di Malta*, a cura di M.A. Andreoni, Torino, UTET, 1954 (anche 1961 e 1962)

Marlowe, C., *La tragica istoria del Dottor Faust*, in *Teatro inglese*, a cura di A. Orbetello, E. Barisone, vol. I, *Dalle origini a Shakespeare*, Milano, Nuova Accademia, 1961, *ad indicem*

Marlowe, C., *La tragica storia del Dottor Faust*, traduzione di E. Montale, in *Teatro elisabettiano*, a cura di A. Orbetello, Milano, Bompiani, 1951 (1941)

Marlowe, C., *La tragica storia del Dottor Faust*, traduzione di C. Pavolini, Milano, Rizzoli, 1964

Marlowe, C., *La tragica storia del Dottor Fausto,* traduzione di P. Bardi, Bari, Laterza, 1907

Marlowe, C., *La tragica storia del Dottor Fausto,* traduzione di E. Turiello, Napoli, Tipografia Giuseppe Golia, 1898

Marlowe, C., *The tragical history of Doctor Faustus*, text of 1604, introduzione e note di O. Cavallucci, Napoli, R. Pironti, 1934

Marlowe, C., *The tragical history of Doctor Faustus*, traduzione poetica di N. D'Agostino, in *Teatro elisabettiano*, a cura di M. Praz, Milano, Sansoni, 1948, *ad indicem*

Marmier, N., *La cronaca di Faust*, in «Cosmorama Pittorico. Giornale letterario, artistico, teatrale», 12/22 (1846), pp. 169-172; 179-182; 186-187

Mathieu, V., *Faust e il disagio dell'uomo d'oggi*, Torino, Edizioni di Filosofia, 1950

Mathieu, V., *Goethe e il suo diavolo custode*, Milano, Adelphi, 2002

Mazzini, G., *D'una Letteratura Europea*, in «Antologia», 9/107-108 (1829)

Mazzini, G., *Faust – tragedie de Goethe: nouvelle traduction complete en prose, et en verse par Gérard de Nerval, Paris. Doudey Dupré etc 1828*, in «L'Indicatore Livornese. Giornale di Scienze, Lettere, ed Arti», 1, 11 e 12 (1829)

Mazzini, G., *Lettres de Joseph Mazzini à Daniel Stern, 1864-1872: avec une lettre autogrphiée*, Paris, Balliére, 1872

Mazzucchetti, L., *Goethe e Berchet*, in «La Voce», V/13, 27 (marzo 1913)

Mazzucchetti, L., *Schiller in Italia*, Milano, Hoepli, 1913

Mazzucchetti, L., *La vita di Goethe seguita nell'epistolario*, Milano, Sperling & Kupfer, 1932

Meletinskij, E.M., *Il mito. Poetica folclore ripresa novecentesca*, Roma, Editori Riuniti, 1993

Menzel, A., *Die Deutsche Literatur*, Stuttgart, Hallberger, 1828 (trad. it. di G.B. Passerini, Milano, Antonio Fontana, 1836)

Merejkowsky, D., *Dante*, traduzione dal russo di R. Küfferle, Bologna, Zanichelli, 1939

Mézières, M.A., *Dante et Goethe (par Daniel Stern)*, in «Revue des cours littéraires», III/39 (1866), pp. 647-648

Miglio, C., *Goethe traduce la "grazia" di Elena: luce, suono, bellezza in movimento*, in «Scienze dell'Antichità», marzo 2014, pp. 71-98

Il mito, il sacro e la storia nella tragedia e nella riflessione teorica sul tragico, a cura di R. Giulio, Napoli, Liguori, 2012

Montégut, E., *Dante et Goethe*, in Id. *Types litérarires et Fantaisies esthétiques*, Paris 1882 [1866]

More, R.T., Palmer, Ph.M., *The Sources of the Faust Tradition: From Simon Magus to Lessing*, London, Routledge, 2013 (prima ed. 1936)

Moretti, F. *La letteratura vista da lontano*, Einaudi, 2005

Moretti, F., *Opere mondo: saggio sulla forma epica dal* Faust *a* Cent'anni di solitudine, Torino, Einaudi, 1994

Morison, J.H., *Dante, Shakespeare, Goethe and the old Testament writers*, in Id. *The great poets as religious teachers*, New York, Haskell House, 1965 (prima ed. 1885)

Motta, F., *Le traduzioni italiane del Faust, alcune considerazioni, piccoli commenti e una tabella riassuntiva finale*, http://www.liberaconoscenza.it/zpdf-doc/conferenze/traduzioni%20italiane%20del%20faust%20di%20goethe.pdf

Musella, S., *Giobbe Mario*, in *Dizionario Biografico degli Italiani*, vol. 55, Roma, Istituto dell'Enciclopedia Italiana, 2001

Nardi, P., *Vita di Arrigo Boito*, Milano, Mondadori, 1942
Nicoli, P.F., *Faust e Wagner,* Milano, Off. graf. fratelli De Silvestri, 1932
Nietzsche, F., *La nascita della tragedia*, Milano, Adelphi, 1987 (prima ed. it. 1972)
Novati, F. *Il passato di Mefistofele*, in Id., *Attraverso il Medio Evo. Studi e Ricerche*, Bari 1905, pp. 153-209 (già in «La lettura- Rivista mensile del Corriere della Sera», 1, 1902)

Oergel, M., *Culture and Identity: Historicity in German Literature and Thought 1770-1815*, Berlin, De Gruyter, 2006
Orvieto, P., *Il mito di Faust: l'uomo, Dio, il Diavolo*, Roma, Salerno Editrice, 2006

P.P., *Fausto, tragedia di Goethe*, in «Museo scientifico, artistico e letterario, ovvero scelta raccolta di utili e svariate nozioni in fatto di scienze, lettere ed arti belle», 1 (1839), pp. 187-189 (https://archive.org/details/museoscientifico00tori)
Paduano, G., *Lunga storia di Edipo Re. Freud, Sofocle e il teatro occidentale*, Torino, Einaudi, 1994
Pagani, S., *Leonardo Da Vinci e Faust*, Milano, Pensiero Latino, Minazzi e Begaglia, 1907
Panizzardi, M., *Wagner in Italia*, 2 voll. II, Genova, Palagi, 1914-1923
Papini G., *Contro Roma e contro Benedetto Croce*, in *Manifesti del Futurismo*, a cura di V. Birolli, Milano, Abscondita, 2008, pp. 75-82
Papini, G., *Atena e Faust. Saggio di una metafisica delle metafisiche*, in «Leonardo», 2 (1915), pp. 8-14
Papini, G., *Faust* in *Stroncature*, Firenze, Vallecchi, 1916, pp. 197-210
Pappacena, E., *La morte di Faust*, 1910, ora in Id., *Frammenti*, vol. I, Lanciano, Carosella e Valerio, 1932, pp. 222-231
Pascoli, G., *Opere*, a cura di M. Perugi, 2 voll., Milano-Napoli, Ricciardi, 1981
Pellini, P., *Critica tematica e tematologia: paradossi e aporie*, in «Allegoria», 58, (2008), pp. 61-83
Pennisi, G., *Faust contro Faust*, in «Nuova Antologia», 147, 608, 2261 (2012), pp. 240-259
Persichino, S., *Dall'*Urfaust *al* Faust*. Introduzione a una lettura storico-filologica del* Faust *di Goethe*, Firenze, Sansoni, 1973
Perugi, M., *Elena e il suo doppio*, in *Pascoli e la cultura del Novecento*, a cura di A. Battistini, C. Mazzotta, G.M. Gori, Venezia, Marsilio, 2007
Piccardi, C., *Mascagni e l'ipotesi del dramma musicale cinematografico. Musica e cinema*, a cura di S. Miceli, Firenze, Olschki, 1992
Piovene, G., *Goethe alla radio*, in «L'Ambrosiano», 26 giugno 1932
Pirandello, L., *Sei personaggi in cerca d'autore,* Milano, Mondadori, 2001

Pizzetti, I., *Il Faust della leggenda, del poema e del dramma musicale*, in «Rivista musicale italiana», XIII (1906), pp. 1-49
Plumptre, E.H., *Goethe and Dante*, in *The Commedia und Canzoniere of Dante*, II vol., Boston-New York, 1888, *ad indicem*
Pochhammer, P., *Dante im Faust I und II*, in *Beilage* del *Allgem. Zeitung*, 1898
Poggioli, R., *Teoria dell'arte d'avanguardia*, Bologna, il Mulino, 1968
Portmann, A., *Dantes Divina Commedia und Goethes Faust*, in «Katholische Schweizer-Blätter», Luzern (1896), pp. 346 e sgg.
Prandi, S., *Il volo, il desiderio, la caduta. Icaro nella lirica italiana e francese del XVI secolo*, in «Italique. Póesie ítalienne de la Renaissance», VII (2004), pp. 101-135
Praz, M., *Il Dottor Faust: Marlowe e Goethe*, in «La Cultura», giugno 1932
Praz, M., *La carne, la morte e il diavolo nella letteratura romantica*, Milano, Sansoni, 1996 [1930]
Professione, A., *L'eterno femminino e l'assunzione di Faust nel poema di Wolfango Goethe*, conferenza letta in Ivrea la sera del lunedì 4 febbraio 1895 al Circolo Eporediese, Ivrea, L. Garda, 1895
Progetto Faust, Treviso, Ente comunale Teatro, 1991

Quinet, E., *Révolutions d'Italie* (1848), in Id., *Oeuvres Complètes*, Paris, Librarie Germet-Bailliére et C., 1874, vol. IV.

Raffaelli, S., *Mascagni e il cinema: la musica per* Rapsodia satanica, in «Bianco e nero», 3 (1987), pp. 87-109
Reibel, E., *Faust. La musique au défi du mythe*, Paris, Fayard, 2008
Rezeption von Goethes 'Faust' in Ostasien, a cura di A. Hsia, Bern, Peter Lang, 1993
Ristelhuber, P., *Faust dans l'histoire et dans la légende: essai sur l'humanisme superstitieux du XVIe siécle et les récits du pacte diabolique*, Paris, Librarie Académique Didier et C., 1863
Roddewig, M., *Dante in Deutschland und in den deutschsprachingen Ländern*, in *Dalla Bibliografia alla Storiografia. La critica dantesca nel mondo dal 1965 al 1990,* a cura di E. Esposito, Ravenna, Longo, 1995, pp. 75-98
Rodoni, L., *Il mito di Faust*, https://www.rodoni.ch/MITODIFAUST/
Rondolino, G., *Storia del cinema*, Torino, UTET, 1995
Rossel, V., *Historie des relations littéraires entre la France et l'Allemagne*, Paris, Fischbacher, 1897
Rousset, J., *Il mito di Don Giovanni*, Parma, Pratiche editrice, 1980

Sainte-Beuve, Ch.A., *Qu'este-ce qu'un classique*, in *Causeries du lundi*, Troisième Édition, tomo III, Paris, Garnier Frères, 1881, pp. 40-55

Salomon, M., s.t., in «L'Indicatore, ossia Raccolta periodica di scelti articoli tolti dai più accreditati giornali italiani, tedeschi, francesi, inglesi ecc. intorno alle scienze fisiche, alla letteratura, alle belle arti», 3/8 (1831), pp. 368-399

Salvatorelli, L., *Spengler e Sorel*, in «La Cultura», 2 (1935), pp. 21-23

Salvetti, G:, *La Scapigliatura milanese e il teatro dell'opera*, in *Il melodramma italiano dell'Ottocento. Studi e ricerche per Massimo Mila*, a cura di G. Pestelli, Torino, Einaudi, 1977, pp. 567-604

Santoli, V., *Critici italiani del* Faust, in «Il Veltro», 2 (1962), pp. 213-226

Santoli, V., *Fra Germania e Italia*, Firenze, Le Monnier, 1962

Santoli, V., *Goethe e il Faust: due saggi*, Firenze, Sansoni, 1952

Santoli. V., *Prospettive sul Faust,* in «Rivista di letterature moderne», n.s., 2/2, (1951), pp. 255-268

Santoni, E., *Dante e Goethe*, Venezia, Edizioni Erre, 1944

Scalvini, G., *Foscolo, Manzoni, Goethe. Scritti editi e inediti*, a cura di M. Marcazzan, Torino, Einaudi, 1948

Scalvini, G., *Materiali goethiani*, a cura di C. Cappuccio, *Critici dell'età romantica*, a cura di Id., Torino, UTET, 1968

Scalvini, G., *Scritti*, a cura di N. Tommaseo, Firenze, Le Monnier, 1860

Scartazzini, G.A., (1837-1901), *Dante in Germania, storia letteraria e bibliografica dantesca in Germania*, 2 voll., Milano, Hoepli, 1881-1883

Schelling von, F.W.J., *Sämmtliche Werke: Bd. Einleitung in die Philosophie der Mythologie*, Stuttgart und Augsburg, J.G. Cotta,1856

Schérer, E., *Dante et Goethe* (1866), in *Ètudes sur la Litérature contemporaine*, vol. IV, Paris, Calmann Lévy, 1894 [1882], pp. 87-94

Schmidt, J., *Goethes* Faust*, Erster und Zweiter Teil. Grundlagen – Werk – Wirkung*, 3. *Auflage*, München, Verlag C.H. Beck, 2011

Schmidt-Möbus F., Möbus F., *Who is who in Goethes Faust? Kleines Lexikon der Personen und Mythologischen Gestalten in Goethes* Faust I *und* II, Berlin, Leipzig, 1999

Scholz, R., *Die Geschichte der Faust – Forschung. Weltanschauung, Wissenschaft und Goethes Drama*, 2 voll., Würzburg, Königshausen und Neumann, 2011

Schwerte, H., *Faust und das Faustische, Ein Kapitel deutscher Ideologie*, Klett, Stuttgart, 1962

Segre, C., *Teatro e romanzo*, Torino, Einaudi, 1984

Simonini, R., *A proposito di Mefistofele e di Giobbe*, s.d., s.l., pp. 82-91

Smeed, J. W., *Faust in literature,* London, Oxford University Press, 1975

Sorbelli, T., *Pascoli librettista. La figlia di Ghita*, in «Notiziario teatrale del Corriere del pomeriggio illustrato», consultabile online all'indirizzo http://www.pascoli.archivi.beniculturali.it/index.php?id=45&objId=13580

Spengler, O., *Il Tramonto dell'Occidente*, a cura di R. Calabrese Conte, M. Cottone, F. Jesi, Parma, Guanda, 1995

Spera, G., *Letteratura Comparata*, Napoli, Chiurazzi, 1896

Spies, J., *Storia del dottor Johann Faust famigerato mago e negromante*, a cura di M.E. D'Agostini, Milano, Garzanti, 2006 (prima ed. 1987)

Spies, J., *Historia von D. Johann Fausten*, a cura di St. Füssel, H.J. Kreutzer, Stuttgart, 1988

Spivack, C., *Pact with the Devil*, in *Dictionary of Literary Themes and Motifs*, a cura di J.Ch. Seigneuret, Westport (CT)-London, Greenwood Press, 1988, pp. 941-948

Staël, Madame de, *De l'Allemagne*, Paris, Charpentier, 1844

Staël, Madame de, *Sulla maniera e utilità delle traduzioni*, traduzione di P. Giordani, in «Biblioteca Italiana, ossia giornale di Letteratura, Scienze ed Arti compilato da una società di letterati», I, I, (1816)

Steiner, G., *La morte della tragedia*, Milano, Garzanti, 1992

Steiner, R., *Filosofia della libertà. Tratti fondamentali di una concezione moderna del mondo*, traduzione di U. Tommasini, Bari, Laterza, 1919

Steiner, R., *Gli enigmi nel "Faust" di Goethe, exoterici ed esoterici*, Milano, Editrice Antroposofica, 1983

Steiner, R., *La concezione goethiana del mondo*, traduzione di U. Tommasini, Lanciano, Carabba Editore, 1925

Stern, D., *Dante et Goethe – Dialogues*, Paris, Dedier, 1866

Stern, D., *Dialogues sur Dante et Goethe*, in «Revue germanique», 28 (1864)

Storia del dottor Johann Faust famigerato mago e negromante: traduzione dell'editio princeps di Spies del 1587 e dei capitoli integrativi del manoscritto di Woffenbüttel e delle edizioni a stampa del 1587, 1588 e 1589, a cura di L. Tacconelli, L'Aquila-Roma, Japadre, 1996

Studia faustiana. Dal Volksbuch *al romanzo contemporaneo*, a cura di M. Castellari, M. Cometta, Milano-Udine, Mimesis, 2012

Suárez Capalleja, V., *Estudios sovre Dante y Goethe,* in «Revista contemporánea», 80, (1890), pp. 45-60

Sulger-Gebing, E., *Goethe und Dante. Studien zur vergleichenden Literaturgeschichte*, Berlin, Verlag von Alexander Duncker, 1907

Tasinato, M., *Sulla curiosità. Apuleio e Agostino*, Parma, Pratiche, 1994

Tecchi, B., *Libri italiani su Goethe nel primo centenario della morte*, in «Rassegna nazionale», 1932, pp. 344-351

Tilgher, A., *Oswald Spengler*, in Id., *Voci del Tempo*, Roma, Libreria di Scienze e di Lettere, 1921, pp. 193-201

Tintori, G., *Arrigo Boito: musicista e letterato*, Milano, Nuove Edizioni, 1986

Tommaseo, N., *Goethe (G.V.), Fausto, tradotto da G. Scalvini,* in Id., *Dizionario estetico*, Venezia, Il Gondoliere, 1840

Tommasini, U., *Bucciadoro e l'uomo. Novelle*, Milano, Fratelli Treves, 1925

Tommasini, U., *Le vie del sole. Favole*, Roma, Ediz. d'arte Fauno, 1927
Tragici elisabettiani: Marlowe, Heywood, Tourneur, Webster, Middleton, scelta e traduzione a cura di P. Rebora, Milano, Garzanti, 1946
Traumann, E., *Goethes Faust*, Münch, C.H. Beck's Verlagsbuch, 1920
Trezza, G., *Dante, Shakespeare, Goethe nella Rinascenza europea*, Verona, D. Tedeschi, 1888
Trezzini, L., *Il sistema di produzione*, in *Storia del teatro moderno e contemporaneo*, a cura di R. Alonge, G. Davico Bonino, vol. II, *Il grande teatro borghese*, Torino, Einaudi, 2003, pp.1047-1071
Trousson, R., *Plaidoyer pour la Stoffgeschichte*, in «Revue de littérature comparée», XXXVIII, 1 (1964), pp. 101-114
Tschudy, U., *Goethe e la critica italiana*, in «Il Tevere», 22-23 marzo 1932

Ugolini, S., "*Gretchen's Tochter". Innocenza e perdizione nel teatro pascoliano,* in «Quaderni pascoliani», III (1992), pp. 187-202
Ungaretti, G., *Vita d'un uomo – Saggi e interventi*, Milano, Mondadori, 2000

Valeri, D., *Dante e Goethe*, in *Dante e la cultura tedesca*, a cura di L. Lazzarini, Padova, Tip. Antoniana, 1967, pp. 197-204
Vento, L., *Mario Giobbe (1863-1906) – Il nobile poeta di Napoli nel Centenario della morte*, Roma, Ponte Sisto, 2006
Verdi, L., *Per un archivio di musiche su testi carducciani*, in *Qual musica attorno a Giosuè. Nel centenario della morte di Carducci*, a cura di P. Mioli, Bologna, Pàtron, 2009, pp. 129, 137, 157
Vernant, J.P., *Mito*, in *Enciclopedia del Novecento*, Roma, Treccani, 1979, http://www.treccani.it/enciclopedia/mito_%28Enciclopedia-del-Novecento%29/
Viganò, F., *Faust* II, in «La Moda – Giornale di scene della vita, Mode di vario genere e teatri», IV/10 (4 febbraio 1839), pp. 37-39
Villa, A.I., *Arrigo Boito massone: gnostico, alchimista, negromante*, in «Otto/Novecento», 3/4 (1992), pp. 5-51
Visconti, E., *Letture spirituali*, Milano, Tipografia Sambrunico-Vismara, 1837-1843
Visconti, E., *Riflessioni sul bello*, in appendice all'*Edizione nazionale ed europea delle opere di Alessandro Manzoni*, vol. 13, *Sul Romanticisimo*, Milano, Centro nazionale studi manzoniani, 2008, pp. 209-450
Vossler, K., *La* Divina Commedia *studiata nella sua genesi e interpretata*, vol. I, parte I, *Storia dello svolgimento religioso-filosofico*, traduzione di S. Jacini, Bari, Laterza, 1909

Wagner, A., *Zwei Epochen der modernen Poesie in Dante, Petrarka, Boccaccio, Goethe, Schiller und Wieland dargestellt*, Leipzig, Breitkopf und Härtel, 1806

Wagner, R., *Brief an einem Italienischen Freund*, 7 November 1871

Warren, A., Wellek, R., *Theory of Literature*, New York, Harcourt, Brace and Company, 1956 (trad. it. *Teoria della letteratura*, Bologna, il Mulino, 1981)

Watt, I., *Miti dell'individualismo moderno. Faust, don Chisciotte, Don Giovanni e Robinson Crusoe*, Roma, Donzelli, 2007 (prima ed. 1998)

Witkowski, G., *Goethes Faust*, Leipzig, Hesse und Becker, 1924

Zagari, L., *Jean Paul, Hoffmann e il motivo del 'doppio' nel romanticismo tedesco*, in «Il confronto letterario», 16, VIII (1991), pp. 265-294

Zamboni, G., *Goethe*, Prefazione di E. Borrelli, Firenze, Vallecchi, 1932

Zanasi, R., recensione a *Faust. Traduzione di Giovita Scalvini*, in «Rivista di letterature moderne e comparate», XIII (1960), pp. 212-222

Zanco, A., *Marlowe: saggio critico*, Firenze, La Nuova Italia, 1937

Zanzotto, A., *Introduzione a* La pietra lunare, in *Aure e disincanti del Novecento letterario*, Milano, Mondadori, 1994, pp. 325-343

Zardo, A., *Goethe e il cattolicesimo*, in «Nuova Antologia», serie terza, XLIII (1893), pp. 673-689

Zenobi, L., *Faust, Il mito dalla tradizione orale al post-pop*, Roma, Carocci, 2013

Riscritture, parodie, citazioni faustiane in opere italiane

Alfa Fassini, A., Martini, F.M., Mascagni, P., *Rapsodia Satanica*, Poema Cinema Musicale di Alfa, Roma, Edizioni Cines, 1915

Anonimo, *Fausto, dramma giocoso*, musica di L. Gordigiani, Firenze, Giuseppe Galletti, 1836

Anonimo, *Fausto, Opera semi-seria in quattro atti*, musiche di L.A. Bertin, Paris, Janet et Cotelle, 1831

Anonimo, *Il Faust narrato alla gioventù*, con illustrazioni, Società Editrice Laziale, Roma, 1904

Anonimo, *Mefistofele*, Milano Bietti, 1910

Asnaghi, A., *La lacrima di Mefistofele*, racconto di un sogno escatologico, Sotto il Monte, Servitium, 1997

Basile, A., *Faust*, Firenze, Aletheia, 2004

Basletta, A., *Gretchen*, in *Olga, Gretchen, Gardenia*, Vigevano, Tip. Spargella, 1875

Batacchi Legnani, I., *Esmeralda e Mefistofele*, Milano, Aliprandi, 1899

Batacchi Legnani, I., *La leggenda della margherita*, Milano, Aliprandi, 1897

Bellati, E., *Il fidanzato cattolico*, Milano, Mursia, 1968

Berton Fratini, A., *Mefistofele biondo*, Padova, Angelo Draghi, 1890

Binaghi, V., *Ucciderò Mefisto*, Ozzano dell'Emilia, Perdisa Pop, 2010

Bistolfi, G., *Il piccolo Faust*, in "Noi e il Mondo", 1911

Boito, A., *Mefistofele*, Opera in un prologo e cinque atti, Seconda Edizione, Milano, Giuseppe Bernardoni, 1868

Boito, A., *Mefistofele*, Opera in un prologo e cinque atti, Milano-Napoli-Firenze, R. Stabilimento Tito e Gio. Ricordi, s.d., (ma 1868)

Boito, A., *Mefistofele*, Opera in un prologo, quattro atti e un epilogo, Milano, G. Ricordi, 1875

Bono, P., *Ti sei spostato, Faust?*, Faenza, Il cantiere dei 5 rioni, 1985

Bottaro, L., Chendi, C., *Il dottor Paperus*, in «Topolino», nn. 188 e 189, 1952

Braca, I., *Fight. Prologo al Faust, Performance work in progress*, Inteatro Festival Polverigi, 2013

Brüggemann, A., *Gretchen/Margherita*, Ricordi, Milano, 1910 (parte seconda, unica ultimata e rappresentata de *La trilogia del Faust. Parole di Wolfgang Goethe*, versione italiana e musica)

Bruschi, M., *Me(ta)Faust*: meta-opera multimediale in due prologhi, vari quadri e due epiloghi, Sutri, Gli Ennagoni, 2004

Calvino, I., *Storia dell'alchimista che vendette l'anima*, in *Il Castello dei destini incrociati* e *Due storie in cui si cerca e ci si perde* in *La taverna dei destini incrociati,* Parma, Ricci, 1969 poi Torino, Einaudi, 1973

Campana, D., *Canti orfici: die Tragödie des letzen Germanen in Italien*, Marradi, Tip. F. Ravagli, 1914

Campesi, L., *Fausto impazzuto pe Faust*, musiche di G. Valente, 1874

Castellacci, P., Baragli, G., *Faust food* (commedia rappresentata a Roma, Compagnia del Delfino, 1998)

Cavalli, E., *Faustino, Mefisto e Jimmy il computer*, Monte Cremasco, Cartedit Junior, 1999

Celli, G., *Le tentazioni del professor Faust*, Milano, Feltrinelli, 1976

Cortesi, A., *Fausto*, ballo da J. Perrot, in cinque quadri, Firenze, 1849 poi Torino, Fodratti, 1852

Cuomo F., *Faust o Margherita*, 1966 (testo rappresentato ma tutt'ora inedito)

D'Annunzio, G., *Origine degli zolfanelli,* in «La Tribuna», 16 settembre 1886, ora in Id., T*utte le novelle*, Milano, Mondadori, 1992, pp. 608-613

D'Urso, C., *Faust?,* Roma, Arbor Sapientiae, 2012

Dal Sillaro, G., *Mefistofele*, Milano-Sesto San Giovanni, Società editrice Milanese, 1911

De Anna, A., *La dannazione di Faust...ino*, fantasia goliardica in un prologo, tre atti e un epilogo, musiche di U. Lacchini, Pavia, Bizzoni, 1906

De Azevedo, R., *Faust... work in progress*, balletto eseguito a Cagliari, Auditorium di Conservatorio Palestrina, 1-2 luglio 2010 (https://www.youtube.com/watch?v=OA8HDh1rcg4)

De Ghelderode, M., *La morte del Dottor Faust : tragedia per music-hall in un prologo e tre atti*, a cura di G.A. Bragaglia, in «Il dramma», 129 (1951), pp. 12-25

Di Giovanni, V., *Le magie di Faustino*, commedia in tre atti, realizzazione teatrale della Compagnia e' Guarattelle, Napoli, 2001

Francione G., *La lanterna di Mefisto*, Roma, Ed. Four Shakespeare and Company, 1997

Francione, G., *Il giudice Faust e l'avvocato Mefisto*, storie di straordinaria corruzione, realizzato dalla Compagnia Adramelek Theatre, Roma, regia di V. Toschi, 2009

Fregoli, L., *Faustino*, parodia dell'opera *Faust* in un prologo, sei quadri ed apoteosi, musica e non musica del maestro A. Calzelli, Milano-Roma, Enrico Voghera, 1902, poi Milano, Tipografia Rozza, 1904

Gallone, C., *Faust e Margherita*, film, 1949

Gestri, A., *Il piccolo Faust: Leben und Erinnerungen eines Dichters des Dunkelheit,* Firenze, S.T.A.F., 1964

Giobbe, M., *Mefistofele: tragedia in cinque atti: Dal primo Faust di W. Goethe e dalla tragica storia del dottor Faust di Cristoforo Marlowe*, con prefazione di Benedetto Croce, Milano, Pierro, 1902

Giordana, G.P., *Faustina e la realtà*, commedia in un atto, in «Il dramma: rivista mensile di commedie di grande successo», 11, 215 (1936), pp. 36-42

Giovannetti, A., *Faustolo*, in G. Alliprandi, *Aldo Giovannetti e il teatro didattico,* Assisi-Roma, B. Carucci, 1979, *ad indicem*

Giraldi, G., *Faust mediterraneo*, Milano, Pergamena, 2007

Graf, A., *La morte di Faust* e *L'assunzione di Mefistofele, Poemetti drammatici*, in «La Nuova Antologia» (1913)

Grande, A., *Faust non è morto. Passatempo teatrale*, Roma, Edizioni di "Circoli",1934

Grande, M., *Shylock e Faust ovvero: la borsa, lo specchio, il coltello, dialoghetto semiserio sul diavolo, parodia metateatrale*, in M. Grande, A. Berdini, *Una trilogia facile*, Roma, Bulzoni, 1997, pp. 79-95

Guazzoni, E., *Faust*, adattamento cinematografico, 1910

Guiducci, R., *Il sogno di Faust*, già *Il secondo mito: Faust, Mefistofele e il Mago*, in *Il primo mito: Morte e punizione di Don Giovanni, il secondo mito: Faust, Mefistofele e il Mago, il terzo mito Don Chisciotte sulla luna, il quarto mito Ulisse e la Sirena*, disegni di R. Sambonet, Modena-Roma-Parigi-Lugano, La Traccia, 1973

Haydée (pseudonimo di Ida Finzi), *Faustina Bon*, romanzo teatrale fantastico, Milano, Treves, 1914, poi London, Forgotten Books, 2013

Iller, A., *Faust televisivo*, poesia eponima della raccolta, 12 versi misti, Padova, Rebellato, 1974

Landolfi, T., *Faust 67,* (1969) in Id., *Opere*, vol. II, *1960-1971*, Milano, Rizzoli, 1992

Lasina, G.B., *Il sogno di un alchimista*, ballo fantastico da J. Perrot, in cinque quadri, Padova, Crescini, 1851, poi Ferrara, Taddei, 1852, poi Genova, F.lli. Pagano, 1853

Leopardi, G., *Dialogo di Malambruno e di Farfarello*, in Id., *Operette morali*, Milano, Stella, 1827

Liberatore, U., *Faust perduto*, atto unico, Milano-Roma, Gastaldi, 1952

Lombardi, D., *Fauststimmung*, insieme di composizioni da Valéry, Dickinson, Marinetti e Marlowe, Firenze, 1984-1987

Lombardi, L., *Faust. Un travestimento*, opera in tre tempi e 12 scene da Sanguineti, 1986-1991

Mangiacapre, L., *Faust Fausta*, Firenze, L'autore libri, 1990 (poi anche lungometraggio)

Manzoni, G., *Doktor Faustus. Scene dal romanzo di Thomas Mann*, Milano, Teatro alla Scala, 1989, poi Milano, Ricordi, 1991

Mariani, M., *Mefistofele. Romanzo popolare*, Milano, Natale Tommasi, 1891

Marmorito, V., *Faust. Scene del poema di Goethe*, Bologna, Azzoguidi,1895

Milazzo, C.M., *Faust 2002*, Bologna, Cappelli, 1988

Nascimbeni, M., *Faust a Manhattan*, opera lirica per televisione, 1964

Niccolai, C., *Margherita e i gioielli di Faust di J.W. Goethe*, Pistoia, Niccolai, 1987

Norsa, D., *Gretchen,* Milano, Sandron, 1902

Onip (pseudonimo di G.A. Ferrario), *El Faust. Scene di verità e fantasia*, Milano, S. Majocchi, 1929

Pagani, S., *Faust in Italia*, quadri scenici, Torino, UTET, 1925

Parmiggiani, C., *Faust*, Prato, Gli Ori, 2004

Pascal, S., *Amnesia d'amore. Un altro Faust*, Torino, Genesi, 2009

Pascoli, G., *La figlia di Ghita*, in *Nell'anno mille sue notizie e schemi di altri drammi*, a cura di M. Pascoli, Bologna, Zanichelli, 1924, poi in G. Pascoli, *Testi teatrali inediti*, a cura di A. De Lorenzi, Ravenna, Longo, 1979

Pedrocchi F., *La quercia maledetta*, in «Topolino», 1947, pp. 633-645

Pedrocchi, F., *Il Dottor Faust*,, in «Topolino», 1941, pp. 430-439, 1942, pp. 460-492, poi in «Albi d'oro», 1, 3 (1949)

Pedrocchi, F., *Il Dottor Faust,* , in «L'Audace», 1939, pp. 290-292, con tavole di Gustavino

Pedrocchi, F., *La spada dei giganti*, in «Topolino», 1943, pp. 545-564

Perduta ho la pace (Gretchen): Deh , pietoso, Oh Addolorata, traduzione selettiva di L. Balestra, testo di J.W. Goethe, musiche di G. Verdi, 1838-1839

Perrot, J., *Fausto*, gran ballo drammatico diviso in sette quadri, musiche di Panizza, Costa e Bajetti, Milano, Tipografia Valentini, 1848, poi Vicenza, Paroni eredi Tip., 1856

Poletti, M., *Pop Faust* (1974), in Id., *Marionnettes à la porte du sud, Marionette al portale Sud*, Annuaire du théâtre suisse, Annuario del teatro svizzero, 70-2009, Norderstedt, Books on Demand, 2011, pp. 55-62

Poma, M., *Mephisto Funk*, lungometraggio 1986, https://www.youtube.com/watch?v=rZvBWduy384

Prati, G., *Armando*, Firenze, Barbera, 1868

Prunaj, G.B., *Le tre leggende eterne: il Cid, Don Giovanni, Faust*, Palermo, Sandron, 1915

Pugni, C., *Faust*, San Pietroburgo, 1854

Riccio, C., *Faust: racconto popolare*, Milano-Sesto San Giovanni, Società editrice milanese, 1911

Ronzani, D., *Faust*, gran ballo fantastico da J. Perrot in cinque quadri, Milano, Tipografia Valentini, 1848, poi Id. *L'alchimista*, gran ballo fantastico diviso in sette quadri.

Rudino, C., *Il dramma di Margherita*, interpretazione dal Goethe, Milano, Ceschina, 1947

Ruta, M., *Canzone del topo; La buona notte di Mefistofele; Canzone della pulce per l'opera Fausto*, Napoli, R. Stab. T. Cottrau,1870 circa

Salveti, L., *Doktor Faustus*, Bologna, sala museale del Baraccano, 6 dicembre 1995, riduzione da Heine, musica di F. Vacchi

Sanguineti, E., *Faust. Un travestimento*, Genova, Costa & Nolan, 1985

Scarca, D., *Lettere a Mefistofele*, Torino, Angelo Manzoni, 2008

La seduzione, traduzione selettiva di L. Balestra, testo di W. Goethe, musiche di G. Verdi, 1839

Strehler, G., *Faust, frammenti parte prima (1988-1989)* e *frammenti parte seconda (1990-1991)*, testo rappresentato ma tutt'ora inedito

Surico, F., *Il ventaglio di Faust*, satira in tre atti, Roma, Editrice Istituto Volere e Potere, 1919 [1912], poi in Id. *Teatro rappresentato. Il ventaglio di Faust Lontani dal sogno L'Italia l'ho fatta io! Orientale*, Firenze, Barbera, 1934.

Svevo, I., *L'ora di Mefistofele*, in *il Vegliardo*, in Id., *Opere*, Milano, Mondadori, 2004, p. 1666

Taglioni, S., *Faust: azione fantastica divisa in prologo e nove quadri*, musica di R. von Gallenberg, e M. Aspa, Napoli, Tipografia Flautina, 1838

Termanini, F., *Faust, ballo fantastico*, balletto da J. Perrot in dieci quadri, Ancona, Sartori-Cherubini, 1856

Terra, D., (pseudonimo di Simonetti, A.), *Il Faustino*, commedia in tre atti, 12 quadri, Roma, 1952, testo rappresentato ma tutt'ora inedito

Tessari, R., *Faust -Rapsodia: studi e variazioni sulle macerie di un mito*, Pisa, ETS, 1990

Testori, G., *Sfaust*, Milano, Longanesi, 1990

Thovez, E., *Il nuovo Faust o la Trilogia di Tristano*, poema incompiuto, in Id. *Scritti inediti*, a cura di V. Lupo, Milano, Fratelli Treves, 1938

Tibaldi Chiesa, M., *La leggenda di Faust*, illustrata da M. Zampini, Torino, Unione tipografico-editrice torinese, 1936, poi Firenze, Salani, 1997

Tobino, M., *La bella degli specchi*, Milano, Mondadori, 1976

Tommasini, U., *La governante di Mefistofele*, in Id., *La governante di Mefistofele*, novelle, Milano, Treves, 1922, pp. 3-18

Trionfo, A., Salveti, L., *Faust – Marlowe – Burlesque*, Verona, Antëditore, 1976

Usiglio, R., *Il dottor Faust magister artium*, disegni e decorazioni di C. Nicco, Torino, Paravia, 1938

Vergati, C., *Faust o l'inconverso*, Milano, Excogita, 2009

Villa, C., *L'ora di Mefistofele*, Milano, Scheiwiller, 2002

Zepparelli, D., *Il triste walzer di Mefistofele*, Città di Castello, Edmond, 2009

Indice dei nomi

Finito di stampare
nel mese di dicembre 2017
da Arti Grafiche CDC s.r.l.
Città di Castello (PG)